어나더레벨 데이터 시각화

어나더레벨 데이터 시각화

사회과학 분야의 연구원을 위한 데이터 시각화 안내서

조나단 슈와비시 지음   정순욱 옮김

i!i
에이콘

에이콘출판의 기틀을 마련하신 故 정완재 선생님 (1935-2004)

비비 이모에게,
다이어트 콜라와 함께 사랑을 담아

지은이 소개

조나단 슈와비시^{Jonathan Schwabish}

경제학자로서 글도 쓰고 가르치기도 하는, 정책 관련 데이터 가시화 전문가다. 비영리 단체, 연구 기관, 미국 정부 등과 함께 일하면서 업무 결과를 동료, 파트너, 고객, 구성원들과 보다 효과적으로 소통하도록 돕는다. 2016년에 『Better Presentations』(Columbia University Press)를 썼다. 온라인상에서도 트위터(@jschwabish), 유튜브(@JonSchwabish), 팟캐스트(PolicyViz Podcast) 등으로 활발하게 활동 중이다.

차례

1부 데이터 시각화의 원리

3부 비주얼 디자인 및 디자인 수정

들어가며

그래프를 만들 때 꽤 많은 사람들이 이런 식으로 하지 않을까 싶다. 우선 데이터를 분석한다. 그 분석 결과를 글로 요약한다. 그다음 그래프를 그린다. 보고서 어딘가에 그래프를 삽입한다. '그림 1. 1990-2020 기간 중 평균 소득' 등의 무난한 제목을 붙인다. 끝으로 파일을 PDF로 저장하고 내보낸다.

데이터 수집과 분석에는 수개월, 수년이 걸려도 그래프를 만들어 데이터를 세상에 선보이는 데 걸리는 시간은 훨씬 짧다. 마이크로소프트 엑셀 같은 프로그램을 열어 데이터를 붙여 넣고 메뉴바를 클릭해 이미 수없이 사용해 본 그래프 형식을 선택하고, 기본 서식 확인 후 바로 보고서에 붙여 넣으면 끝이다.

분석 결과를 전달할 때 가장 중요한 것은 뭘까? 그건 바로 독자다. 보고서를 읽는 사람, 연구 결과에 귀를 기울이고 의견을 공유할 바로 그 사람 말이다. 하지만 독자에게 분석 결과를 전달할 최선의 방법을 연구하는 데 쓰는 시간은 너무 적다. 그저 손에 잡히는 대로, 기본으로 주어진 방식을 답습하고 만다.

왜 그럴까? 아마도 근사한 그래프를 그리는 기술이나 디자인 감각이 없다고 생각해서 그럴 수도 있다. 혹은 그래프를 공들여 만들어도 상사나 심사 위원이 그 가치를 인정해 주지 않으니 굳이 애쓸 필요가 없다고 판단했을 수도 있다. 어떻게 그려도 알아볼 거라고 단정짓는 경우도 많다. 비슷한 내용을 수백 번 봤으면 모를까, 누구나 그래프를 쉽게 해독할 수 있는 것은 아니다. 실제로 많은 독자들, 특히 정책 입안자나 결정권자들은 해당 내용을 처음 보는 경우가 많다. 그런 경우에는 데이터 자체도 중요하지만 데이터를 어떤 방식으로 제시할 것인지 신중하게 고민해야 한다.

이 책은 데이터를 더욱 효과적으로 시각화하는 방법을 다룬다. 여러분의 그래픽 문해력graphic literacy과 그래프 활용 역량을 키우는 것이 이 책이 추구하는 목표다. 이 책을 읽고 나면 엑셀, 태블로Tableau, R 등의 소프트웨어를 사용할 때 메뉴나 자습서에서 제시하는 기본 그래프의 한계를 넘어설 수 있을 것이다. 이 책은 데이터에 가장 적합한 그래프를 선택하고 가장 효과적인 방법으로 메시지를 전달하는 방법을 전수한다.

생소한 형식의 그래프를 사용하면 동료나 상사, 또는 청중이 이해하지 못할까 봐 마음 놓고 사용할 수 없다고 불평하는 경우도 있다. 막대 그래프나 꺾은선 차트나 원형 차트를 이해하는 능력을 타고나는 사람은 없다. 「프로퍼블리카ProPublica」[1]의 부편집장 스콧 클라인Scott Klein의 말대로 "원래부터 직관적인 그래픽이란 존재하지 않는다. 시각화 자료를 읽고 해석하는 능력을 날 때부터 가지고 태어난 사람은 없다."

데이터 시각화 전문가는 반드시 청중을 이해해야 하며, 어떤 그래프가 청중의 관심을 끄는지 알아야 한다. 그리고 청중의 그래픽 문해력을 키워줘야 한다.

▶ ▶ ▶ ▶ ▶

이 책은 세 부분으로 구성됐다. 1부는 효과적인 시각화를 위한 기본 지침을 다룬다. 청중이 왜 중요한지, 그리고 그들의 필요에 가장 적합한 그래프 유형은 무엇인지 알아본다. 데이터 시각화를 다루는 책이 개별 그래프 작성 방법을 자세히 다루는 경우는 드물다. 그 대신 이 책은 작업에 참고가 되는 여러 모범 사례를 소개한다. 여러분은 앞으로 많은 시각 자료를 만들고 그 자료가 청중에게 미치는 영향을 확인하면서 자신만의 미적 감각을 키우게 될 것이다. 그러면 때로는 기본 규칙을 넘어 예외가 인정되는 상황도 분별할 수 있을 것이다.

---

1 공익적 성격의 탐사보도에 주력하는 미국의 뉴스매체 – 옮긴이

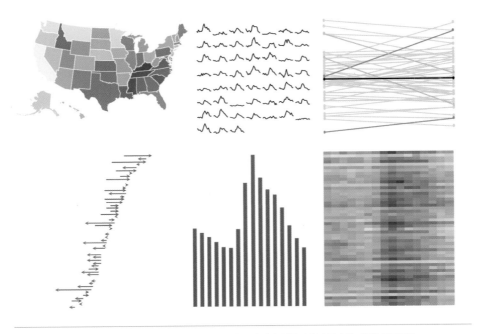

위의 여섯 개의 차트는 동일한 데이터를 시각화했다. 미국 각 주의 최저 임금 이하 소득자의 비율을 나타냈다.

2부는 이 책의 핵심이다. 비교, 시간, 분포, 지리 공간, 관계, 부분-전체, 정성적 데이터, 표 등의 여덟 개 유형으로 분류된 80개 이상의 그래프를 정의하고 논의하면서 각 그래프의 특징과 장단점을 살핀다.

그래프는 여러 유형에 중복돼 속하곤 한다. 가령, 막대 차트는 시간에 따른 변화를 보여주기도 하고 그룹 간 비교에 쓰이기도 한다. 따라서 각 그래프는 그 대표적인 사용 목적을 기준으로 유형을 분류했다. 어디까지나 주관적인 분류이므로 독자의 관점이나 상황과 맞지 않을 수 있음을 밝혀 둔다. 이 책은 존재하는 모든 그래프를 망라하지는 않았다. 건축, 생물학, 공학 등 전문 분야의 그래프는 생략했다. 가장 보편적인 그래프를 중심으로, 대다수 사람들이 필요에 따라 유연하게 활용할 수 있는 내용을 추렸다.

3부는 앞서 다룬 내용을 한데 묶어 데이터 시각화 스타일 가이드를 만드는 방법을 다루고, 또한 다양한 그래프의 디자인을 수정할 때 이 책에서 다룬 내용을 어떻게 적용할 수 있는지를 살펴본다. 연구 논문을 작성하거나 보고서를 발행한 경험이 있다면 시카고 스타일 매뉴얼 Chicago Manual of Style이나 미국 현대어문학협회 Modern Language Association 등의 글쓰기 스타일 가이드를 알고 있을 것이다. 이런 가이드는 글쓰기의 구성 요소를 세분화하고 각 요소별 사용법을 규정한다. 데이터 시각화 스타일 가이드는 그래프에 대해 그와 같은 역할을 하면서 그래프를 구성하는 요소들의 형식과 사용 방법을 규정한다. 마지막 장에서는 책에서 배운 내용을 적용해 몇 가지 그래프의 디자인을 수정하고 데이터의 전달 방식을 개선하는 과정을 살펴본다.

이 책을 읽으면 데이터를 새롭게 발견하고 데이터를 시각화하는 방법을 배울 수 있다. 우리는 콘텐츠 전달을 위해 시각화가 요구되는 시대에 살고 있다. 고객과 동료, 정책 입안자와 의사결정자, 그리고 배움에 뜻을 둔 독자들은 이미 넘쳐나는 정보의 흐름 속에 있다. 그들에게 다가가려면 시각화가 필수다.

데이터를 시각화하고 전달하는 방식을 개선하는 일은 누구나 할 수 있다. 마케팅, 디자인 또는 광고 분야의 대학원 학위가 없어도 된다. 경제학 전공자로서 미국 연방 정부에서 첫 직장 생활을 시작한 나도 그런 전문 배경은 없었다.

데이터 시각화를 배우게 된 경위

나는 위스콘신 대학교 매디슨 캠퍼스에서 경제학을 전공했다. 한때 수학 전공을 시도했으나 마르코프 체인 Markov Chain이라는 벽에 부딪혀 포기했다. 그리고 워싱턴 DC로 진출해 공공 정책 및 정치 관련 일을 하기로 마음먹었다. 현실 문제를 파고들어 구체적인 해결책을 찾고 싶었기 때문이다.

2005년에 의회예산처 CBO, Congressional Budget Office에 채용돼 워싱턴 DC로 옮겨간 나에게 주어진 업무는 사회 보장 제도의 점검 및 연방 예산의 장기 재정 예측을 위한 장기 미시 시뮬레이션 microsimulation 모형화 작업이었다. 사회 보장 분야에서 2005년 봄은 정말 흥미진진한 시기였다. 재선에 성공한 조지 W. 부시 대통령은 사회 보장 문제를 2기 핵심 과제로 정했다. 그는 2005년 국정 연설에서 "사회 보장 시스템의 재정 문제 해소를 위한 개혁 법안을 통과시켜야 한다"고 역설했다. 그가 말한 개혁은 그해 말에 추진력을 잃었지만, 내 직장 생활 첫 몇 개월 간, 의회예산처 소속 동료들은 수십 가지 정책 제안의 효과를 예측하고 분석하느라 바빴다.

5년이 지나 나의 업무 영역은 장애인 근로자, 이민, 푸드 스탬프(나중에 영양 보충 지원 제도SNAP로 바뀜) 등에 영향을 주는 정책 문제까지 확장됐다. 2010년 당시 나와 동료 세 명은 사회 보장 정책 대안에 관한 특별 보고서 초안을 작성했다. 그 보고서의 중심 내용은 개혁을 위한 30가지 대안의 파급 효과 예측이었다. 이를 위해 각 대안별 사회 보장 제도의 세수, 지급액, 잔고, 및 재정 지급 능력의 변화를 제시했다. 그 모습은 대략 다음과 같았다.

대안 명칭		세수, 지급액, 잔고 GDP 대비 백분율				75년 현재 가치 대비 백분율		연금 고갈 연도
		연도				GDP	과세 소득 대비 백분율	
		2020	2040	2060	2080			
기준[a]	세수[b]	4.9	4.9	4.9	5.0	5.2	14.4	20XX
	지급액[c]	5.2	6.2	6.0	6.3	5.8	16.0	
	잔고[d]	-0.3	-1.3	-1.1	-1.3	-0.6	-1.6	

대안 명칭		세수, 지급액, 잔고의 변화 GDP 대비 백분율				75년 현재 가치 대비 백분율		연금 고갈 연도 변화
		연도				GDP	과세 소득 대비 백분율	
		2020	2040	2060	2080			
1 2012년에 소득세율 1% 포인트 인상	세수	0.4	0.4	0.3	0.3	0.3	1.0	XX
	지급액	*	*	*	*	*	*	
	잔고	0.4	0.4	0.4	0.4	0.3	1.0	
2 20년에 걸쳐 소득세율 2% 포인트 인상	세수	0.3	0.7	0.7	0.7	0.5	1.6	YY
	지급액	*	*	*	*	*	*	
	잔고	0.3	0.7	0.7	0.8	0.6	1.6	
3 60년에 걸쳐 소득세율 3% 포인트 인상	세수	0.2	0.5	0.8	1.0	0.5	1.5	ZZ
	지급액	*	*	*	*	*	*	
	잔고	0.2	0.5	0.9	1.1	0.5	1.4	
4 과세 한도 배제	세수	0.8	0.9	0.9	0.9	0.9	n.a.	AA
	지급액	*	0.3	0.5	0.5	0.3	n.a.	
	잔고	0.8	0.6	0.4	0.4	0.6	n.a.	
5 과세 한도를 올려 세수의 90%를 충당	세수	0.3	0.4	0.4	0.4	0.4	n.a.	BB
	지급액	*	0.1	0.2	0.2	0.1	n.a.	
	잔고	0.3	0.3	0.2	0.2	0.2	n.a.	

의회예산처에서 만든 초안 자료를 저자가 재구성한 것

국회의원들이 숫자와 정보가 빽빽하게 든 집계표를 자세히 읽어보리라 기대하기 어렵다는 것 정도는 정부 소속 경제분석가가 아니어도 알 수 있다. 그래서 복잡한 정보를 전달하는 더 나은 방법을 찾아보기 시작했다.

그렇게 궁리한 결과가 다음 그림이다. 일부 숫자를 작은 크기의 영역 차트로 대체해 각 대안별 효과(어느 대안이 재정 지급 능력을 높이고 어느 대안이 그렇지 않은지)를 한눈에 알아볼 수 있게 했다.

표 2.

혜택 지급 일정 하에서 여러 대안에 따른 사회 보장 재정의 변화

(GDP 대비 백분율)

		2020	2040	2060	2080	연간 재정	GDP	과세 소득 대비 백분율
							75년 현재 가치 대비 백분율	
						현 법규 기준[a]		
						세수와 지급액[b]		
	세수	4.9	4.9	4.9	5.0	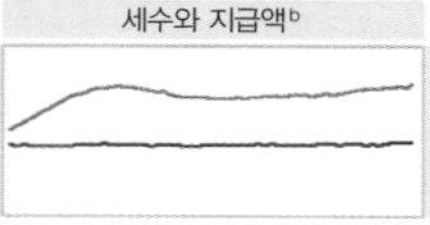	5.2	14.4
	지급액	5.2	6.2	6.0	6.3		5.8	16.0
	잔고	-0.3	-1.3	-1.1	-1.3		-0.6	-1.6
						현 법규 대비 퍼센트 포인트 변화[a]		
세수 기준 변화						연말 잔고 변화[c]		
1 2012년에 소득세율 1% 포인트 인상	세수	0.4	0.4	0.3	0.3	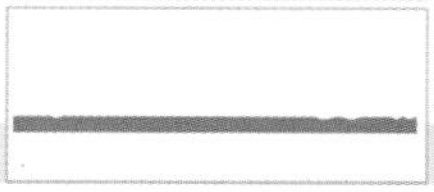	0.3	1.0
	지급액[d]	*	*	*	*		*	*
	잔고	0.4	0.4	0.4	0.4		0.3	1.0
2 20년에 걸쳐 소득세율 2% 포인트 인상	세수	0.3	0.7	0.7	0.7	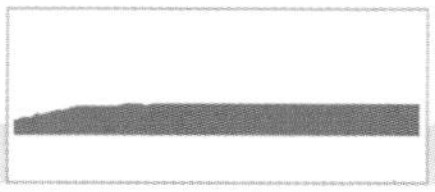	0.5	1.6
	지급액[d]	*	*	*	*		*	*
	잔고	0.3	0.7	0.7	0.8		0.6	1.6
3 60년에 걸쳐 소득세율 3% 포인트 인상	세수	0.2	0.5	0.8	1.0	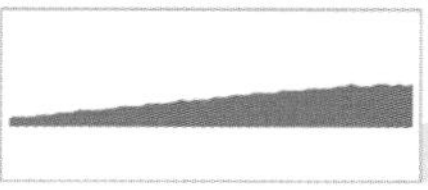	0.5	1.5
	지급액[d]	*	*	*	*		*	*
	잔고	0.2	0.5	0.9	1.1		0.5	1.4
4 과세 한도 배제[e]	세수	0.8	0.9	0.9	0.9	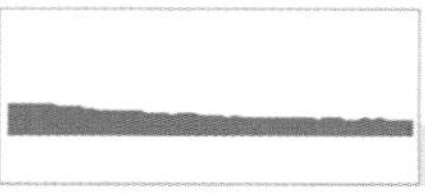	0.9	n.a.
	지급액	*	0.3	0.5	0.5		0.3	n.a.
	잔고	0.8	0.6	0.4	0.4		0.6	n.a.
5 과세 한도를 올려 세수의 90%를 충당[e]	세수	0.3	0.4	0.4	0.4	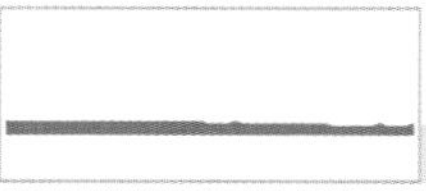	0.4	n.a.
	지급액	*	0.1	0.2	0.2		0.1	n.a.
	잔고	0.3	0.3	0.2	0.2		0.2	n.a.

다음 페이지에 계속

사회보장제도에 관한 의회예산처 보고서의 핵심 자료의 완성본. 숫자는 적어지고 그래프가 많아졌다.(출처: 의회예산처)

그 보고서는 효과가 있었다. 그래프를 읽고 이해하기가 무척 쉬웠다고 의회예산처 및 다른 정부 기관의 동료들, 그리고 국회에서 이 자료를 본 많은 이들이 좋은 평가를 해 줬다. 내가 (그리고 의회예산처가) 데이터 시각화에 대해 진지하고 전략적으로 생각한 것은 아마도 그 때가 처음이 아니었을까 싶다. 그때부터 데이터 시각화, 디자인, 색상 이론, 타이포그래피 관련 서적을 탐독했다.

우리는 의회예산처의 편집부 및 디자이너와 함께 기본 보고서의 그래프를 개선하고 새로운 형식의 보고서와 그래프 제작에 착수했다. 당시 유행하던 인포그래픽도 만들었다. 인포그래픽이란 데이터, 텍스트, 이미지 등을 하나의 비주얼로 결합한 그래픽을

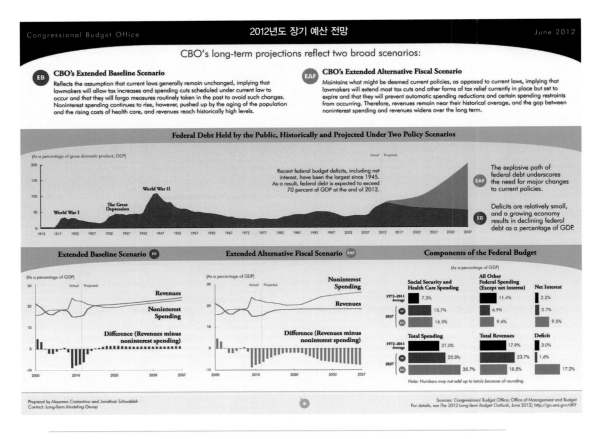

의회예산처에서 발행한 「2012년도 장기 예산 전망」 보고서 내용을 한 장에 요약한 인포그래픽. (출처: 의회예산처)

가리키는데, 그것의 과한 사용을 비난하는 풍토도 있었다. 2012년에 109페이지 분량의 「장기 예산 전망」 보고서 내용을 요약해 20페이지 하단의 인포그래픽을 만들었다.

그해 6월, 의회예산처 처장은 미국 하원 예산위원회에 참석해 분석 결과를 발표했다. 사무실 복도에 설치된 TV에 그 회의가 중계되고 있었는데, 갑자기 "존! 존! 나와 봐! 네가 만든 인포그래픽이 TV에 나왔어!"라고 부르는 소리가 들렸다.

아니나 다를까. 크리스 반 홀런Chris Van Hollen 하원 의원이 낙서와 메모가 잔뜩 적힌 인포그래픽을 손에 든 모습이 C-SPAN[2]에 중계되고 있었다. 우리가 시각화한 자료가 미국에서 가장 바쁜 사람 중 한 명의 관심을 사로잡았고, 마침 그는 연방 예산이 직면한 압박에 대해 대책을 내놓을 수 있는 실력자였다. 그 순간 우리는 데이터 못지않게 그 제시 방법 또한 중요하다는 사실을 실감했다.

미 하원 예산위원회 청문회에서 메릴랜드 주의 크리스 반 홀런 하원의원이 장기 예산 전망 인포그래픽을 들고 있다. (출처: C-SPAN2)

---

2   국회 회의 내용 등을 중계하는 미국의 공공 방송국 – 옮긴이

나는 2014년에 워싱턴 DC 소재 비영리 연구 기관인 어번 인스티튜트^{Urban Institute}로 자리를 옮겨 절반은 연구를 진행하고 나머지 절반은 커뮤니케이션 부서에서 동료들의 데이터 시각화 작업을 도왔다.

그 후 나는 수백 회 이상의 워크샵을 개최하고 전 세계에서 강의를 했으며 데이터 전달을 다룬 책 두 권을 출간했다. 더 나은 시각 콘텐츠와 더 나은 프레젠테이션이 연구와 정책 채택의 주요 매개 역할을 한다는 점에 대해 내가 깨달은 바를 세상도 공감한 듯했다. 컴퓨터 성능과 소셜 미디어 플랫폼의 발전, 그리고 더욱 넓어지는 미디어 환경의 지평으로 인해 시각 콘텐츠는 더욱 중요해지고 필수불가결한 요소가 됐다.

현재 나는 비영리 단체, 정부 기관, 민간 기업 등과 협력해서 그래프를 만들고 콘텐츠 전달 방법을 개선하는 일을 하고 있다. 그동안 함께 일한 이들 중에는 방대한 데이터 세트를 다루는 젊은 경제학자와 애널리스트, 환자, 가족, 병원 관리자에게 결과를 전달하려는 의료 종사자, 구직자 데이터베이스를 다루는 인사 담당자, 고객에게 제품을 판매하는 광고주 및 마케팅 임원 등 다양한 이들이 있었다.

데이터를 시각화하는 과정에서 나는 수많은 어려움에 봉착했다. 그런 어려움을 극복하는 기술을 정식으로 가르치는 학교나 전문 능력 개발 과정은 아직 없다. 그러나 그런 기술을 배우는 것은 가능하다. 복잡하고 생소한 차트 유형을 해독하는 방법도 익힐 수 있다. 데이터를 전달하는 방법을 더 효과적으로 개선하는 방법은 누구나 배울 수 있다.

결국 사용할 수 있는 그래프의 종류가 엄청나게 다양하다는 사실을 알려주는 것이 내가 할 수 있는 최선의 기여임을 깨달았다. 그것이 바로 이 책의 내용이다. 친숙한 것부터 생소한 것까지, 80가지가 넘는 다양한 데이터 시각화 유형을 소개한다.

다양한 그래프 유형을 살펴보기에 앞서 시각 정보 처리에 얽힌 과학적 배경, 그리고 데이터 시각화의 모범 사례와 접근 방법을 살펴보자.

문의

한국어판에 관한 질문이 있다면 에이콘출판사 편집 팀(editor@acornpub.co.kr)이나 옮긴이의 이메일로 문의하길 바란다.

한국어판의 정오표는 에이콘출판사 도서정보 페이지 http://www.acornpub.co.kr/book/better-bata-visualizations에서 찾아볼 수 있다.

1부

데이터 시각화의 원리

시각 처리와 지각 순위

차트와 그래프 제작에 착수하기 전에 우선 뇌가 시각적 자극을 어떻게 지각 ^{perceive}하는 지에 대한 기본 이론을 살펴보자. 이 이론은 데이터 시각화 과정에서 최적의 차트 유형 을 선택할 때 유용하다.

데이터 시각화 방법을 고려할 때 독자가 데이터값을 얼마나 정확하게 지각할 수 있을 지를 물어야 한다. 2%와 2.3%의 차이를 파악하기에 적합한 그래프가 따로 있는가? 그 렇다면 시각 자료를 제작할 때 그런 차이를 어떻게 다뤄야 할까?

마침 이런 질문을 탐구하는 데이터 시각화의 연구 분야가 있다. 30여 년의 독창적 연구 를 기반으로 한 다음 페이지의 그림은 데이터값의 추정 난이도에 따라 배열된 그래프 종류, 즉, 점, 선, 막대와 같은 데이터 부호화 ^{encoding} 유형을 보여준다. 위로 갈수록 보다 정확한 추정이 가능하고, 아래로 갈수록 대략적인 추정이 가능한 부호화에 해당한다.

이런 배열 순서를 납득하기란 어렵지 않다. 꺾은선 차트, 막대 차트 및 영역 차트처럼 동일 축 또는 기준선이 있는 그래프의 데이터 비교가 더 쉽기 마련이다. (축이 서로 어긋 난 여러 개의 막대 차트처럼) 정렬되지 않은 축에 배치된 데이터는 값을 정확하게 식별하기 어렵다.

세로축 아래쪽에는 각도, 면적, 부피 및 색상 기반의 부호화 방식이 있다. 이것 역시 직 관적으로 이해할 수 있다. 국가별로 여러 색상의 음영으로 처리된 지도보다 막대 차트 가 정확한 데이터값과 차이를 식별하기가 훨씬 쉽다.

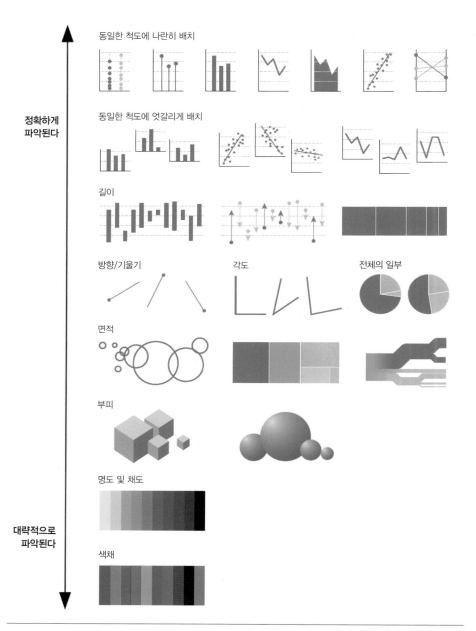

정확하게
파악된다

대략적으로
파악된다

동일한 척도에 나란히 배치

동일한 척도에 엇갈리게 배치

길이

방향/기울기

각도

전체의 일부

면적

부피

명도 및 채도

색채

지각 순위표. 어떤 데이터 시각화 유형을 선택하느냐는 당신의 목표, 청중의 필요, 경험, 전문 지식에 따라 달라진다. 이 도표는 알베르토 카이로(2016)의 책 내용을 인용한 것으로, 원 자료는 클리브랜드(Cleveland)와 맥길(McGill)(1984), 히어(Heer), 보스톡(Bostock), 오기에베츠키(Ogievetsky)(2010)의 연구를 바탕으로 한 것이다.

막대 및 꺾은선 차트 등의 표준 그래프는 더 정확한 지각이 가능하고, 사람들에게 친숙하며 만들기 쉽기 때문에 매우 널리 사용된다. 예컨대 원이나 곡선을 사용한 비표준 그래프는 데이터의 값을 정확하게 읽어내지 못할 수 있다.

그러나 지각 정확도가 언제나 최우선 목표는 아니며, 경우에 따라 전혀 중요하지 않을 수도 있다.

그래프에 관심을 갖도록 만드는 것이 지각 정확도보다 중요할 때도 있다. 비표준 차트 유형은 사람들의 관심을 끄는 효과를 발휘하곤 한다. 전반적인 양상과 추세를 표시할 때는 비표준 그래프가 표준 그래프보다 더 효과적인 경우도 있다. 때로는 비표준 그래프는 특이하다는 이유만으로도 눈길을 끈다. 우선 관심을 끌고 봐야 하는 경우도 있기 때문이다.

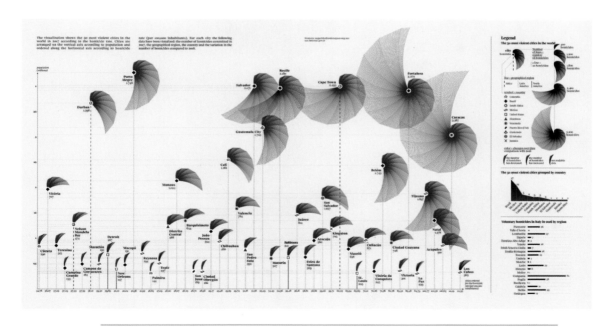

코리에레 델라 세라(Corriere della Sera)[1]에서 발행하는 「La Lettura」에 실린 페데리카 프라가파네(Federica Fragapane)의 그래픽. 세계에서 가장 폭력적인 50개 도시를 보여준다. 이어지는 그림에 범례 부분을 확대해서 표시했다.

---

1   이탈리아의 대표적인 신문사 – 옮긴이

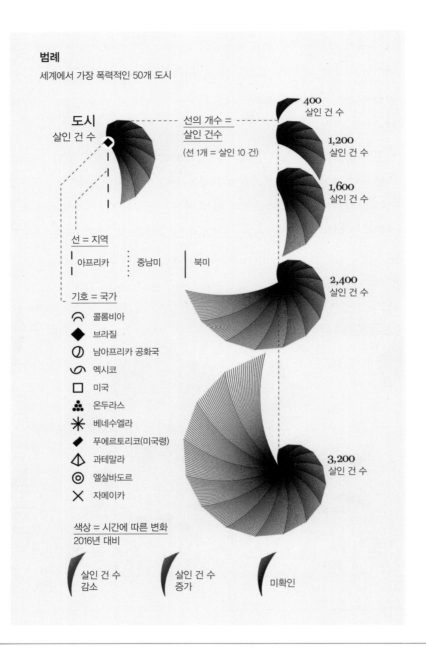

범례

세계에서 가장 폭력적인 50개 도시

도시
살인 건 수

선의 개수 =
살인 건수

(선 1개 = 살인 10 건)

400
살인 건 수

1,200
살인 건 수

1,600
살인 건 수

선 = 지역

아프리카   중남미   북미

2,400
살인 건 수

기호 = 국가

⌒ 콜롬비아

◆ 브라질

◑ 남아프리카 공화국

∽ 멕시코

□ 미국

⠿ 온두라스

✳ 베네수엘라

◆ 푸에르토리코(미국령)

◭ 과테말라

◎ 엘살바도르

✕ 자메이카

3,200
살인 건 수

색상 = 시간에 따른 변화
2016년 대비

살인 건 수
감소

살인 건 수
증가

미확인

페데리카 프라가파네의 도표 부분 확대. 각 아이콘에 포함된 상세한 정보와 데이터 요소를 눈여겨 보라. 이런 정보를 막대 차트나 꺾은선 차트로 표시할 수도 있었겠지만 그랬다면 자세히 들여다보고 싶었을까?

정보 디자이너 페데리카 프라가파네^{Federica Fragapane}가 만든 30페이지의 도표는 2017년 세계에서 가장 폭력적인 50개 도시를 보여준다. 세로축은 인구, 가로축은 100,000명당 살인율을 나타낸다. 각 아이콘의 선 개수는 살인 사건 수를 나타내며, 색상, 모양 형태 및 기호는 각 도시가 있는 국가, 지역(세로 파선), 2016년 이후의 변화(청색은 감소, 적색은 증가) 등의 정보를 나타낸다. 같은 내용을 막대 차트나 꺾은선 차트 등으로 그릴 수도 있었겠지만, 만약 그랬다면 자세히 들여다보기나 했을까? 당신이라면 어땠겠는가?

데이터 시각화는 과학과 예술의 결합이다. 그중 과학에 더 가까워지기를 원한다면 데이터의 절대값을 정확하게 읽어내고 비교할 수 있는 시각화를 사용한다. 반면 예술에 가까운, 그래서 독자의 관심을 끌고 흥미를 자극하는 시각화를 만들고 싶을 수도 있다. 다만 정확한 비교는 어려울 수 있다.

절대적 정확성을 희생하더라도 흥미롭고 매력적인 시각화를 만들어야만 할 때가 있다. 우리의 기대와 달리 독자들은 주제에 관심이 없거나 내용 파악에 필요한 전문 지식이 없는 경우가 있다. 그러나 콘텐츠 제작자는 사람들이 그래프를 읽고 활용하도록 권해야 한다. 그 과정에서 지각 규칙을 위반해 사람들이 가장 정확한 결론을 내리기 어렵게 만드는 상황도 감수해야 한다. 청중의 다양성을 고려할 때 의사결정자, 학자, 정책 입안자, 일반 대중 등으로 분류하는 것에서 그쳐서는 안 된다. 시각 자료에 대한 관심이나 참여 수준의 차이도 고려해야 한다. 역사가 세실리아 왓슨^{Cecelia Watson}이 세미콜론(:)의 역사와 용례를 다룬 책에서 쓴 것처럼 말이다.

> "규칙에 얽매이기보다 의사소통을 더 소중히 여기고, 실제로 어떤 내용이 전달되고 있는지 파악하는 것을 서로의 의무로 여기면 좋지 않겠는가?"

어떤 시각 자료든 (그것이 흔한 형태의 친숙한 그래프일지라도) 독자가 꼼꼼히 살펴볼 것이라는 섣부른 기대를 가져서는 안 된다. 사실 사람들은 막대 차트와 꺾은선 차트와 원형 차트를 질리도록 봤다. 따분한 그래프는 쉽게 잊는다. 오히려 전형적인 데이터 시각화 경험의 범위를 벗어난 낯선 모양과 독특한 형태가 관심을 끌 수 있다. 그래프를 해독하는 과정은 사진을 볼 때의 즉각적 이해와는 다르다. 그것은 단락을 읽을 때와 같이 복잡한 인지 과정을 더 많이 거친다.

시각적 지각을 신경 쓰지 않아도 된다거나 가장 정확한 비교를 허용할 필요가 없다는 뜻은 아니다. 하지만 독자의 관심을 끌어들인다는 목표는 나름의 가치가 있다. 데이터 시각화 엔지니어인 일라이자 미크스Elijah Meeks는 다음과 같이 썼다. "차트는 다른 커뮤니케이션과 마찬가지로 설득력이 있어야 한다. 당신이 그린 막대 차트가 아무리 정확하더라도 수많은 막대 차트가 끝없이 등장하는 상황에서는 눈길을 끌기 어렵다. 그래프가 설득력을 갖게 하는 것은 당신의 책임이다. 정밀도나 정확도를 희생하는 한이 있더라도 말이다."

한편, 참신하고 색다른 그래프 유형은 이해에 약간의 지장을 줄 수도 있다. 완전히 새로운 그래프 유형이나 지나치게 이질적인 데이터 표현은 이해가 무척 어려울 수도 있다. 지각 순위표에서 하위에 속하는 그래프나 어느 정도 낯익은 그래프도 헷갈릴 수 있다. 그와 같은 경우 그래프를 풀어 설명해야 할 수도 있다. 그럼에도 독자의 관심을 끌고 호기심을 자극하는 낯선 차트를 사용하는 과감한 시도를 해볼만 하다.

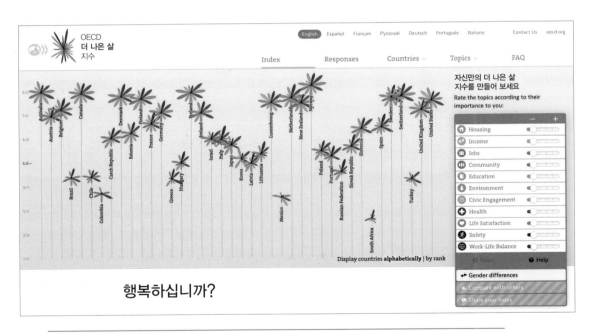

OECD에서 만든 대화형 비주얼 그래픽을 통해 "더 나은 삶"이 무엇을 의미하는지에 대한 다양한 척도와 정의를 탐색할 수 있다. 막대 차트 같은 표준적인 차트를 사용했다면 상호 비교는 쉬울지 몰라도 이만큼 흥미롭지는 않았으리라. (출처: OECD)

비표준 그래프는 언제 사용해야 할까? 비표준 그래프는 데이터의 정확한 판독이 어려우므로 학술적 목적에는 대체로 부적합하다. 정확성이 가장 중요한 학술적 문헌은 데이터값을 명확하고 효율적으로 비교할 수 있어야 한다. 학술적 용도가 아니라 제목처럼 사용되는 그래픽이나 독립형 그래픽, 블로그 게시물, 간추린 설명이나 요약 자료, 소셜 미디어용이라면 시선을 끌어 주장, 데이터, 콘텐츠가 전달되도록 약간은 차별화된 그래프를 만드는 것이 좋다.

예술가이자 저널리스트인 하이메 세라 팔로우Jaime Serra Palou의 작업은 표준에서 벗어난 창의적인 데이터 시각화의 멋진 예이다. 그는 커피잔 자국으로 1년 간의 일별 커피 소비량을 표시했다. 더 많은 카페인을 필요로 했던 시기가 한눈에 보인다. 같은 데이터를 꺾은선 차트로 그렸다면 과연 이만큼의 흥미를 끌었을까?

때로는 표준에서 벗어나 눈길을 끄는 그래픽과 친숙한 그래프를 병용할 수 있다. 청중에 따라 발표 내용과 방법은 달라진다. 하이메 세라의 작품은 커피 소비량을 다루는 서

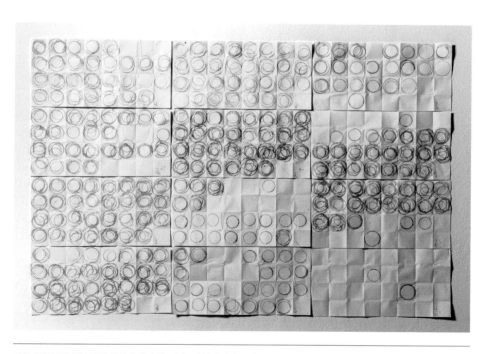

예술가이자 저널리스트인 하이메 세라 팔로우는 자신이 마신 커피잔 자국으로 일 년간 마신 커피의 양을 표시했다.

적이나 보고서의 표지 이미지로 사용할 수 있고, 상세 데이터는 표준 차트나 표로 나타낼 수 있다. 일부 학술 연구에 따르면 사용자가 (자신의 정보를 입력해서) 콘텐츠를 개인화하게 하거나 그저 더 멋지다고 느끼게만 해도 그 내용을 적극적으로 검토하게 만드는 효과가 있다고 한다.

앤스컴의 4종 세트

통계학자 프란시스 앤스컴Francis Anscombe이 1973년에 발표한 앤스컴의 4종 세트Anscombe's Quartet는 데이터 시각화의 가치를 명확하게 보여준다. 그가 제시한 네 개의 도표는 통계 계산과 함께 그래프가 사용되면 데이터를 얼마나 잘 전달할 수 있는지를 입증한다.

아래 표에는 네 쌍의 데이터(x와 y)가 나열돼 있다.

표에 나타낸 데이터에는 몇 가지 기본 특징이 있다. 우선 세 데이터 묶음의 x값은 같다. 나머지 한 묶음의 x 값은 19 하나를 제외하고 모두 8이다. x는 모두 정수이고 y는 그렇

데이터 세트		1	1	2	2	3	3	4	4
변수		x	y	x	y	x	y	x	y
관찰 번호	1 :	10	8.0	10	9.1	10	7.5	8	6.6
	2 :	8	7.0	8	8.1	8	6.8	8	5.8
	3 :	13	7.6	13	8.7	13	12.7	8	7.7
	4 :	9	8.8	9	8.8	9	7.1	8	8.8
	5 :	11	8.3	11	9.3	11	7.8	8	8.5
	6 :	14	10.0	14	8.1	14	8.8	8	7.0
	7 :	6	7.2	6	6.1	6	6.1	8	5.3
	8 :	4	4.3	4	3.1	4	5.4	19	12.5
	9 :	12	10.8	12	9.1	12	8.2	8	5.6
	10 :	7	4.8	7	7.3	7	6.4	8	7.9
	11 :	5	5.7	5	4.7	5	5.7	8	6.9
평균		9.0	7.5	9.0	7.5	9.0	7.5	9.0	7.5
표본 분산		11.0	4.1	11.0	4.1	11.0	4.1	11.0	4.1
상관		0.816		0.816		0.816		0.817	
회귀선		y = 3 + 0.5x		y = 3 + 0.5x		y = 3 + 0.5x		y = 3 + 0.5x	

출처: 프란시스 앤스컴

앤스컴의 4종 세트로 알려진 이 예는 기본적인 패턴과 통계 특성을 파악하기가 얼마나 어려운지를 보여준다.

지 않다. 잘 보면 세 번째 묶음의 y값 중 12.7이 나머지보다 크다. 궁극적으로는 x와 y
의 관계를 이해하고 싶은 것인데도 대부분의 사람들은 각 묶음의 x와 y의 관계는 잘 언
급하지 않는다. 이 네 묶음의 기본 정보, 즉 x와 y의 평균, 분산, x와 y의 상관관계 및
회귀 방정식 모두 같다.

그러나 이 데이터를 그래프로 표시하면 각 묶음의 독특한 관계를 확인할 수 있다. 예컨
대 네 묶음 모두 양의 상관관계를 가지고, 두 번째 묶음에서는 숫자로는 파악하기 어려
웠던 곡선이 보이며, 12.7 및 19.0가 특이값[outlier]임을 알 수 있다.

원래의 표보다 이 네 개의 작은 그래프가 훨씬 더 기억에 남을 것이다. 분자생물학자인
존 메디나[John Medina]는 베스트셀러 『브레인 룰스[Brain Rules]』(프런티어, 2009)에서 "입력된
정보가 시각적일수록 인지 가능성과 회상 가능성이 높다."라고 썼다. 데이터와 콘텐츠
를 시각적으로 만들수록 독자가 더 많이 기억하고 사용하기를 기대할 수 있다.

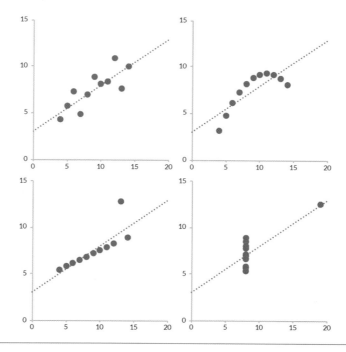

앤스컴의 4종 세트 데이터를 시각화한 것. x와 y의 양의 상관관계, 오른쪽 상단 그래프의 곡선 관계, 아래 두 그래프의 특이
값 등을 알아보기가 훨씬 더 쉽다. (출처: 프란시스 앤스컴 (1973))

시지각의 게슈탈트 원리

인간은 정보를 어떻게 지각하는가? 인식 능력의 작동 방식을 활용해 데이터를 더 효과적으로 전달하는 방법은 무엇일까? 그래프를 어떻게 지각하는지에 대한 통찰을 제공하는 이론 중 하나가 '게슈탈트 원리Gestalt Principles'다. 20세기 초 독일 심리학자들이 발전시킨 게슈탈트 원리는 인간이 시각적 요소를 묶음으로 지각하는 경향에 대한 설명이다. 이 분야의 연구는 독일 나치 정권의 부상과 2차 세계 대전으로 중단됐고, 전쟁 후에는 엄격한 방법론이 부족하다는 비판을 받았다. 그러나 이 이론은 정보 이론, 시각 과학 및 인지 신경 과학을 포함한 많은 분야에서 계속 연구되고 있다.

게슈탈트 원리의 여섯 가지 구성 원칙은 그래프와 시각 자료를 만들 때 독자들의 시각 처리 네트워크를 활용할 수 있어 대단히 유용하다.

근접성(Proximity)

우리는 서로 가까이 있는 사물을 같은 집합에 속한 것으로 지각한다. 같은 집합으로 묶을 수 있는 많은 그래픽 요소가 있다. 예컨대 데이터 포인트와 가까이 있는 레이블, 서로 붙어 있는 막대가 그렇다. 아래 그림처럼 산점도scatterplot에서 서로 근접한 점들이 두 개의 집합으로 분리된 것으로 보이는 양상도 그 예다.

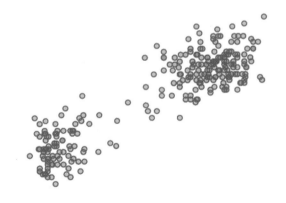

유사성(Similarity)

우리 두뇌는 같은 색, 모양 또는 방향을 공유하는 물체를 같은 집합으로 지각한다. 앞서 본 산점도에 색상을 추가하면 두 개의 집합이 더욱 두드러져 보인다.

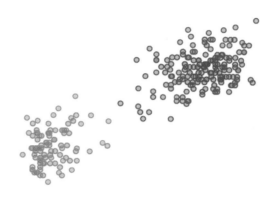

공동 영역과 울타리(Enclosure)

경계가 있는 요소는 같은 집합으로 지각된다. 색상을 다르게 한 것에 이어 원이나 다른 모양의 테두리를 그려 두 집합의 경계를 나타낼 수 있다.

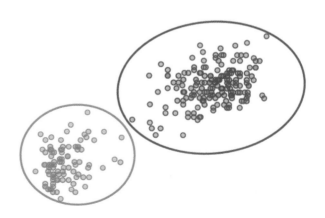

폐합(Closure)

우리의 뇌는 어떤 영역이 뚫려 있을 때 그 틈새를 지우고 구조를 완결시키려는 경향이 있다. 기본적으로 우리는 가로축과 세로축이 하나로 붙어 있는 간단한 그래프를 보는 데 어려움이 없다. 두 선만으로도 닫힌 공간을 정의하기에 충분하기 때문이다. 예를 들어 꺾은선 차트에서 데이터가 일부 누락된 구간을 상상을 통해 일직선으로 연결하는 경향이 있다. 물론 그 구간의 실제 값은 예상을 벗어날 가능성도 있지만 말이다. 아래 그림 중 왼쪽 예를 볼 때, 누락된 데이터가 실제로는 위아래로 굽이칠 수도 있겠지만 우리는 끊어진 부분을 상상을 통해 직선으로 이어 완성한다.

연속성(Continuity)

같은 방향으로 정렬되거나 서로 연속되는 객체는 하나의 집합으로 지각된다는 것이 연속성의 법칙이다. 우리의 눈은 일련의 모양이 이어지는 모습을 볼 때 매끈한 연결선을 찾아내려고 한다. 아래 막대 차트의 경우 막대가 레이블과 막대 하단 사이의 일관된 경로를 따라 정렬돼 있으므로 가로축이 그려져 있지 않아도 괜찮다.

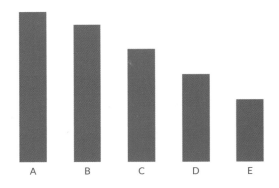

연결(Connection)

연결된 개체를 같은 집합의 구성 요소로 지각하는 것이 연결의 법칙이다. 아래 그림에서 처음에는 파란색 점으로 이뤄진 하나의 흐름으로 지각한다. 색상을 추가하면 두 가지 다른 흐름이 있음을 확인할 수 있다. 점을 서로 연결하면 초기에는 서로 비슷하게 움직이는 두 흐름이 점차 갈라지는 모습이 명확해진다.

  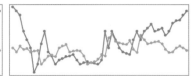

전주의적 정보처리

게슈탈트 이론의 일부인 '전주의적 정보처리preattentive processing' 개념은 내가 데이터 시각화 작업에서 가장 주의를 기울이는 부분이다. 앞서 살펴본 것처럼 인간의 눈은 한정된 시각적 특성만을 감지한다. 따라서 한 개체가 가진 다양한 특징을 결합해 이를 무의식적으로 단일 이미지로 지각한다. 이미지나 그래프의 특정 부분에 주의를 기울이게 만드는 특징을 전주의적 속성preattentive attributes이라고 부른다.

예를 들어, 다음 표에서 가장 큰 숫자 네 개를 찾아보라.

표 1. 당사의 올해 매출이 6억 달러로 증가함

	Q1	Q2	Q3	Q4
밥	26	35	72	84
엘리	22	15	61	35
제리	19	20	71	55
잭	22	95	13	64
존	83	62	46	48
캐런	30	65	98	82
켄	38	28	45	71
로렌	98	81	41	63
스티브	16	50	23	41
벨러리	46	24	30	57
합계	**$400**	**$475**	**$500**	**$600**

꽤 어렵지 않은가? 이제 색상(왼쪽)과 명도(오른쪽)를 이용해 네 숫자를 강조한 그림에서 다시 찾아보라.

표 1. 당사의 올해 매출이 6억 달러로 증가함

	Q1	Q2	Q3	Q4
밥	26	35	72	84
엘리	22	15	61	35
제리	19	20	71	55
잭	22	95	13	64
존	83	62	46	48
캐런	30	65	98	82
켄	38	28	45	71
로렌	98	81	41	63
스티브	16	50	23	41
벨러리	46	24	30	57
합계	$400	$475	$500	$600

표 1. 당사의 올해 매출이 6억 달러로 증가함

	Q1	Q2	Q3	Q4
밥	26	35	72	**84**
엘리	22	15	61	35
제리	19	20	71	55
잭	22	**95**	13	64
존	83	62	46	48
캐런	30	65	**98**	82
켄	38	28	45	71
로렌	**98**	81	41	63
스티브	16	50	23	41
벨러리	46	24	30	57
합계	$400	$475	$500	$600

전주의적 속성 덕분에 특정 숫자에 눈길을 주게 된다.

앞의 표보다 뒤의 두 표에서 숫자를 찾기가 더 쉬운 이유는 색상 및 무게 등의 전주의적 속성을 활용해 부호화했기 때문이다. 그런 차별화는 주요 숫자를 쉽게 식별하는 데 도움이 된다.

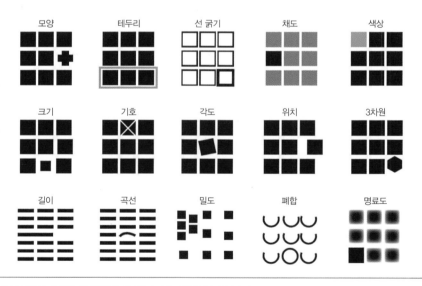

독자의 주의를 끌기 위해 시각화에서 사용할 수 있는 전주의적 속성의 예

전주의적 속성은 주변에 비해 두드러져 보이는 효과를 낸다. 모양, 선 굵기, 색상, 위치, 길이 등, 독자의 시각 처리 네트워크를 활용해 관심을 끄는 방법은 다양하다.

전주의적 속성은 사진에서도 활용된다. 아래의 과일과 채소의 사진을 보라. 왼쪽 사진에서 시선은 오른쪽 상단으로 향한다. 오른쪽 상단에 있는 토마토는 나머지 토마토보다 약간 크고 따로 떨어져 있다. 한편, 오른쪽 사진에는 시선을 이끄는 특정 방향이 없다. 이 사진은 균등한 배분에 의해 한 물체가 다른 물체에 비해 더 두드러지지 않는다.

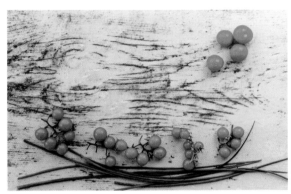 

왼쪽 사진은 오른쪽 상단의 네 개의 토마토로 시선이 향한다. 오른쪽 사진은 균등한 배분이 이뤄져 어느 특정 영역으로 시선이 모아지지 않는다. (사진 출처: 언스플래시(Unsplash.com), 노드우드 팀스(Nordwood Themes)(왼쪽)와 팀 고우(Tim Gouw)(오른쪽))

이런 속성을 데이터 시각화에 적용할 수 있다. 꺾은선 차트는 점의 위치를 사용해 데이터를 나타내는 반면 막대 차트는 길이를 사용한다. 전주의적 속성을 활용해 그래프의 특정 내용에 청중의 시선을 끌 수 있다.

예를 들어, 다음 그림에서 왼쪽 꺾은선 차트의 '예측' 영역을 회색 상자로 둘러싼다. 그러면 그래프의 오른쪽으로 시선을 끌 수 있다. 마찬가지로 오른쪽 산점도에서 (나머지 점들은 회색으로 둔 채) 색상을 사용해 몇 개의 점을 강조할 수 있다.

미국의 실질 GDP 성장율은 감소해 1.7% 부근에 안착할 것으로 예상

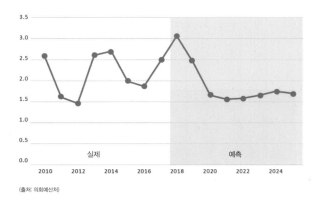

(출처: 의회예산처)

일인당 GDP와 불평등의 관계

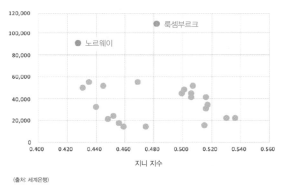

(출처: 세계은행)

간단한 전주의적 속성을 적용해 왼쪽 그래프의 '예측' 영역과 오른쪽 그래프의 두 특정 국가에 시선을 두게 할 수 있다.

나가며

지각과 관련된 기본 규칙은 시각화 과정에서 데이터를 부호화하고 강조하는 방법을 깊이 이해하고 해석하는 데 유용하다. 데이터 시각화에 쓰이는 여러 종류의 그래프를 살펴보기에 앞서 효과적인 데이터 시각화에 필요한 기본 지침을 좀 더 알아보자. 어떤 종류의 그래프를 작성하든 이런 지침은 반드시 유념해야 한다.

더 나은 데이터 시각화를 위한
5가지 지침

데이터 시각화 작업을 할 때는(그것이 정적이든 대화형이든, 보고서나 블로그 게시물 또는 트윗의 일부이든) 다음 다섯 가지 기본 지침에 유념하라.

1. 데이터를 보여줘라.
2. 어수선함을 줄여라.
3. 그래픽과 텍스트를 통합하라.
4. 뒤죽박죽 차트를 피하라.
5. 회색으로 시작하라.

데이터를 보여주고 어수선함을 줄이려면 데이터를 가리는 과도한 격자선, 기호, 음영 등을 없애야 한다. 능동적인 제목, 더 나은 레이블, 유용한 주석 등을 활용하면 차트와 텍스트를 통합할 수 있다. 데이터 계열이 많아 차트가 조밀해진다면 색상을 엄선해서 중요한 계열을 강조할 수 있다. 또는 하나의 조밀한 차트를 여러 개의 작은 차트로 나눌 수도 있다.

이 다섯 가지 지침은 독자가 필요로 하는 것이 무엇인지, 그리고 시각 자료를 통해 어떻게 이야기를 전달할 수 있을지를 계속 생각하게 해준다.

지침 1: 데이터를 보여줘라

독자가 당신의 주장과 이야기를 이해하려면 우선 데이터를 볼 수 있어야 한다. 모든 데이터를 표시해야 한다는 뜻이 아니라 핵심 주장을 뒷받침하는 중요한 데이터를 뚜렷하게 강조해야 한다는 의미다. 보여줄 데이터의 양을 결정하고, 이를 표시하기 위한 최선의 방법을 선택하는 것이 차트 제작자의 과제다.

아래의 미국의 점밀도 지도^{dot density map}를 보라(이 유형에 대한 자세한 내용은 275페이지를 참조하라). 2010년도 미국 인구 조사 데이터를 사용해 인구 조사 구역 내의 3억 8천만 거주자 각각에 대해 점을 표시했다(인구 조사 구역은 대략 도시 구역에 해당함). 이미지에는 오직 데이터만 표시됐다. 주 경계, 도로, 도시 표식, 호수와 강 표지 등은 표시되지 않았다. 그러나 국경과 해안을 따라 사람들이 거주하는 특성 때문에 국가의 모양이 표시돼 이것이 미국임을 알아보는 데는 어려움이 없다.

그렇다고 언제나 모든 데이터를 표시해야 한다는 뜻은 아니다. 차트에 표시된 데이터가 너무 많아 어느 데이터 요소가 중요한지 파악하기 어려운 경우도 있다. 45페이지의

게슈탈트 원리의 유사성 법칙으로 미국 전역에 흩어진 주민들의 결집된 양상을 볼 수 있다. (출처: ©2013, Weldon Cooper Center for Public Service, Rector and Visitors of the University of Virginia. 창작자: 더스틴 A. 케이블(Dustin A. Cable))

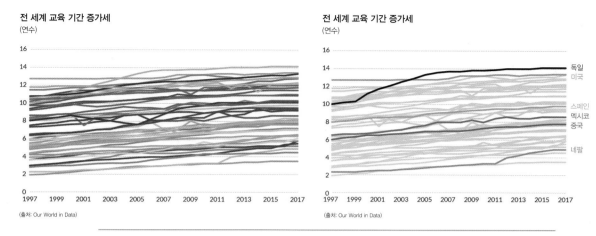

전 세계 교육 기간 증가세
(연수)

전 세계 교육 기간 증가세
(연수)

독일
미국

스페인
멕시코
중국

네팔

(출처: Our World in Data)

(출처: Our World in Data)

오른쪽 도표처럼 몇몇 국가를 강조하면 내용을 이해하기가 더 쉬워진다.

두 개의 꺾은선 차트는 전 세계 50개국의 평균 교육 기간을 보여준다. 왼쪽 그래프는 국가별 고유 색상이 지정돼 있는데, 오히려 복잡하고 혼란스러워 특정 국가의 추세 확인이 불가능하다. 오른쪽 그래프는 관심있는 여섯 개 국가만 강조되고 나머지는 회색으로 처리돼 중립적인 배경 역할을 한다. 이렇게 하면 강조하고 싶은 국가를 명확하게 보여줄 수 있다. 최소한의 데이터를 표시하는 것이 아니라 가장 중요한 데이터를 표시하는 것이 핵심이다.

지침 2: 어수선함을 줄여라

불필요한 시각 요소는 핵심 데이터에 대한 주의를 흐트러뜨리고 페이지를 어수선하게 한다. 차트에서 피할 잡동사니는 다양하다. 우선 진한 눈금과 격자선은 대체로 없는 편이 낫다. 일부 그래프는 정사각형, 원, 삼각형 등의 데이터 표식으로 계열을 구분하지만 표식이 겹치면 혼란스럽다. 단색으로 해도 충분한데 굳이 그라데이션이나 패턴을 사용하는 것도 문제다. 간혹 불필요하게 3차원 그래프를 써서 데이터를 왜곡하기도 한다. 너무 많은 텍스트와 레이블이 그림을 복잡하게 만들고 데이터를 읽기 어렵게 만드는 경우도 있다.

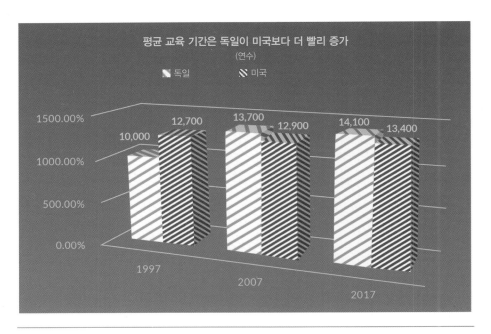

평균 교육 기간은 독일이 미국보다 더 빨리 증가
(연수)

■ 독일   ◈ 미국

10,000 12,700 13,700 12,900 14,100 13,400

1500.00%
1000.00%
500.00%
0.00%

1997   2007   2017

종종 볼 수 있는 이런 류의 3차원 그래프는 집중해서 보기도, 읽기도 어려울 뿐 아니라 데이터를 왜곡시키기까지 한다.

미국과 독일의 평균 교육 기간에 대한 3차원 세로 막대 그래프를 보라.

설마 이 정도로 차트를 이상하게 꾸미는 경우는 없을 거라고 생각했다면, 틀렸다. 이 그림은 실제 차트의 스타일을 그대로 옮겨온 것이다. 3차원 막대와 일렁이는 줄무늬, 일치하지 않는 데이터와 축 레이블, 실재하지 않는 데이터 정밀도를 암시하는 소수점 표시 등, 이 모두가 결합돼 읽기 어렵고 불편하기 짝이 없는 그래프를 만들었다. 또한 3차원 표시가 데이터를 어떻게 왜곡하는지 눈여겨보라. 첫 번째 막대는 격자선과 정확히 일치해야 하지만 격자선에 닿지 않는다. 불필요한 3차원 표시 때문에 그래프에 원근 감이 추가돼 왜곡이 발생한다. 데이터를 표시할 때는 핵심과 무관한 요소를 제거해서 그래프를 단순화하면 전달 의도가 명확해지고 이해하기 쉬워진다.

사람의 지각 능력과 눈과 뇌의 작동 방식에 대한 이해는 과학적 연구에 기반을 두고 있다. 하지만 데이터를 시각화할 때는 대체로 주관적 선택에 의존하는 경향이 있다. 즉 사용할 그래프의 유형, 레이블과 주석의 위치, 색상과 글꼴, 시각화 레이아웃 등의 선

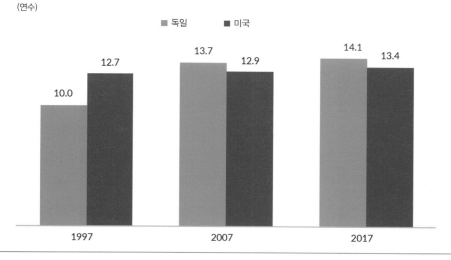

택은 대부분 주관적 취향을 따른다. 특정 그래프를 사용하면 안 되는 경우도 종종 있지만 그 외에는 대체로 각자의 재량에 맡기는 것이다. 시각화 작업 경험을 쌓고 더 많은 그래프를 접하면서 여러분은 고유의 안목과 미적 감각을 발달시키고 예술과 과학 사이의 균형을 찾을 수 있을 것이다.

지침 3: 그래픽과 텍스트를 통합하라

시각화 작업의 주된 초점은 막대, 점, 선 등의 그래픽 요소다. 그러나 그래프 안팎의 텍스트 역시 중요하다. 텍스트와 주석의 중요성을 간과하는 경우가 종종 있지만 텍스트를 적절하게 사용하면 그래프 내용을 해석하고 그래프를 읽는 방법을 설명할 수 있다. 「뉴욕타임스」의 데이터 편집자인 아만다 콕스Amanda Cox는 다음과 같이 말했다. "주석은 우리가 가장 신경 쓰는 층위layer다. 주석을 소홀히 한다면 독자에게 알아서 해독하라고 떠미는 꼴이나 다름 없다."

적절한 주석은 그래프를 이해하는 데 결정적 역할을 한다. 그래프와 시각 자료를 통합하는 세 가지 방법은 범례 제거, 능동적인 제목 만들기, 세부 정보 추가다.

1. 가급적 범례를 제거하고 데이터에 직접 레이블을 표시하라

먼저 살펴볼 가장 쉬운 주석 유형은 범례^{legend}를 제거하고 데이터에 직접 레이블을 표시하는 방식이다. 대부분의 소프트웨어는 기본 설정으로 차트 주변에 범례를 표시하게 끔 돼 있다. 이런 방식은 각 선이나 막대를 레이블에 연결하기 위해 많은 노력을 하게 만든다. 이렇게 하기보다 데이터 계열에 직접 레이블을 표시하는 편이 낫다.

다음에 나타낸 50개국의 평균 교육 기간에 대한 꺾은선 차트를 살펴보자. 왼쪽 그래프처럼 차트 주위에 범례를 표시하는 기본 방식 대신 오른쪽 그래프는 데이터 선 끝에 직접 레이블을 표시했다.

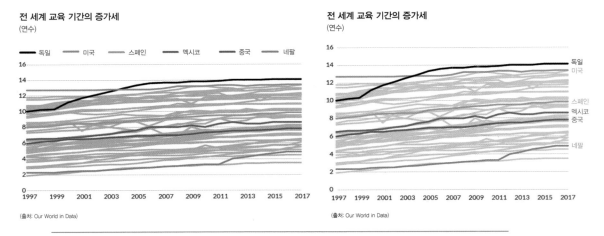

차트에 레이블을 직접 표시하면 데이터값에 대한 설명을 찾기가 더 쉽다.

선의 개수가 적은 그래프라면 레이블을 그래프에 직접 표시할 수 있다. 이 경우 레이블을 아무 데나 놓기보다 가지런히 정렬하는 편이 낫다. 다음 그림의 왼쪽 그래프는 레이블을 찾기 위해 시선이 많이 움직여야 한다. 또한 그래프의 제목을 가장 먼저 읽는 경

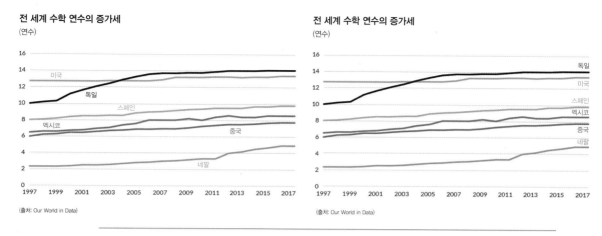

전 세계 수학 연수의 증가세
(연수)

전 세계 수학 연수의 증가세
(연수)

(출처: Our World in Data)

(출처: Our World in Data)

오른쪽 그래프처럼 레이블을 정렬하고 데이터 계열과 색상을 맞추는 것이 아무 데나 놓는 것보다 낫다.

향 때문에 가장 가까이 있는 미국 레이블이 붙은 데이터가 강조되는 효과를 가져온다. 오른쪽 그래프는 레이블이 가지런히 정렬돼 전체적으로 더 쉽게 읽힌다.

독일과 미국의 평균 교육 기간 막대 차트에 레이블을 표시할 때도 마찬가지다. 국가가 두 개뿐인데 범례를 데이터로부터 분리하는 대신 막대 안에 레이블을 추가하거나 그래프 제목 자체에 색상을 써서 제목을 그래프와 연결하는 방법도 있다.

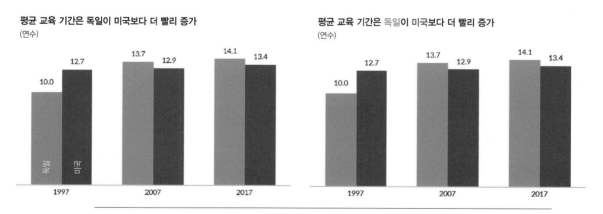

평균 교육 기간은 독일이 미국보다 더 빨리 증가
(연수)

평균 교육 기간은 독일이 미국보다 더 빨리 증가
(연수)

그래프에 레이블을 통합하는 두 가지 예를 나타냈다. (출처: Our World in Data)

텍스트와 데이터를 통합하는 것은 독자를 더욱 배려하는 선택이다. 독자에게 모든 선을 꼭 보여줘야 할까? 모든 선을 표시하면 오히려 더 복잡해지지 않을까? 산점도의 모든 점에 레이블을 지정해야 할까? 아니면 몇 개의 점을 강조하는 것으로 충분할까? 독자가 내용을 쉽고 빠르게 이해할 수 있는 레이블과 차트 요소의 통합 방법을 찾아야 한다.

항상 범례를 제거해도 되는 것은 아니다. 여러 범주가 있는 막대 차트, 또는 여러 색상이 사용된 지도에는 범례가 필요하다. 차트에 직접 레이블을 표시하면 너무 혼잡스럽기 때문이다. 이 때 적어도 데이터와 범례의 순서가 서로 일치해야 한다. 아래 사회보장 자문위원회Social Security Advisory Board의 꺾은선 차트에서 선 순서와 범례 순서의 불일치에 주목하라. 선과 레이블 사이를 시선이 오가야 하고 서로의 순서를 파악해야 해서 번거롭다. 디자인이 수정된 버전은 불필요한 데이터 표식과 과도한 격자선을 없애고 선 옆에 레이블을 직접 표시해 범례를 차트에 통합했다.

모든 그래프에서 범례를 제거할 수는 없지만, 가급적 데이터와 레이블을 연결하고자 노력해야 한다. 이를 위한 첫 단추가 데이터 계열에 레이블을 지정하는 것이다.

장애 보험 수당(DI)와 생활 보조금(SSI) 지급율은 지난 25년간 서로 나란히 움직였다.
(%)

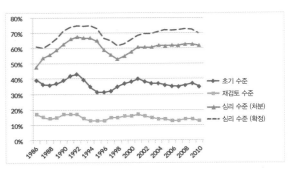

장애 보험 수당(DI)와 생활 보조금(SSI) 지급율은 지난 25년간 서로 나란히 움직였다.
(%)

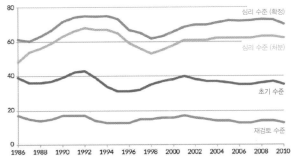

왼쪽 차트에서 선과 범례의 순서 불일치에 주목하라. 새롭게 디자인된 차트에서는 불필요한 어수선함을 없애고 레이블을 선에 직접 표시했다. (출처: 사회보장 자문위원회, 2012년 2월)

2. 신문 헤드라인처럼 제목을 작성하라

대부분의 제목은 중립적인 서술문 형태로 쓰인다. 예컨대 "그림 1. 남성과 여성의 노동 시장 참여율, 1950-2016"과 같은 식이다. 그러나 차트의 요점을 포착해 데이터에서 도출되는 결론을 알려주는 편이 제목으로서 더 바람직하다. 이것을 '능동적 제목' 또는 '헤드라인 제목'이라고 부른다. 기존에 출간한 프레젠테이션 책에서 나는 저자 카마인 갈로^{Carmine Gallo}의 조언을 따라 발표 슬라이드에 "트위터와 같은 헤드라인"을 사용하라고 조언했다. 슬라이드와 차트가 주장하는 내용을 쉽게 이해할 수 있도록 간결하고 능동적인 문구를 제목으로 사용하라는 뜻이다. 전달하려는 요점이나 주장 대신 데이터 자체를 설명하는 제목을 적는 일이 얼마나 많은가?

퓨 리서치 센터^{Pew Research Center}에서 만든 아래 그림의 제목을 "남성과 여성의 노동 시장 참여율, 1950-2016"이라고 한다면 이는 그래프의 데이터를 정확하게 설명하지만

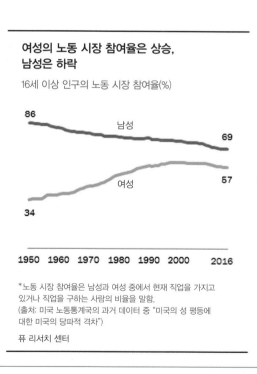

여성의 노동 시장 참여율은 상승,
남성은 하락

16세 이상 인구의 노동 시장 참여율(%)

*노동 시장 참여율은 남성과 여성 중에서 현재 직업을 가지고 있거나 직업을 구하는 사람의 비율을 말함.
(출처: 미국 노동통계국의 과거 데이터 중 "미국의 성 평등에 대한 미국의 당파적 격차")

퓨 리서치 센터

퓨 리서치 센터의 이 차트에 사용된 능동적인 제목은 이 자료로부터 무엇을 배울 수 있는지 명확하게 말해준다.

1950~2016년 기간 중 남성과 여성의 노동 시장 참여율에 대해 무엇을 배워야 하는지는 설명하지 못한다. 퓨 리서치 센터에서 사용한, 보다 능동적인 제목인 "여성의 노동 시장 참여율은 상승, 남성은 하락"은 그래프에서 무엇을 배울 수 있는지를 구체적으로 알려준다.

과연 사람들이 제목을 읽기나 할까? 2015년 하버드 대학 연구진에 따른 결론은 다음과 같았다. "제목과 텍스트는 사람들의 관심을 끌고, 부호화 중에도 의식 속에 계속 머물고, … 이해와 회상에 도움을 준다." 사람들이 실제로 제목과 텍스트를 읽는다면 차트만큼이나 제목에 공을 들여야 한다.

'능동적인' 제목은 일방적이거나 편파적으로 보이지 않을까? 능동적인 제목이 결과를 충실하게 표현하고 그래프의 메시지를 나타내기 위해 사용된다면 그렇지 않다. 능동적인 제목이 편향적인 인상을 줄 것을 우려해 반대하는 이들도 있었다. 그러나 그들이 만든 차트에는 대체로 주변 텍스트에 그래프의 내용과 데이터 해석 방법이 적혀 있었다. 어차피 그들의 주장은 그래픽 옆에 있었다. 다만 앞서 본 범례처럼 차트와 분리돼 있을 따름이었다.

능동적인 제목은 우리를 편파적으로 만들지 않는다. 서술적인 제목은 명확하고 설득력 있는 주장을 전달할 기회를 낭비한다. 물론 언제나 짧고 능동적인 제목을 사용할 수 있는 것은 아니다. 주장하는 바가 여럿이거나 단순히 데이터를 설명하는 것이 차트의 유일한 목적이라면 능동적인 제목이 맞지 않을 수 있다. 그러나 일반적으로는, 주장을 그래프와 통합하는 편이 보다 응집력 있는 접근 방식이다.

위의 예에서 퓨 리서치 센터는 독자가 그래프의 요지를 찾아내도록 맡기지 않았다. 그러나 제목 안에 주장을 담았다고 해서 결과를 편향한 것은 아니다. 그들은 단순히 시각 자료의 핵심 내용을 전면에 드러냈을 뿐이다.

간결하고 능동적인 제목을 짓기 어렵다면 그 차트에 요점이 없거나 그래프를 통해 무엇을 전달하고 싶은지 결론을 내지 못했다는 신호일 수 있다.

3. 설명문을 추가하라

차트를 만들고 제목이 정해지면 스스로에게 물어보라. '이 차트에 설명문을 추가하면 도움이 될까?'

때로 데이터 세트에는 설명을 필요로 하는 국소 최댓값(피크), 국소 최솟값(밸리), 특이값(아웃라이어), 변동 등이 있다. 그래프에 상세 설명을 추가하면 주장을 강화하고, 흥미로운 부분을 강조하고, (특히 비표준 그래프라면) 차트를 읽는 방법을 설명할 수 있다.

미국에서 '닐Neil'이라는 이름의 인기도를 보여주는 아래의 꺾은선 차트를 보자. 이 차트는 영국의 데이터 시각화 컨설턴트 닐 리처즈Neil Richards가 만들었다. 왼쪽의 단순한 꺾은선 차트를 만들기는 쉽다. 데이터의 계열도 하나뿐이다. 그런데 궁금한 점이 생긴다. 1960년대 후반 감소 추세가 역전된 이유는 무엇일까? 70년대 들어 반등한 이유는? 그리고 2000년대 초 감소 추세가 둔화된 이유는 뭘까?

이제 간단한 설명문이 있는 두 번째 버전을 보자. 1960년대 후반 급등한 이유는 닐 암스트롱Neil Armstrong의 달 착륙, 그리고 1970년대는 닐 영Neil Young, 닐 세다카Neil Sedaka, 닐 다이아몬드Neil Diamond 같은 뮤지션의 인기 때문일 수 있다. 2000년대 중반, 감소 추

닐 리처즈가 만든 오른쪽 차트의 짧은 설명문이 데이터의 기본적인 특징을 잘 설명해 준다.

세의 둔화는 닐 디그래스 타이슨Neil DeGrasse Tyson 같은 '현대의 닐' 때문일 수 있다. 이런 주석은 복잡하지 않으며, 까다로운 프로그래밍이나 디자인 기술이 필요 없다. 이런 주석은 데이터상의 흥미로운 특징을 간결하게 설명해 주는 배려다.

주석을 사용하면 데이터 시각화에 익숙하지 않은 독자가 내용을 빠르게 파악하고 이해할 수 있다. 아래 「로스앤젤레스 타임스Los Angeles Times」의 거품 차트는 주석 추가의 훌륭한 예다. 캘리포니아의 약 35개 도시에 대해, 가로축에는 강력범죄율의 변화를, 세로축

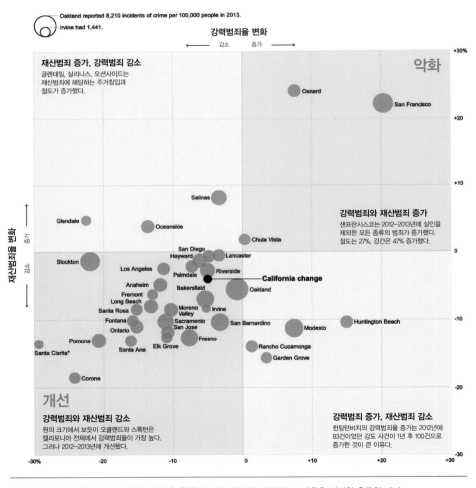

「로스앤젤레스 타임스」의 이 그래프는 주석을 활용해 그래프를 읽는 방법과 그 내용을 설명한 훌륭한 예다.

에는 재산범죄율의 변화를 표시했다. 대부분의 「LA 타임스」 독자는 거품 플롯 전문가가 아닐 것이므로 그래프 형식과 내용을 쉽게 파악할 수 있도록 주석이 추가됐다.

이해를 돕기 위해 색상과 주석을 사용한 점에 주목하라. 우측 상단 사분면은 붉은색을 배경으로 악화라는 단어가 큰 빨간색 글자로, 좌측 하단 사분면은 파란색을 배경으로 개선이라는 단어가 큰 파란색 글자로 쓰였다. 우측 상단의 도시는 악화, 좌측 하단의 도시는 개선됐음을 한눈에 알 수 있다. 간결하고 굵은 헤드라인(좌측 하단 사분면의 "강력 범죄 및 재산범죄율 감소")은 변화의 핵심 내용을 설명한다. 그 아래에 몇몇 도시에 대해 전년도의 상황을 요약한다. 이 예는 그래프를 읽는 방법을 설명하는 동시에 그 내용을 이해하는 방법까지 설명하는 작업을 훌륭하게 해냈다.

「파이낸셜 타임스Financial Times」의 대화형 데이터 저널리스트인 존 번머독John Burn-Murdoch 은 2016년 인터뷰에서 이렇게 말했다. "주석 레이어는 '비주얼 저널리즘'에서 '저널리즘'이 실제로 이뤄지는 곳이다. 그래픽 제작은 취재원 인터뷰와 같다. 취재된 내용 중에서 독자가 알아야 할 내용을 고르는 일은 당신 몫이다." 모두가 기자는 아니지만 중요한 내용, 독자가 꼭 알았으면 하는 내용이 명확하게 전달되게끔 하는 방법을 찾는 일은 누구나 할 수 있다.

지침 4: 뒤죽박죽 차트를 피하라

정보가 지나치게 많은 그래프는 바로 알 수 있다. 얽히고 설킨 꺾은선 그래프, 수십 가지 색상과 아이콘으로 뒤덮인 지도, 막대가 끝없이 늘어서서 어지러운 차트가 그런 예다. 하나의 그래프에 많은 데이터를 담아야 하는 난관을 만나는 경우도 있지만 사실 모든 데이터를 하나의 그래프로 압축하지 않아도 된다.

차트 상의 과잉 정보 문제를 해소하는 방법으로 차트를 작은 부분으로 분할하는 방법이 있다. 격자 차트grid chart, 패널 차트panel chart, 패싯facets, 트렐리스 차트trellis charts, 소형 다중 구성small multiples 등의 다양한 이름으로 불리는 이 방법은 동일한 척도, 축, 범위를 사용하되 데이터를 여러 개체에 분산시킨 작은 차트의 묶음이다. 즉, 모든 데이터

최고 기온을 기록한 열 개 연도 중 아홉은 2000년 이후에 있었다

2018년은 기온 측정 개시 이래 가장 더운 해였다—연평균 기온 10.5℃.
가장 추웠던 해는 1940년(6.6℃)이었다.

(출처: 독일기상청(DWD), 자체 계산)

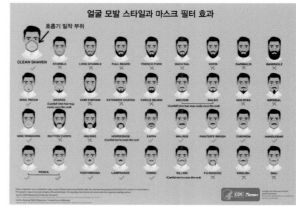

작은 단위의 반복인 소형 다중 구성(small multiples)을 보여주는 두 가지 예. 차이트 온라인(Zeit Online)에서 가져온 왼쪽 그래프는 과거 140년간 독일의 평균 기온을 보여준다. 미국 질병통제예방센터(CDC)에서 가져온 오른쪽 그래프는 얼굴 모발이 마스크의 밀착도에 미치는 영향을 보여준다. 두 그래픽 모두 게슈탈트 원리 중 연결의 법칙을 통해 이어지는 이미지의 변화를 이해할 수 있다.

를 하나의 그래프에 넣지 않고 여러 개의 작은 버전을 만드는 것이다.

데이터 전달에서 소형 다중 구성 방식은 사실 예전부터 있었다. 1878년 사진작가 에드워드 머이브리지Eadweard Muybridge(58페이지 참조)는 달리는 말이 완전히 공중에 떠 있는지를 확인하는 임무를 맡았다. 그는 달리는 말의 고속 연속 사진(오늘날에는 스톱 모션이라고 부름)을 찍는 기술을 개발했다. 그의 사진은 말이 실제로 땅에서 완전히 떠있음을 증명했다. 애니메이션 느낌을 주는 일련의 사진 이미지는 소형 다중 구성의 초기 사례다.

소형 다중 구성 방식에는 적어도 세 가지 장점이 있다. 첫째, 독자가 하나의 차트를 읽는 방법을 이해하면 모든 차트를 읽는 방법을 알게 된다. 둘째, 많은 정보를 표시하되 독자를 헷갈리지 않게 할 수 있다. 셋째, 소형 다중 구성을 사용하면 여러 변수 간 비교가 가능하다. 아래 「가디언The Guardian」의 예는 영국의 브렉시트Brexit 결의안에 대한 2016년 투표 결과를 여섯 개의 다른 인구 통계 변수에 대해 보여준다. 가로축은 변경되지 않고 각 인구 통계 측정 값에 대해 관계의 지향성을 쉽게 확인할 수 있다.

주요 인구 통계 변수에 따른 지역 분포

주요 인구 통계 변수에 따른 각 지방 권역별 투표 결과를 비교해보면 몇 가지 양상이 명확하게 드러난다.
EU 잔류 찬성에 대한 가장 강력한 예측 변수는 고학력자 비율이다.
대부분 추세에 대한 특이값이 있지만 스코틀랜드는 예외다.

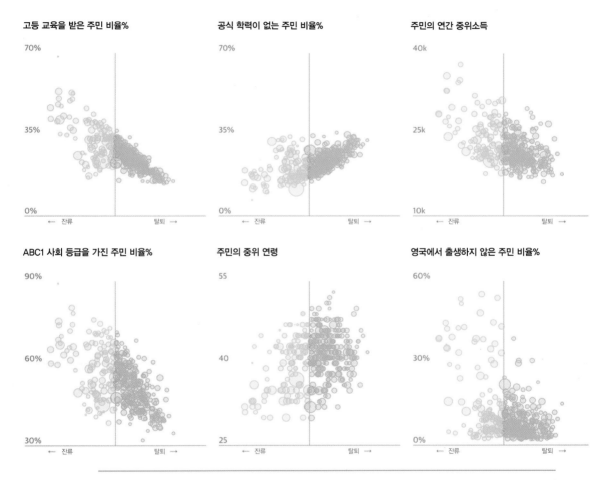

「가디언」의 소형 다중 구성 산점도는 투표 결과와 여섯 가지 인구통계 변수의 관계를 나타낸다. 게슈탈트 원리의 유사성에
따라 두 집단을 쉽게 구분할 수 있음에 주목하라.

사진 작가 에드워드 머이브리지는 1878년에 소형 다중 구성 방식을 사용해 달리는 말이 공중에 떠있는지 여부를 확인했다.

소형 다중 구성 방식은 잘못하면 시각 자료를 혼잡하게 만들 수 있으므로 주의가 필요하다. 첫째, 차트는 논리적 순서로 배열돼야 한다. 독자가 이리저리 헤매게 해서는 안된다. 지리적 위치나 알파벳 순서 등을 기준으로 한, 직관적인 배열을 사용하라.

둘째, 일관된 레이아웃, 크기, 글꼴 및 색상을 사용해야 한다. 하나의 차트를 여러 개로 분할하는 것이므로 하나의 차트가 여러 번 복제된 것처럼 보여야 한다. 세로 및 가로축은 변경될 수 있지만 파란색 점이 한 곳은 "아니요", 다른 곳은 "예"를 의미해서는 안된다. 셋째, 소형 다중 구성은 읽기 쉬워야 한다. 이 접근 방식의 목적은 독자가 그림을 확대해서 세부 사항을 샅샅이 확인하도록 요구하는 것이 아니라 전반적인 패턴을 볼 수 있게 만드는 데에 있다. 그래프는 의도적으로 작게 만들어졌으므로 주석 및 레이블, 축 레이블이나 데이터 기호 등이 반복되면 독자는 기가 질릴 수 있다.

지침 5: 회색으로 시작하라

다섯 번째로 명확하고 이해가 잘 되는 시각화를 손쉽게 만드는 실용적인 요령을 소개한다. 우선 회색으로 시작하라는 것이다. 그래프를 만들 때 우선 모든 데이터 요소를 회색으로 지정하라. 그러면 색상, 레이블 및 기타 요소를 사용할 때 목적에 맞는 선택을 할 수 있다.

앞서 본 평균 교육 기간 차트를 단순화해서 10개 국가만 나타낸 버전을 아래에 나타냈다. 색상과 레이블이 사용된 이 그래프(상단 왼쪽)는 보고서나 유인물에 사용 가능하

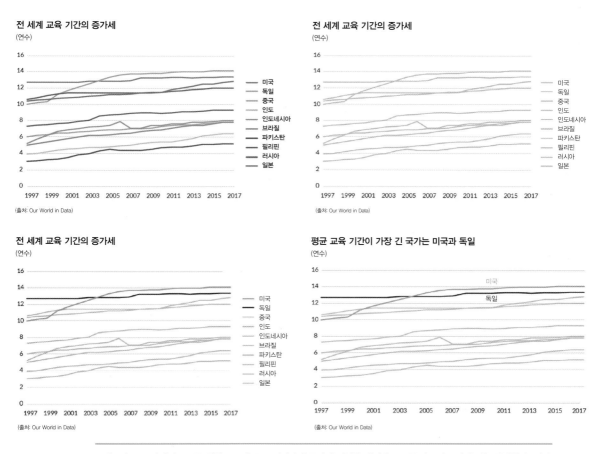

그래프의 모든 데이터 요소를 회색으로 해 두고 시작하면 독자의 관심을 어디에 두도록 만들지 목적에 맞는 선택할 수 있다.

며, 약간의 작업(그리고 좀 더 능동적인 제목)을 추가하면 어느 레이블이 어느 선에 해당하는지 파악할 수 있다. 하지만 모든 선을 회색으로 만들면(상단 오른쪽) 어느 국가가 어느 선으로 표시되는지 파악할 수 없다.

이제 이 그래프로 무엇을 할 것인지 정할 수 있다. 강조하고 싶은 두 국가만 주목하도록 색을 추가하고 선의 굵기를 변경할 수 있다. (하단 왼쪽처럼 모든 레이블을 그대로 두는 것보다 하단 오른쪽 버전처럼 선에 직접 레이블을 지정하는 편이 낫다.) 모든 요소를 회색으로 만들고 시작하면 전경에 넣을 요소를 목적에 맞게 선택할 수 있어 유익하다.

데이터 유형

모든 데이터 시각화의 기반은 데이터다. 데이터의 내용이 무엇인지, 데이터가 어떻게 수집됐는지, 데이터가 무엇을 알려주는지 이해하지 못한 채 시각화 작업을 한다면 그림을 그리는 것에 불과하다. 이 책은 데이터 유형 및 통계적 방법을 자세히 다루는 책은 아니지만 그래도 약간의 기초 이해가 있으면 그래프 유형 및 데이터 유형 정리에 도움이 된다.

데이터 유형은 크게 정량적 데이터와 정성적 데이터 두 가지로 나눈다. 정량적 데이터는 거리, 달러, 속도 및 시간과 같은 수치로 측정될 수 있다. 정성적 데이터는 수치가 아닌 정보로, 일반적으로 '예 또는 아니오', '만족 또는 불만족'과 같은 서술형 텍스트나 인터뷰 및 설문 조사의 긴 인용문, 구절 등이다.

주요 데이터 유형을 하위 범주로 더 세분화할 수 있다. 정성적 데이터에는 명목형(nominal) 척도와 서열형(ordinal) 척도가 있다. 명목형 척도는 변수에 레이블을 지정하는 데 사용되며 순서나 정량적 값을 가지지 않는다. 동물 유형의 데이터 세트에서 사자, 호랑이, 곰의 순서는 의미가 없다. 서열형 척도는 순서가 중요하지만 값을 비교할 때 정확한 크기를 알 수 없다. 예컨대 다음 중 하나를 선택하도록 요청하는 설문 조사를 생각해보자. 1. 매우 동의함. 2. 동의함. 3. 동의하지 않음. 4. 매우 동의하지 않음. 이런 선택은 순서를 정할 수 있지만 1과 2의 차이가 3과 4의 차이와 반드시 같은 것은 아니다.

정량적 데이터는 이산형(discrete)이거나 연속형(continuous)이다. 이산형 데이터는 더 나눌 수 없는 정수(자연수)다. 전국 평균이 2.30이라고 해도 정확히 2.3명의 자녀를 가진 사람은 없다. 연속형 데이터는 무게, 키, 온도와 같이 더 작은 단위로 나눌 수 있는 숫자다.

연속형 데이터는 간격(interval)과 비율(ratio)이라는 두 가지 주요 척도로 더 세분화될 수 있다. 이 둘의 차이는 계산할 수 있는지, 없는지다. 간격 척도를 사용하면 순서와 정확한 차이를 모두 알 수 있지만 실제 0 값은 없다. 즉, 간격 단위로 측정된 데이터를 더하거나 뺄 수 있지만 곱하거나 나눌 수는 없다. 전형적인 예는 화씨 온도이다. 10도에서 20도 사이의 차이는 70도에서 80도 사이와 동일하지만 0도는 절대적인 0이 아니라 하나의 실제 값이기 때문에 20도는 10도보다 두 배 더 덥다고 말할 수 없다.

비율 척도는 다른 모든 척도의 모든 특성과 함께 절대 0을 가진다. 따라서 모든 수학적 계산을 수행할 수 있다.

체중은 비율 척도의 좋은 예이다. 체중이 90킬로그램인 사람은 45킬로그램 나가는 사람보다 두 배 더 무겁고, 0킬로그램은 체중이 없는 사람이다.

데이터 평등 및 책임

이상 다섯 가지 지침은 효과적인 데이터 시각화의 기본 접근법이다. 이 책은 데이터 분석에 관한 책은 아니다(데이터 분석은 데이터를 어디서 어떻게 얻는지, 데이터의 통계적 속성을 어떻게 분석할 것인지 등을 다루고 통계 모델을 개발한다). 그러나 데이터를 다루는 사람은 시각화가 데이터 활용과 의사결정 방식에 큰 영향을 미칠 수 있음을 알아야 한다. 우리는 데이터 지식의 전달자로서 작업과 데이터를 신중하고 객관적으로 다룰 책임이 있다. 저변에 깔린 편견이나 오류, 심지어는 데이터를 생성한 사람조차 깨닫지 못하는 암묵적 편견 때문에 데이터가 오염될 가능성을 인식하는 것도 우리의 책임이다.

데이터가 편향되거나 대표성을 상실할 가능성은 많다. 캐서린 디그나지오^{Catherine D'Ignazio}와 로렌 클라인^{Lauren Klein}의 저서 『Data Feminism(데이터 페미니즘)』(MIT Press, 2020)은 데이터 과학의 표준 관행이 기존의 권력 불평등을 어떻게 강화하는지 설명한다. 그들은 데이터가 선과 악 모두에 어떻게 사용됐는지 탐구한다. 데이터는 불의를 폭로하고 건강과 정책을 개선하지만, 감시와 차별에도 사용된다. 데이터를 생성한 주체가 누구이며 누구를 위해 데이터를 생성했는지를 질문함으로써 우리는 데이터와 시각화 작업을 더 책임감 있게 감당할 수 있다.

많은 분야는 남성이 유일한(또는 아마도 가장 중요한) 참가자인 세계관을 기반으로 구축됐다. 캐럴라인 크리아도 페레스^{Caroline Criado Perez}는 『보이지 않는 여자들^{Invisible Women}』(웅진지식하우스, 2020)에서 기초적인 데이터에서조차 불평등이 존재하는 은밀한 실상을 파헤친다. 예컨대 일반 스마트폰의 길이가 5.5인치(14cm)인 것과 같은 경우다. (대다수 여성의 손과 바지 주머니 크기에 비해 너무 크다). 많은 사무실의 평균 온도는 여성 기준으로는 섭씨로 2-3도가량 낮게 설정돼 많은 여성이 춥다고 느낀다. 그 이유는 이상적인 온도를 결정하는 공식이 1960년대에 40세, 68킬로그램 남성의 기초대사율을 기반으로 개발됐기 때문이다. 더 어이없는 사례도 있다. 영국에서 심장 마비 환자 중 여성은 오진 확률이 50% 더 높거나, 자동차 충돌 테스트 인형이 남성의 신체를 기반으로 하는 방식과 같은 경우다. 남성이 차 사고를 일으키는 확률이 더 높지만 충돌 사고 발생 시 중상을 입을 확률은 여성이 거의 50% 더 높다.

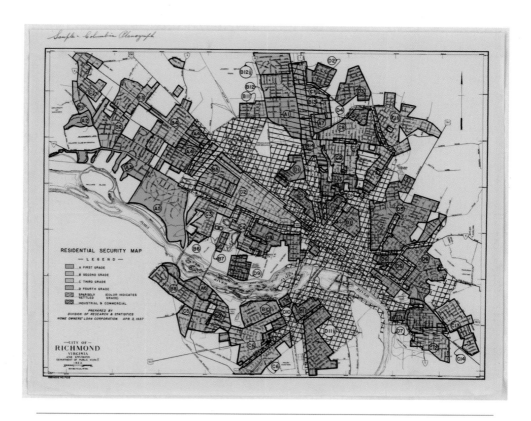

이 버지니아주, 리치몬드시의 경계지역 지정 지도(redlining map)는 데이터와 데이터 시각화가 조직적 차별화를 심화시키는 데 활용될 수 있음을 보여준다. 정보학자 사피야 우모자 노블(Safiya Umoja Noble)은 현대의 인터넷 검색 엔진과 기타 알고리듬은 새로운 종류의 차별화와 인종 프로파일링을 구현하고 있으며, 이는 현대적인 형태의 '기술적 경계지역 지정 지도'나 다름없다고 주장한다. (출처: 미국 국립문서기록관리청(National Archives))

비슷한 맥락에서 빅데이터, 머신러닝, 인공지능 시대는 점점 더 보이지 않는 알고리듬과 통계 기법을 사용한다. 이런 알고리듬을 제공하는 데이터와 모델 자체가 불평등을 지속시킬 수 있음에 대해 우리는 거의 알지 못한다. 수학자 캐시 오닐Cathy O'Neil은 저서 『대량 살상 수학 무기Weapons of Math Destruction』(흐름출판, 2017)에서 교사의 자질, 신용도, 재범 위험 등의 분야에서 알고리듬이 공공 정책의 차별적 모델을 구축하고 강화할 수 있음을 지적한다.

특히 데이터 시각화와 관련해서 결과물을 제시하는 방식에 근본적인 편견과 불평등이 내재될 수 있음을 알아야 한다. 데이터와 시각화가 차별을 위해 사용된 예로서, 미국 전역의 주택 감정 평가 임무를 맡은 연방 기관인 주택 소유자 대출 공사[HOLC, Home Owners' Loan Corporation]가 1937년에 제작한 버지니아 주 리치몬드 시의 지도를 보자(63페이지). 리처드 로스스타인[Richard Rothstein]은 저서 『부동산, 설계된 절망』(갈라파고스, 2022)에서 다음과 같이 썼다. "HOLC는 가장 안전한 지역은 녹색으로, 가장 위험한 지역은 빨간색으로 표시해 전국의 모든 대도시 지역에 대해 색상으로 구분된 지도를 만들었다. 아프리카계 미국인이 살고 있는 지역은 붉은 색으로 표시됐다. 그곳이 단독 주택으로 이뤄진 안정된 중산층 동네였는데도 말이다."

마지막으로, 문화권에 따라 특정 색상이 가지는 의미가 다르듯 시각 자료에 사용하는 언어 표현, 모양, 이미지 등에 대해서도 주의를 기울여야 한다. 다양성을 포용하는 언어와 이미지를 사용하고 있는가? 사람들이 직면한 문제에 대해 역사적, 사회적 맥락을 제공해야 하는 때는 언제인가? 접근성, 다양성, 포용성(12장 참조)의 발전과 더불어 데이터 시각화 분야는 이런 문제들과 씨름하고 있다.

코로나 바이러스 팬데믹이 데이터 시각화에 주는 교훈

이 책의 원고는 코로나 바이러스(COVID-19) 감염병이 세계를 휩쓸기 시작한 2020년 3월에 출판사에 전달됐다. 팬데믹이 확산되면서 엄청난 정치·경제·사회적 변화를 불러왔고 "곡선 평탄화(flattening the curve)"[1] 등의 신조어를 만들었다. 2020년 2월 말, 「이코노미스트(The Economist)」는 미국 질병통제예방센터의 자료를 바탕으로 데이터 저널리스트 로자문드 피어스(Rosamund Pearce)가 만든 그래픽을 게시했다. 이런 그래픽은 상대적으로 낯선 개념인 '사회적 거리두기'에 대한 이해를 일깨우고 실천을 촉진했다.

1 　방역 조치를 통해 확산 속도를 낮춰 일일 환자 발생수를 가용 의료자원 범위 내로 유지하는 방역 정책을 뜻함 – 옮긴이

정보를 제공하고 사람들을 계몽한 그래프가 있는가 하면, 데이터를 왜곡하거나 그릇된 정보를 퍼뜨리는 그래프도 많았다. 예를 들어, 한 원형 차트에는 11종의 질병의 감염률을 알수 없는 방법으로 합산해 100%가 되게 만들고, "COVID-19의 숫자는 대략적인 추정치로 남아 있다. 잠복기가 길어 얼마나 많은 사람이 감염됐는지 아직 알 수 없기 때문이다."라는 메모를 추가했다. 이것은 책임있는 데이터 시각화가 아니다.

전례 없는 코로나 바이러스의 확산은 전염병의 확산세를 실시간 데이터로 살펴볼 수 있는 기회를 제공했다. 그러나 너무 많은 사람이 COVID-19에 대해 알만큼 안다고 착각하고 그래프와 차트를 만들어서 문제가 생긴다. 공중 보건 전문가와 전염병학자와 의사는 의료 시스템 및 질병 전파 모델링에 대한 훈련, 경험, 통찰력을 가지고 있으므로 유용한 데이터와 정보를 제공할 수 있다. 그러나 해당 영역의 전문 지식이 없는 사람들이 시각화 작업을 하면서(비록 의도는 좋았지만) 상황을 악화시키는 경우가 있다.

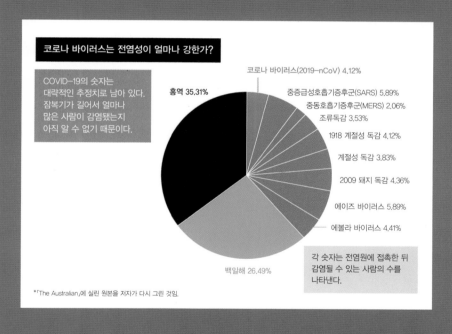

우리는 종종 자신의 전문 분야를 벗어난 주제의 시각화 작업을 요청받는다. 때로 이것은 다양한 시각화 형태와 기능을 탐색하고 새로운 도구를 사용해 볼 기회가 될 수 있다. 하지만 우리 능력 밖의 분야를 만나기도 한다. 데이터를 완전히 이해하지 못할 수 있다.

데이터 사전을 읽거나 데이터 수집 방법을 살펴봐도 어떻게 데이터가 모델링되거나 시뮬레이션 됐는지, 또는 수집 방법의 신뢰성을 충분히 알지 못할 수 있다.

평소 시각화 작업 연습으로 실업률, 주거 형태 대안, 부의 분배 등의 문제를 다뤘지만 바이러스 팬데믹처럼 생사가 걸린 사건을 다루는 일은 좀처럼 없었다. 이런 상황에서는 우리의 작업이 어떤 오해를 불러일으킬 수 있는지, 그것이 독자의 생각과 행동을 어떻게 바꿀 수 있는지에 대해 특별히 주의를 기울여야 한다.

그 반대 경우도 마찬가지다. 전염병학자는 질병 확산 모형에 대해 잘 알지만 모형을 시각화하거나 전문 용어를 풀어 설명하고, 중요한 데이터 포인트에 주석을 추가하는 방법은 잘 모를 수 있다. 그런 이유에서 과학자는 데이터 시각화 전문가와 그래픽 디자이너에게 도움을 청해 독자가 이해할 수 있는 시각화를 만들어야 한다.

더 나은 방법이 있다. 우리의 제한된 지식으로 모든 주제와 모든 데이터 세트를 너끈히 다룰 수 있다고 자만하지 말고, 다른 이들과 협력하기 위해 노력해야 한다. COVID-19의 경우 어설픈 지식은 오히려 치명적인 결과를 초래할 수 있다. 자신을 언론인이라고 생각하고 각 분야별 전문가의 협조를 구한다면 우리가 구성한 팀, 그룹, 조직을 통해 더 나은 데이터, 더 나은 시각화, 더 나은 결정을 도출할 수 있을 것이다.

다음 단계

이 장에서는 데이터 시각화에 관한 기본 지침과 지각 규칙을 배웠다. 이를 바탕으로 데이터 시각화 역량을 확장할 준비가 됐다. 그러나 막대, 선, 점으로 데이터를 부호화하기에 앞서 검토할 사항이 한 가지 더 있다. 바로 그래프의 목적이다.

독자와 사용자에게 데이터를 제시하려면 어떤 형식으로 해야 하는가? 주장을 제시하는 정적 그래프가 필요한가? 아니면 사용자 스스로 데이터를 탐색하고 직접 결론을 내리도록 돕는 대화형 시각화가 필요할까? 다음 장에서는 시각화의 다양한 형식과 기능에 대해 논의하고, 그다음에 데이터를 시각화하는 여러 방법을 살펴보기로 한다.

형식과 기능

청중의 필요에 맞춰 데이터 시각화 방식을 선택하라

이 책은 주로 정적static 데이터 시각화, 즉 대화형interactive이 아닌 고정된 시각화를 다룬다. 그러나 대화형 및 동적 시각화는 학술 분야에서도 점차 보편화되고 있으며, 대화형 비주얼 제작 도구는 갈수록 더 쉽고, 저렴하고(무료도 있다), 강력해지고 있다.

정적 시각화에 적용되는 색상, 레이아웃, 글꼴 등에 대한 표준 디자인 결정 사항이 있다면, 대화형 시각화를 위한 별도의 표준 결정 사항(버튼 위치와 형식, 시각화의 다른 부분으로 이동을 안내하는 방식, 스크롤의 필요성 여부와 그 방향, 데스크톱 컴퓨터, 태블릿, 휴대폰 간에 상호 작용의 차이 등)도 있다.

스토리텔링, 상호 작용, 애니메이션 등을 위한 여러 선택 사항에 대한 논의는 이 책의 범위 밖이다. 그러나 정적이든 대화형이든 그래프가 청중의 필요를 가장 잘 충족하는지는 반드시 검토해야 한다. 일부 청중은 종합적이고 심층적인 보고서를 원하고, 다른 사람들은 간결한 요약이나 블로그 게시물을 원한다. 어떤 이들은 데이터를 받아 스스로 작업하고 싶어한다.

여러 데이터 시각화 유형에 대한 대략적인 개념도(다음 페이지)는 최적의 시각화 유형 판별에 도움이 된다. 이 그림에는 두 개의 축이 있다. 세로축은 시각화의 일반 형식form에 관한 것으로, 정적에서 대화형으로 이어진다.

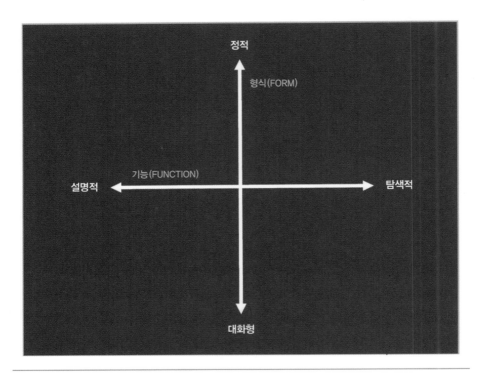

모든 시각화 작업은 설명적/탐색적, 정적/대화형 범위 내 어딘가에 해당한다.

정적 시각화는 모든 정보를 한 번에 제공한다. 그리고 움직이지 않는다. 기본적인 선, 막대, 원형 차트 등이 그 예다.

대화형 시각화는 사용자와 인터페이스 사이에 정보 교환이 일어난다. 사용자가 클릭, 스와이프, 마우스 롤오버 등을 실행하면 어떤 일이 발생하거나 추가 정보가 표시된다.

이 둘 사이 어딘가에 애니메이션 시각화가 있다. 예를 들어, 애니메이션 GIF^{Graphics Interchange Format}, 동영상, 온라인 슬라이드쇼 등은 대체로 사용자의 조작에 의한 다른 결과물 생성을 허용하지는 않지만 시각 효과의 속도나 전환을 제어할 수 있다.

위 그림의 가로축은 시각화의 기능^{function}을 나타내는 것으로, 설명적^{explanatory} 시각화에서 탐색적^{exploratory} 시각화까지 이어진다.

설명적 시각화는 결과를 전면에 내세우고 저자의 가설이나 주장을 독자에게 전달한다.

탐색적 시각화는 사용자가 데이터 또는 주제를 탐색해 스스로 결과를 발견하도록 권유한다.

두 축은 다음 네 개의 사분면을 만든다.

정적이면서 설명적인 시각화

대화형이 아닌 정적 그래프는 대체로 본문이나 프레젠테이션에서 언급한 주장을 설명하거나 강조하는 데 사용된다. 선 또는 막대 차트가 그런 예다. 또한 혼자 혹은 조직 내에서 데이터를 탐색하고 결과를 찾는 과정에서 만들어보는 시각화가 대체로 이에 해당한다. 이 책은 주로 이런 시각 자료를 다룬다. 이 주제는 4~11장에서 더 자세히 살펴볼 것이다.

정적이면서 탐색적인 시각화

이런 시각화는 정적으로 표시된 정보 속에서 독자가 스스로 데이터를 해석하고 자신만의 결과를 찾을 수 있게 한다. 예를 들어 디자이너 크리스티나 수치Krisztina Szűcs의 다음 인포그래픽(70페이지)은 독자가 데이터를 직접 탐색하도록 권장한다. 각 그래프에서 왼쪽 세로축에는 영화 평론 사이트인 로튼 토마토Rotten Tomatoes의 평점(영화 품질에 대한 중요한 정보)이 표시된다. 오른쪽 세로축은 각 영화의 수익성, 즉, 총 수익과 예산 간의 차이를 보여준다. 그녀는 구체적인 주장을 하거나 어떤 상세 내용을 특정하지 않는다. 대신 독자가 데이터를 탐색해서 자신의 결론을 내릴 수 있다.

대화형이면서 설명적인 시각화

가장 쉽게 떠올릴 수 있는 설명-대화형 그래프는 대화형 롤오버hover 레이어가 있는 정적 그래프일 것이다. 몇 년 전만 해도 인기가 많았지만 스마트폰 이용이 늘면서 클릭이나 롤오버의 필요성이 덜 중요해짐에 따라 이 방식은 인기를 잃어가고 있는 듯하다. 대화형 상호 작용은 독자가 이야기를 경험하거나 과정을 설명하도록 유도할 수 있다. 한

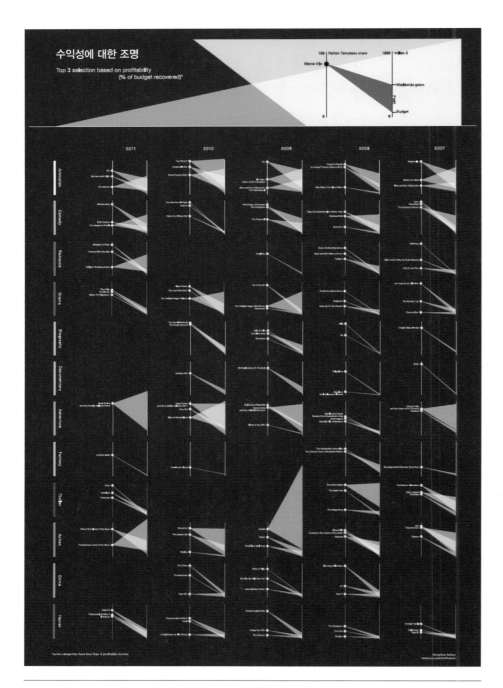

디자이너 크리스티나 수치가 만든 이 정적 인포그래픽은 독자 스스로 데이터를 탐색하도록 권장한다.

가지 예는 「뉴욕타임스」의 '백악관으로 가는 길Path to the White House' 그래픽이다. 이 그래픽을 통해 사용자는 각 대통령 후보가 선거에서 이길 수 있는 경로를 선택할 수 있다.

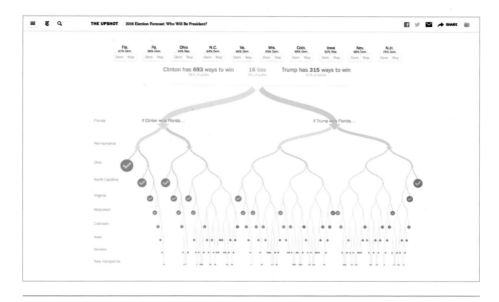

'백악관으로 가는 길' 그래픽은 대통령 후보가 선거에서 이길 수 있는 경로를 사용자가 선택하도록 한다. (출처: 「뉴욕타임스」)

대화형이면서 탐색적인 시각화

이런 시각화는 완전한 데이터 세트를 그래픽으로 표시하고 사용자가 흥미로운 패턴이나 스토리를 찾도록 만든다. 예를 들어 애런 코블린Aaron Koblin의 항로 패턴Flight Patterns 프로젝트는 24시간 동안의 미국 영공상 모든 비행 경로를 보여준다. 사용자는 동영상과 정지 사진(저자의 2011년 TED 강연 포함)을 확대, 일시 중지, 되감기 등을 통해 시각 자료를 탐색할 수 있다. 이런 시각화의 목적 중에는 데이터를 제공해 사용자가 직접 시각화 작업을 하거나 사용자의 작업에서 데이터를 활용할 수 있도록 하기 위함인 경우도 있다.

▶ ▶ ▶ ▶ ▶

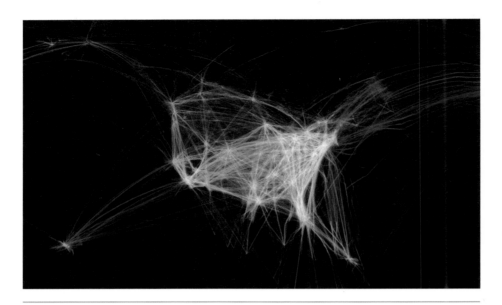

애론 코블린의 이 지도는 24시간 동안의 미국 영공상의 모든 비행 경로를 보여준다.

시각화는 두 축의 스펙트럼상 어딘가에 위치할 수 있고 각 사분면의 다른 특징을 공유할 수도 있다. 그런 사례를 「가디언」, 「뉴욕타임스」, 「워싱턴포스트」 등의 매체를 통해 접했을 것이다. 즉, 텍스트, 인터뷰 오디오 클립, 사진 등이 대화형 및 정적 시각 자료와 조합돼 시각적 경험을 창출하는 경우다. 이것은 텍스트만으로 할 수 있는 것보다 더 깊은 경험과 이해를 제공한다. 2018년에 「가디언」이 '추방Bussed Out'이라는 제목으로 만든 자료는 텍스트, 인터뷰 영상, 정적 차트와 애니메이션 시각화 등을 사용해 미국의 시 정부가 노숙자들을 버스에 태워 도시 밖으로 몰아낸 이야기를 들려준다.

사분면을 서로 섞는 방법의 또 다른 예는 애니메이션 데이터 시각화를 사용하는 것이다. 애니메이션은 다양한 형식으로 여러 목적을 수행할 수 있다. 타마라 먼즈너Tamara Munzner는 저서 『시각화 분석과 디자인Visualization Analysis and Design』(CRC Press, 2014)에서 애니메이션을 다음 세 종류로 구분한다: (1) 내러티브 스토리텔링(예: 영화), (2) 한 상태에서 다른 상태로의 전환, (3) 동영상 재생(사용자가 재생, 일시 중지, 되감기 등을 통해 진행을 제어함). "애니메이션은 사용자가 맥락을 따라가도록 돕는 데 유용하므로 두 개의 데이

The Southernmost Homeless Assistance League (Shal), a not-for-profit that runs the shelter, requires recipients of bus tickets to sign a contract confirming their relocation will be "permanent" and acknowledging they will "no longer be eligible" for homeless services upon their return.

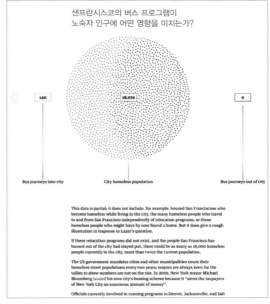

2018년에 「가디언」이 '추방(Bussed Out)'이라는 제목으로 만든 자료는 텍스트, 인터뷰 영상, 정적 차트와 애니메이션 시각화 등을 사용해 미국의 시 정부가 노숙자들을 버스에 태워 도시 밖으로 몰아낸 이야기를 들려준다.

터 세트 간 전환에 사용될 때 매우 효과적이다."라고 그녀는 말한다. 따라서 이런 전환은 데이터의 특정 점이 한 위치에서 다른 위치로 이동하는 것을 독자(사용자)가 확인하는 데 유용하다.

애니메이션 시각화는 '애니메이션 GIF'을 떠올리면 간단하다. GIF는 단일 파일에 여러 이미지 또는 프레임을 넣을 수 있다. 데이터 시각화 관점에서 애니메이션 GIF는 다양한 그래프를 하나의 애니메이션으로 결합할 수 있어서 매우 유용하다. 어떻게 보면 만화와 같다. 그래프에 처음엔 선 하나가 있고, 뒤이어 선이 하나씩 더해지면 네 개의 선이 있는 꺾은선 그래프가 된다.

애니메이션 시각화는 소셜 미디어에서 시선을 끄는 데에 효과를 발휘한다. 예를 들어, 2016년 하계 올림픽 기간 중 「뉴욕타임스」의 트윗 모음에는 수영 경기가 (고속으로) 표

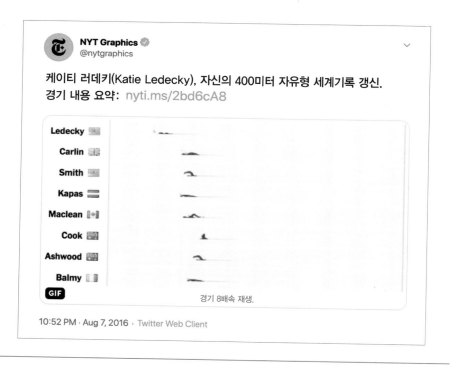

애니메이션 시각화를 사용한 「뉴욕타임스」의 트윗은 미국 수영 선수 케이티 러데키가 어떻게 경쟁자들을 크게 따돌리고 우승했는지를 보여줬다.

시돼 사용자가 경기의 모습을 그림으로 손쉽게 '관람'할 수 있었다. 정적 막대 차트 또는 최종 기록표와는 달리 이런 애니메이션은 시청자의 관심을 끌었으며, 특히 트위터와 같이 빠르게 바뀌는 플랫폼에서 사람들의 시선을 고정시켰다.

어느 사분면을 사용할 것인지에 정답이 따로 있지는 않다. 독자에게서 어떤 반응을 원하는지, 컨텐츠가 어디에 실리는지, 독자가 데이터를 이해하기 위해 필요한 도구가 무엇인지 등에 따라 선택하면 된다.

데이터와 상호 작용하는 방식이 달라지고 있다

1997년, 당시 메릴랜드 대학교의 컴퓨터 과학 교수였던 벤 슈나이더만Ben Shneiderman은 온라인 대화형 데이터 시각화의 진언mantra이 될 내용을 다음과 같이 썼다.

> "먼저 전체를 훑어보고, 원하는 바에 따라 확대·축소하거나 데이터를 필터링하라! Overviews first, zoom and filter then details on demand."

우선 시각화 자료에 대한 전체 개요를 제공한 다음, 사용자가 확대, 축소, 필터링하게 하고, 필요에 따라 세부 정보를 찾아볼 기회를 제공하라는 것이 이 이론의 취지다(세부 정보의 예로는 도구 설명이나 내려받기 등이 있다).

그러나 모바일 기술의 중요도가 커짐에 따라 슈나이더만의 진언은 예전처럼 잘 적용되지 않는다. 그의 언급에서 약 10년 후, 「뉴욕타임스」의 그래픽 부국장인 아치 체Archie Tse는 모바일 플랫폼의 증가 때문에 이제는 사람들이 스크롤을 원하게 됐다고 주장했다. 독자가 스크롤 말고 클릭 등의 다른 조작을 해야 한다면 "뭔가 대단한 일이 일어나야 한다."

매우 설득력 있는 주장이다. 출근길 전철에서 휴대 전화로 뉴스 피드를 스크롤하면서 데이터를 정렬하거나 필터링할 생각은 전혀 없다. 그저 데이터의 핵심 내용이 곧바로 전달되는 편을 선호한다. 기술 과학 자료를 읽을 때는 더욱 그렇다.

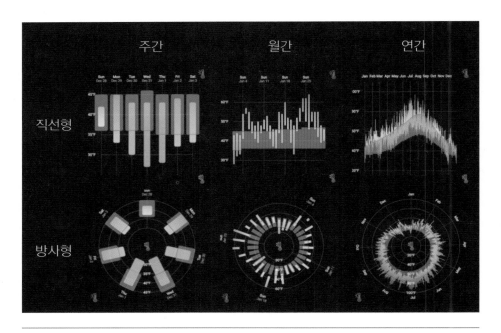

마이크로소프트 소속 연구팀 Bremer, Lee, Isenberg, and Choe (2018) 등은 사람들이 휴대폰에서 다양한 그래프를 얼마나 빠르고 정확하게 읽을 수 있는지를 테스트했다.

마이크로소프트 리서치^{Microsoft Research}의 2018년 프로젝트는 사람들이 휴대폰에서 얼마나 빠르고 정확하게 그래프를 읽을 수 있는지 테스트했다. 다양한 그래프 유형을 사용하는 날씨 앱과 수면 앱에서 데이터를 읽어 달라고 100명에게 요청했다. 선형 막대 차트 레이아웃 및 원형 기둥 차트와 같은 방사형 레이아웃을 비교했을 때 방사형 레이아웃은 이해에 시간이 더 걸리지만 추론의 정확도는 별 차이가 없음을 발견했다.

모바일 사용은 계속 증가하고 있다. 퓨 리서치 센터에 따르면 2017년 10월 현재, 성인 10명 중 약 6명(58%)이 모바일 기기를 통해 뉴스를 읽는 반면, 개인용 컴퓨터로 뉴스를 읽는 이들은 39%였다. 이 형식-기능 공간상에서 청중이 어디에 있는지 고려할 때 기술과 행동과 습관이 계속 변하고 있음을 명심하라.

이제 시작해보자

다음 장부터 여러 유형별 차트와 그래프의 주요 특징을 살펴본다. 각 장마다 언론 기관이나 비영리 단체 등 여러 조직의 스타일 가이드를 적용해 주관적 디자인 결정의 다양성을 접해 볼 것이다. 12장에서는 구체적인 스타일에 대해 배우면서 데이터 시각화 스타일 가이드의 구성 요소를 조합하는 방법을 자세히 살펴볼 것이다.

시각화 자료를 읽을 독자에 대해 얼마나 알고 있는지를 자문해야 한다. 그들과 직접 대화해보라. 그들이 무엇을 원하는지, 그들이 데이터, 콘텐츠, 분석 내용 등을 더 잘 이해하기 위해 무엇이 필요한지 물어보라. 당신이 소중히 여기고 당신의 목소리가 가서 닿기를 바라는 커뮤니티와 그 구성원들의 생생한 경험을 바탕으로 작업을 시작하라. 어떤 이는 45페이지의 PDF 보고서를, 또 어떤 이는 두 쪽짜리 요약을 원한다. 800 단어의 블로그 게시물을 원하는 이도 있고, 어떤 이는 주요 일간지 웹사이트에서 보는 것 같은, 몰입되고 서사적인 경험을 원한다. 데이터만 원하는 이들도 있다. 학술 연구원, 관리자, 실무자, 정책 입안자, 기자 등 사람마다 요구하는 내용이 서로 다를 수 있다. 당신이 만드는 시각화 자료는 이들의 필요에 잘 부합해야 한다.

독자의 요구 사항을 고려하는 동시에, 그래프의 정확성과 관심을 끄는 방식 사이에서 균형을 맞춰야 한다. 이를 효과적으로 수행하려면 청중의 요구에 공감해야 한다. 앨런 알다[Alan Alda][1]는 저서 『If I Understood You, Would I Have This Look on My Face?제가 당신을 이해했다면 이런 표정을 짓고 있을까?』(Random House, 2017)에서 다음과 같이 말했다. "좋은 의사소통의 필수 요소 두 가지는 공감 능력을 개발하는 것, 그리고 다른 사람이 무슨 생각을 하는지 이해하는 것이다."

---

1   한국 전쟁을 배경으로 한 TV시리즈 M*A*S*H로 널리 알려진 미국의 배우 및 영화 감독. 과학 교육과 소통에 깊은 관심을 가지고 있다. – 옮긴이

2부

차트 유형

범주 간 비교

이 장은 여러 범주의 데이터값을 비교할 수 있는 그래프를 다룬다. 막대, 꺾은선, 점을 사용한 차트는 같은 그룹 내 비교와 서로 다른 그룹에 속한 데이터의 비교 모두에 사용될 수 있다. 경우에 따라 데이터값과 그 변화의 정도를 동시에 나타내고 싶을 때도 있고, 이들의 다양한 조합을 보여주고 싶을 때도 있다. 비교가 되는 특정 요소에 독자의 관심을 주목시키고 싶을 때도 있다.

범주형 데이터를 비교할 때는 어떤 내용을 전달할지를 결정해야 한다. 데이터 안에 대표적인 주제나 스토리가 있는가? 독자에게 제시하고 싶은 주요 비교 요소가 데이터에 존재하는가? 차트 제작자는 각 차트의 최우선 목표를 정해야 한다. 그래프에 모든 데이터를 빠짐없이 표시한다면 오히려 요점을 흐리고 만다.

이 장은 먼저 막대 차트를 다룬다. 다음 장에서 다룰 꺾은선 차트처럼 막대 차트는 많은 이들에게 친숙하므로 범주 비교나 시간에 따른 변화를 볼 때 큰 어려움 없이 사용할 수 있다. 마침 지각 순위표의 상단에 위치한다. 차트를 통해 언제나 정확한 값을 보여줄 필요는 없지만 정확한 값을 표시하고 싶다면 막대 차트는 탁월한 선택이다.

이 장의 그래프에는 유럽연합 통계청인 유로스탯^{Eurostat}의 스타일 가이드를 적용했다.

유로스탯의 스타일 가이드는 색상, 타이포그래피, 로고, 표, 레이아웃 등의 사용 방식을 규정한다(스타일 가이드에 대해서는 12장에서 포괄적으로 다룬다).[1]

막대 차트

가장 친숙한 데이터 시각화 형태인 막대^{bar} 및 기둥^{column} 차트는 직사각형 막대의 길이 또는 높이로 데이터값을 표시한다. 옆으로 누운 직사각형 막대를 세로축을 따라 배열하거나, 위로 길쭉한 기둥을 가로축을 따라 배열할 수 있다. 흔히 전자를 막대 차트, 후자를 기둥 차트라고 부른다. 편의상 이 책은 두 경우 모두 막대 차트로 부르겠다.

막대 차트는 지각 순위표에서 최상위를 차지한다. 직사각형 막대가 하나의 직선 축에 배열돼 빠르고 정확하게 값을 비교하기 쉽다. 막대 차트는 작성이 쉬워서 펜과 종이로도 그릴 수 있다. 아래 그림은 10개 국가의 인구 수를 나타냈다. 정확한 데이터값이 레

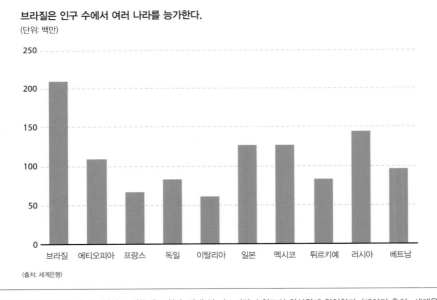

브라질은 인구 수에서 여러 나라를 능가한다.
(단위: 백만)

(출처: 세계은행)

모두에게 친숙한 막대 차트는 읽기도, 만들기도 쉽다. 막대 차트는 지각 순위표의 최상위에 위치한다. (데이터 출처: 세계은행)

1   검색을 통해 온라인 상에서 내려받기가 가능하다. – 옮긴이

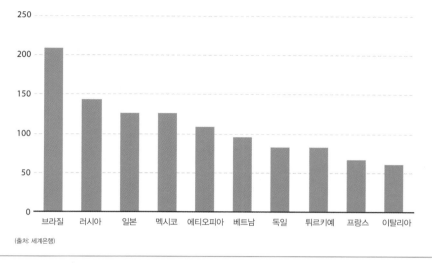

브라질은 인구 수에서 여러 나라를 능가한다.
(단위: 백만)

(출처: 세계은행)

가능하다면 막대 차트의 데이터를 정렬하는 것이 좋다. 이렇게 하면 최댓값과 최솟값을 찾기 쉽다. (데이터 출처: 세계은행)

이블로 표시되지 않아도 인구가 가장 적은 국가(이탈리아)와 가장 많은 국가(브라질)를 쉽게 찾을 수 있다.

데이터값에 따라 순서를 바꾸면 최댓값과 최솟값을 더 쉽게 볼 수 있다. 그러나 이 방법이 언제나 최선은 아니다. 예컨대, 60개 국가의 인구 수를 표시하는 경우 국가명의 가나다(또는 알파벳)순으로 정렬해서 국가를 찾기 쉽게 만들 수도 있다. 한편, 특정 국가들의 인구 수를 논하는 경우라면 관심 대상 국가들이 그래프의 한쪽 끝에 오도록 데이터를 정렬하거나 색상을 달리해서 특정 막대를 강조하는 방법도 있다.

막대 차트 작성을 위한 몇 가지 요령을 소개한다. 이 요령 대부분은 이 장의 다른 차트에도 적용된다.

축의 시작점을 0으로 하라

막대 차트 축의 시작점을 0으로 하는 것은 많은 데이터 시각화 전문가와 실무자가 동의하는 경험 법칙rule of thumb이다. 막대의 길이로 데이터값을 가늠하기 때문에 축의 시작점이 0이 아니면 막대 간의 차이가 과장돼 인식이 왜곡될 수 있다.

아래의 인구 막대 차트를 보자. 5천만보다 낮은 값이 없으므로 축의 시작점을 5천만으로 하고 싶은 유혹을 받을 수 있다. 그렇게 하면 데이터값의 차이가 강조된다.

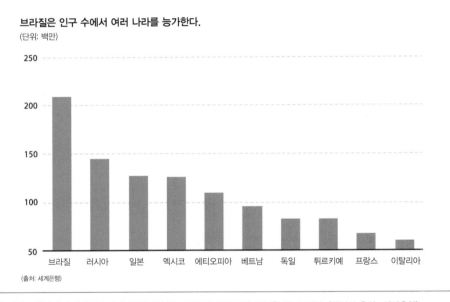

브라질은 인구 수에서 여러 나라를 능가한다.
(단위: 백만)

(출처: 세계은행)

세로축을 5천만에서 시작하면 데이터값의 차이를 과장하게 돼 독자의 인식을 왜곡시킨다. (데이터 출처: 세계은행)

그러면 어떤 일이 일어나는지 주목하라. 데이터값의 차이는 더욱 커 보인다. 사실 데이터값의 차이를 과장하는 셈이다. 이 차트에서는 마치 브라질의 인구 수가 이탈리아의 10배 정도 돼 보이지만 실제로는 3배 반 정도다. 이것은 데이터의 정확한 인식 대신 대략적인 인식으로 바꾸는 정도가 아니라 부정확한 인식으로 바꾸는 심각한 문제다.

극단적으로, 시작점을 1억으로 하면 어떨까? 5천만부터 시작해도 괜찮다면 다른 숫자를 선택하지 못할 이유가 무엇인가? 그러면 10개 국가 중 아무도 살지 않는 국가가

브라질은 인구 수에서 여러 나라를 능가한다.
(단위: 백만)

250

200

150

100

브라질　러시아　일본　멕시코　에티오피아　베트남　독일　튀르키예　프랑스　이탈리아

(출처: 세계은행)

y축의 시작값을 5천만으로 해도 된다면 1억으로 못할 이유가 무엇인가? (데이터 출처: 세계은행)

반이나 된다.

한편, 막대 차트의 시작점이 0이 아니어도 데이터에 대한 인식이 편향되지 않는다는 연구 결과가 있다. 최근 연구에서 세로축의 범위가 데이터의 분산도variation와 일관될 경우 참가자가 결과의 민감도(예: 효과 없음, 작은 효과, 중간 효과, 큰 효과)와 정확도(예컨대 효과의 크기)를 더 잘 평가할 수 있었다. 그러나 더 많은 연구가 뒷받침되기까지는 혼동이나 시각적 편향 가능성을 피하기 위해 막대 차트의 축을 0에서 시작할 것을 권한다.

막대를 끊지 마라

데이터 시각화에서 저지르는 심각한 실수 중 하나는 '막대 끊기'이다. 구불구불한 선으로 막대 중간에 생략 표시를 하는 것을 말한다. 한참 벗어난 특이값outlier이 있으면 그럴 수 있지만(89페이지 상자 참조), 그렇게 하면 막대 사이의 상대값을 왜곡한다.

세계에서 인구가 가장 많은 10개 국가의 인구 막대 차트를 만들어 보자. 2018년에는 중국과 인도가 각각 13억 9천만 명과 13억 4천만 명으로 인구가 가장 많은 국가였고, 미국이 3억 3700만 명으로 그 뒤를 이었다. 아래의 상단 그래프를 보면 중국과 인도가

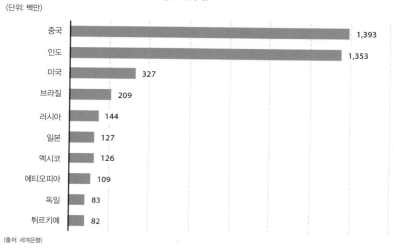

중국과 인도는 전 세계에서 인구가 가장 많은 국가다.
(단위: 백만)

(출처: 세계은행)

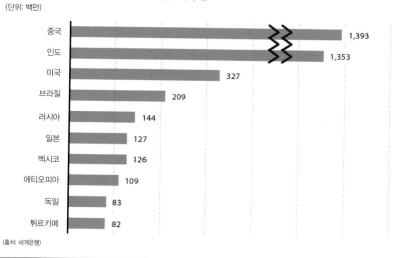

중국과 인도는 전 세계에서 인구가 가장 많은 국가다.
(단위: 백만)

(출처: 세계은행)

막대 차트의 막대를 끊지 마라. 막대를 끊는 생략 표시는 어디든 둘 수 있지만 데이터에 대한 인식을 왜곡시킨다.

나머지 국가에 비해 인구가 얼마나 많은지 알 수 있다. 상대적으로 인구가 적은 국가들 간의 차이를 확대하려면 중국과 인도의 막대를 끊어서 표시할 수 있다. 그 대신 중국과 인도는 실제보다 인구가 훨씬 적어 보이게 된다. 막대의 길이를 중간에 끊는 것은 완전

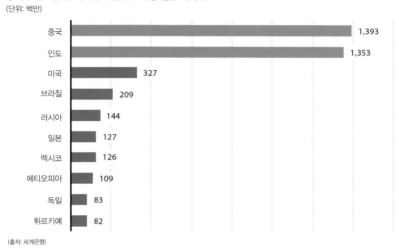

중국과 인도는 전 세계에서 인구가 가장 많은 국가다.
(단위: 백만)

중국	1,393
인도	1,353
미국	327
브라질	209
러시아	144
일본	127
멕시코	126
에티오피아	109
독일	83
튀르키예	82

(출처: 세계은행)

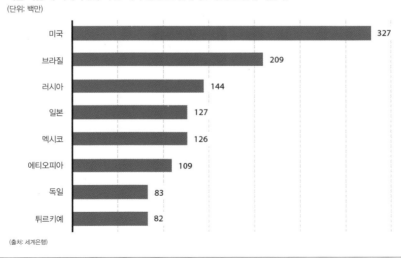

이들 여덟 개 국가의 인구 수는 각각 8천 200만에서 3억 2700만에 이른다.
(단위: 백만)

미국	327
브라질	209
러시아	144
일본	127
멕시코	126
에티오피아	109
독일	83
튀르키예	82

(출처: 세계은행)

더 큰 값이나 특이값이 있을 때 작은 값들 간의 차이를 강조하고 싶다면 그래프를 추가하는 방법을 사용해보라.

히 임의적이다. 차트상의 다른 특징을 강조하고 싶을 때 구불구불한 생략 기호를 어디든 배치할 수 있다. 그러나 그것은 데이터를 정직하게 다루는 방식이 아니다.

만약 데이터에 특이값이 존재하는 상황에서 적은 값들 간의 세부적 차이를 드러내고 싶다면 그래프를 추가해보라. 이를 '확대$^{zoom\ in}$/축소$^{zoom\ out}$' 개념으로 생각할 수 있다. 가장 큰 값이 얼마나 큰지 가늠할 수 있도록 모든 데이터를 표시한 다음, 특이값을 생략한, 확대된 그래프로 나머지 데이터를 상세하게 나타내라. 87페이지의 그림은 인구가 적은 국가들에 초점을 맞춰 원래 그래프에서 자세히 보기 어려웠던 차이를 나타냈다. 레이블과 능동적인 제목을 추가하면 독자에게 적은 값들 간의 차이를 더 잘 설명할 수 있다.

멀리 떨어진 데이터, 특이값

특이값은 관찰된 대부분의 데이터값에서 멀리 떨어진 데이터값이다. 이는 데이터의 무작위적 가변성이나 측정 오류로 인한 특이값이거나 혹은 실제로 존재하는 특이값일 수도 있다. 특이값은 기회일 수도 있고 경고 신호일 수도 있다. 즉, 특이값은 매우 흥미로운 이야깃거리를 제공할 수도 있고, 데이터에 문제가 있다는 신호일 수도 있다.

2014년에 버즈피드(Buzzfeed)는 폰허브(Pornhub) 웹사이트와 공동으로 미국의 각 주별 포르노 접속 통계를 조사했다. 폰허브 사이트 접속자의 위치 정보를 사용해 각 주별 1인당 페이지 뷰를 계산했다. 캔자스주 주민은 1인당 220페이지 뷰로 미국의 다른 어떤 주보다 훨씬 더 많은 음란물을 보고, 네바다주는 187페이지 뷰로 2위를 차지했다.

포르노 소비 데이터는 미국의 정당 지지도를 반영한 블루 스테이트(민주당 지지)와 레드 스테이트(공화당 지지)로 나눠 산점도에 표시됐다. 차트에서 캔자스주가 특이값을 나타내고 있음이 확연히 드러난다. 캔자스주 사람들은 정말 그토록 많은 음란물을 보는 것일까?

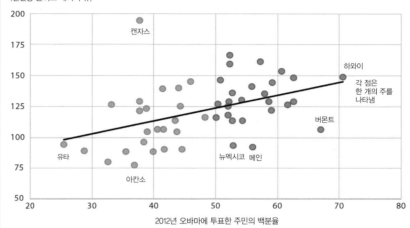

대통령 선거 정치와 1인당 포르노 소비의 관계

(일인당 폰허브 페이지 뷰)

캔자스

하와이

각 점은
한 개의 주를
나타냄

유타

버몬트

뉴멕시코 메인

아칸소

2012년 오바마에 투표한 주민의 백분율

(출처: 버즈피드가 제공한 폰허브 접속 통계, 투표 통계는 「가디언」과 NBC 뉴스
산점도 제작: 크리스토퍼 인그래험(Christopher Ingraham))

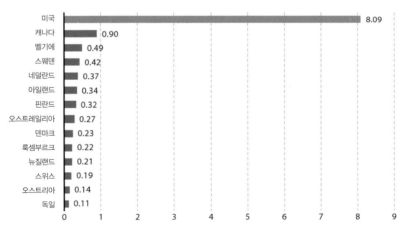

미국은 선진국 중 총기 폭력 사고 발생률이 가장 높은 국가다.

(2017년 기준, 10만 명 당 피해자 수)

미국	8.09
캐나다	0.90
벨기에	0.49
스웨덴	0.42
네덜란드	0.37
아일랜드	0.34
핀란드	0.32
오스트레일리아	0.27
덴마크	0.23
룩셈부르크	0.22
뉴질랜드	0.21
스위스	0.19
오스트리아	0.14
독일	0.11

(출처: 미국 워싱턴대 보건계량평가연구소(Institute for Health Metrics and Evaluation))

아니다. 폰허브의 방법론상 접속자의 위치 데이터가 누락된 경우 미국의 지리적 중심에 배정했는데, 마침 그곳이 캔자스주였던 것이다.

그러나 모든 특이값이 오류 때문에 발생하는 것은 아니다. 한 예로, 선진국의 총기 폭력 발생률 그래프를 보자. 2017년 미국에서 10만 명당 8명 이상이 총기 폭력의 피해자였던 것에 비해, 캐나다는 10만 명당 0.90명, 벨기에는 10만 명당 0.49명이었다. 때로는 특이값이 실제로 특이값인 셈이다.

데이터에서 특이값을 테스트하는 방법은 여러 가지가 있으며, 그중 일부는 꽤 복잡하다. 한 가지 방법은 단순히 데이터를 보는 것이다. 데이터를 살펴보는 데 처음부터 복잡한 수학과 통계가 필요하지는 않다. 항상 데이터를 시각적으로 검사해야 한다.

물론 그런 접근 방식은 수학적이지 않다. 표준 방법은 데이터값을 사분위간 범위(IQR, interquartile range)의 1.5배와 비교하는 것이다. 사분위간 범위는 데이터에 대한 간단한 요약이며 3사분위와 1사분위의 차이이다(백분위 수에 대한 6장의 상자 참조).

눈금 표시 및 격자선을 신중하게 사용하라

막대 차트는 막대 사이에 눈금 표시tick marks가 필요 없다. 공백만으로 구분 역할을 충분히 해내며, 오히려 눈금 표시가 없는 편이 어수선함을 줄인다.

한 가지 예외는 여러 막대에 걸친 주major 범주 레이블이 있는 경우다. 이 경우 큰 눈금 표시가 레이블을 그룹화하는 데 도움이 된다(다음 페이지의 하단 차트 참조).

격자선gridline은 각 막대의 특정 값을 읽는 데 도움이 되며, 특히 축 레이블에서 가장 먼 막대에 유용하다. 시각적 안내선 역할을 하기 때문에 독자의 시선이 데이터에 머무르도록 옅은 색으로 그리면 좋다.

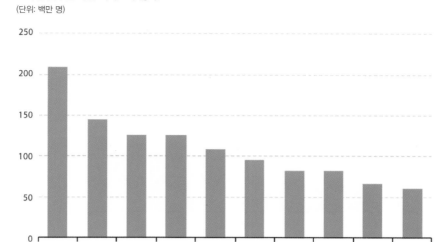

브라질 인구는 다른 나라보다 많다.

(단위: 백만 명)

(출처: 세계은행)

막대 그래프에서 눈금 표시는 필요 없다. 공백이 막대와 막대를 구분하는 역할을 충분히 해낸다.

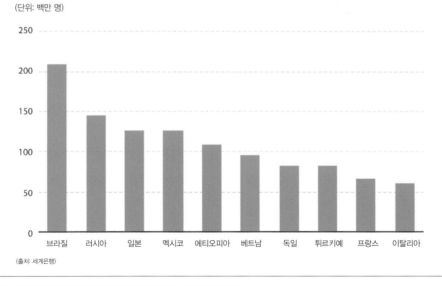

브라질 인구는 다른 나라보다 많다.

(단위: 백만 명)

(출처: 세계은행)

눈금 표시 생략은 데이터와 무관한 요소를 제거하는 방법 중 하나다.

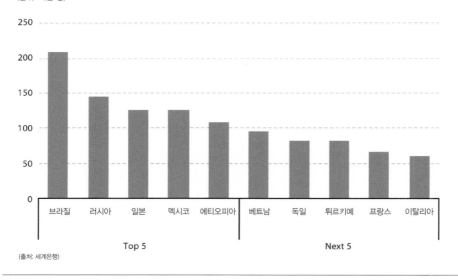

브라질 인구는 다른 나라보다 많다.

(단위: 백만 명)

Top 5: 브라질, 러시아, 일본, 멕시코, 에티오피아

Next 5: 베트남, 독일, 튀르키예, 프랑스, 이탈리아

(출처: 세계은행)

주(major) 범주 레이블이 있다면 눈금 표시가 필요할 수도 있다.

정확한 값이 중요하다면 차트에 데이터 레이블을 추가할 수 있다. 그런 경우 격자선과 축선axis line을 생략하는 것도 가능하다.

다음 두 그래프에서 이탈리아를 주목하라(파란색으로 표시). 레이블이 없어도 격자선을 보면 이탈리아 인구가 5천만 명 이상임을 알 수 있다. 레이블을 사용하면 인구가 6천만 명임이 명확해져 격자선이 필요 없다.

만약 표시할 국가의 수가 너무 많다면 그래프가 복잡해질 수 있으므로 별도의 표나 부록을 사용할 수 있다. 데이터 레이블을 표시할 때 격자선을 생략하는 것은 미적 취향에 따라 선택할 수 있다. 데이터 작업을 계속하는 과정에서 이런 그래픽 요소에 대한 자신만의 고유한 스타일을 형성할 수 있을 것이다.

브라질 인구는 다른 나라보다 많다.
(단위: 백만 명)

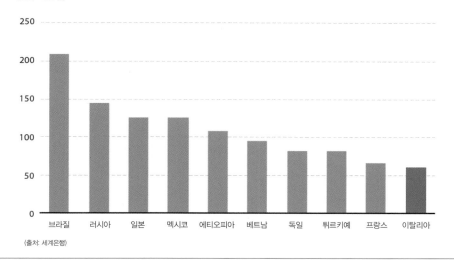

(출처: 세계은행)

가로 격자선이 있으면 이탈리아 인구가 5천만 명 이상임을 확인하는 데에 도움이 된다.

브라질 인구는 다른 나라보다 많다.
(단위: 백만 명)

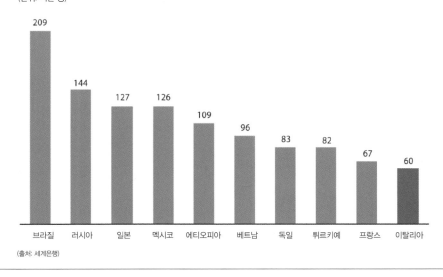

(출처: 세계은행)

데이터 레이블이 있으면 격자선은 필요 없다. 더 나아가 세로축 선도 생략 가능하다.

가로축 레이블이 길면 그래프를 회전해라

가로축 레이블이 길 경우 책의 책등처럼 텍스트를 회전해 세로 방향으로 표시해 해결한다. 그러나 이런 방식은 고개를 기울여 읽어야 한다는 문제가 있다. 다른 해결책은 45도 회전이지만, 여전히 고개를 돌려야 한다. 또 다른 방법은 가로 방향 그대로 글꼴 크기를 축소하는 것인데 대체로 글꼴 크기가 너무 작아지고 만다.

그래프 전체를 회전시키는 해결책이 가장 우아하다. 동일한 전주의적 속성(막대 길이)을 사용하면서 축 레이블을 가로 방향으로 정렬할 수 있다. 이 방법은 데이터 이해에 영향을 주지 않으면서 읽기 쉽게 만든다.

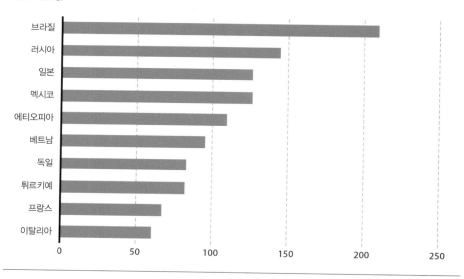

브라질 인구는 다른 나라보다 많다.
(단위: 백만 명)

축 레이블이 길 경우 차트를 회전시키면 레이블을 읽기가 쉬워진다. (데이터 출처: 세계은행)

막대 차트의 변형

표준 막대 차트를 변형하는 방법은 무수히 많다. 간단한 변형 중 하나는 막대 대신 다른 모양을 사용하는 방식이다. 예를 들어 막대사탕 차트^{lollipop chart}는 막대 대신 동그라미로 끝나는 선을 사용한다. 이 버전은 동그라미의 어느 부분이 값을 표시하는지 정확히 알 수 없기 때문에 지각 순위에서 막대 차트보다 살짝 아래에 표시된다. 그러나 페이지에서 잉크를 줄이고 여백을 늘여 레이블이나 기타 주석을 추가할 수 있게 해준다.

이것은 대체 형태의 한 예시일 뿐이다. 삼각형, 정사각형 및 화살표는 막대 모양의 이미지와 마찬가지로 데이터를 강화하는 대안이 될 수 있다. 도시 성장에 대한 데이터를 보여주는 차트는 건물 모양의 막대를 사용할 수 있고 기후 변화에 대한 차트는 막대 대신에 나무를 사용할 수 있다. 그러나 독자가 높이가 아니라 아이콘의 면적을 데이터값으로 혼동할 수 있으므로 주의해야 한다.

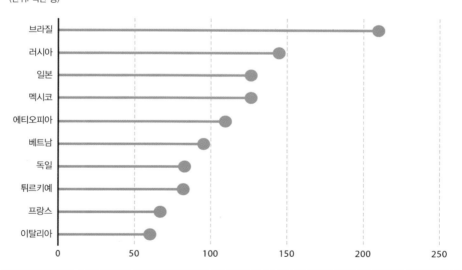

브라질 인구는 다른 나라보다 많다.
(단위: 백만 명)

막대사탕 차트는 막대 대신 어떤 형태(주로 동그라미)로 끝나는 선을 사용한다.

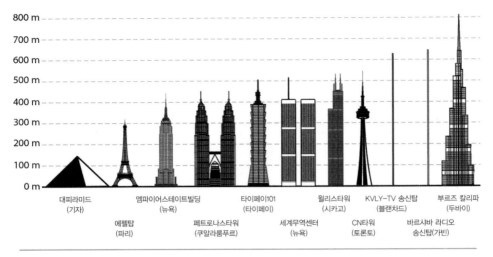

기본 막대 모양 대신 빌딩이나 사람의 모양 등의 형태를 사용할 수도 있다. (출처: 위키미디어 사용자 BurjKhalifaHeight Petronas Towers)

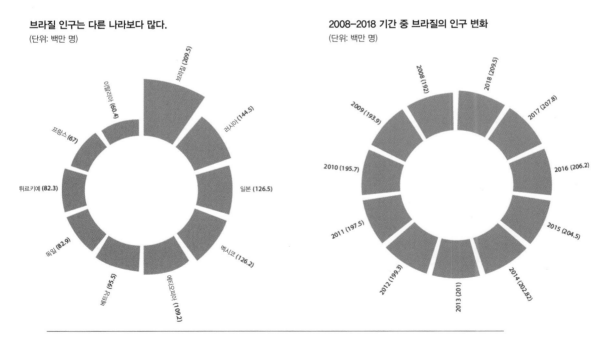

방사형 막대 차트는 표준 막대 차트를 원을 따라 배치한 모습이다. 이런 차트 유형은 막대의 높이를 비교하기 어려우므로 지각 순위표에서 더 아래에 위치한다. (데이터 출처: 세계은행)

기본 막대 차트에 대한 또 다른 접근 방식은 일반적인 격자 대신 원을 따라 막대를 배치하는 것이다. 이를 방사형radial 레이아웃이라고 한다. 이 방법에는 방사형 막대 차트와 순환형circular 막대 차트의 두 가지가 주로 사용된다.

폴라polar 막대 차트라고도 하는 방사형 막대 차트는 원의 중심에서 바깥쪽으로 뻗도록 막대를 정렬한다. 이 그래프는 직선 축을 따라 배열될 때보다 막대의 높이를 비교하기 어려우므로 지각 순위표에서 더 낮게 위치한다. 그러나 이 레이아웃은 좁은 공간에 더 많은 값을 표시할 수 있다. 방사형 막대 차트는 많은 데이터를 표시할 때, 주기성을 가진 변화(예: 월별 또는 일별)나 장기간에 걸친 변화를 표시할 때 적합하다.

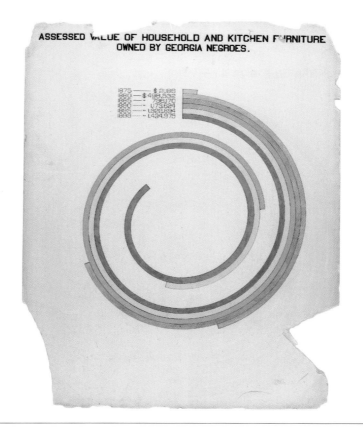

(출처: W. E. B. 뒤부아, 조지아주 흑인이 소유한 살림 및 주방용 가구의 가치 평가(1900). 미국 의회도서관 인쇄물 및 사진 부서 제공)

W.E.B. 뒤부아W. E. B. Du Bois는 1900년 파리 만국박람회에서 '미국 흑인 전시회Exposition des Negres d'Amerique'를 발표하면서 순환형 막대 차트를 사용했다. '조지아의 흑인에 대한 사회 연구The Georgia Negro: A Social Study'의 인포그래픽 세트에 포함된 이 차트는 6개 년도 (1875, 1880, 1885, 1890, 1895, 1899)에 대해 조지아주 흑인이 소유한 살림 및 주방용 가구의 달러 가치를 보여준다. 뒤부아의 그래픽을 다룬 책에서 위트니 배틀-뱁티스트Whitney Battle-Baptiste와 브리트 러서트Britt Rusert는 이렇게 말했다. "그의 작품은 읽기 쉬운 동시에 몽환적이다."

지각적 측면에서 보면 순환형 막대 차트는 데이터에 대한 인식을 왜곡하는 문제가 있다. 즉, 막대의 길이가 실제 값과 일치하지 않는 것이다. 두 막대의 값이 동일한 경우를 생각해보라. 막대의 양쪽 끝은 같은 위치에 정렬되지만 서로 다른 둘레를 따라 도는

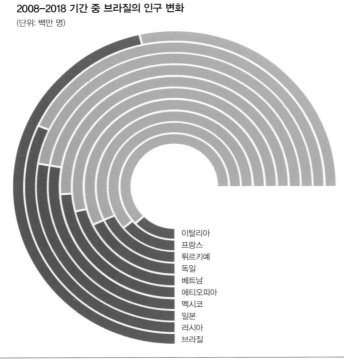

2008-2018 기간 중 브라질의 인구 변화
(단위: 백만 명)

이탈리아
프랑스
튀르키예
독일
베트남
에티오피아
멕시코
일본
러시아
브라질

순환형 차트는 데이터에 대한 이해를 왜곡시킨다는 문제가 있다. 위 그래프의 막대의 길이는 실제 데이터와 맞지 않는다. (데이터 출처: 세계은행)

두 막대의 길이는 같지 않다. 저자이자 데이터 시각화 전문가인 앤디 커크Andy Kirk는 올림픽 육상 경주를 예시로 설명한다. 주자는 트랙의 엇갈린 위치에서 출발하지만 바깥 트랙의 길이가 안쪽 트랙의 길이보다 더 길므로 모두 같은 거리를 달린다. 순환형 차트는 지각 순위를 낮추는 정도가 아니라 데이터를 왜곡하므로 아예 사용하지 않기를 권한다.

쌍 막대 그래프

간단한 막대 차트는 국가 간 인구 비교처럼 범주 간 비교에 적합하다. 국가 간 비교와 함께 국가 내의 비교도 동시에 표시하려면 쌍 막대 차트paired bar chart가 좋은 대안이다. 쌍 막대 차트는 대부분의 독자에게 친숙하고 읽기 쉬우며 기준선을 공유하므로 비교가 쉽다.

가령 각 국가의 남녀 인구를 표시하고 싶다면 쌍 막대 차트를 사용하면 가능하다.

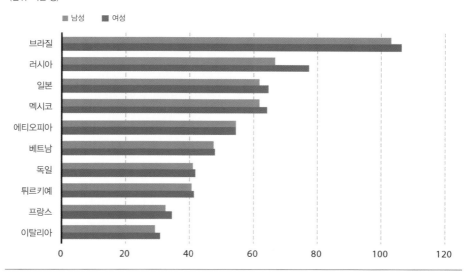

각 국가마다 남성 인구보다 여성 인구가 더 많다. 단, 에티오피아는 예외다.
(단위: 백만 명)

쌍 막대 그래프는 대부분 독자에게 친숙하며 읽기 쉽다. (데이터 출처: 세계은행)

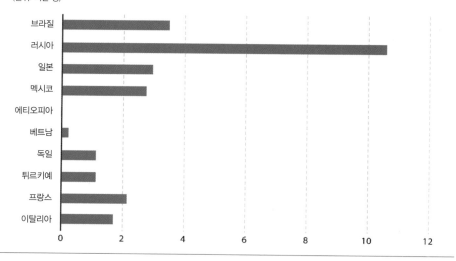

여성 및 남성 인구 차이
(단위: 백만 명)

양쪽의 데이터값을 보여주는 대신 그 차이만 표시할 수도 있다. (데이터 출처: 세계은행)

쌍 막대 차트는 데이터값뿐만 아니라 데이터값의 차이도 드러낼 수 있다. 두 가지를 모두 보는 것이 중요하다면 이것이 좋은 선택이다.

그러나 각 범주 내 두 값의 차이에만 집중하는 것이 목표라면, 길이의 차이를 직접 비교해야 하는 쌍 막대 차트는 최선의 방법은 아니다. 그 대신 위의 그림처럼 두 값의 차이를 하나의 막대로 표시할 수 있다.

데이터값과 차이를 동시에 표시하려면 전혀 다른 차트가 필요할 수 있다. 나는 평행 좌표 플롯(296페이지 참조), 기울기 차트(시간에 따라 변하는 데이터의 경우, 170페이지 참조) 또는 도트 플롯(112페이지 참조)을 선호한다. 그래프의 목표가 무엇인지를 묻고 재확인하는 자세가 데이터 시각화를 최선의 길로 안내한다.

쌍 막대 차트의 또 다른 용도는 시간에 따른 변화를 표시하는 것이다. 제목에 '쌍pair'이라는 표현이 있지만 이 차트는 두 개 이상의 값을 가질 수 있다. 예컨대 아래 차트는 2014년부터 2018년까지 다섯 개 국가의 인구를 보여준다. 이를 통해 국가 내 인구 변화와 동시에 국가 간 차이를 비교할 수 있다.

2014-2018년 사이의 인구 변화

(단위: 백만 명)

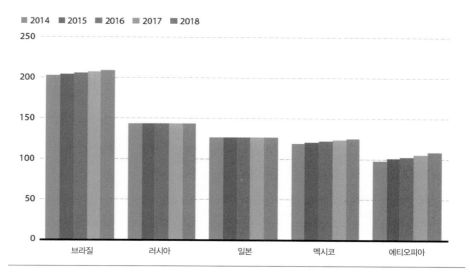

쌍 막대 차트는 시간에 따른 변화를 표시할 수 있으며, 이 방법을 사용하면 한 국가 내의 변화와 더불어 국가간 비교도 가능하다. (데이터 출처: 세계은행)

2014-2018년 사이의 인구 변화

(단위: 백만 명)

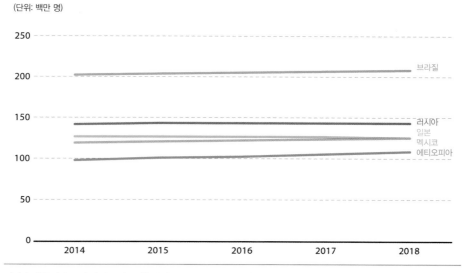

시간에 따른 변화 표시 방법으로는 꺾은선 차트가 더 일반적이다. (데이터 출처: 세계은행)

차트 유형 선택은 데이터가 가진 패턴의 영향을 받는다. 모든 범주에서 데이터값이 시간에 따라 일정하게 감소한다면 쌍 막대 차트도 괜찮다. 그러나 시간의 흐름에 따른 데이터값의 변동폭이 크다면 앞서 언급한 꺾은선 차트나 순환 차트(5장 참조)를 사용하면 각 그룹 내의 시간에 따른 변화를 더 잘 비교할 수 있다.

시간에 따른 변화를 표시할 때 꺾은선 차트보다 막대 차트 사용이 나은 두 경우가 있다. 첫째는 데이터 포인트의 수가 적은 경우다. 예컨대 단 5년이라면, 다섯 개의 굵직한 막대가 그래프에 더 많은 시각적 무게감을 준다. 둘째는 (예컨대 한 해의 1분기처럼) 불연속적인 시간 간격이 있고 관측 데이터 수가 적을 경우다.

쌍 막대 차트의 사용을 고려할 때 그래프가 어수선해지지는 않는지 확인해야 한다. 막대가 너무 많고, 특히 각 범주의 막대가 두 개를 넘어가는 경우 범주 간 비교와 범주 내 비교 중 어느 쪽이 더 의미 있는지 판단하기 어려울 수 있다.

쌍 막대 차트가 어수선할지의 여부에 관해서는 눈과 직감을 믿어라. 독자의 입장에서 생각해보라. 처음으로 그래프를 볼 때 시선이 어디로 향할지 상상하라. 뭔가 너무 많아 보인다면 데이터를 분할하거나, 다른 차트 유형을 사용하거나 소형 다중 구성 방식을 시도하는 편이 나을 수 있다.

누적 막대 차트

막대 차트의 또 다른 변형은 누적 막대 차트stacked bar chart이다. 쌍 막대 차트에는 각 범주에 대한 두 개 이상의 데이터값이 표시되지만 누적 막대 차트는 각 범주 내의 데이터를 세분화한다. 각 범주는 동일한 합계(예: 100%)가 될 수 있는데, 이 경우 모든 그룹에 대해 막대의 전체 길이가 같아진다. 한편, 총계가 그룹마다 다를 경우 각 막대의 전체 길이가 다를 수 있다. 다음 그림은 10개 국가의 의료, 노인 및 기타 프로그램 지원에 대한 사회복지지출의 국내 총생산GDP 대비 비율을 표시했다. 막대의 전체 길이는 국가별 사회복지 프로그램 지출액의 GDP대비 비율이다.

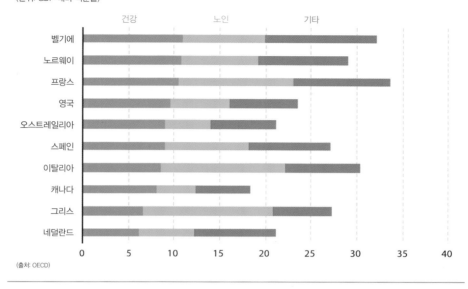

10개 OECD국가 중 10개 국가의 사회복지지출
(단위: GDP 대비 백분율)

(출처: OECD)

누적 막대 차트는 서로 다른 범주가 어떻게 총합을 이루는지 보여준다. 그러나 안쪽에 위치한 데이터 계열은 기준선을 공유하지 않아 상호 비교가 어렵다. (데이터 출처: OECD)

앞서 본 막대 차트처럼 누적 막대 차트는 친숙하고 읽기 쉬우며, 만들기도 쉽다. 그러나 막대를 구성하는 각 분절segment의 크기 비교가 어려울 수 있다는 점이 가장 큰 문제다. 위의 예에서, 국가별 건강 범주 값은 막대 분절이 동일 기준선에서 시작되므로 비교하기 쉽다. 하지만 나머지 두 계열은 기준선이 달라서 상호 비교가 어렵다. 이탈리아와 그리스 중 어느 나라가 노인 복지에 GDP 대비 더 큰 비율로 지출하는가? 이탈리아가 그리스보다 건강 프로그램에 GDP 대비 더 큰 비율로 지출한다는 것은 기준선이 같기에 금방 알 수 있지만 다른 범주에 해당하는 막대의 길이 비교는 훨씬 어렵다.

기준선 불일치 문제를 해결하는 한 방법은 각 계열별로 기준선을 갖도록 그래프를 분리하는 것이다. 이것은 나란히 배열된 소형 다중 구성 그래프이다. 이제는 그리스가 이탈리아보다 더 큰 비율로 노인 복지 프로그램에 지출한다는 것을 쉽게 알 수 있다. 단점은 합계 확인이 불가능하지는 않지만 더 어렵다는 것이다. 그러나 이것도 극복할 수

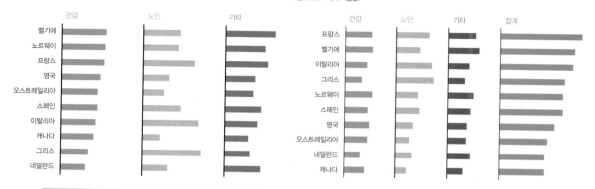

10개 OECD국가 중 10개 국가의 사회복지지출
(단위: GDP 대비 백분율)

10개 OECD국가 중 10개 국가의 사회복지지출
(단위: GDP 대비 백분율)

데이터 계열을 붙여서 누적시키는 대신 서로 떨어뜨려 일종의 소형 다중 구성 형식을 만들 수 있다(합계는 선택 사항이다). 각 계열이 각자의 기준선을 가지므로 지각 순위표에서 위로 올라갈 수 있다. (데이터 출처: OECD)

있다. 누적 그래프를 분할한 다음, 합계를 나타내는 분절을 추가하면 된다(모든 계열의 합계가 100%가 되는 경우라면 분절을 합한 길이가 모두 동일하므로 문제가 없다).

두 가지 버전 모두 각 분절의 너비는 서로 같아야 한다. 그렇지 않으면 특정 분절이 실제보다 더 많은 공간을 차지하는 것처럼 보일 수 있다. 합계를 표시하는 경우의 너비는 다른 그룹과 같을 필요는 없지만 축을 따라 증가하는 값은 같아야 한다. 즉, 데이터 범위가 0%에서 50%인 위의 각 분절 너비가 2센티인 경우 0%에서 100%에 이르는 전체 범주의 너비는 4센티여야 한다.

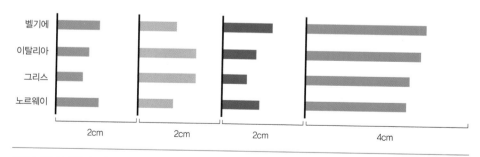

막대 그래프로 일종의 소형 다중 구성 차트를 만들 경우 각 분절의 너비를 같게 만들어라.

기준선이 달라 데이터값을 비교하기가 더 어려울 수 있지만 표준 형태의 누적 막대 차트가 더 나은 경우가 있다. 아래의 누적 막대 차트는 더 많은 지출 범주를 추가하고 각각을 전체의 비율로 표시해 배분이라는 주제에 초점을 맞췄다. 이렇게 놓고 보면, 이들 국가에서 총 정부 지출의 약 4분의 3이 건강 및 노인 복지 프로그램에 쓰인다는 사실이 분명해진다. 각 범주가 각각 수직 기준선을 가지는 오른쪽 버전은 그런 내용을 파악하기가 더 어렵다. 오른쪽 버전은 각 카테고리의 국가별 차이 비교가 더 쉽지만 그 차이는 크지 않다.

언제나 보여주고 싶은 내용이 무엇인지, 주의를 집중시키고 싶은 부분이 어디인지 파악하라. 이들 예에서는 건강 데이터값(사회복지지출 합계 대비 비율)을 기준으로 데이터가 정렬됐고, 또한 건강을 나타내는 분절이 기준선에 놓였기 때문에 건강 범주가 강조되는 결과를 가져왔다. 이 레이아웃에서 다른 분절은 건강 지출에 비해 부차적이 된다.

또 다른 누적 막대 차트를 보자. 하나의 데이터값 세트와 각 데이터값 사이의 차이, 그리고 또 다른 값(많은 경우 총계)을 표시하는 경우인데, 종종 볼 수 있는 형태의 차트다. 다음 페이지의 그래프는 이 방식으로 1917년부터 2018년까지 미국 하원에 선출된 여성의 비율을 보여준다. 왼쪽은 비율을 표시하는데, 세로축의 범위는 0~25%이다. 이 그래프에서 하원 내 여성 비율이 극적으로 증가하는 것을 볼 수 있다. 한편, 오른쪽은

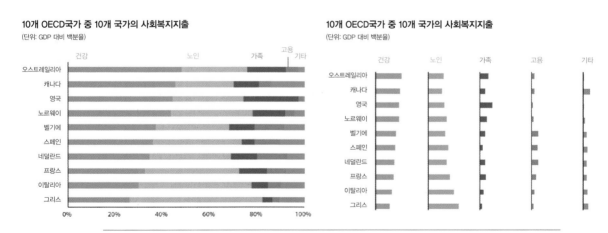

개별 국가 내에서 데이터를 비교할 경우와 국가끼리 데이터를 비교할 경우에 이 두 가지 그림 중 어느 쪽이 더 쉬운지 확인할 수 있다. (데이터 출처: OECD)

제116기 하원 구성은 1990년대 이후 여성 의원의
최대 증가폭을 기록했다.

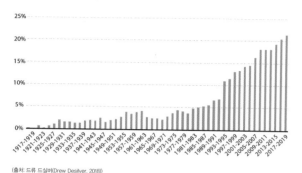

(출처: 드류 드실버(Drew Desilver, 2018))

제116기 하원 구성은 1990년대 이후 여성 의원의
최대 증가폭을 기록했다.

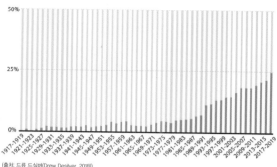

(출처: 드류 드실버(Drew Desilver, 2018))

누적 막대 그래프를 사용하면서도 하나의 데이터 계열에 초점을 맞추는, 비교적 드문 사례다. 이 표시 방법은 변화 못지않게 상대적 비율이 중요할 때 유용하게 사용될 수 있다.

동일한 데이터를 표시하지만 데이터값 위에 회색 계열을 50%까지 쌓았다. 그렇게 함으로써 여성의 비중이 증가하고 있지만 여전히 적다는 점을 강조할 수 있다. 변화 못지않게 상대적 비율이 중요하다면 이런 표시 방법이 유용하다.

퍼센트 변화 vs. 퍼센트 포인트 변화

퍼센트 변화와 퍼센트 포인트 변화는 중요한 차이점이 있는데, 많은 사람들이 이 점을 자주 간과한다.

퍼센트 변화는 다음의 간단한 공식에 따라 초기값(OLD)을 최종값(NEW)과 비교한다.

$$((NEW - OLD) / OLD) \times 100.$$

양의 변화(NEW > OLD)는 백분율 상의 증가를, 음의 변화(NEW < OLD)는 감소를 의미한다. 이를 통해 시간에 따른 변화나 그룹 간의 차이를 계산할 수 있다. 위의 공식대로 계산하되, 초기값(OLD)을 기준으로 한 상대적 차이의 비교라는 점을 확실히 하는 것이 중요하다.

한편, 퍼센트 포인트 변화는 백분율 숫자 자체의 차이를 보는 것이다. 퍼센트 포인트 변화의 계산 공식은 더 간단하다.

NEW와 OLD는 이미 백분율로 계산된 숫자다.

이 둘의 의미는 매우 다르다. 간단한 예를 들어 보자. 미국 인구조사국(Census Bureau)에 따르면 미국 내 빈곤층은 2016년에는 4,060만 명, 2017년에는 3,960만 명이었다. 빈곤율(전체 인구 대비 빈곤층 수)은 2016년 12.7%, 2017년 12.3%였다.

빈곤 인구는 2.3% 감소했다. 그 변화를 퍼센트로 나타내면 다음과 같다.

$$[(39{,}698{,}000 - 40{,}616{,}000) / 40{,}616{,}000] \times 100 = [-0.023] \times 100 = -2.3\%.$$

한편, 빈곤율은 같은 기간 중 0.4% 포인트 감소했다.

$$12.3\% - 12.7\% = -0.4\% \text{ 포인트}$$

분명히 두 개의 매우 다른 숫자이지만 사람들은 항상 이 두 가지를 혼동한다. 데이터를 명확하게 나타내려면 먼저 데이터를 명확하게 이해하고, 데이터가 수집된 방법과 기본적인 기술 통계(descriptive statistics) 계산 방법을 알아야 한다.

분기형 막대 차트

분기형 막대 차트diverging bar는 누적 막대 차트의 변형으로서, 중앙 기준선에서 양쪽으로 갈라지는(분기되는) 형태를 가진다. 이런 형태는 '전혀 그렇지 않다'부터 '매우 그렇다'까지의 범위로 응답이 배열된 설문 조사에서 종종 발견된다. 이 설문 응답 방식은 1930년대 초에 이 응답 척도를 만든 심리학자 렌시스 리커트Rensis Likert의 이름을 따서 '리커트 척도Likert Scales'라고 불린다.

이 책은 재미있다.

전혀 그렇지 않다   그렇지 않다   보통이다   그렇다   매우 그렇다

국제사회조사프로그램International Social Survey Programme의 데이터를 바탕으로 만든 아래 예에서는 설문 조사 응답자들에게 소득 불평등을 줄이는 것이 정부의 책임이라고 생각하는지 질문했다. '그렇지 않다'와 '그렇다'를 각각 중앙 기준선의 양쪽에 배치해 각 국가별로 사람들의 전반적인 감정의 양상을 비교할 수 있다.

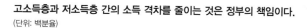

고소득층과 저소득층 간의 소득 격차를 줄이는 것은 정부의 책임이다.
(단위: 백분율)

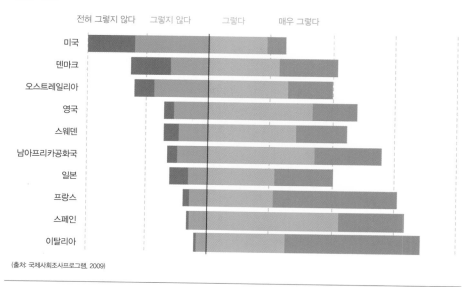

(출처: 국제사회조사프로그램, 2009)

분기형 막대 차트는 '동의/동의하지 않음' 혹은 '사실이다/사실이 아니다' 등과 같이 서로 반대되는 의견을 가진 집단의 차이를 나타내는 데 사용될 수 있다.

이 차트의 한 가지 장점은 감정이 명확하게 표시된다는 것이다. '동의하지 않음'은 왼쪽(일반적으로 부정적인 방향으로 생각됨)으로 뻗어나가고 '동의'는 오른쪽으로 뻗어나간다. 이런 형태는 독자가 개별 응답 항목의 비교보다 응답의 전반적인 양상에 관심이 많은 경우에 효과적이다. 개별 비교가 주요 초점인 경우 쌍 막대 차트를 사용할 수도 있다.

왜 우리는 왼쪽에 위치한 값을 부정적으로 인식하는 것일까? 서구 역사를 통틀어 왼쪽이라는 개념은—심지어 왼손잡이도—부정적으로 인식돼 왔다. 영어 단어 left의 어원은 '약함'을 의미하는 고대 영어 단어 lyft에서 파생됐다. '사악하다'라는 의미를 가진

sinister라는 단어는 라틴어로는 왼쪽 또는 왼쪽 방향을 의미한다. Right라는 단어는 '똑바로'라는 의미의 고대 영어 riht에서 유래했는데, 구부러지거나 뒤틀리지 않은 것을 의미했다. 이것이 right이 들어간 여러 표현, 예컨대 '똑바로 서있는standing upright', '옳은 일을 하라do the right thing', '정답the right answer' 등이 선함과 올바름의 의미를 가지는 이유다. 이런 양상은 다른 언어에서도 볼 수 있다. 스페인어에서 derecha라는 단어는 '오른쪽'을 의미하고, 밀접하게 파생된 derecho는 '똑바로'를 의미한다.

누적 막대 차트와 마찬가지로 이런 유형의 데이터 시각화가 가지는 어려움은 범주 내 비교와 범주 간 비교를 동시에 수행한다는 점에 있다. 막대를 서로 반대 방향으로 배열하면 두 그룹의 합계를 비교하기가 어렵다. 즉, 동의하지 않는 사람의 비율과 동의하는 사람의 비율을 서로 비교하기가 어렵다. 쌍 막대 차트를 이용하면 이런 비교가 약간 더 쉽지만, 대신 분기형 차트의 양-음의 의미는 잃는다. 분기형 막대 차트는 데이터의 패

고소득층과 저소득층 간의 소득 격차를 줄이는 것은 정부의 책임이다.
(단위: 백분율)

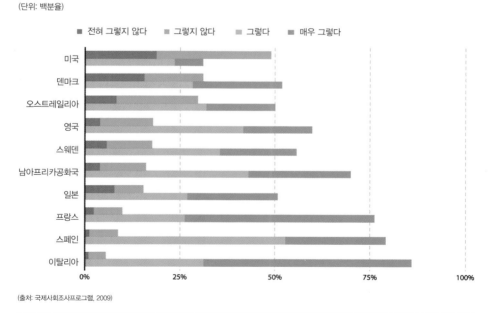

(출처: 국제사회조사프로그램, 2009)

분기형 막대 차트의 반대 방향의 막대 그래프를 쌍 막대 차트 방식으로 배열하는 방법도 있다. 이렇게 하면 양쪽 의견의 합계를 보다 정확하게 비교할 수 있다.

턴과 카테고리, 그룹의 수에 따라서는 어수선하고 복잡해 보일 수도 있다.

'보통(중립)' 범주가 있을 경우 분기형 막대 차트 사용 시 특히 주의해야 한다. 중립적인 응답은 원칙적으로 동의도 반대도 아니기 때문에 어느 한쪽으로 분류해서는 안 된다.

고소득층과 저소득층 간의 소득 격차를 줄이는 것은 정부의 책임이다.

(단위: 백분율)

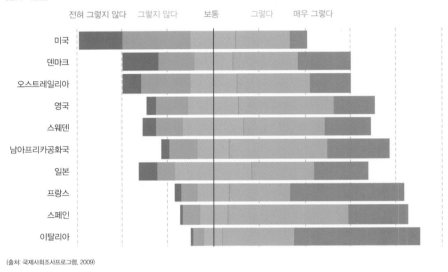

(출처: 국제사회조사프로그램, 2009)

'보통(중립)'이라는 응답을 분기형 막대 차트의 중앙에 배치하는 것은 중립적 의견이 양쪽 방향으로 절반씩 나뉘었다는 잘못된 인상을 준다.

수직 기준선을 따라 차트 중앙에 중립 카테고리를 배치하면 양쪽 그룹의 기준점이 어긋나고, 또한 중립적인 반응이 양쪽으로 절반씩 나뉘었다는 인상을 준다. 또한 어느 분절도 수직 기준선에 놓이지 않게 된다. 차라리 중립 의견은 차트의 한쪽편에 별도로 배치하는 편이 낫다. 그렇게 하면 반대, 동의, 중립 범주가 저마다 수직 기준선에 놓이기 때문이다. 다만, 중립 범주가 별도로 배치됨으로써 약간 강조되는 측면이 있다(다음 페이지 그림 참조).

또 하나의 대안은 다음 페이지 하단에 표시한 대로 중립 카테고리의 존재 여부에 관계없이 누적 막대 차트로 표시하는 것이다. 이 표시 방법에서 여러 범주의 합계는 100%가

고소득층과 저소득층 간의 소득 격차를 줄이는 것은 정부의 책임이다.

(단위: 백분율)

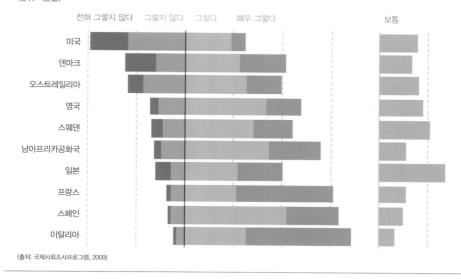

(출처: 국제사회조사프로그램, 2009)

'보통(중립)' 범주를 그래프의 한쪽 편에 별도로 배치하는 편이 낫다.

고소득층과 저소득층 간의 소득 격차를 줄이는 것은 정부의 책임이다.

(단위: 백분율)

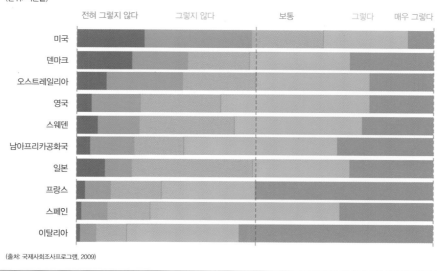

(출처: 국제사회조사프로그램, 2009)

이와 같은 리커트 척도를 표시하기 위해 누적 막대 차트를 사용할 수도 있다.

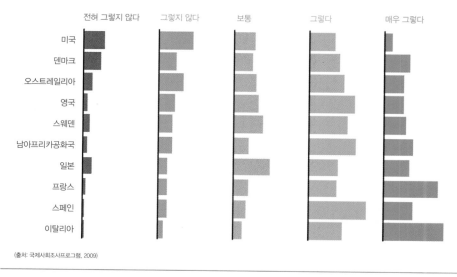

고소득층과 저소득층 간의 소득 격차를 줄이는 것은 정부의 책임이다.

(단위: 백분율)

| 전혀 그렇지 않다 | 그렇지 않다 | 보통 | 그렇다 | 매우 그렇다 |

미국
덴마크
오스트레일리아
영국
스웨덴
남아프리카공화국
일본
프랑스
스페인
이탈리아

(출처: 국제사회조사프로그램, 2009)

이와 같은 데이터를 시각화하기 위해 소형 다중 구성 막대 차트를 사용할 수도 있다.

돼 국가 간 비교가 더 쉬워진다. 좋은 전략 중 하나는 독자를 안내하기 위해 특정 집계 값을 표시하는 것이다. 예를 들어, 각각 동의와 반대에 해당하는 반응의 합이 전체의 절반 이상을 차지하는 국가를 명확히 알 수 있도록 50% 지점을 표시했다.

이전 섹션에서 논의했듯이 차트를 구성 요소로 더 자잘하게 나눌 수도 있다. 많은 그래프와 마찬가지로 어떤 변형을 선택할지는 차트의 목표에 따라 달라진다.

도트 플롯

도트 플롯dot plot(덤벨 차트, 바벨 차트 또는 갭 차트라고도 함)은 쌍 막대 차트나 누적 막대 차트 대신 사용되는 대안 중 하나이다. 데이터 시각화 연구의 초기 개척자인 윌리엄 클리브랜드William Cleveland가 개발한 도트 플롯은 데이터값에 해당하는 위치에 기호를 이를 선이나 화살표로 연결한다. 기호는 주로 동그라미(점)를 사용하지만 항상 그런 것은 아

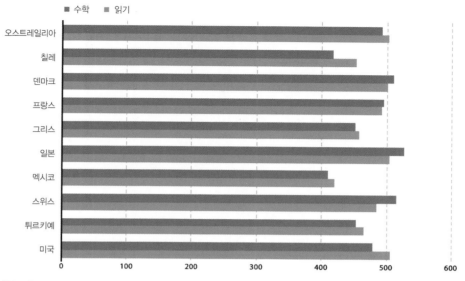

10개 OECD국가의 국제학생평가프로그램(PISA) 수학과 읽기 점수

■ 수학　■ 읽기

오스트레일리아
칠레
덴마크
프랑스
그리스
일본
멕시코
스위스
튀르키예
미국

0　100　200　300　400　500　600

(출처: 국제학생평가프로그램(Program for International Student Assessment))

이 단순한 막대 차트는 여러 국가의 수학과 읽기 점수를 나타낸다. 이런 종류의 데이터를 표시할 때 막대 차트가 기본으로 사용되곤 한다. 하지만 이 차트는 매우 무겁고 조밀해 보인다.

니다. 한 축은 데이터값을 다른 한 축은 그룹을 나타낸다. 순서에 특정 규칙이 있는 건 아니지만 크기 순으로 정렬하면 보기에 편하다.

막대 차트는 범주가 많으면 보기가 답답할 수 있는데, 도트 플롯을 사용하면 범주 간 비교가 쉬워진다. 세계 각국 15세 학생들의 읽기, 수학, 과학 능력을 평가하는 국제학생평가프로그램PISA의 결과를 다음 예에서 살펴보자. 막대 차트로 여러 국가의 수학 및 읽기 점수를 그릴 수도 있지만, 20개의 막대는 차트를 무겁고 조밀하게 만든다.

대조적으로, 도트 플롯은 각 데이터값에 동그라미(점)를 표시하고 이를 선으로 연결해 범위나 차이를 표시한다. 점은 막대보다 잉크를 덜 사용하므로 빈 공간이 많아져 산뜻해 보인다. 국가를 표시하는 레이블은 왼쪽 점 가까이 배치되지만 세로축을 따라 왼쪽으로 정렬될 수도 있다. 필요에 따라 데이터값을 각 주변이나 내부에 표시할 수 있다.

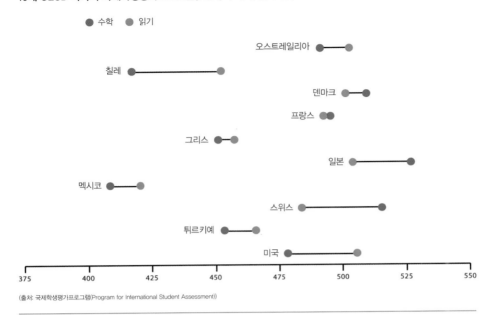

10개 OECD 국가의 국제학생평가프로그램(PISA) 수학과 읽기 점수

● 수학 ● 읽기

(출처: 국제학생평가프로그램(Program for International Student Assessment))

기본적인 도트 플롯은 각 데이터값에 동그라미(점)를 표시하고 그것을 선으로 연결한다. 빈 공간이 많아져서 시각적으로 산뜻해 보이는 점에 주목하라.

도트 플롯은 두 개의 점과 연결선으로 제한되지 않으며, 범주 간 비교에만 사용되는 것도 아니다. 예를 들어 2년 간의 변화를 도트 플롯으로 표시할 수 있다. 다양한 기호나 아이콘을 사용하거나, 방향 지시를 위해 선 대신 화살표를 사용해도 괜찮다. 두 개 이상의 개체를 사용할 수도 있다. 예를 들어 이 차트에 과학 시험 점수를 추가할 수 있다. 하지만 그래프의 각 개체가 무엇을 나타내는지 알 수 있도록 충분한 레이블을 추가해야 한다. 정확한 값을 확인하는 것의 중요도에 따라 축과 격자선을 표시하거나 생략할 수도 있다.

다음은 도트 플롯에 대한 주의 사항 몇 가지다. 첫째, 마지막 차트처럼 값의 방향이 달라지더라도 바로 눈에 띄지 않는다. 위의 도트 플롯에서 네 개 국가의 수학 점수가 읽기 점수보다 높은 것이 보였는가? 점과 색상을 주의 깊게 살펴보지 않는 한 차이를 알기 어렵다. 따라서 충분한 주석, 명확한 레이블 표시, 밝은 색상 등으로 달라진 방향이

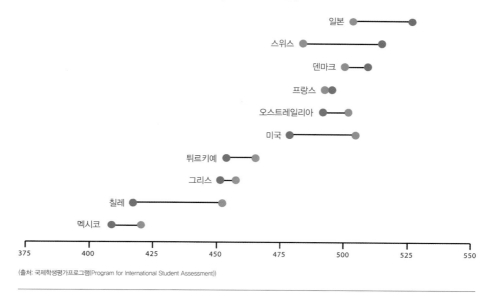

10개 OECD 국가의 국제학생평가프로그램(PISA) 수학과 읽기 점수

(출처: 국제학생평가프로그램(Program for International Student Assessment))

기본 막대 차트의 경우와 마찬가지로 데이터를 정렬하면 도트 플롯에서도 독자가 데이터를 읽기 쉽도록 공간을 정돈할 수 있다.

명확히 파악되게 해야 한다. 아래의 도트 플롯 차트는 수학 점수를 기준으로 정렬해 국가를 파악하기가 쉬워졌지만, 여전히 상위 네 개 국가의 수학 점수가 읽기 점수보다 더 높다는 점은 바로 눈에 띄지 않는다.

해결 방안은 그래프를 두 그룹으로 나눠 하나에는 수학 점수가 읽기 점수보다 높은 나라를, 다른 하나에는 그 반대의 나라를 표시하는 것이다. 그렇게 만든 버전(115페이지 참조)은 두 그룹을 나눈 다음 크고 굵은 머리글로 각각을 표시한다. 추가로 데이터값을 표시할 수도 있다. 나는 데이터값을 동그라미 안에 표시하는 편을 선호하지만 레이블이 차트를 복잡하게 만들 수 있어서 주의해야 한다. 데이터를 얼마나 정확하게 전달하고자 하는가에 따라 수직 격자선을 표시할 수도 있다.

도트 플롯으로 시간에 따른 변화를 표시하려면 연결선을 화살표로 바꾸는 것을 추천한다. 그렇게 하면 방향성이 명확해진다.

시간에 따른 변화를 보여주는 도트 플롯에 대한 주의 사항이 있다. 도트 플롯은 본질적으로 요약 차트이다. 즉, 시작점과 끝점 사이의 모든 데이터를 표시하지는 않는다. 두 점 사이의 데이터가 대체로 한 방향으로 움직인다면 도트 플롯으로 충분하다. 그러나 중간에 급격한 변화가 포함된 경우 도트 플롯은 그런 양상을 제대로 표시하지 못한다 (이는 막대 차트도 마찬가지다). 예를 들어, 시험 점수가 2015년과 2019년 사이에 감소했다가 2019년과 2020년 사이에 급격히 증가한다면 도트 플롯은 전체적인 증가만 표시해서 그 사이의 변화를 은폐하는 셈이 된다. 어떤 경우에는 선택의 여지가 없을 수도 있다. 10년마다 이뤄지는 미국 인구 조사의 데이터를 사용하는 경우 10년 주기의 데이터만 보유하게 된다. 어쩔 수 없는 일이지만, 다루는 내용을 숙지한다면 그런 데이터만으로 명확하고 정확한 주장을 펼치기에 충분한지 여부를 알 수 있을 것이다.

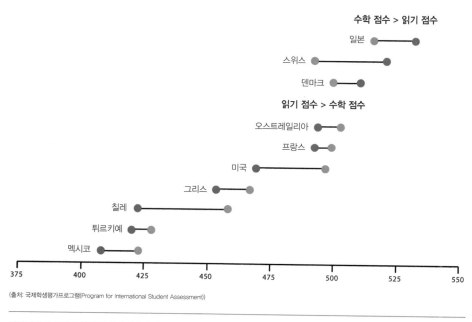

10개 OECD 국가의 국제학생평가프로그램(PISA) 수학과 읽기 점수

(출처: 국제학생평가프로그램(Program for International Student Assessment))

레이블과 주석을 활용하면 데이터값의 차이와 관계를 보다 명확하게 할 수 있다. 격자선은 꼭 필요하지는 않다.

2015년에서 2018년 사이에 10개 OECD 국가 중 네 개 국가의 국제학생평가프로그램(PISA) 수학 점수는 상승했다

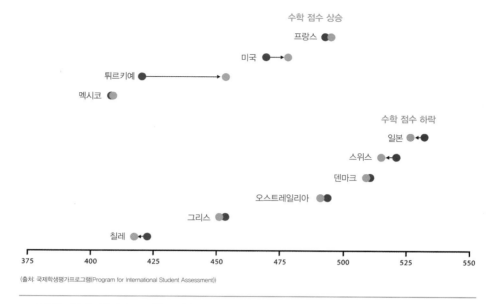

(출처: 국제학생평가프로그램(Program for International Student Assessment))

도트 플롯은 시간에 따른 변화를 표시할 수 있다. 시간의 흐름을 나타내기 위해 연결선을 화살표로 바꾸는 것도 좋은 방법이다.

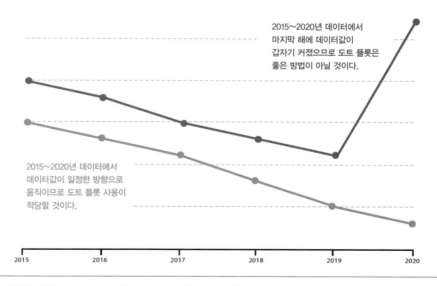

2015~2020년 데이터에서 마지막 해에 데이터값이 갑자기 커졌으므로 도트 플롯은 좋은 방법이 아닐 것이다.

2015~2020년 데이터에서 데이터값이 일정한 방향으로 움직이므로 도트 플롯 사용이 적당할 것이다.

도트 플롯은 본질적으로 요약 차트이므로 데이터의 변동성이 클 때는 도트 플롯 사용을 피하는 것이 좋다.

마리메꼬 및 모자이크 차트

마리메꼬Marimekko 차트는 얼핏 낯설어 보이지만 막대 차트의 확장일 뿐이다. 이 차트는 두 변수를 비교할 때 유용하다. 하나는 범주 간 비교에 해당하고 다른 하나는 그들이 어떻게 합산되는지를 보여준다. 차트의 이름은 아르미 라티아Armi Ratia와 그녀의 남편 빌리오Viljo가 1951년에 설립한 핀란드 디자인 회사 마리메꼬에서 유래했다. 마리메꼬의 초기 스타일은 직설적이고 과감한 기하학적 패턴과 선명한 색상이 특징이다.

일반적인 세로 막대(또는 기둥) 차트에서 데이터는 세로축의 높이로 측정되는 한편 막대의 너비는 동일하다. 마리메꼬 차트는 그런 세로 막대 차트를 기반으로 막대의 너비를 또 다른 데이터값에 따라 조정한다. 마리메꼬 차트는 표준 세로 막대 차트 또는 가로 막대 차트에 두 번째 변수를 추가하는 쉬운 방법이다.

아래의 마리메꼬 차트는 인구가 가장 많은 10개 국가에 대해 두 가지 변수를 보여준다. 한 변수는 하루 소득 $5.20 미만인 사람들의 비율이고, 다른 변수는 10개 국가의 인구 합계 대비 각국의 인구 비율이다. 하루 소득 $5.20 미만인 사람의 비율은 표준 막대 차트에서처럼 세로축을 따라 표시된다. 다음 각 막대의 너비는 10개 국가 인구의 총합을 100%로 해서 각국의 인구 비율에 따라 조정된다(백분율 대신 수로 표시하는 방법도 있다).

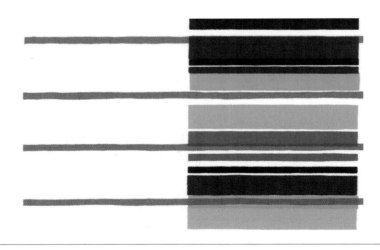

마리메꼬의 초기 직물 스타일은 이 그림처럼 직설적이고 과감한 기하학적 패턴과 선명한 색상이 특징이었다.

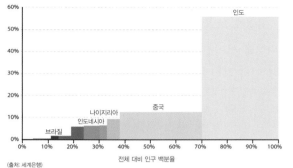

인구가 많을수록 빈곤층도 많다
(단위: 하루 소득 $5.20 미만 인구의 백분율)

(출처: 세계은행)

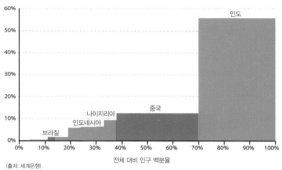

인구가 많을수록 빈곤층도 많다
(단위: 하루 소득 $5.20 미만 인구의 백분율)

(출처: 세계은행)

마리메꼬 차트(메꼬 차트라고 부르기도 함)는 막대 차트의 막대 너비를 또 다른 변수에 연결시킨다. 특정 데이터값을 강조하기 위해 색상을 활용할 수도 있다.

이 차트에서는 인구가 가장 많은 국가들(막대의 너비로 표시됨)과 그 국가들의 빈곤 분포를 확인할 수 있다. 여기에서 색상을 요령 있게 사용할 수도 있다. 만약 이 그래프가 중국과 브라질의 빈곤 문제를 다룬 기사에 쓰인다면 오른쪽 그래프처럼 중국과 브라질에 해당하는 막대를 제외한 다른 모든 막대를 한 가지 색상으로 표시할 수 있다.

두 변수를 각각 두 개의 막대 차트에 별도로 표시할 수도 있다. 이런 그래프는 친숙하고 읽기 쉽지만, 두 변수 간의 관계를 전달하기는 어렵다.

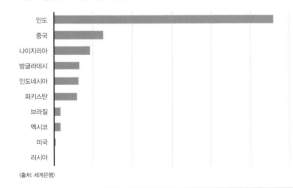

하루 수입 $5.20 미만 인구 비율

(출처: 세계은행)

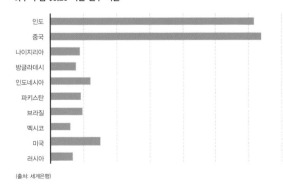

하루 수입 $5.20 미만 인구 비율

(출처: 세계은행)

마리메꼬 차트를 사용하지 않고 두 변수를 별도로 표시할 수도 있다.

두 변수를 하나의 차트에 담으면 두 변수 간의 연관성이나 관계를 살펴볼 수 있다. 변수 간의 관계를 표시하려면 다른 차트 유형을 사용할 수도 있다. 동일한 데이터를 산점도로 표시해봤다(산점도에 대해서는 281페이지 참조). 이렇게 보면 인구 측면에서 중국과 인도가 특이값임을 알 수 있지만 전체 대비 인구 비율을 보여주지는 못한다. 오른쪽의 평행 좌표 플롯(296페이지 참조) 역시 중국과 인도에 얼마나 더 많은 사람이 살고 있는지, 그리고 인도 인구 중 하루 수입 $5.20 미만인 사람의 비율이 얼마나 더 많은지 보여준다(평행 좌표 플롯의 한 가지 문제는 그어진 선이 실제로는 두 변수를 비교하기 위해 쓰인 것인데 자칫 시간에 따른 변화라고 오해할 수 있다는 점이다).

마리메꼬의 변형된 형태는 막대의 높이와 너비를 모두 100%가 되게 하는 것이다. 이런 차트를 모자이크 차트라고 부르는데, 두 용어를 구분하지 않고 혼용하는 경우가 많다. 모자이크 차트는 그래프 공간 전체를 채우므로 두 축의 전체 대비 비율을 보여줄 수 있다. 이런 방식으로 모자이크 차트는 트리맵과 밀접한 관련이 있지만 반드시 계층적 관계를 표시하는 것은 아니다(트리맵에 대해서는 333페이지 참조).

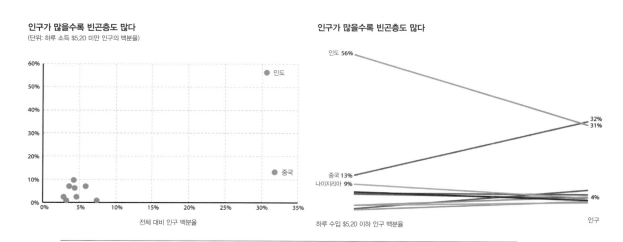

두 데이터 계열을 표시하는 다른 방법으로 산점도(왼쪽)와 평행 좌표 플롯(오른쪽)이 있다. 이 두 가지 차트는 뒤에서 자세히 다룬다.

이 예에서 가로축에는 인구 비율을, 세로축에는 빈곤 계층을 하루 수입 $1.90 미만, $3.20 미만, $5.20 미만의 세 가지 범주로 구분해 표시했다.

인구가 많을수록 빈곤층도 많다

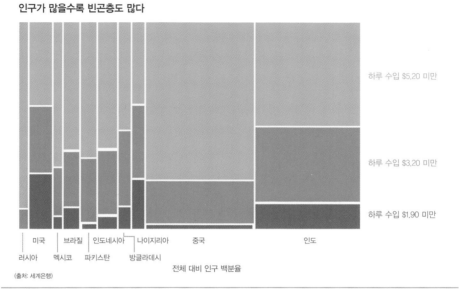

하루 수입 $5.20 미만

하루 수입 $3.20 미만

하루 수입 $1.90 미만

| 미국 | 브라질 | 인도네시아 | 나이지리아 | | |
| 러시아 | 멕시코 | 파키스탄 | 방글라데시 | 중국 | 인도 |

전체 대비 인구 백분율

(출처: 세계은행)

모자이크 차트는 마리메꼬 차트의 변형으로, 표시된 막대의 너비의 합과 높이의 합이 각각 100%이다.

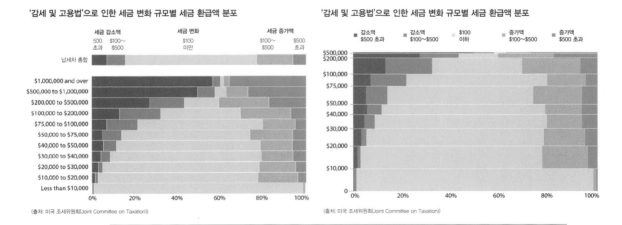

'감세 및 고용법'으로 인한 세금 변화 규모별 세금 환급액 분포

(출처: 미국 조세위원회(Joint Committee on Taxation))

'감세 및 고용법'으로 인한 세금 변화 규모별 세금 환급액 분포

(출처: 미국 조세위원회(Joint Committee on Taxation))

왼쪽의 누적 막대 차트(막대의 너비가 모두 같음)와 오른쪽의 모자이크 차트의 차이를 눈여겨보라. 모자이크 차트는 제2의 변수를 추가하면서 최상단 데이터를 자세히 보기 어렵게 됐다.

모자이크 차트는 누적 막대 차트를 확장하는 데에 사용할 수도 있다. 121페이지 하단의 그래프는 미국 소득 분포상의 여러 구간에 걸쳐 2017년 '감세 및 고용법'에 의한 과세 단위별 이득을 보여준다. 왼쪽의 누적 막대 차트는 11개 소득 구간에 걸쳐 세금 환급으로 인한 이득을 다섯 가지 범주로 보여주며 각 막대의 너비는 모두 동일하다. 막대의 너비를 각 소득 구간의 과세 단위 수로 조정해 세로 높이의 합이 100%가 되도록 하면 오른쪽 모자이크 차트를 만들 수 있다. 모자이크 차트는 그룹별 납세자 수의 분포를 잘 보여주는 한편 상위 소득 그룹은 상대적으로 사람이 적기 때문에 값을 보기가 어렵다.

단위 차트, 아이소타이프 차트, 와플 차트

단위 차트는 한 변수 값의 수를 표시한다. 각 기호는 하나 또는 여러 개의 관찰 단위를 나타낸다. 예를 들어, 하나의 기호가 자동차 열 대를 나타내고, 자동차 아이콘이 열 개 있는 경우 독자는 이 둘을 곱해 총 100대의 자동차가 있다고 이해한다. 단위 차트를 사용해 백분율, 달러, 기타 개별 수량 등을 표시할 수 있다. 다른 방향으로 정렬하거나 색상이나 윤곽선을 사용해 하위 범주로 나눌 수 있다.

이 차트의 장점은 감각적으로 더 와닿는다는 것이다. 예를 들어 막대 차트는 추상적이고 기계적이다. 그런 차트는 데이터 포인트가 나타내는 모든 사람을 하나의 형태로 축소한다. 한편, 단위 차트는 그것이 대표하는 사람의 수를 상기시켜서(특히 각 점이 한 사람을 나타내는 경우) 주제와의 공감대 형성이 가능하다.

이런 종류의 숫자를 표시하는 간단한 방법은 그저 숫자를 표시하는 것이다. 『대시보드 설계와 데이터 시각화The Big Book of Dashboards』(책만, 2018)에서 저자 스티브 웩슬러Steve Wexler, 앤디 코트그리브Andy Cotgreave, 제프 섀퍼Jeff Shaffer는 이를 덩치 큰 숫자BANs, Big-Ass Numbers 방식이라고 불렀다. 이 방법은 대시보드, 인포그래픽, 소셜 미디어 게시물 또는 슬라이드에서 잘 작동하는 한편, 장문의 보고서는 사용하지 않는 편이다.

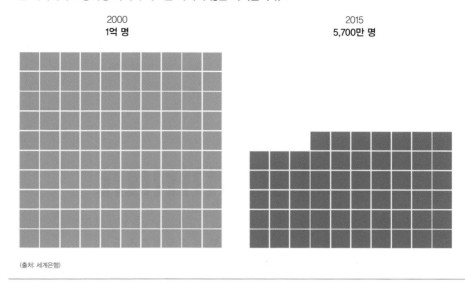

전 세계에서 초등학생 나이에 학교를 다니지 않는 아이들의 규모

2000
1억 명

2015
5,700만 명

(출처: 세계은행)

단위 차트는 변수 값의 수를 나타내기 위해 기호를 사용한다.

전 세계에서 초등학생 나이에 학교를 다니지 않는 아이들의 규모

1억 명

2000

5,700만 명

2015

(출처: 세계은행)

글자를 크게 표시해서 데이터값을 나타내는 방법도 있다. 이런 방식을 영어로 Big-Ass Numbers(BANs, 덩치 큰 숫자)라고
도 한다.

아이소타이프 차트

아이소타이프^{ISOTYPE} 차트는 단위 차트의 일종으로, 단순한 모양 대신 이미지 또는 아이
콘을 사용한다. 아이소타이프^{ISOTYPE, International System of Typographic Picture Education}라는 용어
는 1920년대에 오스트리아의 철학자이자 정치경제학자인 오토 노이라트^{Otto Neurath}, 그
의 아내 마리 노이라트^{Marie Neurath}, 그리고 그들의 협력자인 게르트 아른츠^{Gerd Arntz}가 만

들었다. 그들은 아이소타이프 시스템을 사용해 산업별 근로자 수, 인구 밀도와 분포, 특정 공장에서 사용되는 기계 수에 이르기까지 다양한 종류의 데이터를 시각화했다. 그들은 이런 종류의 시각화 시스템을 사용하면 인구 통계, 경제, 환경 문제 등을 교육 수준에 관계없이 더 많은 대중에게 전달하는 데 도움이 되리라 믿었다.

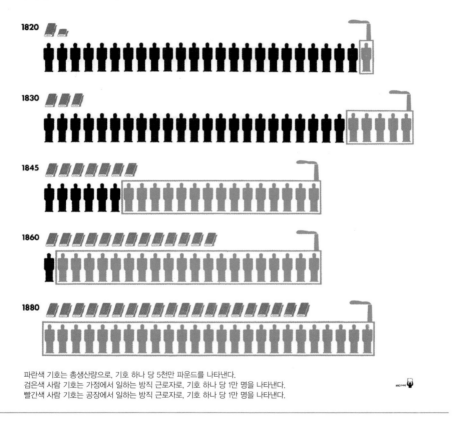

영국 방직 산업의 변화, 가정에서 공장으로

파란색 기호는 총생산량으로, 기호 하나 당 5천만 파운드를 나타낸다.
검은색 사람 기호는 가정에서 일하는 방직 근로자로, 기호 하나 당 1만 명을 나타낸다.
빨간색 사람 기호는 공장에서 일하는 방직 근로자로, 기호 하나 당 1만 명을 나타낸다.

1920년대에 오토 노이라트, 마리 노이라트, 게르트 아른츠가 개발한 아이소타이프 차트의 예

그들이 작업한 고전적인 예를 위에 나타냈다. 각 기호는 가정과 공장의 근로자 수와 생산량을 나타낸다. 모두 하나의 세로축을 따라 정렬돼 있으므로 시간에 따른 변화도 확인이 쉽다.

개발도상국의 극심한 빈곤율

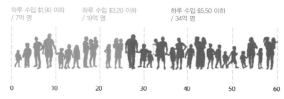

수십억 명에 달하는 빈곤층

데이터 시각화에서 아이콘을 사용하는 두 가지 예

이 장에서 사용한 빈곤 데이터도 같은 방식을 취할 수 있다. 극심한 빈곤율을 나타낸 두 차트에서 보듯 아이소타이프 이미지의 사용 방법은 다양하다. 왼쪽 버전은 아이콘 하나당 10% 포인트에 해당하는 양을 표시한다(흐린 색의 아이콘은 포함되지 않을 수도 있음). 오른쪽 버전은 기본적으로 막대 차트 위에 아이콘을 정렬한 것이다. 두 경우 모두 바로 알아볼 수 있는 시각적 이미지의 아이콘을 사용해 주제와 내용을 연결했다.

아이콘을 일렬로 늘어놓는 방식 대신 값에 따라 아이콘의 크기를 조정하는 방식도 있다. 그러나 데이터의 크기가 높이, 너비, 면적 중 어느 것에 비례하는지 알기 어려

개발도상국의 극심한 빈곤율

47%
1990년

14%
2015년

(출처: 세계은행)

데이터값에 따라 아이콘의 크기를 확대/축소할 수도 있다. 그러나 그 비율의 기준이 높이인지, 너비인지, 면적인지 알기 어려우므로 주의가 필요하다.

우므로 주의가 필요하다. 단, 이것이 모든 사람에게 문제가 되는 것은 아니다. 47%가 14%보다 훨씬 크다는 것만큼은 분명하게 전달될 수 있다. 하지만 정확도가 중요하다면 아이콘 확대/축소 방식은 권장하지 않는다. 125페이지 하단 그림의 예에서는 아이콘의 세로 높이가 데이터값을 나타내지만, 두 아이콘의 면적을 비교하면 약 10배나 된다.

아이콘을 활용한 그래프는 데이터 수가 적을 경우에는 특히 괜찮아 보이고, 독자의 관심을 끌기에도 좋다. 하지만 독자가 데이터값을 확인하거나 서로 비교하기는 어려울 수 있다. 윌러드 코프 브린튼Willard Cope Brinton은 그의 1914년도 저서 『사실 제시를 위한 도해 기법Graphic Methods for Presenting Facts』에서 이런 접근 방식을 비판했다. "사람을 다른 크기로 나타낸 차트를 그릴 때는 데이터를 사람의 키로 나타내곤 하지만, 사람의 면적이 키보다 빠르게 증가하므로 그러한 차트는 오해의 소지가 있다." 보다 최근에는 데이터 시각화 분야의 저자이자 강사인 스티븐 퓨Stephen Few가 다음과 같이 썼다. "단위 차트는 독자로 하여금 숫자를 세고 읽게 만든다. 그게 아니면 각 기호가 차지하는 면적을 열심히 비교하게 만든다. 하지만 그 어느 쪽도 잘 해내기 어렵다는 것이 문제다."

그러나 부정확하고 느린 이해의 단점은 차트가 얼마나 기억에 남고 관심을 끄느냐에 의해 상쇄될 수 있다는 주장이 최근 연구에서 제기됐다. 한 연구의 참여자는 단순한 막

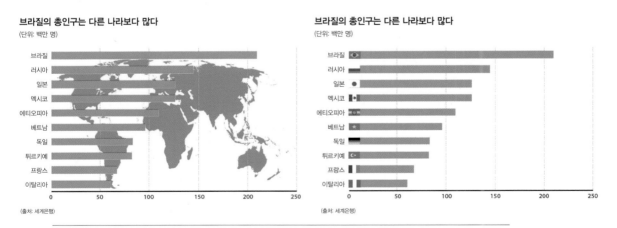

두 그래프 모두 10개국의 인구를 나타낸다. 왼쪽 그래프는 불필요한 세계 지도가 배경에 있어 어수선해 보인다. 오른쪽 그래프는 국기 아이콘을 사용해 국가를 식별할 수 있는 세부 정보를 추가했다.

대보다 아이콘이 배열된 그래프를 선호했다. 그들은 또한 배경에 있거나 차트에 추가된 이미지 중에서 데이터를 나타내지 않는 이미지는 독자의 주의를 산만하게 한다는 것을 발견했다. 따라서 이런 종류의 작은 단위 아이콘이나 이미지를 작업에 사용하기로 했다면 불필요한 장식이 아닌 데이터 부호화를 위한 목적으로만 사용하라.

10개국 인구를 보여주는 왼쪽 그래프(126페이지)는 불필요하고 산만한 장식 효과인 세계 지도를 배경으로 하고 있다. 오른쪽 그래프는 국기 아이콘을 사용해 표준 차트 유형에 국가를 식별할 수 있는 세부 정보를 추가하고 시각적 관심도를 높였다.

다른 연구에 따르면 단위 시각화는 직관적이고 유연하며 독자의 관심을 그래프로 유인하는 방법이라고 한다. 어떤 이는 "단위 시각화는 특정 데이터 항목을 이해시키고 단위, 사람, 통화, 지역 등의 값을 부호화할 때 특히 유용하다."고 말한다. 그러나 데이터나 단위가 너무 많으면 단위 차트는 어수선해지고 개별 데이터값이나 전반적인 주장을 흐리는 부정적인 결과를 가져오기도 한다.

와플 차트

와플 차트^{waffle charts}는 단위 차트의 일종으로, 부분 대 전체 관계 시각화에 특히 유용하다. 와플 차트는 각 셀이 1% 포인트를 나타내는 10×10 격자 형태로 정렬된다. 와플 차트를 여러 개 사용해 백분율을 추가로 표시할 수도 있다. 그렇게 하면 그래프에 부분

다섯 개 국가의 빈곤율
(단위: 하루 수입 $1.90 이하 인구의 백분율)

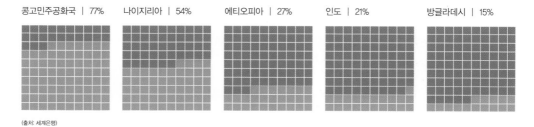

(출처: 세계은행)

와플 차트는 단위 차트의 일종으로, 이 예에서는 사각형을 10×10 격자 형태로 정렬했다.

대 전체 관계를 표시하면서 동시에 범주 간 비교도 가능해진다.

특히 단위 차트나 와플 차트에서 아이콘을 사용할 경우 해당 기호가 콘텐츠를 나타내기에 부적절할 가능성을 염두에 둬라. 예를 들어 아동 사망률을 시각화하는 경우 아기 아이콘은 적절하지 않다. 데이터 세트에서 사람 수를 표시할 때 남성 아이콘을 사용하면 여성을 무시하는 것처럼 보일 수 있다. 다른 한편, 당신의 정원에 심긴 브로콜리의 종류를 확인하려면 재커리 스텐셀^{Zachary Stansell}이 만든 재미있는 프로젝트처럼 그림을 정렬하기만 하면 된다.

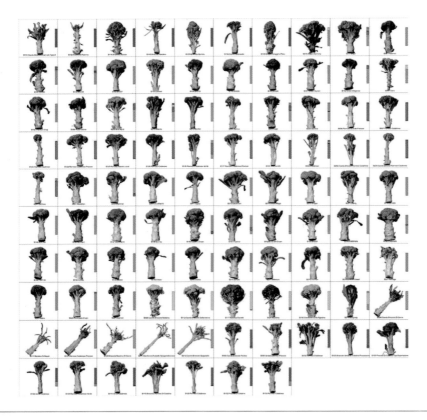

재커리 스텐셀은 자신이 키우는 브로콜리의 종류를 소형 다중 구성 형태로 시각화했다.

히트맵

히트맵heatmap은 색상과 채도로 데이터값을 나타낸다. 간단히 말해 히트맵은 색상으로 구분된 셀이 있는 표다. 고빈도high-frequency 데이터를 시각화할 때, 또는 정확한 값보다 전체적인 패턴 확인이 중요할 때 히트맵이 사용되곤 한다.

아래의 두 히트맵은 룩셈부르크 소득 연구Luxembourg Income Study의 데이터를 사용해서 10개국의 총소득에 대한 여러 구성 요소를 보여준다. 왼쪽 버전은 여섯 개 범주 모두에 대해 동일한 색상 스케일을 사용했고, 옅은 색상은 더 작은 값을, 짙은 색은 더 큰 값을 부호화한 것이다. 이 보기에서 근로 소득이 전체 소득에서 가장 큰 비중을 차지하며 대부분 국가에서 공적 사회 급여가 두 번째로 큰 비중을 차지함을 알 수 있다. 오른쪽 히

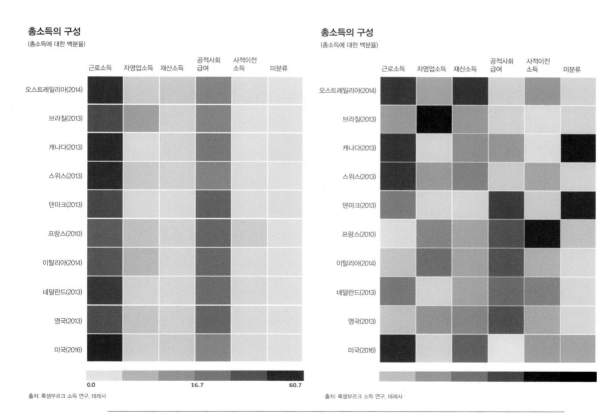

총소득의 구성
(총소득에 대한 백분율)

출처: 룩셈부르크 소득 연구, 테레사

히트맵은 색상과 채도로 데이터값을 나타내며 열이나 횡 방향으로 독자의 시선을 유도할 수 있다.

트맵에서는 범주 별로 색상 스케일이 지정된다. 이 보기에서 호주, 브라질, 스위스 및 미국에서는 공적 사회 급여(네 번째 열)의 총소득 대비 비중이 상대적으로 작음을 더 명확하게 알 수 있다. 어느 쪽이 더 나은지는 그래프가 무엇을 위한 것인가에 달려 있다. 독자가 모든 값을 비교하기를 원하는가, 혹은 각 범주 내에서 비교하기를 원하는가?

히트맵으로 시간에 따른 변화를 표시할 수도 있다. 1928년부터 2008년까지 미국 모든 주의 홍역 감염률이 표시된 스프레드시트를 상상해보라. 스프레드시트의 행을 따라 주를 표시하고, 열을 따라 연도를 표시할 경우 아마도 본능적으로 다음 페이지와 같은 꺾은선 차트를 만들고 싶을 것이다.

이 꺾은선 차트에 본질적인 오류는 없다. 홍역 백신이 도입된 1928년부터 약 1963년(검은색 세로 선으로 표시)까지 양성 감염률을 확인할 수 있다. 그 후 약 5년에 걸쳐 감염율이 급감했고 결국 약 10년 내에 거의 0에 도달했다. 여러 선이 뒤섞인 이 차트에서 알 수 있는 핵심은 약 1963년까지 감염이 발생했다는 것이다.

1928~2012년 기간 중 미국의 홍역 발생 양상

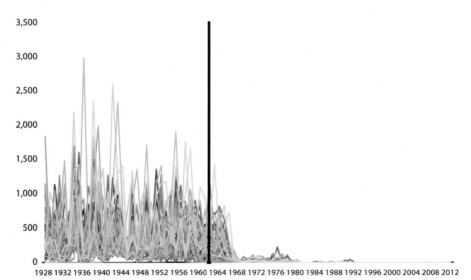

(출처: 프로젝트 타이코(Project Tycho), https://www.tycho.pitt.edu/data)

이 조밀한 차트에서 미국의 기본적인 홍역 감염 양상을 볼 수 있기는 하지만 구체적인 값을 고르기는 어렵다.

「월 스트리트 저널Wall Street Journal」은 이 스프레드시트를 바탕으로 조밀한 꺾은선 차트 대신 히트맵을 만들었다. 나는 그것과는 다른 색상 배색표와 감염률의 개별 범주를 사용해 별도의 버전을 만들었다. 백신 도입 시점(검은색 선으로 표시) 전에는 대체로 더 짙은 파란색 네모(대부분 10만 명당 16건을 초과)를 볼 수 있다. 1963년 이후에는 색상이 더

1928~2012년 기간 중 미국의 홍역 발생 양상

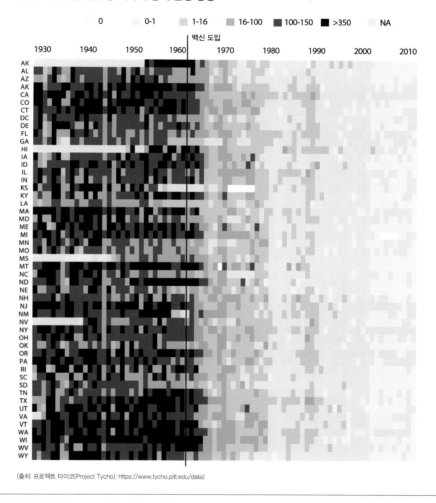

홍역 감염율을 표시하는 데에 이 히트맵이 꺾은선 차트보다 본질적으로 낫다고 할 수는 없더라도 독자가 특정 주나 연도를 확인하기가 훨씬 수월한 것이 사실이다.

옅은 파란색으로 빠르게 전환되면서 결국 최저 감염률에 도달한다(감염률 0 또는 10만 명당 1건 미만).

이 차트가 꺾은선 차트보다 절대적으로 낫다고 할 수는 없지만, 복잡하게 얽힌 꺾은선 차트에서 특정 선을 골라내는 것보다는 훨씬 수월하게 특정 주나 연도를 확인할 수 있다. 때로는 색다르다는 것 자체가 장점일 수 있다. 복잡해 보이는 꺾은선 차트를 보

2015년도 자동차 사고 사망자 수

(출처: 미국 고속도로교통안전국)
*FlowingData.com의 네이선 야우(Nathan Yau)로부터 영감을 받음

히트맵을 활용하는 또 하나의 방법은 2015년도 자동차 사고 사망자 수를 표시한 이 예처럼 레이아웃을 변형하는 것이다.

자마자 바로 건너 뛴 경우가 얼마나 많았는가? 모양과 색상이 참신한 이 히트맵은 독자의 눈길을 끌 수 있다. 아티스트이자 데이터 시각화 전문가인 지오르지아 루피Giorgia Lupi가 말했듯이, "아름다움은 독자가 시각화에 관심을 갖고 더 많은 것을 탐색하도록 만드는 매우 중요한 진입로다. 아름다움이 기능을 대체할 수는 없지만 아름다움과 기능이 합쳐지면 더 많은 것을 달성한다."

히트맵의 다른 활용 방법은 레이아웃을 바꿔 캘린더에 적용하는 것이다. 이 예에서 2015년 자동차 사고 사망자는 월별 히트맵에 표시된다. 대체로 금요일과 토요일에 사망률이 더 높은 양상을 한눈에 확인할 수 있다.

동일한 데이터를 꺾은선 차트로 표시하는 경우를 보자. 파란색 동그라미로 토요일을 표시했지만 주말에 더 많은 사망자가 발생한다는 동일한 결론에 도달하기는 어렵다.

2015년도 자동차 사고 사망자 수

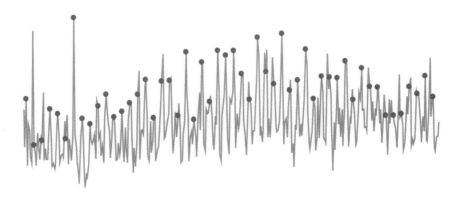

1/1/15 2/1/15 3/1/15 4/1/15 5/1/15 6/1/15 7/1/15 8/1/15 9/1/15 10/1/15 11/1/15 12/1/15 1/1/16

(출처: 미국 고속도로교통안전국)

이 꺾은선 차트는 히트맵 캘린더와 동일한 데이터를 사용해서 그렸다. 히트맵 캘린더에서 확인한 결론을 이 차트를 통해 얻기는 훨씬 어렵다.

홍역의 예에서는 두 종류의 차트 모두 장단점이 있었지만 이번 경우에는 캘린더 히트맵이 확실히 낫다. 주말의 사망 패턴이라는 핵심 내용을 히트맵이 더 잘 부각시키기 때문이다. 또한 친숙한 모양으로 배치돼 더 매력적이기도 하다.

히트맵 변형 방법의 또 한 가지는 직사각형 레이아웃을 탈피하는 것이다. 다음 차트에서는 원 주위로 50개 주를 배치하고 다섯 개 지역(검은색 선으로 구분)으로 나누었다. 각 링은 노동권법, 소득세, 최저 임금 등의 존재 여부를 묻는 이진binary 데이터 유형을 나타낸다.

여섯 개의 지도를 하나의 차트로 표시한 이 방법에는 몇 가지 장단점이 있다. 한편으로는 여섯 가지 데이터 계열을 간결하게 표현해 독자가 개별 주 및 여러 주에 대해 범주 데이터와 부분 대 전체 데이터를 빠르고 명확하게 볼 수 있다. 반면, 익숙한 그래프 유형이 아니므로 일부 독자는 보기를 꺼릴 수 있다. 또한 링의 순서가 데이터 인식에 영향을 줄 수 있다. 그 이유는 외부 링의 (빨간색) 사각형이 내부 링의 (노란색) 사각형보다 크기 때문이다.

미국 내 근로의 권리

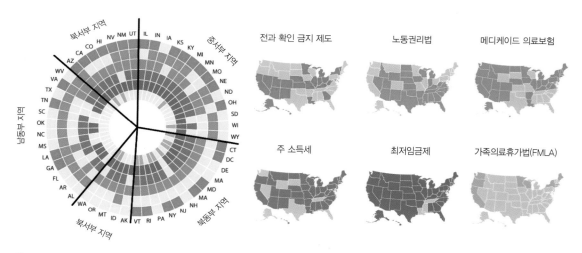

(출처: 전미고용법프로젝트(National Employment Law Project), 카이저 가족 재단(Kaiser Family Foundation), 주 입법부 전국 회의(National Conference of State Legislatures))

히트맵은 다양한 방법으로 배치될 수 있다. 방사형 배치나 여섯 개의 지도를 나열하는 방식이나 각각 장단점이 있다.

게이지 및 총알 차트

게이지 차트^{gauge chart}(게이지 다이어그램)는 자동차 대시보드의 속도계와 비슷하다. 일반적으로 반원과 원 중간 정도의 모양으로 그려지며, 포인터 또는 바늘을 사용해 데이터가 특정 범위에 속하는 위치를 나타낸다. 게이지는 나쁨, 좋음, 우수 등을 나타내는 구간으로 구분되며 각 구간은 서로 다른 색으로 표시된다.

게이지 다이어그램은 재무 계획 도구에서 자주 볼 수 있는데, 목표를 향한 진척도를 시각화하기에 쉽고 친숙하기 때문이다. 게이지 다이어그램은 기금 모금 캠페인에서도 쓰인다. 이 때는 전체 반원이 모금액 목표를 나타내고 바늘과 채워진 영역이 모금액 달성 현황을 표시한다. 이것은 익숙한 모양을 사용한 은유적인 시각화의 예다. 게이지를 '채운다'는 것이 기금 목표 달성을 의미함을 누구나 이해할 수 있다는 장점이 있다.

그러나 게이지 다이어그램은 각도를 측정하고 비교하기가 쉽지 않기 때문에 정확한 인식이 어렵다. 데이터값에 대한 대략적인 이해를 위해서는 게이지 차트가 적절하다. 그러나 특정 값을 식별하고 해당 값을 어떤 범위와 비교하는 것이 중요하다면 게이지 차트는 맞지 않을 수 있다.

게이지에 대한 친숙함과 그것이 나타내는 명백한 은유를 감안한다면 게이지 차트가 다양한 곳에서 활용되는 것은 놀라운 일이 아니다. 내가 거주하는 노던버지니아 지역의 부동산 동향을 보여주는 광고 전단지에 여러 개의 게이지 다이어그램이 그려진 사

게이지 차트는 친숙하며 읽기 쉽다.

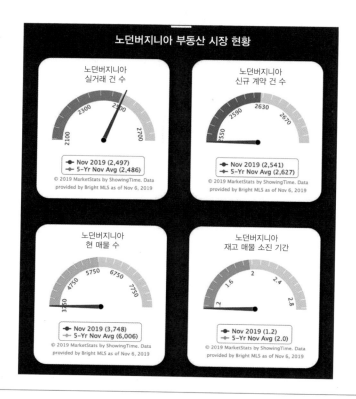

내가 사는 노던버지니아 지역의 부동산 동향을 보여주는 게이지 차트 사례. (출처: 마운트조이 부동산 회사, 중개 담당은 켈러 윌리엄스 부동산(Keller Williams Realty))

레도 봤다(그 전단지는 워싱턴 DC 주변의 주거용 부동산을 취급하는 마운트조이 부동산^{Mountjoy} Properties이 제작했다). 나는 인근 부동산 시장의 현황을 한눈에 볼 수 있었지만, 그 자료에 더 많은 데이터나 상세 내용을 추가하기는 어려워 보였다.

총알 차트

게이지 차트의 이런 문제를 보완하기 위해 저자 스티븐 퓨는 유사한 종류의 데이터를 표시하는 선형적이고 간결한 방법인 총알 차트^{bullet chart}를 창안했다. 총알 차트는 세 가지 데이터 요소를 기본으로 한다.

1. 실제 혹은 관찰된 값. 여기서는 검은색 가로 막대로 표시했다. 그림에서 막대는 평균 고객 만족도 점수 4.0을 가리킨다.
2. 목표값. 여기서는 검은색 세로선으로 표시했다. 만족도 점수 3.5가 목표값이다.
3. 배경 범위. 불량, 양호, 우수 등의 성공의 등급 또는 구간을 나타낸다. 이것은 다른 두 데이터 계열 뒤에 놓이므로 독자가 실제 값과 목표값을 비교할 수 있다. 이 예에서 1.5 이하는 불량, 1.5에서 3.0은 양호, 3.0 초과는 우수에 해당한다.

총알 차트의 구성 요소는 다양할 수 있다. 세 개 대신 다섯 개의 범위 척도가 있을 수 있고, 목표값은 없을 수도 있다. 척도는 데이터의 분포 양상을 표시할 수도 있다(예: 사분위수 또는 백분위 수 범위 표시, 백분위 수에 대한 자세한 내용은 207페이지의 상자 참조).

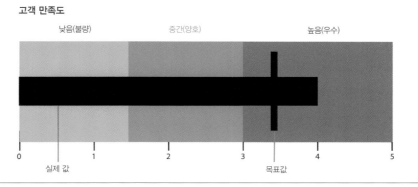

이 총알 차트는 다섯 개의 데이터값을 표시하고 있다.

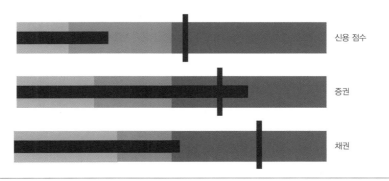

여러 개의 총알 차트를 결합하면 다양한 비교를 하기 쉽다.

총알 차트는 매우 간결하므로 여러 버전을 나열하기 쉽다. 위의 총알 차트는 재무 보고서에서 흔히 볼 수 있는 세 가지 측정 항목을 보여주는데 게이지 차트보다 더 간결하며, 사각형이 정렬돼 있어서 여러 범주를 비교하기가 더 쉽다는 장점이 있다.

거품 비교 차트와 겹 거품 차트

거품 그래프bubble graph에서 기본적으로 원은 데이터값을 나타낸다. 막대 차트처럼 이런 유형의 차트는 범주 간 비교가 목적이다. 한편, 막대 차트와 달리 원의 크기를 정확하게 비교하기는 쉽지 않다(28페이지의 지각 순위표 참조). 그래도 원은 시각적으로 더 흥미로울 수 있고 은유적 표현을 잘 나타낼 수 있다. 따라서 정확한 양의 식별이 크게 중요하지 않을 때 좋은 선택이다.

원으로 비례를 표현할 때 음수를 시각화할 수 없다는 단점이 있다. 막대는 일반적으로 양의 경우 오른쪽이나 위쪽으로, 음의 경우 왼쪽이나 아래쪽으로 표시할 수 있지만 이를 원으로 시각화하기는 어렵다.

게다가 원의 면적으로 값이 결정되더라도 원을 보고 정확한 추정을 하기는 어렵다. 막대 차트에서 길이를 기준으로 비교하듯이 원 또한 지름을 기준으로 비교하려는 경향이 있다. 이것은 잘못된 결론으로 이끌 수 있다. 아래 두 그래프를 보고 파키스탄에서

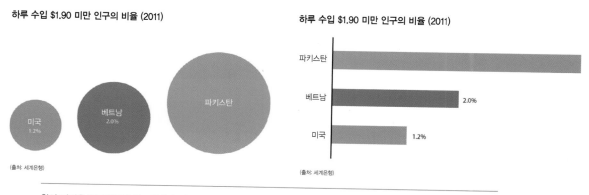

하루 수입 $1.90 미만 인구의 비율 (2011)

미국 1.2% 베트남 2.0% 파키스탄

(출처: 세계은행)

하루 수입 $1.90 미만 인구의 비율 (2011)

파키스탄
베트남 2.0%
미국 1.2%

(출처: 세계은행)

원의 면적을 비교하기보다는 막대의 길이를 비교하는 편이 훨씬 쉽다. 참고로 파키스탄의 하루 수입 $1.90 미만 인구의 비율은 4%이다.

하루 수입 $1.90 미만 인구의 비율을 추정해보라. 거품 차트와 막대 차트 중 어느 쪽이 더 쉬운가?

원을 결코 사용해서는 안 된다는 말은 아니다. 다시 말하지만, 중요한 것은 독자다. 짧은 기사에 거품 비교 차트를 한쪽에 삽입하고 원 중앙에 숫자를 표시하면 평범한 막대 차트보다 더 매력적일 수 있다. 그러나 원이 너무 많으면 수량이나 관계의 식별이 어려울 수 있다. 이 다음 예에서 인도, 콩고 민주 공화국, 나이지리아가 빈곤층이 가장 많은 것을 볼 수 있다. 그러나 이들의 차이가 어느 정도인지, 또는 이들 국가보다 낮은 순위의 국가들의 빈곤층 규모가 얼마인지 바로 파악하기는 어렵다.

빈곤층 인구 수
(주홍색 원은 빈곤율 14.5% 초과, 파란색 원은 빈곤율 14.5 미만을 나타낸다)

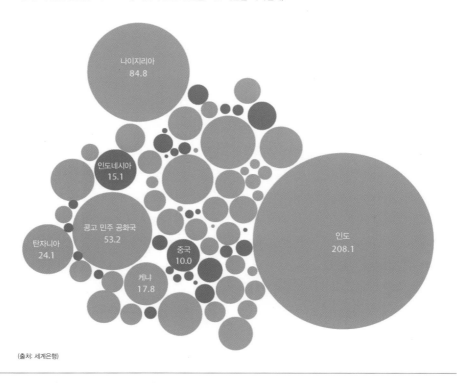

(출처: 세계은행)

거품 비교 차트(bubble comparison chart)는 관심을 끌고 흥미로울 수 있다. 단, 데이터값을 파악하기는 어려울 수 있다.

원의 면적 계산

원의 크기는 면적을 기준으로 하라. 반지름 또는 지름을 기준으로 크기를 정하면 차이가 과장되는 결과가 생기기 때문이다(반지름 또는 지름이 1차 함수적으로 증가할 때 면적은 2차 함수적으로 커진다). 아래 그림에서 중앙의 검은색 원은 지름을 기준으로 회색 원의 두 배이고, 오른쪽 검은색 원은 면적을 기준으로 회색원의 두 배이다. 여기서 분명히 알 수 있듯이 지름을 기준으로 사용하면 인식이 왜곡돼 두 값의 차이가 훨씬 커 보인다.

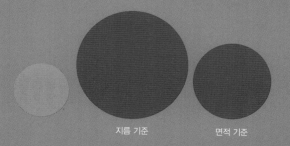

지름 기준   면적 기준

원의 크기를 조정할 때 지름/반지름이 아닌 면적을 기준으로 하는 것의 중요성을 확인해 보자. 중학 수학을 상기하면, 지름은 원의 중앙을 통과하는 직선이고 반지름(r)은 지름의 절반이다. 그리고 면적(A)은 원주율 상수 파이(π) 곱하기 반지름의 제곱, 즉 $A = \pi r^2$이다.

예컨대, 회색 원의 데이터값이 1이고 검은색 원의 데이터값이 2라고 가정한다. 회색 원의 반지름을 1로 설정하면 회색원의 면적(A_O)은 다음과 같다. $A_O = \pi r^2 = \pi 1^2 = \pi$.

검은색 원의 크기를 올바른 방법으로 찾으려면 검은색 원의 면적이 회색 원의 면적의 두 배가 돼야 한다. 따라서 회색 원의 면적이 π일 때 검은색 원의 면적은 2π이다. 수식을 정리해서 이 조건에 맞는 검은색 원의 반지름(r_B)을 구할 수 있다.

$$r_B = \sqrt{A_B / \pi} = \sqrt{2\pi / \pi} = \sqrt{2}.$$

이 작업을 잘못된 방식으로 진행해보자. 면적 대신 반지름을 사용하면 회색 원의 반지름이 1일 때 검은색 원의 반지름은 2가 된다. 그러면 검은색 원의 면적은 이제 $A_B = \pi r^2 = \pi (2)^2 = 4\pi$가 된다. 즉, 이런 방식으로 그려진 검은색 원의 면적은 회색 원 크기의 2배가 아니라 4배가 된다.

빈곤층 인구
(단위: 백만 명)

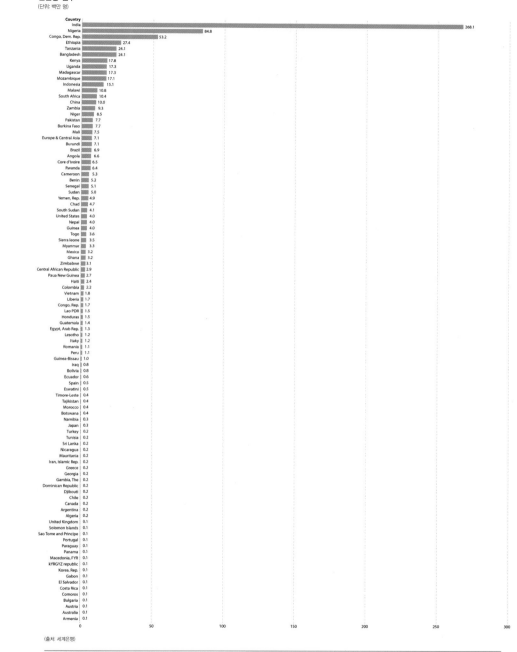

(출처: 세계은행)

이 막대 차트에서 빈곤층 인구가 가장 많은 국가와 가장 적은 국가를 골라내기는 쉽지만 한 페이지 전체를 차지하고 만다.

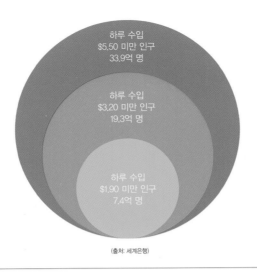

하루 수입
$5.50 미만 인구
33.9억 명

하루 수입
$3.20 미만 인구
19.3억 명

하루 수입
$1.90 미만 인구
7.4억 명

(출처: 세계은행)

겹 거품 차트(nested bubbles chart)는 뒷면의 원을 가릴 수 있지만 비교가 쉽다는 장점이 있다.

보다 정확한 식별을 위해 같은 데이터를 막대 차트로 표시한다면 앞 페이지의 그림과 같이 결과물이 훨씬 커진다. 각 막대에 레이블이 표시돼 있으므로 마다가스카르를 찾을 수는 있겠지만, 과연 그것이 그토록 중요할까? 이 시각화는 모든 국가를 표시하는 것이 목표인가, 아니면 그중 일부를 표시하는 것이 목표인가? 항상 그렇듯이 추구하는 목표가 무엇인지, 그리고 당신의 주장을 전달하기 위해 지각적으로 정확한 시각화가 필요한지 여부를 검토하라.

앞서 보인 거품 차트를 거품 비교 차트bubble comparison chart라고 한다. 바로 위의 그래프처럼 동그라미를 중첩시킨 것은 겹 거품 차트nested bubble chart라고 한다. 겹 거품 차트는 때때로 뒷면의 원을 가릴 수 있지만 비교가 쉽다는 장점이 있다.

거품 차트로 상관관계를 보여주거나(8장의 거품 차트 참조) 다른 변수를 부호화하기 위해 지도에 거품을 추가할 수 있다(7장의 포인트 맵 참조). 데이터 시각화에서 원과 거품을 사용하면 정확성은 떨어질 수 있지만 막대 차트나 꺾은선 차트보다 더 매력적이고 흥미로울 수 있다. 「뉴욕타임스」의 데이터 편집자 아만다 콕스Amanda Cox는 이렇게 말했다.

"막대 차트로 모든 것을 나타낼 수 있다고 말하는 사람들이 데이터 시각화 세계에는 일부 존재한다. 나름 일리는 있지만 그런 세상은 썩 즐겁지만은 않을 듯 싶다."

생키 다이어그램

1898년에 이를 만든 매튜 헨리 피네아스 리얼 생키^{Matthew Henry Phineas Riall Sankey}의 이름을 따서 명명된 생키 다이어그램^{Sankey diagram}은 범주가 서로 어떻게 비교되고 다른 상태 또는 다른 범주로 어떻게 흘러가는지를 보여줄 때 특히 유용하다. 한 상태에서 다른 상태로의 전환을 화살표나 선으로 표시하고 선의 너비로 각 전환의 크기를 표시한다.

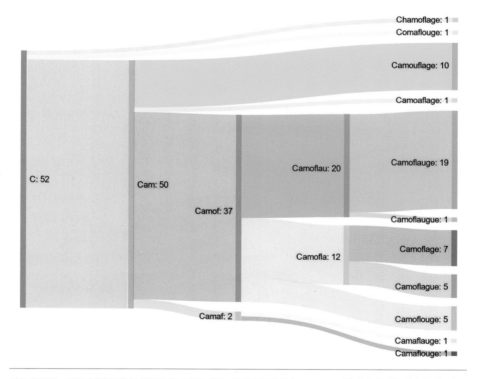

내가 좋아하는 생키 다이어그램 중 하나인 이 그림은 학생 52명이 영어 단어 camouflage(위장)의 철자를 어떻게 썼는지 보여준다. 그림은 팀 베넷(Tim Bennett), 데이터 수집은 레딧(Reddit) 사용자 iheartdna.

이를 이용해 시간의 따른 변화를 나타내거나 범주 간 비교를 표시할 수 있다. 예를 들어, 업계의 여러 회사가 시간에 따라 어떻게 합병, 분리되거나 폐업했는지를 생키 다이어그램으로 보여줄 수 있다.

143페이지의 생키 다이어그램은 학생 52명이 영어 단어 camouflage^{위장}의 철자를 어떻게 썼는지 보여준다. 첫 파란색 부분은 52명 모두 'C'로 시작하고, 50명이 'Cam', 37명이 'Camof'로 시작했음을 보여준다. 이 단어의 철자를 올바르게 쓴 학생은 그래프 상단 주황색 부분에 표시된 대로 10명이었다.

아래의 그래프는 미국, 영국, 독일의 재정 원조가 세계 각 지역으로 흘러간 양상을 보여준다. 사하라 이남 아프리카 지역이 상당히 큰 원조를 받고 있으며, 독일보다 영국과 미국이 사하라 이남 아프리카 지역에 더 많은 도움을 주고 있음을 알 수 있다.

이런 데이터를 쌍 막대 차트나 누적 막대 차트로 표시하면 다른 관점을 얻을 수 있다.

독일, 미국, 영국의 재정 원조의 흐름
(단위: 전체 원조 금액의 백분율)

(출처: OECD)

이 생키 다이어그램은 미국, 영국, 독일의 재정 원조가 세계 각 지역으로 흘러간 양상을 보여준다.

왼쪽의 쌍 막대 차트에서는 각 수혜 지역별로 원조 국가 간 기여도의 차이를 볼 수 있다. 한편, 누적 막대 차트에서는 원조가 여러 수혜 지역에 걸쳐 어떻게 배분됐는지 볼 수 있다. 예를 들어 사하라 이남 아프리카 국가에 대한 원조의 가장 큰 부분은 미국이 감당한다. 생키 다이어그램은 다른 방식으로 우리의 주의를 끌어, 그림을 수평으로 읽을 때 두 가지 비교 방식을 혼합하되 어느 한 쪽을 우선하지 않는다. 어느 방식이 더 옳거나 틀리다고 할 수 없지만 독자들의 필요에 따라 다른 패턴을 강조하고, 다른 질문에 답할 수 있다.

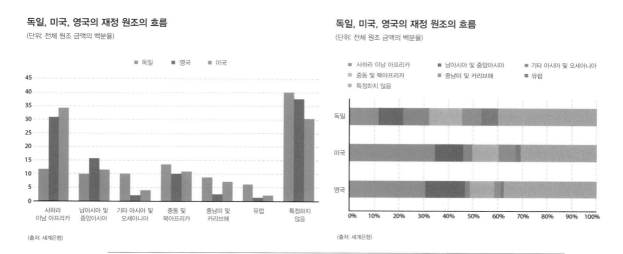

자금의 흐름을 쌍 막대 차트나 누적 막대 차트로 나타내면 생키 다이어그램과는 다른 관점을 제시할 수 있다.

생키 다이어그램은 다른 차트 유형과 겹쳐질 수 있다. 146페이지 상단의 예에서는 미국의 원조 흐름이 세계 지도 위에 표시된다. 이것은 데이터를 지리적으로 표시할 뿐만 아니라 단순화한다. 미국, 영국, 독일의 흐름을 모두 표시한다면 얼마나 복잡할지 상상해보라.

독일, 미국, 영국의 재정 원조의 흐름

(단위: 전체 원조 금액의 백분율)

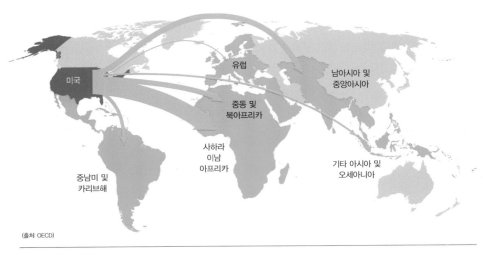

(출처: OECD)

이 흐름도는 자금 흐름 데이터를 지리적으로 보여준다. 또한 미국의 원조 자금 흐름만 나타내어 더 단순해졌다.

독일, 미국, 영국을 포함한 여러 국가의 재정 원조의 흐름

(단위: 전체 원조 금액의 백분율)

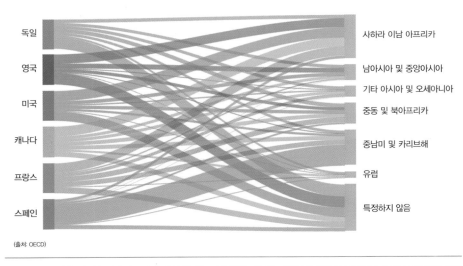

(출처: OECD)

생키 다이어그램을 비롯한 여러 차트의 가장 큰 문제는 너무 많은 데이터 계열을 표시할 때 패턴이나 추세를 파악하기 어렵다는 점이다.

생키 다이어그램을 비롯한 여러 차트의 가장 큰 문제는 너무 많은 데이터 계열을 표시할 때 생긴다. 더 많은 국가가 포함된 146페이지 하단 버전이 그 예다. 그룹이 너무 많거나 교차점이 너무 많으면 차트를 탐색하기가 어렵다. 선이나 교차점이 너무 많다면 데이터를 단순화하거나, 생키 다이어그램을 여러 개 사용하거나, 다른 차트 유형을 사용하라.

폭포형 차트

폭포형 차트^{waterfall chart}는 일종의 수학 방정식이다. 즉 일부 초기값에서 다른 값을 더하거나 빼서 최종 값에 도달한다. 기본적으로는 막대 차트이지만 각 막대는 이전 막대가 끝나는 지점에서 시작해 누적되는 모습을 보여준다. 일반적으로 음수 값은 양수 값과 다른 색으로 지정되며 시작과 끝의 합계도 마찬가지이다. 막대를 연결하는 선을 추가하면 독자의 시선을 유도할 수 있는데, 그런 선은 실제 데이터가 아니라 보조선이므로 다른 요소들보다 옅은 색으로 표시하고 가늘어야 한다.

다음 차트는 2016년 호주의 총소득 및 순소득의 구성을 보여준다. 데이터는 이전의 히트맵의 예에서 사용된 데이터와 동일한데, 그 접근 방식에서는 10개 국가의 데이터를 하나의 그림에 표시할 수 있었다. 해당 데이터를 폭포형 차트로 표시하려면 10개의 그래프가 필요할 것이다. 그런 방식은 상황에 따라 유용할 수 있지만 히트맵보다는 확실히 덜 간결할 것이다.

폭포형 차트는 시간에 따른 변화를 보여줄 수도 있다. 예를 들어 총 GDP의 구성이 연도별로 어떻게 달라지는지, 또한 데이터값이 한 해 동안의 변화에 어떻게 기여하는지 보여줄 수 있다. 서로 더하거나 빼는 데이터 계열은 모두 이런 방식으로 표시될 수 있지만 아무래도 비표준 차트 유형이므로 탐색에 시간이 더 걸릴 수 있다.

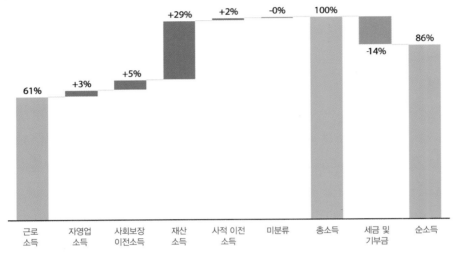

호주의 소득 구성 (2016)

(단위: 총소득 대비 백분율)

61%	+3%	+5%	+29%	+2%	-0%	100%	-14%	86%
근로 소득	자영업 소득	사회보장 이전소득	재산 소득	사적 이전 소득	미분류	총소득	세금 및 기부금	순소득

(출처: 룩셈부르크 소득 연구(Luxembourg Income Study), 테레사 먼치(Teresa Munzi) 제공)

폭포형 차트는 일종의 수학 방정식이다. 일부 초기값에서 다른 값을 더하거나 빼서 최종 값에 도달한다.

결론

하나의 막대, 여러 막대의 묶음, 그리고 누적 막대에 이르기까지 막대 차트는 범주 간 비교에 사용되는 가장 친숙한 데이터 시각화 방법이다. 또한 앞서 본 지각 순위표의 최상위에 있다. 그러나 막대 차트에도 단점은 있다. 즉, 막대가 너무 많으면 답답하고 어수선할 수 있으며, 누적 막대 형식으로 계열을 배열할 경우 기준선이 서로 다른 계열 간의 비교가 어렵다.

기본적인 막대 모양은 다양한 방법으로 구성할 수 있다. 서로 나란히 놓을 수도 있고, 중앙 기준선에서 양쪽으로 분기하도록 배치할 수도 있다. 가로 또는 세로 방향으로 누적 막대 그래프를 그리거나 모자이크 차트처럼 동시에 양방향으로 배열할 수 있다. 폭포형 차트처럼 간단한 수학 방정식을 표시하도록 배치할 수도 있다. 우리는 일반적으로 막대의 길이를 기준으로 데이터값을 식별하는 데 능숙하므로 이런 차트 유형은 대체로 정확한 값을 쉽게 인식할 수 있다.

데이터 비교를 쉽게 만드는 다른 방법도 있다. 특히 도트 플롯은 표준 막대 차트를 시각적으로 산뜻하게 만들어주고 주석과 레이블을 추가할 공간을 확보할 수 있기 때문에 특별히 좋아하는 방식이다. 표준 차트에서 벗어나 아이콘이나 정사각형 등의 다양한 모양을 사용하면 청중의 관심을 끌 수 있는 반면, 데이터 밀도는 낮아질 수 있다.

막대 차트는 지각 순위표의 맨 위에 있지만 솔직히 지루해 보일 수도 있다. 막대 차트는 너무 흔하다. 종종 차트 작성자의 과제는 독자의 관심을 끄는 방법을 찾는 것이므로 데이터 시각화의 선택 폭을 넓혀 평소와는 다른 차트 유형을 활용할 필요가 있다. 데이터값의 크기 및 차이, 단일 또는 다중 비교, 상대적 크기 또는 전체적 합계 등의 여러 선택지 중에서 독자의 시선을 어디로 유도할지 결정하는 것은 데이터를 시각화하는 사람에게 달려 있다.

시간

이 장은 시간에 따른 변화를 보여주는 그래프를 다룬다. 대체로 사람들은 선, 영역 및 누적 영역 차트 등의 시각화에 익숙하지만 연결 산점도나 순환 차트 등의 생소한 그래프를 읽으려면 더 많은 레이블과 주석의 도움이 필요하다.

이 장의 여러 시각화 자료는 꺾은선 또는 영역 차트를 변형한 것이다. 같은 크기에 더 많은 데이터를 표시할 수 있는 차트도 있고, 시간 경과에 따른 변화를 다른 데이터 보기와 결합한 차트도 있다. 예를 들어 수평선 차트^{horizon chart} 및 스트림 그래프^{stream graph}는 하나의 시각화에 더 많은 데이터를 포함할 수 있지만 상세 비교에는 적합하지 않을 수 있다. 순서도^{flowchart} 및 타임라인^{timeline}과 같은 그래프는 독자를 안내하기 위해 질적 데이터나 설명문을 비롯한 시각적 단서를 사용할 수 있다.

이 장의 그래프는 워싱턴 DC 소재 비영리 연구 기관인 어번 인스티튜트^{Urban Institute}의 스타일 가이드라인을 따랐다. 어번 인스티튜트의 스타일 가이드는 다양한 차트 유형에 대해 색상 배색표와 글꼴 등의 용례와 지침을 규정한다.[1]

---

1   https://urbaninstitute.github.io/graphics-styleguide/에서 확인 가능하다. – 옮긴이

꺾은선 차트

꺾은선 차트^{line chart}와 막대 차트는 가장 보편적인 형태의 차트일 것이다. 꺾은선 차트는 읽기 쉽고 표현이 명확하며 펜으로도 쉽게 그릴 수 있다. 데이터값은 선으로 연결돼 특정 기간의 값을 표시하고 추세와 패턴을 추적한다.

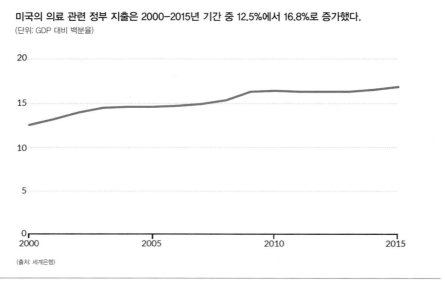

미국의 의료 관련 정부 지출은 2000–2015년 기간 중 12.5%에서 16.8%로 증가했다.
(단위: GDP 대비 백분율)

(출처: 세계은행)

기본적인 형태의 꺾은선 차트

이 꺾은선 차트는 2000년부터 2015년까지 16년 동안 미국 국내 총생산^{GDP} 대비 정부 의료 서비스 지출을 보여준다.

막대 차트와 마찬가지로 꺾은선 차트는 지각 순위표 상단에 있다. 동일한 가로축에 대해 여러 선을 사용하면 데이터값의 변화 및 계열 간 데이터값의 차이를 쉽게 비교할 수 있다.

꺾은선 차트는 작성하기도 쉽고 읽기도 쉬운 한편 미적인 측면과 실질적인 측면에서 고려할 사항이 많다.

선은 얼마든지 많이 그릴 수 있다

한 장의 꺾은선 그래프에 선을 몇 개까지 그을 수 있는지를 제한하는 규정은 없다. 그래프에 얼마나 많은 양의 데이터가 있는지를 걱정하기보다 그래프의 목적이 무엇이며 독자의 관심을 어떻게 그래프에 집중시킬 수 있는지를 고민해야 한다. 꺾은선 그래프에 계열이 많다면 그중 일부를 강조하는 방법을 사용하면 된다.

가령 미국과 독일의 의료 관련 정부 지출의 비중에 관심이 있는데 경제협력개발기구^{OECD} 소속 34개국과 비교하고 싶다고 하자. 그러면 모든 선을 동일한 채도와 두께로 표시하는 대신 미국과 독일만 색이 있는 굵은 선으로 하고 나머지 32개 국가는 가는 회색선으로 지정할 수 있다. 2장의 "회색으로 시작하라"는 지침이 여기에서 유용하게 쓰인다.

전주의적 처리를 다룬 내용을 상기해보면, 색상과 선 굵기는 전주의적 속성(39페이지)에 해당한다. 따라서 더 굵고 색상이 있는 선에 시선이 끌리기 마련이다. 나머지 데이터에 회색을 사용하는 것의 장점은 독자가 데이터의 전체적 패턴을 이해하면서도 관심 대상인 두 선에 집중할 수 있다는 것이다.

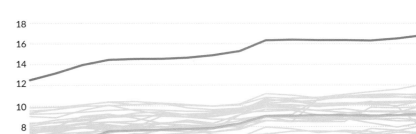

미국과 독일의 의료 관련 정부 지출은 2000-2015년 기간 중 증가했다.
(단위: GDP 대비 백분율)

(출처: 세계은행)

한 장의 꺾은선 그래프에 선을 몇 개까지 그을 수 있는지를 제한하는 규정은 없다.

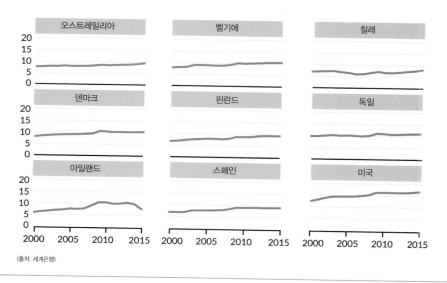

주요 국가들의 의료 관련 지출은 2000년 이후 크게 증가했다

(단위: GDP 대비 백분율)

오스트레일리아 　 벨기에 　 칠레

덴마크 　 핀란드 　 독일

아일랜드 　 스페인 　 미국

(출처: 세계은행)

소형 다중 구성 접근 방식을 사용하면 조밀한 선들을 서로 나누어 표시할 수 있다.

또한 꺾은선 그래프를 여러 개로 분할하는 소형 다중 구성 접근법도 가능하다. 각각의 작은 그래프에 관심 대상인 선만 표시하거나 모든 선을 포함하되 회색을 사용하는 방법을 쓸 수 있다. 위의 작은 소형 다중 구성 꺾은선 그래프 모음은 전자의 접근법을 사용해서 34개 OECD 국가 중 아홉 개 국가의 의료 지출을 보여준다. 한 장의 그래프에 아홉 개 선을 모두 욱여넣는 대신 각 국가별 표시창이 생긴 셈이다. 이 경우 각 국가의 지출 비율을 다른 국가와 비교하기 어렵지만, 이 레이아웃은 개별 국가에 더 많은 공간을 제공해 세부 정보, 레이블, 기타 주석 등을 추가할 수 있다.

축의 시작점을 0으로 할 필요 없다

데이터 시각화의 경험 규칙 중 하나는 막대 차트 축을 0에서 시작해야 한다는 것이다 (4장 참조). 막대의 길이로 데이터값을 인식하기 때문에 0이 아닌 다른 값에서 축을 시작하면 값의 차이가 과장되는 문제가 있다.

이 규칙은 꺾은선 차트에는 해당되지 않는다. 꺾은선 차트의 축이 반드시 0에서 시작할 필요는 없다. 물론 데이터 시각화의 여러 측면과 마찬가지로 이에 대해서도 이견이 있을 수 있다. 축이 0에서 시작할 필요가 없다면 과연 적절한 범위는 무엇일까? 축의 시작 값과 끝 값은 어떻게 정하면 될까?

설명을 위해 미국의 의료 관련 정부 지출의 변화를 좀 더 자세히 살펴보자. 아래의 네 개 차트는 각각 세로축의 범위가 다르다. 그림에서 분명히 알 수 있듯이 범위가 다르면 지출 데이터값의 크기와 변화에 대한 인식이 영향을 받는다. 축의 범위가 0에서 20까지인 왼쪽 상단 그래프에서는 지출이 소폭 증가한 것을 볼 수 있다. 시계 방향으로 이동하면서 그래프의 축 범위가 점점 작아지면 지출 변화는 극적으로 더 커져 보인다.

세로축 선택에 대한 정답은 없다. 그 답은 데이터와 목표에 따라 달라진다. 지출이 GDP의 17%에 도달하면 경제가 흔들릴 것임을 입증해야 한다면 하단 오른쪽 차트가

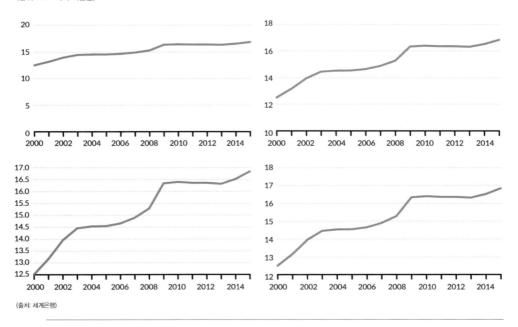

미국의 의료 관련 정부 지출은 2000–2015년 기간 중 12.5%에서 16.8%로 증가했다.

(단위: GDP 대비 백분율)

(출처: 세계은행)

세로축 선택에 대한 정답은 없다. 그 답은 데이터와 목표에 따라 달라진다.

좋을 것이다. 보다 일반적인 이야기를 하는 경우라면 상단의 두 그래프 중 하나가 괜찮을 것이다. 이들이 시간 경과에 따른 지출 증가를 적절히 보여주기 때문이다. 연도별 지출을 자세히 검토해야 하는 경우라면 오른쪽의 두 그래프를 고려할 수 있다.

나는 하단 왼쪽 그래프처럼 축 시작점이 0이 아닌 동시에 축의 시작과 끝이 데이터 중 최솟값이나 최댓값과 겹치는 형식은 피하려고 한다. 왜냐하면 그래프가 너무 '꽉 끼는 것' 같아 보이고 데이터가 그림에 표시된 것보다 낮거나 높을 수 없다는 비현실적인 암시를 주기 때문이다.

이에 대한 또 다른 관점은 데이터, 맥락, 내용, 단위를 어떻게 서로 조화시키느냐 하는 문제다. GDP의 12%에서 17%로의 지출 변화는 의료 개혁의 맥락에서 큰 변화에 해당된다. 한편, 내 아이들이 어렸을 때는 그들이 보드 게임에서 나를 열두 번 이겼는데 지금은 열일곱 번 나를 이길 수 있다는 사실은 그렇게 중요한 변화는 아니다(적어도 나에게는 그렇다. 아이들에게는 무척 중요하겠지만!).

또한 이 공간에서 0이 어디에 있는지에 대한 인식은 세로축을 그리는 방법에 따라 영향을 받는다. 꺾은선 차트를 주의 깊게 살펴보지 않으면 세로축의 맨 아래를 0으로 짐작하기 쉬운데, 경우에 따라 (특히 데이터 계열이 양수와 음수를 모두 포함하는 경우) 이 점이 특

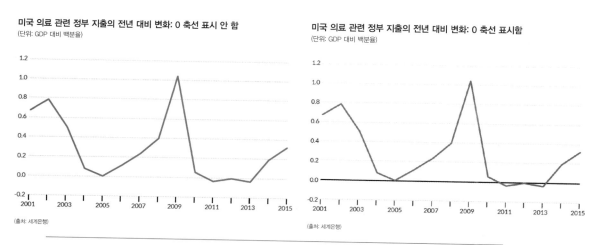

우리는 세로축의 맨 아래를 0으로 짐작하는 경향이 있다. 따라서 0을 나타내는 영점 기준선을 다른 색이나 굵은 선으로 표시해 그 존재를 부각시킬 수 있다.

히 더 중요할 수 있다. 데이터를 GDP 대비 의료 지출의 백분율로 표시하는 대신 전년 대비 의료 지출 비율 변화의 퍼센트 포인트를 보여주는 다음 차트를 보자. 왼쪽의 경우 0을 나타내는 기준선이 명확하게 그어져 있지 않기 때문에 해당 기간 중 지출 감소가 있었다는 사실이 바로 눈에 띄지 않는다. 오른쪽 그래프처럼 영점 기준선을 약간 더 진하게 함으로써 3개 년도에서 GDP 대비 의료 관련 지출 비율이 전년 대비 감소한 것이 더 뚜렷해졌다.

선 너비의 환상을 주의하라(두 곡선 사이의 영역에 주의하라)

꺾은선 차트 등의 시계열 차트 사용 시 두 곡선 간의 간격을 잘못 추정하기 쉽다. 그 래픽을 사용한 통계 분석법의 창시자로 알려진 스코틀랜드의 엔지니어이자 정치 경제 학자 윌리엄 플레이페어^{William Playfair}의 그래프를 보자. 그가 1785년에 만든 이 차트는 1700년부터 1780년까지 영국과 동인도제도 간의 수출입 액수(단위: 백만 영국 파운드)를 표시한다. 위의 줄은 수입을, 아래의 줄은 수출을 나타낸다. 두 선 사이의 수직 간격은

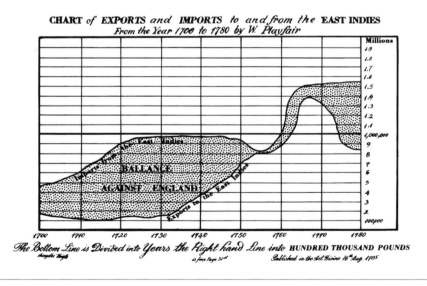

그래픽을 사용한 통계 분석법의 창시자로 알려진 스코틀랜드의 엔지니어이자 정치 경제학자 윌리엄 플레이페어(William Playfair)의 1785년도 그래프는 영국과 동인도제도 간 수출입 액수(단위: 백만 영국 파운드)를 표시한다.

잉글랜드와 동인도 제도 간의 무역 수지를 보여준다. 왼쪽의 1700년부터 시작해 30년에 걸쳐 격차가 증가하는 것을 볼 수 있다. 그런 다음 1730년경부터 격차가 줄어들기 시작해서 1755년경에 가장 좁은 지점에 도달한다. 무역 수지는 이후 조금씩 늘어나다가 1770년경 이후 급격히 커진다.

1760년 이후 무역 수지 양상을 눈여겨보라. 1762년에서 1764년에 이르는 3년간, 수입은 빠르게 증가한 반면 수출은 느리게 성장해 무역 수지가 커졌다. 1764년에서 1766년 사이에 동인도에 대한 수출은 급증해서 무역 수지를 다시 좁힌다. 그러나 플레이페어의 차트에서 1762년과 1764년 사이의 급등은 알아보기 어렵다. 그런 변화는 수입과 수출의 격차를 나타내는 다음 꺾은선 차트에서 훨씬 쉽게 확인할 수 있다.

이것이 선 너비의 환상^{line-width illusion}이다. 곡선 사이의 거리를 가늠할 때 우리는 수직 거리보다는 최단 거리로 측정하는 경향이 있다. 여러 학자들이 이 효과를 입증하고 대안적인 그래프 유형을 제안했지만 격차가 관심의 대상이라면 바로 그 값을 그래프에 표시하는 것이 가장 쉬운 해결책이다.

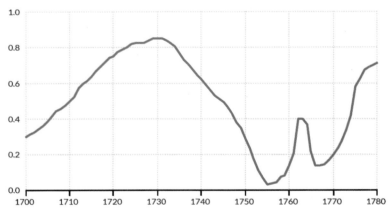

영국과 동인도제도 간 무역 수지

(단위: 백만 파운드)

(출처: 클리브랜드(Cleveland)와 맥길(McGill), 1984. 데이터는 마이클 프렌들리(Michael Friendly))

이 차트로 선 너비의 환상을 확인할 수 있다. 무역 수지의 급격한 등락은 플레이페어의 원 차트에서보다 이렇게 볼 때 확연하게 드러난다.

특정 값을 표시하기 위한 데이터 표식을 추가하라

데이터 표식^{marker}은 문자 그대로 데이터값의 특정 지점을 선 위에 표시하는 기호이다. 데이터 표식을 언제 사용해야 하는지에 대한 명확한 규정은 없다. 나는 선이나 데이터 포인트가 적을 때, 또는 레이블을 지정하거나 주석을 달고 싶은 특정 데이터값이 있을 때 데이터 표식을 사용한다. 데이터 표식은 그래프에 시각적 무게감을 더해 준다.

예를 들어, 아래 차트는 독일과 스페인의 GDP 대비 의료 지출 비중을 보여준다. 데이터의 수가 너무 적고 데이터값의 변화가 미미하므로, 동그라미 모양의 데이터 표식을 추가하면 선에 시각적인 무게감을 더할 수 있다.

나는 데이터 표식에 삼각형, 정사각형 등의 다양한 모양보다 동그라미를 선호한다. 이는 미적 취향의 문제이기도 하지만 합리적인 이유도 있다. 동그라미는 완벽한 대칭이므로 선이 동그라미와 교차하는 위치가 어디든 문제가 되지 않는다. 삼각형은 선이 교차하는 방향에 따라 모양이 달라져 보인다.

시각 장애인용 스크린 리더²가 화면 상의 개체를 구분할 수 있어야 하는 등의 특정 규칙이나 법률을 준수해야 하는 경우 다른 모양이 필요할 수 있다. 미국의 연방 정부 소

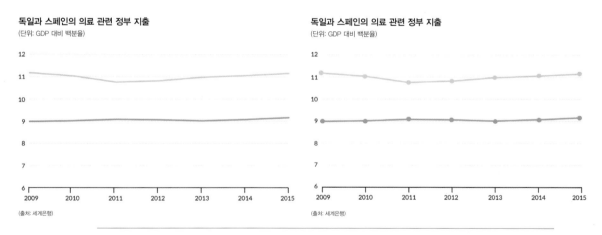

독일과 스페인의 의료 관련 정부 지출
(단위: GDP 대비 백분율)

(출처: 세계은행)

독일과 스페인의 의료 관련 정부 지출
(단위: GDP 대비 백분율)

(출처: 세계은행)

나는 데이터의 수가 적을 때, 또는 특정 데이터값을 강조하거나 그 값에 레이블을 표시하고 싶을 때 데이터 표식을 사용한다.

---

2   화면 판독을 돕는 보조 기구 또는 소프트웨어 – 역자 주

속 기관이라면 장애가 있는 사람들도 웹사이트 접속이 가능하도록 규정한 연방 재활법 제508조를 따라야 한다 (데이터 시각화 접근성에 대한 자세한 내용은 12장 참조). 색상이 다르더라도 모양이 모두 같을 경우 대부분의 스크린 리더는 화면 상의 데이터를 구분할 수 없다. 이와 같은 상황에서는 다양한 데이터 표식을 사용하는 것이 좋다.

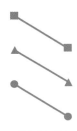

대칭인 동그라미는 데이터 표식으로 사용하기 좋다.

데이터 누락에 대해 시각적 신호를 사용하라

데이터 누락은 항상 있기 마련이다. 실업률은 한 달에 한 번 발표되지만 직장 이동은 매일 일어난다.[3] 10년 주기로 발표되는 미국 인구 조사의 중간 기간에도 많은 일이 발

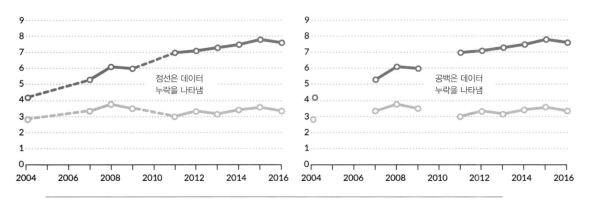

데이터 누락을 표시하기 위해 점선을 사용하거나 여백에 주석을 다는 방법이 있다.

---

3   미국 노동부는 매월 첫 금요일 아침에 직전 월 실업률을 발표한다 – 역자 주

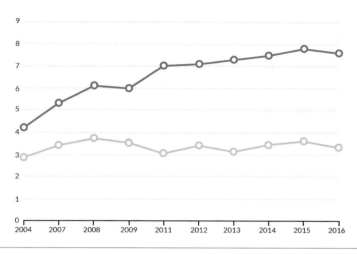

이 차트는 누락된 데이터의 존재를 무시해서 그릇된 정보를 제공하고 있다. 마치 데이터가 끊김 없이 연속된다는 잘못된 인상을 준다.

생한다. 대부분의 데이터는 한 시점의 기록이지만 우리는 이를 연속 데이터로 취급하곤 한다.

일정하게 이어져야 하는 데이터에서 일부 데이터가 수집되지 않았다면 그것은 정말로 데이터 누락에 해당한다. 이 경우 데이터가 불완전함을 분명히 표시해야 한다. 꺾은선 차트에서 선의 형식을 변경하거나(예컨대 점선으로 표시) 점을 연결하지 않은 채로 두어 해당 데이터가 누락됐음을 나타낼 수 있다. 차트 내에 또는 아래에 설명을 추가해 해당 데이터값을 사용할 수 없음을 밝힐 수도 있다.

누락된 데이터의 존재를 무시하고 마치 데이터가 끊김 없이 이어지는 것처럼 그래프를 가공해서는 절대 안 된다.

이중축 꺾은선 차트를 피하라

둘 이상의 데이터 계열의 단위가 서로 다른 경우 꺾은선 차트에 다른 세로축을 추가하고 싶을 수는 있지만 그 충동을 거부하라. 다음 이중축 차트에서는 2000~2018년 기간 중 주택 융자 비용이 소득에서 차지하는 비율을 왼쪽 축에, 분기별 실업률을 오른쪽 축에 나타냈다. 파란색 선의 실업률이 오른쪽 축에 해당하고, 노란색 선의 주택 융자 비용이 왼쪽 축에 해당한다는 것은 얼핏 봐서는 알기 어렵다. 이 그래프의 목적은 2017년과 2018년 소비자의 경제적 환경이 상당히 양호함을 보여주는 것이다. 당시의 낮은 실업률과 낮은 주택 융자 비용이 이를 반증한다.

그러나 이런 식으로 데이터를 그리는 것은 세 가지 문제가 있다. 첫째, 읽기 어렵다. 어느 선이 어느 축에 해당하는지 직관적으로 알 수 있는가? 나는 모르겠다. 레이블과 축이 선과 일치하도록 색상이 지정돼 있어도(실제로 그런 경우는 드물다) 데이터에서 패턴을 식별하기 어렵다. 특히 레이블이 명확하지 않은 경우 그래프 해석의 부담이 크다.

둘째, 격자선이 어긋날 수 있다. 이 그래프의 수평 격자선은 왼쪽 축과 연결돼 오른쪽 축의 숫자와 어긋나 있다. 이 때문에 2009년 두 선의 교차점에서 실업률(파란색 선)이 9%에 살짝 미치지 못함을 파악하기 어렵다.

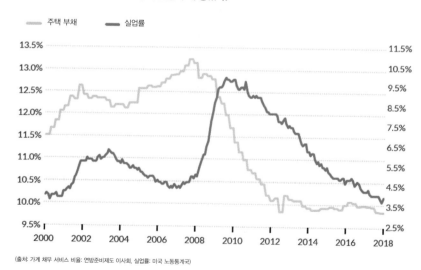

2017년과 2018년은 소비자의 경제 환경이 꽤 좋았다.

(출처: 가계 채무 서비스 비율: 연방준비제도 이사회, 실업률: 미국 노동통계국)

이중축 차트에는 지각적인 측면에서 몇 가지 문제가 있다. 그중 가장 심각한 문제는 두 선이 교차하는 지점에 특별한 의미가 없음에도 그곳에 관심이 집중된다는 것이다.

셋째, (가장 중요한 점이기도 한데) 선이 교차하는 지점이 특별한 의미가 없음에도 관심이 집중된다는 것이다. 이 그래프에서는 두 선이 교차하는 차트 중앙으로 시선이 모인다. 그곳에서 가장 흥미로운 일이 일어나고 있기 때문이다. 하지만 2009년에 특별한 일은 없다. 이 지점에서 두 선이 교차한 것은 우연의 일치일 뿐이다. 2007~2009년의 경기 침체 이후 경제 환경이 얼마나 개선됐는지를 보여주는 것이 차트의 의도이지만 그 내용은 눈길을 끌지 못한다.

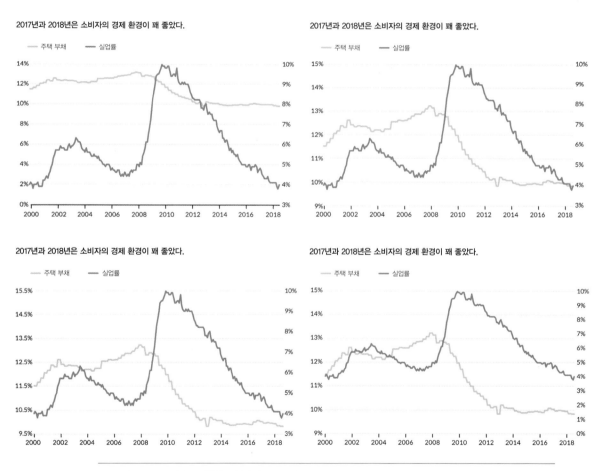

세로축의 범위를 규정하는 명확한 규칙이 없으므로 축 범위를 임의로 조정해 원하는 곳에서 선들이 교차하도록 조작하는 것이 가능하다.

꺾은선 차트의 세로축은 0에서 시작할 필요가 없으므로 왼쪽 축이 9.5%에서 시작하고 오른쪽 축이 2.5%에서 시작하는 이 차트는 두 계열을 그리는 데 완벽하게 합리적인 방법이다. 이 논리에 따라 각 축의 치수를 임의로 변경해서 원하는 곳에서 선이 교차하도록 할 수 있다. 그리고 이것이 이중축 꺾은선 차트의 문제이다. 즉, 차트 작성자는 의도적으로 데이터 계열 간의 관계에 대해 독자를 오도할 수 있다.

이 네 개의 그래프는 각각 합리적인 방법으로 세로축을 설정했으나 축 범위를 조정해서 다음과 같은 특징을 가지도록 만들 수 있다. (a) 2010년과 2012년에 몇 년 동안 밀접하게 일치하는 것처럼 보인다. (b) 중간과 끝에서 교차한다. (c) 2003년경 교차했다가 몇 년 후에 다시 교차한다. (d) 기간 중 전반부에 밀접한 관련이 있지만 그 후에 갈라진다.

축 범위를 임의로 조정해 서로 별개의 데이터 계열을 마치 상관관계가 있는 것처럼 만들 수 있다. 타일러 바이겐^{Tyler Vigen}은 그의 웹사이트 허위 상관관계^{Spurious Correlations}에서 임의의 세로축 범위 조작을 통해 잘못되고 유머러스한 상관관계를 생성하는 온갖 종류의 이중축 차트를 보여준다.

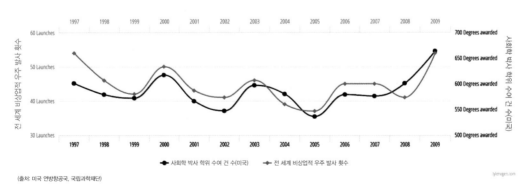

타일러 바이겐(Tyler Vigen, http://tylervigen.com/spurious-correlations)이 모아 놓은 이중축 꺾은선 차트를 보면 세로축을 조정함으로써 서로 독립적인 데이터 계열이 마치 연관성이 있는 것처럼 조작하기가 쉬움을 알 수 있다.

서로 다른 그래프 유형을 결합하는 이중축 차트에도 정도의 차이는 있지만 유사한 어려움이 있다. 아래의 실업률과 주택 부채에 대한 그래프에서는 실업률이 영역 차트로 표시된다. 오른쪽 축은 0에서 시작하므로 양쪽의 격자선이 일치하지만 어느 변수가 어느 쪽 축과 연결되는지는 여전히 명확하지 않다. 그리고 그림에서 두 가지 별도의 추세가 있다는 것이 더 분명하지만 동일한 지각적 함정이 여전히 존재하므로 독자는 실제로 존재하지 않을 수도 있는 상관관계를 보게 된다.

이중축 차트 문제에 대한 몇 가지 해결책이 있다. 먼저 차트를 옆으로 또는 위아래로 나란히 배치해보라. 모든 것을 하나의 그래프에 담을 필요는 없다. 데이터를 나누어 소형 다중 구성 접근법을 사용할 수도 있다. 이상적으로는 나란히 있는 그래프는 비교가 쉽도록 동일한 세로축을 가져야 하지만 여기서는 그것이 불가능함을 확인했으므로 그래프를 분할하고 서로 다른 축 범위를 사용할 수 있다.

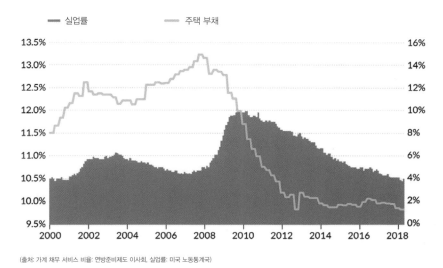

2017년과 2018년은 소비자의 경제 환경이 꽤 좋았다.

(출처: 가계 채무 서비스 비율: 연방준비제도 이사회, 실업률: 미국 노동통계국)

이중축 차트가 가진 문제는 영역 차트와 꺾은선 차트를 결합한다고 해결되지 않는다.

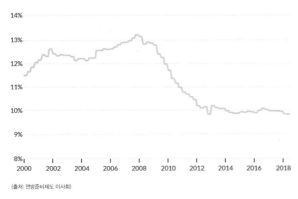

미국의 주택 부채는 2008년 이후 감소세를 보였다.

(출처: 연방준비제도 이사회)

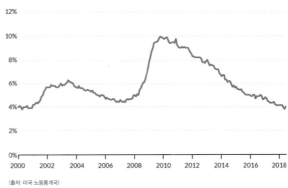

실업률은 2010년경부터 감소세를 보였다.

(출처: 미국 노동통계국)

이중축 차트의 대안으로 두 개의 차트를 나란히 놓는 방법이 있다.

가로축의 특정 지점에 주석을 추가해야 한다면 차트를 위아래로 정렬하고 선을 그릴 수도 있다. 이렇게 하면 두 차트의 방향이 가로에서 세로로 바뀌지만 특정 값이나 연도에 레이블을 지정하기에는 이 방법이 더 쉽다.

둘째, 특정 값이나 연도를 기준으로 퍼센트 포인트의 변화나 지수를 계산하는 방법이 있다(168페이지 참조). 이렇게 하면 독자는 두 계열의 시간에 따른 변화를 확인하고 동일한 측정 지표에 따라 비교할 수 있다. 전체 기간의 첫 해인 2000년을 기준으로 연도별 데이터값과의 차이를 계산한 예를 196페이지에 나타냈다(퍼센트 포인트 변화에 해당). 데이터값의 크기 대신에 변동폭을 표시하는 절충안인 셈이다.

셋째, 다른 차트 유형을 사용해보라. 두 계열 간 연관성의 변화를 보여주는 것이 중요하다면 연결 산점도를 사용해보라. (이 장 끝에서 다시 자세히 설명한다.) 연결 산점도는 가로 및 세로축이 있는 산점도와 비슷하지만 각 점은 분기 또는 1년과 같은 시간 단위를 나타낸다. 168페이지에서 보듯 이 두 측정 지표 간의 관계가 시간에 따라 어떻게 변하는지 쉽게 확인할 수 있다. 시각화를 탐색하는 데 도움이 되도록 다른 색상 및 더 많은 레이블과 주석을 추가했다.

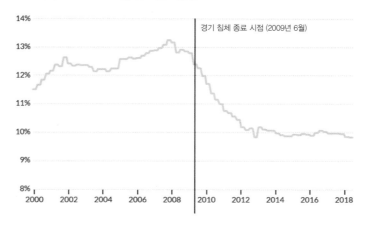

미국의 주택 부채는 2008년 이후 감소세를 보였다.

경기 침체 종료 시점 (2009년 6월)

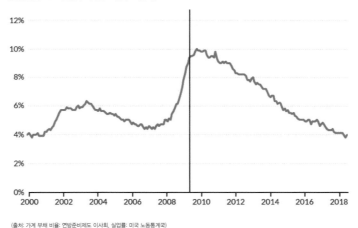

실업률은 2010년경부터 감소세를 보였다.

(출처: 가계 부채 비율: 연방준비제도 이사회, 실업률: 미국 노동통계국)

이중축 꺾은선 차트 대신 두 개의 차트를 위아래로 정렬하는 방법이 있다. 이 경우 특정 데이터값을 양쪽 차트에 표시하기 쉽다.

'이중축 차트 사용 금지' 규칙의 예외는 화씨 및 섭씨 온도와 같은 단일 측정 값의 변환을 표시하는 경우이다. 이 경우는 두 개의 서로 다른 변수를 추적하는 것이 아니라 하나의 변수가 다른 변수로 어떻게 변환되는지를 보여준다. 이 경우 이중축 차트의 단점은 문제가 되지 않는다.

2017년과 2018년은 소비자의 경제 환경이 꽤 좋았다.

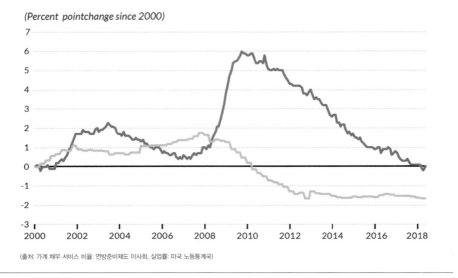

(Percent pointchange since 2000)

(출처: 가계 채무 서비스 비율: 연방준비제도 이사회, 실업률: 미국 노동통계국)

이중축 차트에 대한 대안으로 데이터를 정규화하거나 특정 값을 기준으로 변화량을 백분율로 표시하는 방법이 있다.

실업률과 주택 부채의 감소 추세로 볼 때 미국 경제는 소비자에게 유리한 듯하다.

(가계부채비율)

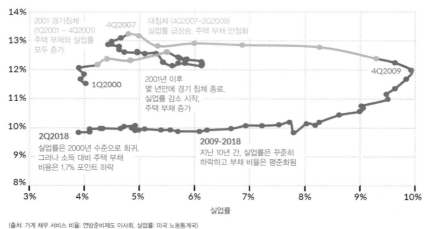

(출처: 가계 채무 서비스 비율: 연방준비제도 이사회, 실업률: 미국 노동통계국)

이중축 차트에 대한 또 다른 대안은 연결 산점도다. 이 차트에서 하나의 데이터 계열은 가로축에, 또 하나의 데이터 계열은 세로축에 해당한다.

원형 꺾은선 차트

4장의 방사형 막대 차트와 원형 막대 차트는 막대 차트를 원둘레를 따라 감싸는 형태였다. 시간에 따른 변화를 보여주는 꺾은선 차트로도 마찬가지의 형태를 만들 수 있다. 앞의 경우와 마찬가지로 원을 사용하면 독자의 지각 정확도는 떨어지지만 시각적 은유를 향상하는 데는 도움이 된다.

이 두 그래프는 2014년부터 2017년까지 매년 미국에서 독감으로 인한 병원 응급실 방문 비율을 보여준다. 독감 시즌이 시작되는 10월부터 시작하는 왼쪽의 꺾은선 차트가 일반적인 방식이다. 겨울철에 독감이 증가해 여름에 접어 들면 사그라든다. 오른쪽의 방사형 차트radial chart는 같은 데이터를 다른 관점으로 보여준다. 차트에서 3시 방향으로 치우치는 경향은 가을과 겨울에 더 많은 감염이 발생하고 여름에는 감염이 적은 양상을 보여준다. 방사형 차트는 표준 꺾은선 차트보다 더 간결하지만 선들이 하나의 가로축을 공유하지 않으므로 정확한 비교는 어렵다.

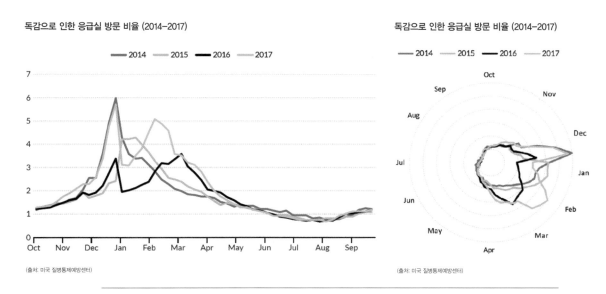

같은 시계열 데이터를 두 가지 방법으로 나타냈다. 하나는 일반적인 꺾은선 그래프, 또 하나는 원을 따라 감싸는 형태다.

기울기 차트

간혹 시계열의 모든 데이터를 표시하지 않아도 되는 경우가 있다. 이때는 꺾은선 차트를 단순화한 기울기 차트^{slope chart}가 유용한 대안이다.

쌍 막대 차트는 여러 관측치에 대해 두 개의 데이터 포인트를 시각화하는 일반적인 방법이다(99페이지 참조). 예를 들어 2000년과 2018년 사이 미국 여섯 개 주의 실업률 변화 차트를 보자. 이 유형의 시각화는 여섯 개 주의 실업률 수준과 변화를 비교해보고 추세를 찾아보라고 요청한다. 그런 그래프에는 많은 잉크가 사용되며 독자에게 많은 계산을 요구한다. 물론 두 기간 사이의 변화만을 데이터값으로 나타낼 수도 있지만 데이터값의 범위와 변화를 모두 보여주고 싶을 때가 많다.

기울기 차트는 각 데이터 포인트를 별도의 세로축에 표시하고 둘을 선으로 연결해서 문제를 해결한다. 이 예에서 왼쪽 세로축은 데이터의 첫 달(2000년 1월)을 나타내고 오른쪽 세로축은 데이터의 마지막 달(2018년 1월)을 나타낸다. 이를 통해 각 데이터 포인트의 상대적 크기를 쉽게 볼 수 있다. 예를 들어 이 그림에서는 몬태나가 첫 달에 실업률이 가장 높았고 코네티컷이 가장 낮았음을 볼 수 있다. 그런 면에서 쌍 막대 차트보다 시인성이 높다. 두 데이터값을 연결하는 선은 시간에 따른 변화를 나타낸다. 몬태

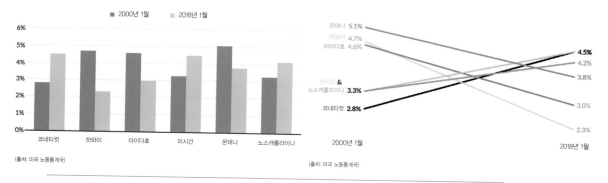

쌍 막대 차트는 독자가 동시에 여러 비교를 하도록 요구한다. 반면, 기울기 차트는 그런 비교를 시각화해서 제시한다.

나, 하와이, 아이다호의 실업률이 2000년과 2018년 사이에 하락했지만 다른 3개 주에서는 상승했음을 더 쉽게 알 수 있다.

기울기 차트의 스타일 지정 방법은 여러 가지가 있다. 증가와 감소를 나타내기 위해 두 가지 색상을 사용할 수 있다. 데이터값의 수준이나 변화에 대한 레이블을 추가하거나 제거할 수 있다. 선의 두께를 세 번째 변수에 맞추어 조정할 수도 있다. 또한 '회색으로 시작하기' 지침에 따라 기본 기울기 차트에 더 많은 데이터를 추가할 수 있다. 아래 예

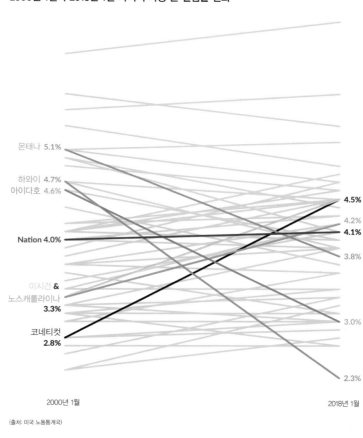

2000년 1월과 2018년 1월 사이의 가장 큰 실업률 변화

(출처: 미국 노동통계국)

기울기 차트의 스타일 지정 방법에는 여러 가지가 있다. '회색으로 시작하기' 지침은 많은 관찰 내용을 보여주면서도 몇 가지 데이터를 부각시키기에 특히 유용하다.

에는 모든 주를 포함시키되 관심 대상인 6개의 주와 전국 평균을 강조하고 굵게 표시했다.

이런 그래프를 세로로 길게 만들면 색상, 레이블 및 주석 등의 상세 내용을 더욱 쉽게 볼 수 있는지 확인해보라. 도트 플롯(112페이지 참조)과 마찬가지로 시계열 요약 시 중간의 변화를 가려버린다면 기울기 차트 사용을 주의하라. 물론 이것은 쌍 막대 차트 사용 시에도 고려할 사항이다.

스파크라인

스파크라인sparkline은 꺾은선 차트를 소형 다중 구성 형식으로 나타낸 것이다. 저자이자 통계학자인 에드워드 터프티Edward Tufte가 개발한 스파크라인은 '작고, 강렬하고, 간단한 단어 크기의 고해상도 그래픽'이다. 일반적으로 데이터가 많은 표에서 사용되며 행이나 열의 끝에 표시되곤 한다. 스파크라인의 목적은 특정 값을 찾기 위함이 아니라 전반적인 패턴과 추세 파악이다.

일부 국가의 의료비 지출

국가	2000	2015	2000-2015
오스트레일리아	7.6	9.4	
캐나다	8.3	10.4	
핀란드	6.8	9.4	
일본	7.2	10.9	
스위스	9.3	12.1	
튀르키예	4.6	4.1	
영국	6.0	9.9	
미국	12.5	16.8	

(출처: 세계은행)

스파크라인은 소형 다중 구성의 한 형태로 주로 데이터가 풍부한 표에서 사용되곤 한다.

의료비 지출 데이터에 스파크라인을 사용해보자. 아래 표에서 열의 숫자는 2000년과 2015년의 지출을 나타내고 스파크라인은 전체 16년 기간 동안의 값을 보여준다. 이렇게 하면 특정 값과 함께 전체 기간 동안의 양상을 볼 수 있다. 이 표에서는 튀르키예를 제외한 모든 국가의 의료비 지출이 증가했음을 빠르게 확인할 수 있다. 물론 튀르키예의 스파크라인을 다른 색상으로 부각시킨 것도 도움이 됐다.

범프 차트

범프 차트^{bump chart}는 꺾은선 차트의 변형으로, 시간에 따른 순위 변화 표시에 사용된다(예: 정치 여론 조사 순위 또는 골프 토너먼트에서의 홀별 순위). 절대값이 아닌 상대적 순위를 표시할 경우 범프 차트를 사용하면 좋다.

물론 범프 차트를 사용하는 것은 일종의 타협이다. 범프 차트는 종종 요구되는 데이터 값을 그대로 표시하지는 않지만 데이터에 특이값이 있는 경우 특히 유용하다. 데이터 값의 큰 차이를 순위 표시로 요약해서 나타내는 것이다.

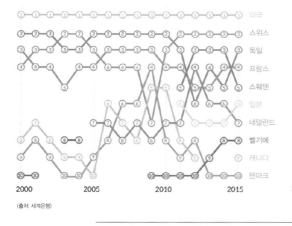

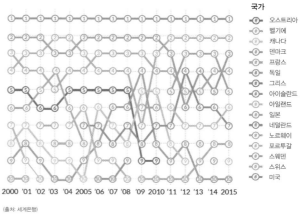

범프 차트는 시간에 따른 순위 변화를 표시한다.

위의 범프 차트는 2015년 GDP 대비 의료 관련 지출이 가장 큰 10개 국가의 지출 변화를 보여준다. 국가명은 2015년 레이블 위 가로축 오른쪽에 표시된다. 두 차트의 차이점은 왼쪽 차트는 10개 국가만의 패턴과 순위를 보여준다는 것이다. 그 외의 국가가 순위에 들면 빈 자리가 생기지만 이 차트는 2015년 기준 상위 10위권 국가만 추적한다. 이에 비해 오른쪽 차트는 각 연도별 상위 10위권 국가가 모두 포함된다. 더 많은 레이블이 필요하므로 다른 색상으로 표시되는 새로운 국가가 갑자기 차트에 등장한다. 선 색상, 데이터 표식 동그라미 내부의 색상, 선의 두께 등으로 특정 국가를 강조할 수 있다.

이 범프 차트를 모든 OECD 국가를 회색으로 표시하고 미국과 독일을 색상으로 강조한 꺾은선 차트와 비교해보라. 이 예에서 미국은 뭉친 선들로 표시된 나머지 국가보다 훨씬 위에 있다. 범프 차트와 꺾은선 차트는 각각 장점과 단점이 있다. 표준 꺾은선 차트는 계열 간의 상대적 차이를 볼 수 있지만, 서로 얽혀 있어서 개별적으로 구분하기 어렵다. 범프 차트는 상대적인 차이를 볼 수 없지만 상대적인 순위는 볼 수 있다.

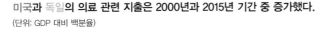
미국과 독일의 의료 관련 지출은 2000년과 2015년 기간 중 증가했다.
(단위: GDP 대비 백분율)

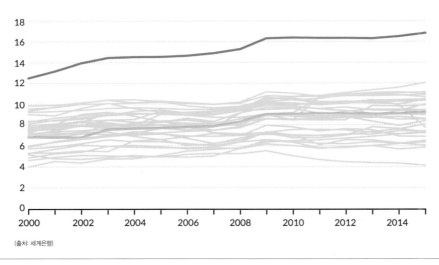

(출처: 세계은행)

색상, 데이터 표식, 선 굵기 등으로 특정 데이터 계열을 강조할 수 있다.

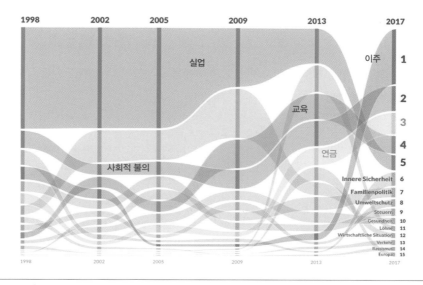

독일에서 가장 중요한 정치적 이슈 15 가지

이번 그리고 과거 연방 하원 선거에서
독일인이 가장 큰 관심을 가진 주제와 그 순위

리본 효과는 기본 범프 차트를 수정한 것이다. 「베를리너 모르겐포스트」의 차트는 독일 사람들의 주요 정치적 관심 주제의 순위와 그 변화 추이를 표시했다.

범프 차트를 살짝 바꾼 것이 리본 효과ribbon effect이다. 여기서는 순위 외에도 실제 데이터값에 따라 리본 너비가 조정된다. 뒤에서 다룰 스트림 그래프streamgraph와 마찬가지로 리본 효과는 유기적이고 유동적인 형태를 가진다. 「베를리너 모르겐포스트Berliner Morgenpost」[4]의 이 차트는 독일의 정치 이슈를 둘러싼 사람들의 관심 순위, 규모, 변화 등을 보여준다.

---

4   독일의 주요 일간지 – 옮긴이

사이클 차트

사이클 차트^{cycle chart}는 일반적으로 주 또는 월 등의 같은 작은 시간 단위를 여러 해에 걸쳐 비교할 때 사용한다. 주로 계절성을 가진 추세 표시에 적합하다. 다음 차트에는 2007년부터 2017년까지 미국의 월별 출생 수를 나타냈다. 노란색 선은 각 달의 평균 값이다(평균값은 표시될 수도 있지만 사이클 차트의 필수 요소는 아니다). 10년에 걸쳐 모든 달에서 출생률이 하향 추세를 보이고 여름(7~9월)에는 출생률이 더 높다. 각 선 끝의 점은 가장 최근 연도를 나타낸다.

미국의 출생 수는 여름 기간이 높은 편이다.
(단위: 1,000명 출생, 2000~2017)

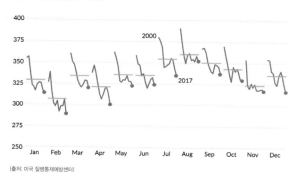

(출처: 미국 질병통제예방센터)

미국의 출생 수는 여름 기간이 높은 편이다.
(단위: 1,000명 출생)

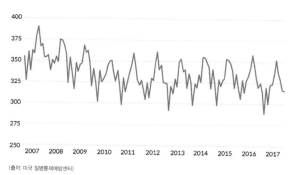

(출처: 미국 질병통제예방센터)

가족 내에 최소 한 명의 실업자가 있는 가정 수는 과거에 비해 감소했다.
(최소 한 명의 식구가 실업자인 가정의 비율)

■ 백인 가정   ■ 흑인 가정   ■ 아시아계 가정   ■ 히스패닉/라틴계 가정

(출처: 미국 노동통계국)

가족 내에 최소 한 명의 실업자가 있는 가정 수는 과거에 비해 감소했다.
(최소 한 명의 식구가 실업자인 가정의 비율)

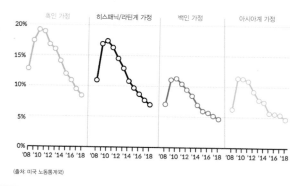

(출처: 미국 노동통계국)

사이클 그래프는 주 또는 월과 같은 작은 시간 단위를 여러 해에 걸쳐 비교할 때 사용한다.

이에 비해 같은 데이터를 표준 꺾은선 그래프로 표시한 차트는 의미 전달이 덜 명확하다. 매년 뾰족한 봉우리를 볼 수 있지만 레이블을 추가하지 않으면 그 최고점이 어느 달인지 불분명하다. 사이클 차트에는 더 많은 정보(노란색으로 표시된 평균값과 각 선의 끝에 있는 점)가 있지만 표준 꺾은선 차트보다는 덜 복잡한 느낌을 준다.

조밀한 막대 차트나 꺾은선 차트를 분할해 사이클 그래프로 소형 다중 구성 차트처럼 만들면 각 데이터 계열마다 여유 공간을 더 확보할 수도 있다. 미국의 네 종류의 집단의 실업률을 표시한 세로 막대 차트를 보자. 여러 그룹에 대해 여러 해의 데이터가 함께 묶인 이런 그래프는 개별 연도 내 비교나 여러 해에 걸친 비교가 어려울 수 있다. 오른쪽 사이클 그래프는 각 인종 집단별로 칸을 구분해 가장 최근 연도의 값을 기준으로 정렬했다. 오른쪽의 그래프를 소형 다중 구성 꺾은선 그래프라고 부를 수도 있겠지만 구성과 디자인 측면에서 사이클 그래프에 더 가깝다.

영역 차트

영역 차트^{area chart}는 선 아래 영역이 채워진 꺾은선 그래프로 데이터 계열에 더 많은 시각적 무게감을 준다. 다음 페이지의 왼쪽 영역 차트와 오른쪽 꺾은선 차트는 모두 2000년과 2016년 사이에 미국에서 처방 오피오이드(마약성 진통제) 과다 복용 사망자 수를 보여준다. 영역 차트는 막대가 무한히 많은 막대 차트로 생각할 수 있다. 따라서 이전 장에서 보았듯이 세로축은 항상 0에서 시작해야 한다.

영역 차트에 두 개 이상의 계열을 배치하면 하나의 데이터 계열이 다른 계열을 가리는 문제가 생길 수 있다. 이 문제는 다음 장에서 더 자세히 살펴본다. 예를 들어 다음 페이지 하단 왼쪽의 영역 차트는 코카인과 헤로인 과다 복용 사망자 수를 보여주는데, 헤로인 계열은 코카인 계열에 가려져 있다. 계열의 순서를 바꿔 헤로인 과다 복용 사망 데이터를 앞으로 옮겨도 이제 헤로인 사망 계열이 코카인 계열을 가린다. 영역 그래프의 더 큰 문제는 두 데이터 계열의 합계로 오인할 수 있다는 점이다. 따라서 제목과 주석을 사용해 서로 다른 두 계열이 있음을 명확히 해야 한다.

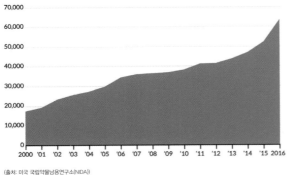
2016년에 6만 명 이상이 약물 과다 복용으로 숨졌다.

(출처: 미국 국립약물남용연구소(NIDA))

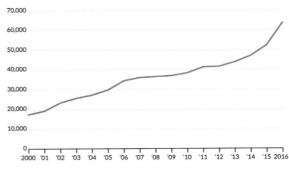
2016년에 6만 명 이상이 약물 과다 복용으로 숨졌다.

(출처: 미국 국립약물남용연구소(NIDA))

영역 차트는 선 아래 영역이 채워진 꺾은선 그래프로, 데이터 계열에 더 많은 시각적 무게감을 준다.

이 문제의 해결 방안은 하나의(또는 모든) 계열의 색상에 투명도를 부여하는 것이다. 이 때 유의점은 하나의 계열에만 투명도를 추가하면 그 계열의 중요도가 낮아 보일 수 있다는 점이다. 다른 대안은 오른쪽 그래프와 같이 꺾은선 차트를 사용하는 것이다.

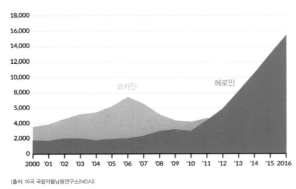
2016년에 1만명 이상이 코카인 과다 복용으로, 1만 5천명 이상이 헤로인 과다 복용으로 숨졌다.

(출처: 미국 국립약물남용연구소(NIDA))

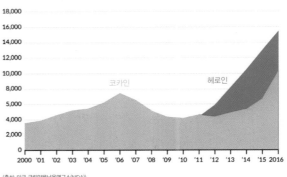
2016년에 1만명 이상이 코카인 과다 복용으로, 1만 5천명 이상이 헤로인 과다 복용으로 숨졌다.

(출처: 미국 국립약물남용연구소(NIDA))

영역 차트에 두 개 이상의 데이터 계열을 표시하면 한 계열이 다른 계열을 감출 수 있기 때문에 문제가 생길 수 있다.

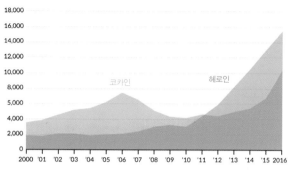

2016년에 1만명 이상이 코카인 과다 복용으로, 1만 5천명 이상이 헤로인 과다 복용으로 숨졌다

코카인

헤로인

(출처: 미국 국립약물남용연구소(NIDA))

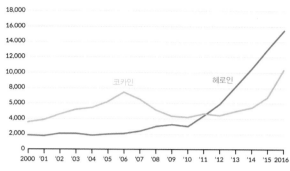

2016년에 1만명 이상이 코카인 과다 복용으로, 1만 5천명 이상이 헤로인 과다 복용으로 숨졌다

코카인

헤로인

(출처: 미국 국립약물남용연구소(NIDA))

의도하지 않은 데이터 겹침 문제를 해결하는 한 가지 방안은 하나의(또는 모든) 계열의 색상에 투명도를 부여하는 것이다. 다른 대안은 오른쪽 그래프와 같이 꺾은선 차트를 사용하는 것이다.

누적 영역 차트

누적 영역 차트^{stacked area chart}는 영역 차트를 확장해서 여러 데이터 계열을 동시에 표시한다. 각각의 데이터 계열이 서로 독립적이었던 앞의 예와 달리 누적 영역 차트는 데이터 계열이 합산돼 총합 또는 100%를 이룬다.

180페이지 상단의 왼쪽 누적 영역 차트는 1999년과 2016년 사이에 약물 과다 복용 사망자 총 인원을 보여준다. 오른쪽 버전은 같은 데이터를 합계가 100%인 백분율로 표시한다.

독자는 이 두 가지 그림을 보고 다른 결론을 내릴 것이다. 왼쪽의 그래프에서는 해당 기간 동안 전체 사망자가 크게 증가한 것을 확인할 수 있다. 오른쪽 버전에서는 사망 분포의 변화, 즉 코카인 과다 복용이 감소했지만 헤로인, 벤조디아제핀(불안, 불면증 및 발작 장애를 치료하는 데 자주 사용되는 약물) 및 기타 약물의 증가를 보여준다.

왼쪽의 누적 영역 차트는 세 가지 단점이 있다. 첫째, 이전과 마찬가지로 선 너비의 환상, 즉, 급격한 변화가 실제보다 과장되는 착각을 일으킬 수 있다. 둘째, 맨 아래 데이터 계열만 가로축에 붙어 있으므로 다른 데이터 계열은 시간에 따른 변화를 정확하게 비교하기 어렵다(이 차트 형식은 지각 순위표의 두 번째 행에 위치한다). 셋째, 데이터 계열의 배열 순서에 따라 점유율 인식에 영향을 주고 시선의 방향이 달라질 수 있다.

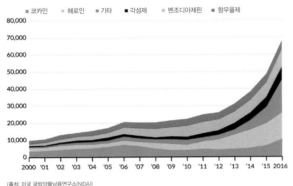

2016년에 6만 명 이상이 약물 과다 복용으로 숨졌다.

(출처: 미국 국립약물남용연구소(NIDA))

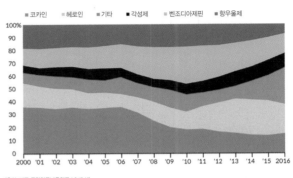

코카인 과다 복용 사망자 수의 비율은 2000년 이후 감소했다.

(출처: 미국 국립약물남용연구소(NIDA))

누적 영역 차트는 영역 차트에 여러 데이터 계열을 동시에 표시하고, 데이터 계열이 합산돼 총합 또는 100%를 이룬다.

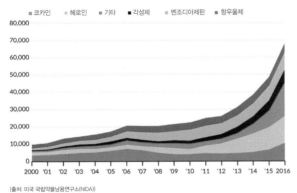

2016년에 6만 명 이상이 약물 과다 복용으로 숨졌다.

(출처: 미국 국립약물남용연구소(NIDA))

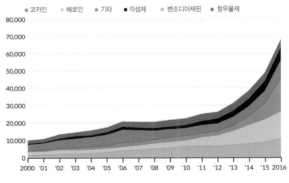

2016년에 6만 명 이상이 약물 과다 복용으로 숨졌다.

(출처: 미국 국립약물남용연구소(NIDA))

지각 순위표를 보고 알 수 있는 것은 같은 축에 놓인 그래프의 데이터값의 비교가 쉽다는 것이다. 따라서 누적 영역 차트에서는 맨 아래에 있는 데이터 계열의 값을 비교하기가 가장 쉽다.

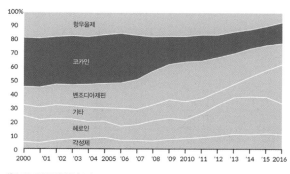

코카인 과다 복용 사망자 수의 비율은 2000년 이후 감소했다

(출처: 미국 국립약물남용연구소(NIDA))

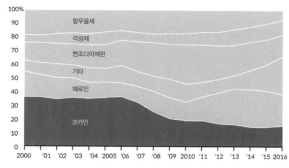

코카인 과다 복용 사망자 수의 비율은 2000년 이후 감소했다

(출처: 미국 국립약물남용연구소(NIDA))

누적 영역 차트의 데이터 계열 배열 방법에 정답은 없다. 그러나 배열 순서에 따라 독자가 데이터를 인식하는 방식에 영향을 줄 수 있다.

이를 설명하기 위해 상단의 두 누적 영역 차트를 살펴보자. 왼쪽 버전은 이전과 동일하며 오른쪽 버전은 순서를 변경했다. 새 버전에서는 벤조디아제핀(노란색) 계열의 데이터가 모두 가로축을 기준으로 표시돼 있기 때문에 벤조디아제핀(노란색) 과다 복용 사망자 수의 변화 추적이 쉽다.

영역 차트의 데이터 배열 순서에 정답이 있거나 가장 중요한 데이터 계열을 가로축에 붙여야 한다는 뜻은 아니다. 예를 들어, 특정 기간 중 코카인 과다 복용 사망자 비중이 감소했다는 이야기를 하는 것이라면 원래의 순서 그대로 둔 채 '회색으로 시작하기' 전략을 사용하고 코카인 계열에만 색상을 사용하는 것도 방법이다. 이 때 선 너비의 환상에도 불구하고 여전히 사망자 비율의 감소 추세를 확인할 수 있다. 점유 비중 변화의 정확한 확인이 중요하다면 해당 계열을 맨 아래로 옮겨 가로축에 붙이는 배열이 낫다. 차트 중간에 배치하면 값을 가로 기준선과 비교할 수 없으므로 정확한 값의 인식이 어려울 수 있다(범례를 사용하는 대신 각 영역에 직접 레이블을 지정해 각 데이터 계열을 빠르고 쉽게 식별할 수 있음을 눈여겨 보라).

2016년에 6만 명 이상이 약물 과다 복용으로 숨졌다.

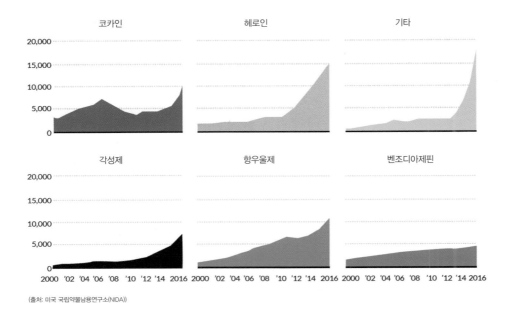

(출처: 미국 국립약물남용연구소(NIDA))

소형 다중 구성 방식은 각 데이터 계열의 변화 패턴을 보다 명확하게 보여주지만 계열 간 비교는 어렵다.

소형 다중 구성 접근법(여기서는 여섯 개로 나눈 그래프)은 각 범주의 정확한 패턴을 더 명확하게 보여주지만, 각각의 상대적 점유율을 명확하게 보여주지는 않는다. 두 방식에는 각각 장단점이 있다. 누적 차트는 소형 다중 구성보다 간결하다. 모든 정보를 하나의 그림에 담아 점유율 변화를 보여주기 때문이다. 한편, 소형 다중 구성 방식은 각 데이터 계열이 모두 수평 기준선에 놓여 있어서 더 정확한 검토가 가능한 반면 범주 간 비교는 어렵다.

마지막으로, 누적 영역 차트는 데이터 계열의 분포 변화를 보여줄 수도 있다. 예를 들어 다음 누적 영역 차트는 2017년 미국의 0세부터 100세까지의 다양한 사망 원인을 보여준다. 가로축에는 월이나 연도 대신 연령을 표시하고 각 연령에 대한 사망 원인 비율을 표시했다(연령은 시간의 다른 척도이다). 사망 원인을 일곱 개 그룹으로 분류했을 때, 25세경 사망자 대부분은 넘어지거나 익사하는 등의 '외부 원인(녹색)'으로 사망하는 반

미국의 연령별 사망 원인 (2017년 기준)

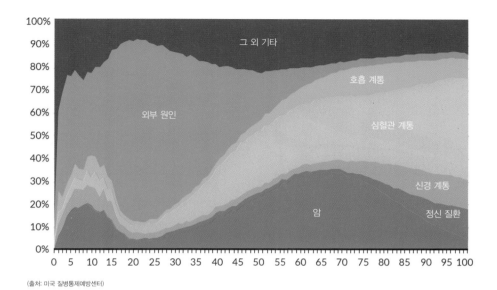

(출처: 미국 질병통제예방센터)

누적 영역 차트는 데이터 계열의 분포 변화도 나타낼 수 있다.

면, 60세경 사망자 상당수는 암(파란색)으로 사망한다. 데이터의 색상이나 배열을 조정해 시선을 특정 패턴이나 추세에 집중시킬 수도 있다.

스트림 그래프

스트림 그래프streamgraph는 누적 영역 차트와 마찬가지로 데이터 계열을 누적하지만 중앙의 가로축이 반드시 0을 나타내는 것은 아니다. 대신 데이터는 가로축 양쪽에서 양수일 수 있다. 스트림 그래프는 시간 경과에 따른 데이터 변동을 유동적이고 유기적인 형태로 보여준다. 따라서 스트림 그래프는 시계열 데이터의 변동성이 높을 때 사용하기 적합하다.

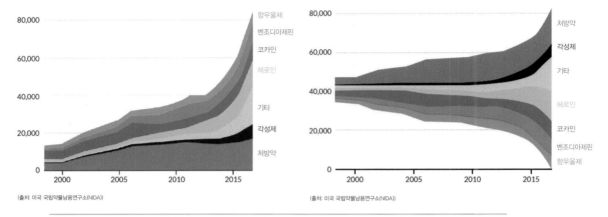

1999년부터 2016년까지 미국의 약물 과다 복용의 원인

항우울제
벤조디아제핀
코카인
헤로인
기타
각성제
처방약

(출처: 미국 국립약물남용연구소(NIDA))

1999년부터 2016년까지 미국의 약물 과다 복용의 원인

처방약
각성제
기타
헤로인
코카인
벤조디아제핀
항우울제

(출처: 미국 국립약물남용연구소(NIDA))

스트림 그래프는 영역 차트의 변형으로, 봉우리와 골이 많은 데이터의 패턴을 보여주는 데 적합하다.

스트림 그래프는 봉우리와 골이 많은 패턴 표시에 적합하다. 왼쪽의 누적 영역 차트와 오른쪽의 스트림 그래프는 사망자 비율이 아닌 총 사망자 수를 보여준다. 스트림 그래프는 데이터에 대해 약간 다른 관점을 제공하며 특정 계열의 변화보다는 전체적 증가에 관심을 더 두게 만든다. 스트림 그래프는 기본적으로 누적 영역 차트 사용 시 각 층의 기준선이 급속하게 누적돼 생기는 왜곡을 최소화하는 것이 목적이다.

연구자들은 스트림 그래프가 너무 특이해서 이해하기 어려울 수 있음을 알고 있다. 2008년 「뉴욕타임스」가 발행한 스트림 그래프를 검토한 결과, 연구자들은 "미학적으로 만족스럽거나 매력적으로 느껴지는 특성 중 일부는 필수적인 가독성과 상충될 수 있다고 생각한다. 「뉴욕타임스」의 그래프가 표준 통계 차트처럼 보이지 않는다는 사실 자체가 매력 포인트일 수 있다."라고 말했다. 따라서 이런 종류의 그래프(색다르게 느껴지는 그래프)는 처음에는 당혹스러울 수 있지만 결국은 그 모양과 색상과 기타 속성 때문에 흥미와 매력을 느낄 수 있다. 이런 결과는 청중에 따라 다를 수 있다.

최다 수상자 배출 지역은 델리. 마하라슈트라 지역은 2위

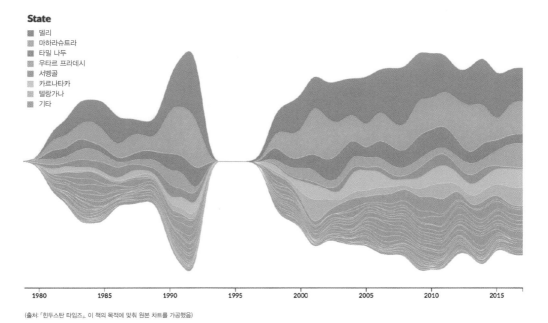

(출처: 「힌두스탄 타임즈」, 이 책의 목적에 맞춰 원본 차트를 가공했음)

「힌두스탄 타임즈」의 이 스트림 그래프는 인도 정부가 수여하는 최고 민간인 상의 수와 유형을 나타냈다.

위 그림은 스트림 그래프의 최근 예이다. 2016년 「힌두스탄 타임즈Hindustan Times」[5]가 만든 이 차트는 인도 정부가 수여하는 최고 민간인 상의 수와 유형을 보여준다. 원본 기사에 실린 다른 스트림 그래프에는 주, 국적, 성별 및 분야별 데이터가 표시됐다.

수평선 차트

수평선 차트horizon chart는 영역 차트를 일정 간격으로 자르고 그것을 겹쳐 하나의 띠로 축소시켜 만든다. 그 결과 그래프는 간결해지면서 히트맵(129페이지)과 비슷해진다. 수평선 차트는 양수로 표시되는 띠가 서로 겹쳐진 모습인데, 음의 데이터값은 가로축 위

---

5   1924년에 창간된 인도의 대표적인 영자 일간지 – 옮긴이

로 뒤집어 표시한다. 일반적으로 여러 개의 수평선 차트를 나란히 배열해 조밀한 데이터 세트를 하나의 그림으로 압축할 수 있다. 수평선 차트는 예컨대 꺾은선 차트의 데이터 표식이 서로 겹칠 정도로 데이터값이 조밀한 시계열 데이터를 시각화할 때 유용하다. 이런 방식으로 차트를 정렬하면 영역 차트를 여러 개 늘어놓기보다 공간을 효율적으로 사용할 수 있다.

색상은 수평선 차트에서 가장 중요한 속성이다. 색상이 짙을수록 큰 값을, 옅을수록 작은 값을 나타낸다. 스파크라인 및 히트맵과 마찬가지로 수평선 차트의 목적은 특정 값을 읽는 것이 아니라 전반적 추세를 한눈에 파악하고 극단적인 값을 식별하기 위함이다.

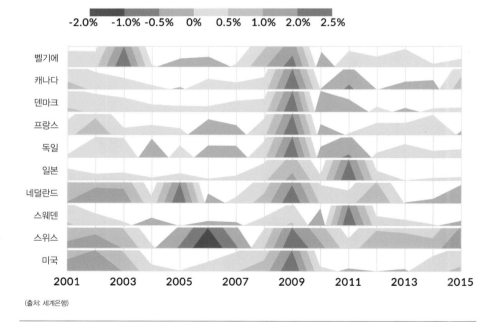

GDP 대비 보건 의료 지출 비율(%)의 변화

-2.0% -1.0% -0.5% 0% 0.5% 1.0% 2.0% 2.5%

(출처: 세계은행)

수평선 차트는 영역 차트를 일정 간격으로 자른 후 하나의 띠로 겹친 것이다.

스웨덴의 수평선 차트

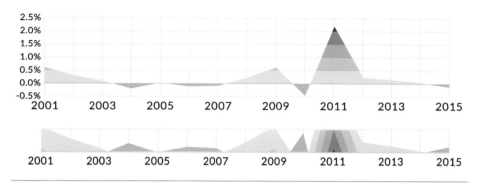

영역 차트를 일정 간격으로 자른 후 겹쳐서 수평선 차트를 작성하는 예를 스웨덴 데이터를 사용해 나타냈다.

GDP 대비 보건 의료 지출 비율(%)의 변화

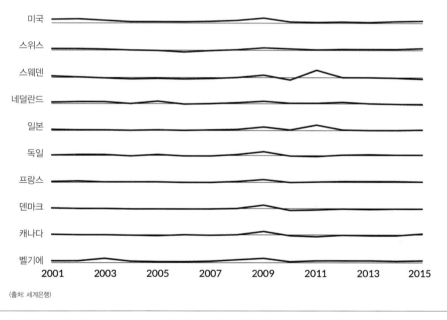

(출처: 세계은행)

꺾은선 차트로도 충분하지만 수평선 차트에 사용된 색상이 독자의 시선을 끌어 어디에 주목해야 하는지를 안내한다.

앞의 수평선 차트는 GDP 대비 보건 의료 지출액의 비율 변화 데이터를 사용한다. 각 국가의 영역 차트를 자르고 겹친 띠를 나란히 정렬한다. 얼마나 많은 데이터(10개 국가 및 15년)가 한 장의 그림으로 압축되는지 주목하라. 전주의 처리의 중요성을 상기하며 더 짙고 옅은 색상에 시선이 어떻게 끌리는지 확인하라.

스웨덴의 데이터 계열을 사용한 수평선 차트의 작성 과정을 보자. 스웨덴(그림 밑에서 세 번째 국가)의 공중 보건 지출 변화를 187페이지 상단에 영역 차트로 표시했다. 이 차트를 일정 간격(0.5% 포인트)으로 자른다. 값이 클수록 색상이 짙고 음수 값과 양수 값은 색상이 다르다. 음수는 위아래로 반전돼 모든 그래프가 하나의 띠로 겹쳐진다.

색상은 수평선 차트의 핵심이다. 같은 데이터를 꺾은선 차트로 표시해보면 호소력이 그만큼 강하지 않다. 시선은 그림 전체를 훑으면서 중요한 추세를 확인하려 하지만 특별히 시선을 끄는 특징이 없기 때문이다. 극단적인 값을 강조하기 위해 일부 선에 색상을 추가할 수도 있지만, 수평선 차트는 색상을 통해 값의 변화를 강조하기에 시선을 더 잘 안내한다.

간트 차트

시간에 따른 변화를 표시하는 또 다른 방법으로 가로 방향의 선이나 막대를 사용해 데이터값 또는 작업 기간 등을 표시하는 방법이 있다. 간트 차트Gantt chart는 프로젝트나 예산 등의 단계를 추적하는 일정 확인 도구로 자주 사용된다. 20세기 초에 엔지니어인 헨리 로렌스 간트Henry Laurence Gantt가 개발한 이 차트는 생산 현장의 십장과 감독관이 생산 일정을 확인하는 데 처음으로 사용됐다.

이 간트 차트는 하루 동안의 커피숍 직원 교대 일정을 보여주며, 흰색 틈은 휴식 시간, 회색은 점심 시간, 줄무늬는 외출을 나타낸다.

간트 차트는 작업 단계나 일정을 표시하는 데에 자주 사용된다.

막대의 너비를 다른 변수에 연동시켜 간트 차트를 확장할 수 있다. 예를 들어, 아래의 간트 차트는 위의 차트를 수정해 각 직원의 급여에 따라 너비를 조정한 것이다.

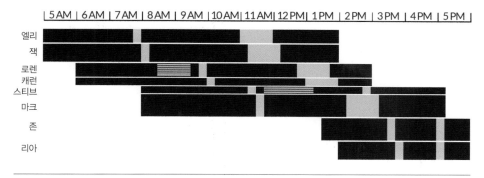

막대의 너비를 조정해 다른 데이터값을 표시함으로써 간트 차트를 확장할 수 있다.

18세기 철학자, 화학자, 교육자인 조셉 프리스틀리^{Joseph Priestley}는 1765년에 『도표로 보는 위인들의 생애^{A Chart of Biography}』를 발행해 BC 1200년부터 AD 1700년대 중반까지 살았던 약 2천 명의 정치가, 시인, 예술가 및 기타 유명인의 수명을 도표로 표시했다. 타임라인이라고도 부르는 프리스틀리의 차트는 가로 방향의 막대 또는 선을 이용해 구체적인 시작(출생)과 끝(죽음)을 나타내기 때문에 간트 차트와 비슷해 보인다.

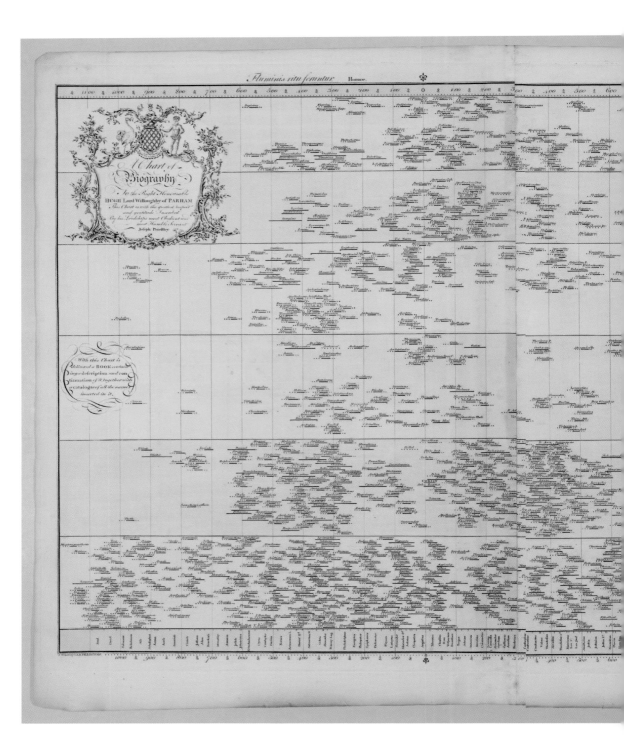

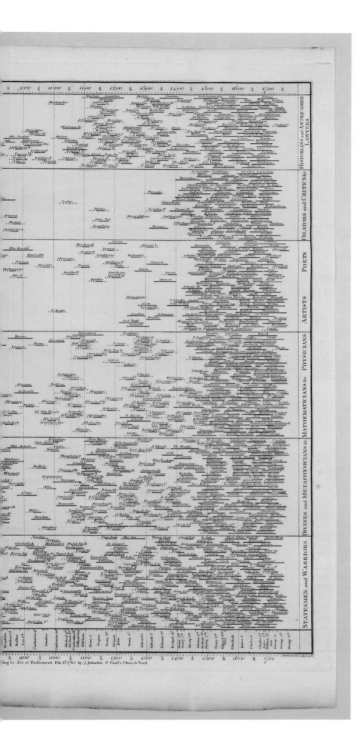

조셉 프리스틀리의 『도표로 보는 위인들의 생애(A Chart of Biography)』(1765)는 약 2천 명에 달하는 정치가, 시인, 예술가 및 기타 유명인의 수명을 도표로 표시했다. 이 도표는 BC 1200년부터 AD 1800년에 이르는 상당히 긴 시간을 다뤘다. 가로 방향의 선은 해당 인물의 수명을 나타내며, 점선은 정확한 날짜를 알 수 없음을 나타낸다. (출처: 라이브러리 컴퍼니 오브 필라델피아(Library Company of Philadelphia)[6])

---

6   1731년에 벤저민 프랭클린이 설립한 회원제 공공 도서관 – 옮긴이

순서도 및 타임라인

순서도flow chart 및 타임라인timeline은 시간에 따른 변화 또는 다양한 종류의 프로세스, 순서, 계층 등을 표시할 수 있는 시각적 개체 배열 방식의 예다. 이런 종류의 차트 및 다

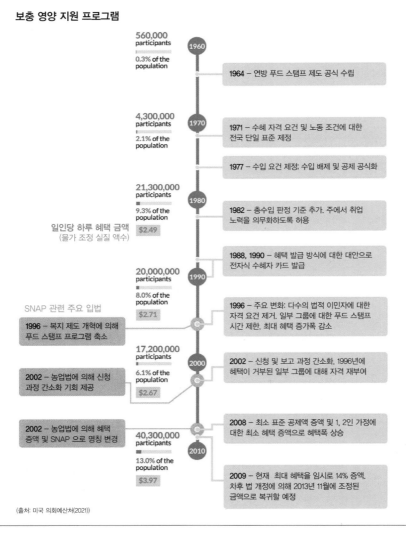

보충 영양 지원 프로그램

560,000 participants
0.3% of the population
1960

1964 – 연방 푸드 스탬프 제도 공식 수립

4,300,000 participants
2.1% of the population
1970

1971 – 수혜 자격 요건 및 노동 조건에 대한 전국 단일 표준 제정

1977 – 수입 요건 제정; 수입 배제 및 공제 공식화

21,300,000 participants
9.3% of the population
1980

일인당 하루 혜택 금액
(물가 조정 실질 액수)
$2.49

1982 – 총수입 판정 기준 추가. 주에서 취업 노력을 의무화하도록 허용

1988, 1990 – 혜택 발급 방식에 대한 대안으로 전자식 수혜자 카드 발급

20,000,000 participants
8.0% of the population
1990
$2.71

SNAP 관련 주요 입법

1996 – 복지 제도 개혁에 의해 푸드 스탬프 프로그램 축소

1996 – 주요 변화: 다수의 법적 이민자에 대한 자격 요건 제거. 일부 그룹에 대한 푸드 스탬프 시간 제한. 최대 혜택 증가폭 감소

17,200,000 participants
6.1% of the population
2000
$2.67

2002 – 농업법에 의해 신청 과정 간소화 기회 제공

2002 – 신청 및 보고 과정 간소화. 1996년에 혜택이 거부된 일부 그룹에 대해 자격 재부여

2002 – 농업법에 의해 혜택 증액 및 SNAP으로 명칭 변경

2008 – 최소 표준 공제액 증액 및 1, 2인 가정에 대한 최소 혜택 증액으로 혜택폭 상승

40,300,000 participants
13.0% of the population
2010
$3.97

2009 – 현재 최대 혜택을 임시로 14% 증액. 차후 법 개정에 의해 2013년 11월에 조정된 금액으로 복귀할 예정

(출처: 미국 의회예산처(2021))

내가 의회예산처에서 작업한 내용으로 만든 이 타임라인은 보충 영양 지원 프로그램(SNAP, 이전에는 푸드 스탬프로 알려짐)의 주요 이정표와 데이터를 보여준다.

이어그램은 데이터에 명시적으로 연결될 수도 있고, 비정량적이고 서술적인 방식으로 다양한 구조 또는 프로세스를 보여줄 수도 있다. 예컨대 파워포인트 사용 시 '스마트아트SmartArt'메뉴로 순서도와 타임라인에 해당하는 다양한 레이아웃을 고를 수 있다.

타임라인은 특정 사건의 발생 시기를 보여준다. 선, 아이콘, 표식 등으로 사건을 표시하는 기본 구조에서 더 나아가 상세한 주석, 이미지, 그래프 등을 추가할 수 있다. 가로 방향의 타임라인이 일반적이지만 세로 방향일 수도 있고 다양한 모양을 사용할 수도 있다. 의회예산처에서 수행한 작업을 기반으로 한 이 타임라인은 보충 영양 지원 프로그램(SNAP, 이전에는 푸드 스탬프로 알려짐)에 대한 주요 이정표와 데이터를 보여준다. 회색 상자의 텍스트는 특정 법규 또는 프로그램 변경에 관한 세부 사항이며, 중앙의 숫자는 지출, 프로그램 참여자 수, 전체 인구 대비 비율 등의 변화 내역이다.

순서도는 약간 다르다. 그들은 년, 월, 일 등으로 표시되는 시간의 흐름 대신에 단계적 진행 과정을 보여준다. 순서도를 사용하면 독자가 긴 텍스트를 읽거나 복잡한 표를 탐색하는 것에 비해 어떤 프로세스의 진행 경로를 더 쉽게 이해할 수 있다. 다음 페이지의 순서도는 미국 사회 보장 장애 보험 프로그램(DI)으로 혜택을 신청하고 받을 수 있는 절차를 보여준다. 신청자는 '장애 판정 서비스' 단계에서 프로그램을 시작한다. 신청이 승인되면 프로그램 가입이 허용된다. 신청이 거절된 경우 결정에 이의를 제기하거나 신청 절차를 종료할 수 있다. 이 프로그램은 각 단계에서 신청이 거절된 경우에 대해 이의를 제기할 수 있도록 설계됐다.

순서도에서 기호의 모양은 다양한 의미를 가질 수 있으므로 시스템의 여러 속성 표시를 위해 기호를 적절히 활용할 수 있다. 예를 들어 사각형이 있는 순서도에서 사각형이 아닌 모양은 주요 길목 또는 의사결정 지점을, 모서리가 둥근 사각형은 프로세스의 시작 또는 끝을 나타낼 수 있다. 색상을 추가하면 그래프의 각 부분을 이해하고 구별하는 데 도움이 된다.

예를 들어 사회 보장 장애 보험 프로그램 신청 시스템의 몇몇 부분을 강조하고 싶다면 중간 버전과 같이 다양한 색상과 모양을 사용할 수 있다. 순서도의 레이블은 선 옆과 상자 내부에 배치할 수 있지만 충분히 크고 쉽게 읽을 수 있는 색상 대비가 있어야 한다. 더 나아가 일부 데이터값에 따라 순서도를 확장할 수 있다. 예를 들어 오른쪽 버전에서는 각 단계의 비중에 따라 분기선 굵기를 다르게 했다. 이 점은 생키 다이어그램 (143페이지)과 유사하다.

시간을 다루는 장에 순서도가 포함된 이유는 프로세스 진행은 시간 흐름에 따라 한 단계씩 이뤄지기 때문이다. 그러나 그렇지 않은 순서도도 있다. 예를 들어 순서도의 일종

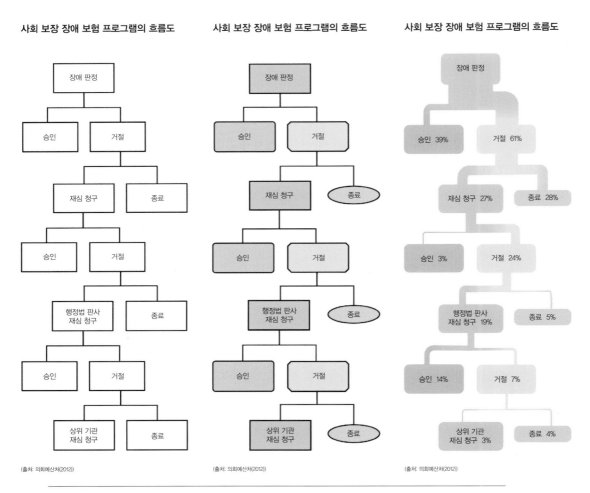

사회 보장 장애 보험 프로그램의 흐름도

사회 보장 장애 보험 프로그램의 흐름도

사회 보장 장애 보험 프로그램의 흐름도

(출처: 의회예산처(2012))

(출처: 의회예산처(2012))

(출처: 의회예산처(2012))

순서도에 나타낸 프로세스의 경로나 타임라인을 보다 이해하기 쉽도록 형태, 색상, 기타 요소 등을 활용할 수 있다. 이 차트는 의회예산처에서 이뤄진 작업을 바탕으로 만들어졌다.

인 조직도는 조직 또는 관리 구조의 계층 구조를 나타내며, 업무가 위에서 아래로 어떻게 전달되는지를 보여준다. 조직도의 더 많은 예를 8장에서 살펴보겠다.

꺾은선 차트에서 본 것처럼, 그래프 상의 콘텐츠 양보다 독자의 요구 사항을 충족시키는 것이 더 중요하다. 예를 들어 196페이지의 순서도는 오바마 행정부가 발의한 환자 보호 및 부담적정보험법Affordable Care Act의 대응으로 미국 상원 공동 경제위원회의 공화당 소속 의원들이 2010년에 작성한 것이다. 해당 발의안의 내용이 (그리고 의료 서비스의 전반적 구조가) 얼마나 복잡한지를 보여주는 것이 이 순서도의 암묵적 의도다. 이 차트는 그런 의미에서 의도한 목적을 달성한 셈이다.

당연한 이야기지만 이런 유형의 그래프에서 설명, 텍스트, 아이콘, 기타 시각적 요소 등의 양은 독자의 필요를 충족시켜야 한다. 각 데이터 포인트에 자세한 설명이 필요한가? 사용된 이미지가 독자가 이 내용을 기억하는 데에 도움이 될까? 독자가 가장 필요로 하는 정보가 무엇인지 파악하고 가능한 한 흥미로운 방법으로 그 요구를 충족시켜라.

합계 대 1인당

합계는 한 집단에 대해 많은 것을 알려주지만 오해를 부르기도 한다. 예를 들어, 이 책에서 많이 쓰이는 수치인 국내 총생산(GDP)을 생각해보라. 2017년에 인도와 영국은 약 2조 6천억 달러로 대략 비슷한 총 GDP를 기록했다. 그러나 두 나라의 인구는 크게 다르기 때문에 1인당(per capita) GDP는 큰 차이가 난다.

2017년 기준 인도의 인구는 13억 명으로, 인구가 6천 6백만 명에 불과한 영국의 20배가 넘었다. 따라서 1인당 GDP(총 GDP를 인구로 나눈 값)는 영국이 39,720달러, 인도가 1,940달러였다. GDP를 현금이라고 가정하고 국민 모두에게 고루 나눠주면 영국 국민은 인도 국민보다 1인당 약 38,000달러를 더 많이 받는다.

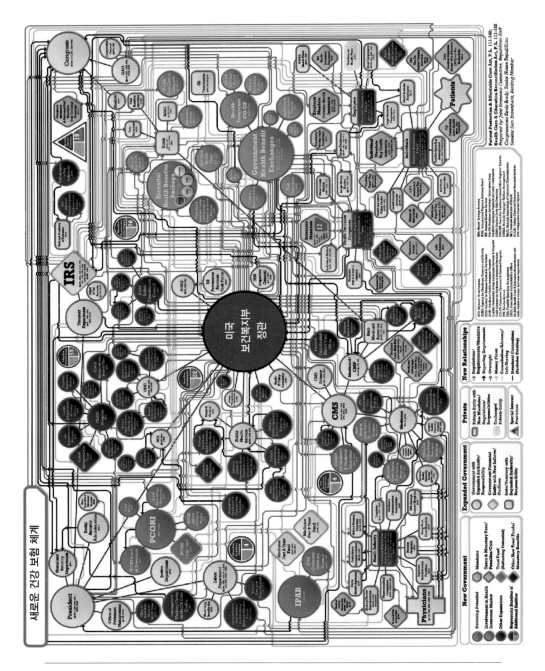

미국 상원 공동 경제위원회가 2010년에 만든 이 순서도의 암묵적 의도는 환자보호 및 부담적정보험법(Affordable Care Act)의 내용이 얼마나 복잡한지를 보여주는 것이다.

이런 조정을 정규화(normalizing) 또는 표준화(standardizing)라고 부른다. 우리는 자동차를 운전할 때 항상 이것을 사용한다. 우리는 자동차를 시속 80킬로미터로 운전하고, 휘발유 가격은 리터 당 1,500원이다. 뿐만 아니라 다른 영역과 수치에서도 이런 개념을 활용한다. 사망률(인구 100,000명당 사망자 수) 및 시급(시간당 임금) 등이 그 예다.

시각화 작업에서 데이터의 합계를 다루는 경우, 데이터를 1인당으로 환산하는 것이 바람직하고 이해하기 쉬운 대안은 아닐지 검토해보라. 인도와 영국의 총 GDP가 서로 비슷하지만 해당 국민들의 경제적 형편이나 상대적 부유함의 정도를 파악하려면 1인당 GDP가 훨씬 더 유의한 정보를 제공한다.

연결 산점도

두 개의 꺾은선 차트를 나란히 표시한 뒤 독자에게 두 차트 사이의 관계를 파악할 것을 요청한다고 상상해보자. 이들 데이터는 함께 움직이는가? 이들 데이터는 발산하는가, 아니면 수렴하는가? 두 데이터는 어떤 관계를 보이는가?

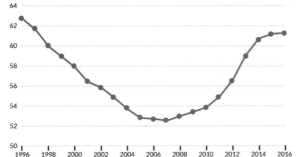

남아프리카공화국의 기대 수명은 1996~2016년 기간 중 하락 후 상승하는 모습을 보였다.

(출처: 세계은행)

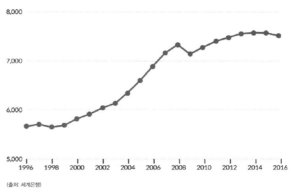

남아프리카공화국의 1인당 GDP는 1996년 이후 증가했다.

(출처: 세계은행)

일반적으로 두 개의 시계열 데이터의 연관성을 명확하게 보여주기는 쉽지 않다.

이중축 차트를 사용하지 않고 두 시계열 데이터를 결합하는 한 가지 방법은 연결 산점도connected scatterplot를 사용하는 것이다. 연결 산점도는 두 개의 시계열을 각각 수평 및 세로축을 따라 대응시켜 동시에 표시하며, 점으로 연결해 시간에 따른 데이터 포인트의 관계를 표시한다.

예를 들어, 앞 페이지의 왼쪽 꺾은선 차트는 1996년부터 2016년까지 남아프리카 공화국의 기대 수명을 보여준다. 이 20년 동안 기대 수명은 U자 패턴을 따랐으며 처음에는 63세에서 53세로 떨어졌다가 다음 10년 동안 증가해 2016년에 약 61세에 도달했다. 오른쪽은 같은 기간 중 1인당 GDP를 표시했다. 1인당 GDP는 처음에는 주춤하다가 2008년까지 증가하고, 이후 살짝 하락했다가 이전보다는 느린 속도로 다시 증가했다.

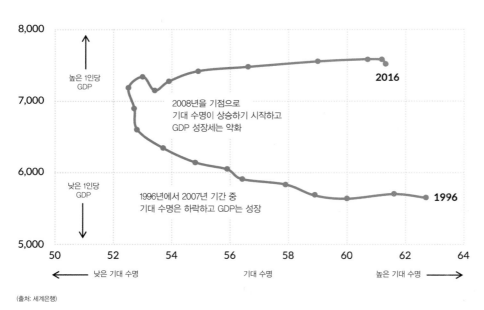

하락하던 남아프리카공화국의 기대 수명이 상승 추세로 방향 전환하다.
(단위: 1인당 GDP)

(출처: 세계은행)

연결 산점도는 두 개의 시계열 데이터의 상호 연관성을 보여주는 방법 중 하나다. 두 개의 시계열 데이터는 각각 수평 및 세로축에 대응된다.

1996년에서 2016년 사이에 기대 수명과 1인당 GDP는 함께 증가했다.

(단위: 1인당 GDP)

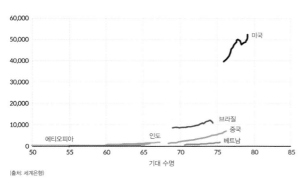

(출처: 세계은행)

1996년에서 2016년 사이에 기대 수명과 1인당 GDP는 함께 증가했다.

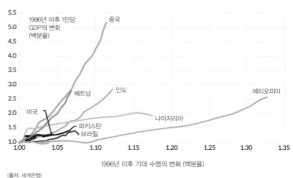

1996년 이후 기대 수명의 변화 (백분율)

(출처: 세계은행)

어떤 이에게는 낯설 수 있지만 연결 산점도는 두 개의 측정 지표에 대해 더 많은 데이터 계열을 표시할 수 있다.

이 두 차트를 사용해서 기본적인 시각적 비교를 할 수 있다. 즉, 기대 수명이 줄어들더라도 경제 성장은 계속된다. 기대 수명이 다시 늘어나기 시작하자 경제 성장은 증가세가 누그러졌다.

이제 두 선이 하나의 그래프로 결합되면 어떤 일이 발생하는지 보자. 여기서 기대 수명은 가로축으로, 경제 성장은 세로축으로 표시한다.

두 차트 사이를 번갈아 보는 대신, 해당 기간의 전반부는 기대 수명이 감소하고(가로축을 따라 왼쪽으로 이동) 경제가 성장(세로축을 따라 상승)한 것을 볼 수 있다. 2006년경부터 경제가 성장하는 동안 기대 수명이 다시 증가하기 시작했지만(가로축을 따라 오른쪽으로 이동) 속도는 느려졌다(선의 기울기는 이전보다 완만함).

이 그래프는 표준 그래프 유형과 다르기 때문에 읽는 방법을 이해하는 데 더 많은 시간이 필요하다. 따라서 주석이 도움이 될 수 있으므로, 첫 번째와 마지막 지점에 축 레이블, 화살표, 연도 레이블 등을 추가하면 좋다. 그러나 독자가 이 그래프를 이해한다면 이제 그들도 연결 산점도를 그래픽 도구 중 하나로 활용할 수 있게 된다.

연결 산점도는 더 많은 그룹을 표시하는 데 사용될 수도 있다. 왼쪽의 연결 산점도는 10개국의 경제 성장과 기대 수명 값의 범위를 보여준다. 여기에서 미국의 1인당 GDP

가 더 높다는 것은 명확하지만 다른 국가들의 양상은 보기가 어렵다. 오른쪽 그래프는 1996년 이후 두 변수의 변화율을 보여준다. 이 보기에서 미국은 거의 눈에 띄지 않는 반면, 중국과 에티오피아의 큰 변화폭은 두드러져 보인다.

어느 그래프가 더 낫다고 할 수 있을까? 항상 그렇듯이 그 답은 독자가 누구이며, 주장하려는 내용이 무엇이며, 독자의 관심을 끌고 싶은 양상과 추세와 발견점 등이 무엇인가에 따라 다르다.

결론

이 장은 시간에 따른 변화를 보여주는 그래프를 다뤘다. 꺾은선 차트, 영역 차트, 누적 영역 차트 등과 같이 간단하고 친숙한 그래프를 살펴봤고, 그보다는 복잡하고 낯설지만 유용한 차트 유형도 소개했다.

꺾은선 차트는 시간에 따른 변화를 보여주는 가장 기본적이고 친숙한 차트 유형일 것이다. 그릴 수 있는 선의 수에는 제한이 없지만 선이 많은 경우 색상과 선 두께를 사용해서 시선을 가장 중요한 선으로 유도하는 것이 좋다. 미묘하거나 작은 데이터 세트에 데이터 표식을 사용해 의미를 부여하거나 중요한 포인트를 표시하는 방안을 고려하라. 앞으로 살펴볼 많은 그래프와 마찬가지로 누락된 데이터에 대해서는 이를 나타내는 시각적 단서를 제공하는 것이 바람직하다. 꺾은선 차트의 경우에는 더욱 그렇다.

그 밖의 여러 차트 유형은 한 장의 그래프 안에 살펴볼 데이터 계열이 너무 많을 때 유용하다. 시각화할 데이터가 많을 때 스파크라인, 소형 다중 구성 방식, 순환형 차트 또는 수평선 차트를 사용해보라. 이런 방식 중 일부는 정확한 값의 식별이 어렵더라도 전체적인 추세와 양상의 확인이 중요할 때 사용할 수 있다.

순서도 및 타임라인 등의 그래프 유형에는 무한한 종류와 스타일이 있다. 수평 레이아웃이 더 적합한 독자, 내용, 플랫폼 등이 있는 한편, 수직 레이아웃은 자연스러운 스크롤 동작과 일치하는 온라인에 더 어울릴 수 있다. 치밀한 레이아웃은 모바일 플랫폼에 가장 적합하다.

데이터를 어떤 그래프로 표시하든 독자가 얼마나 자세한 정보를 필요로 하는지 파악하라. 또한 전달하려는 핵심으로 시선을 안내하는 방법을 궁리하라. 우리가 살펴본 차트 유형 중 다수는 이미 친숙하다. 따라서 정확성을 희생하지 않으면서 차트를 더욱 매력적이고 흥미롭게 만드는 것이 데이터를 시각화하는 사람의 과제다.

분포

이 장은 데이터 분포와 통계적 불확실성의 시각화를 다룬다. 이런 맥락에서 사용되는 그래프는 익히 보아 온 일반적인 그래프와 꽤 다를 수 있으므로 통계 용어나 그래프 자체에 익숙하지 않은 독자는 어렵게 느낄 수 있다.

팬 차트^{fan chart} 및 상자 수염 그림^{box-and-whisker plot} 같은 차트는 신뢰 구간 및 백분위수 등의 통계 측정 값을 보여준다. 전체 분포를 묘사하는 바이올린 플롯^{violin plot}은 너무 낯설어서 이해를 도울 자세한 설명을 추가해야 할 수도 있다. 그렇다고 이런 차트가 본질적으로 데이터 시각화에 부적합하다는 의미는 아니다. 적절한 레이블과 디자인은 가장 난해한 상자 수염 그림도 흥미롭게 만들 수 있지만 통계적 이해의 높은 문턱 때문에 많은 독자가 이런 그래프를 어려워할 수 있다.

이 장의 그래프는 「댈러스 모닝 뉴스^{Dallas Morning News}」의 스타일 가이드라인(2005)을 따른다. 이 가이드라인은 특정 글꼴 및 색상에 대한 지침은 물론, 다양한 그래프, 표, 지도, 아이콘 및 보도국의 업무 흐름 요약 등을 디자인하고 스타일을 지정하는 방법을 규정한다. 이 가이드라인은 크기와 목적에 따라 Gotham과 Miller Deck 두 가지 글꼴을 사용한다. 이 책에서는 Gotham과 비슷한 Montserrat 글꼴을 사용했다.

히스토그램

히스토그램은 분포를 시각화하는 가장 기본적인 그래프 유형이다. 이는 막대 차트의 특별한 형태로서, 일정 간격의 구간^{bin}(계급)에 해당하는 데이터의 출현 빈도(도수)를 나타내어 전체적인 분포를 보여준다. 전체 표본은 구간으로 나뉘고, 각 막대의 높이는 각

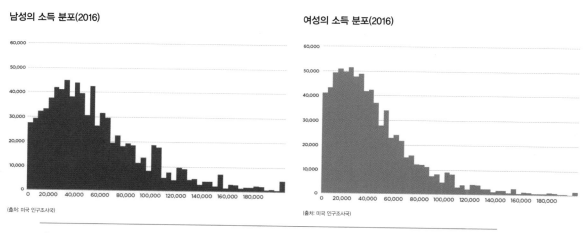

히스토그램은 전체 표본을 일정 구간으로 나누고, 각 구간에 해당하는 데이터의 빈도를 막대 높이로 나타낸다.

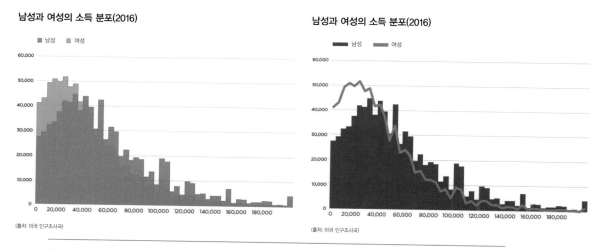

히스토그램을 겹쳐서 볼 때 색상을 사용하거나(왼쪽) 막대와 꺾은선과 같이 서로 다른 부호화 방식을 사용할 수 있다(오른쪽).

구간 내의 관측치를 나타낸다. 히스토그램은 전체 분포 내에서 데이터값이 집중되는 위치, 극단값이 있는 위치, 틈 또는 비정상적인 값이 있는지 여부를 보여줄 수 있다.

히스토그램을 겹쳐서 분포의 차이를 비교할 수 있다. 위의 두 히스토그램은 2016년 미국의 남성과 여성 근로자의 소득 분포를 보여준다. 두 차트로 몇 가지 일반적인 비교가 가능하지만 둘을 겹치면 비교 작업이 더 쉽다.

왼쪽 그래프는 두 개의 막대 차트에 투명도가 있는 색채를 이용해 두 차트를 같이 볼 수 있다. 오른쪽 그래프는 막대 차트와 꺾은선 차트를 혼합해서 투명색을 쓰지 않아도 된다는 장점이 있지만, 두 집단을 나타내는 방식이 달라 불공평해 보일 수 있다. 또한

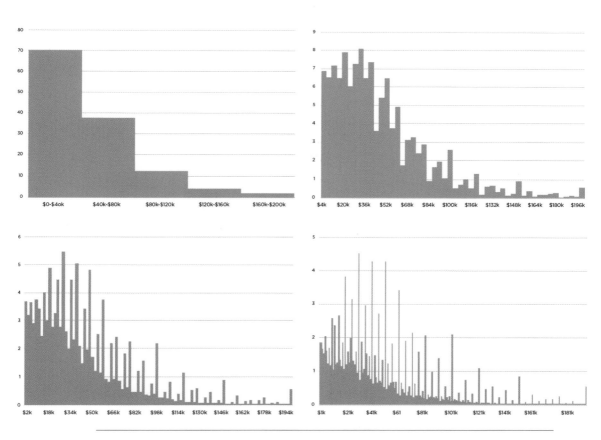

데이터 분포는 구간의 개수에 따라 달라 보일 수 있다. 여기서는 구간의 개수가 5, 30, 50, 120인 경우를 비교한다.

막대 차트에서 각 막대의 너비는 각 구간 전체에 걸쳐 있지만 꺾은선은 각 구간의 중간을 지난다는 점도 눈여겨보라. 사소한 차이지만 염두에 두는 것이 좋다.

히스토그램을 만들 때 고려할 주요 사항은 구간을 설정하는 폭이다. 구간이 너무 넓으면 구간 내의 분포 양상이 가려질 수 있고, 구간이 너무 좁으면 전체적인 분포의 모양이 잘 보이지 않게 된다. 구간의 개수가 몇 개여야 하느냐는 정답이 따로 없지만 최적의 구간 너비를 결정하는 데 도움이 되는 여러 통계 테스트(예: 제곱근, 로그 또는 큐브 루트 사용)가 있다. 205페이지의 예는 구간 수가 5개에서 30개, 50개에서 120개로 증가함에 따라 분포가 어떻게 달라지는지를 보여준다.

히스토그램은 데이터가 어느 한쪽으로 기울어졌는지 여부를 파악하는 데 도움이 된다. 더 많은 데이터가 왼쪽으로 집중되는 분포를 양(+)의 비대칭도^{skewness}를 가진다고 하고, 오른쪽에 더 많은 관측치가 있는 히스토그램을 음(−)의 비대칭도를 가진다고 한다.

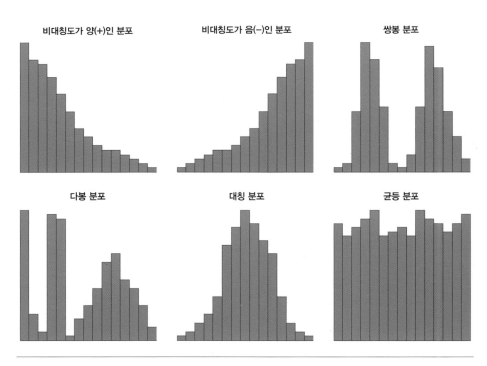

히스토그램은 데이터의 분포가 어떤 모양인지 이해하게 해 준다. 여기에는 여섯 가지 형태의 분포를 나타냈다.

두 개의 봉우리peak가 있는 분포를 쌍봉분포bimodal라고 하고 여러 개의 봉우리가 있는 분포를 다봉분포multimodal라고 한다. 대칭 분포는 중앙값 양쪽에 거의 동일한 수의 관측치가 있는 분포이며, 균등 분포는 관측치가 거의 일정하게 분포된 경우다.

데이터의 분포와 치우침의 정도(비대칭도)를 이해하면 보다 정확한 통계 테스트를 수행할 준비가 된 것이다. 완전히 다른 두 분포의 평균과 중앙값은 동일할 수 있지만 데이터의 분포와 구조를 이해하지 못하면 전체적인 그림을 놓치는 결과를 가져올 수 있다. 이 점에서 데이터 시각화는 매우 중요한 역할을 한다.

이탈리아의 엔지니어이자 경제학자인 빌프레도 파레토Vilfredo Pareto의 이름을 딴 파레토 차트는 기본 히스토그램의 변형이다. 파레토 차트(다음 페이지)는 개별 데이터 포인트를 나타내는 막대와 누적 합계를 나타내는 선으로 구성된다. 파레토 차트는 이중축 차트에 대한 규칙의 예외가 될 수 있다. 왜냐하면 이는 상호 보완적인 분포 그래프를 중첩한 것이기 때문이다. 물론 이 두 개의 측정 지표는 실제로 서로 다른 측정 데이터가 아

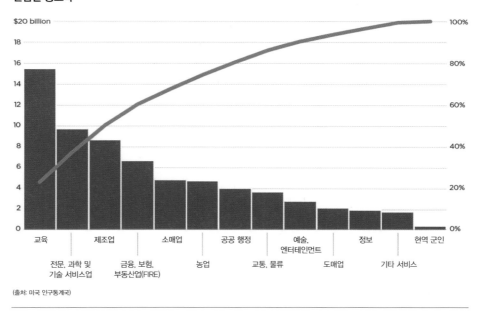

산업별 총소득

(출처: 미국 인구통계국)

파레토 차트는 각 그룹의 데이터값을 (주로 막대로) 나타내고, 누적 합계를 꺾은선으로 나타낸다.

니다. 하나는 주변 분포^{marginal distribution}(각 그룹의 개별 값)를, 또 하나는 누적 분포(값의 합계)를 나타내는 동일한 측정 항목이다.

207페이지의 파레토 차트는 미국 13개 주요 산업의 총소득을 보여준다. 막대는 각 산업별 소득, 선은 이들이 경제 전체의 총소득에 어떻게 합산되는지를 보여준다.

백분위수를 이해하기

강당 무대에 사람들 100명이 한 줄로 서 있는 모습을 상상해보자. 당신은 관중석에 있고, 무대 위 사람들은 소득 순으로 왼쪽에서 오른쪽으로 줄을 서 있다. 소득이 가장 낮은 사람이 왼쪽에, 가장 높은 사람이 오른쪽에 있다. 그들은 전체 소득 분포를 나타낸다.

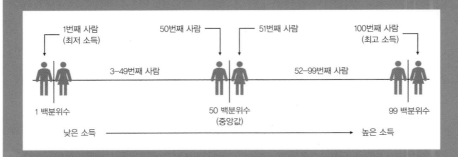

첫 번째 사람이 소득이 가장 낮다. 그가 보기에 99%의 사람들(그의 왼쪽에 있는 모든 사람들)은 소득이 더 높다. 이때 그를 1 백분위수(percentile)에 있다고 부른다. 마찬가지로 반대쪽 끝에 100 번째 사람이 있고, 그의 오른쪽으로 99명의 사람들이 있다. 즉, 무대에 있는 사람들의 99%가 그보다 소득이 낮다. 그가 99 백분위수이며 상위 1%에 속한다. 마지막으로, 무대 중간에 모든 사람을 동수(각각 전체의 50%)로 나누는 지점이 있다. 해당 지점(또는 더 정확하게는 해당 지점의 소득)은 분포의 50 백분위수 또는 중앙값(median)을 나타낸다.

무대 위의 사람 수를 100명, 200명, 천 명, 1억 5천만 명 등으로 늘려도 분포의 중간은 여전히 중앙값이고 10% 위치에 있는 사람들은 언제나 10 백분위수에 해당한다. 백분위수는 인구 수와 무관하므로 국가나 산업 등의 모든 그룹에서 백분위수를 비교할 수 있다.

백분위수는 분포 상의 특정 위치를 식별하지만 분포의 전체 측정 값을 제공하는 다른 수치가 있다. 평균(mean 또는 average)은 모든 값의 합계를 관측값의 수로 나눈 값과 같다. 모든 데이터를 더하기 때문에 큰 값을 가진 데이터는 실제 분포에 대한 그림을 왜곡할 수 있다. 위의 예에서 무대 위 사람 중 한 명을 1억 달러를 벌어들인 사람으로 바꾸면 평균이 극적으로 변할 수 있지만, 그 사람이 여전히 무대의 맨 오른쪽 가장자리에 서 있고 나머지 사람들은 같은 위치에 있을 것이기에 중앙값은 변하지 않는다.

분산(variance)은 분포를 나타내는 또 다른 수치이며, 데이터 세트의 각 관측치가 평균값에서 얼마나 멀리 떨어져 있는지를 측정한다. 분산이 클수록 데이터의 값이 평균에서 멀리 떨어져 있음을 나타낸다. 역으로, 작은 분산은 그 반대를 나타낸다. 분산 및 관련 공식의 해석은 이 책의 범위를 벗어난다. 하지만 데이터 및 데이터 시각화를 다룬다면, 이런 구체적인 지식을 업무에 더 잘 활용하기 위해 시간을 들여 공부할 충분한 가치가 있다.

피라미드 차트

출생률, 사망률, 연령 또는 전체 인구 수준과 같은 인구 기반 수치의 변화를 표시할 때 가장 자주 사용되는 피라미드 차트는 중앙 세로축의 양쪽에 두 그룹을 배치한다. 피라미드 차트는 분기형 막대 차트의 일종이지만(107페이지 참조) 피라미드 차트는 주로 연령대별 분포 비교에 사용된다. 왼쪽 막대가 음수, 오른쪽 막대가 양수 값을 나타낸다고 생각하는 독자들도 있기 때문에 분기형 막대 차트의 경우처럼 피라미드 차트의 레이아웃은 약간의 혼동을 일으킬 수 있다.

피라미드 차트의 장점은 두 그룹이 동일한 수직 기준선에 있기 때문에 분포의 전체적인 형태를 검토할 수 있다는 것이다. 많은 피라미드 차트에서 두 그룹에 대해 서로 다른 색상을 사용하지만 반드시 요구되는 특성은 아니다.

이 피라미드 차트는 2016년 미국과 일본의 연령별 인구 분포를 보여준다. 두 그래프 모두 여성은 세로축의 왼쪽에, 남성은 오른쪽에 표시됐다. 각 행은 0~4세, 5~9세 등

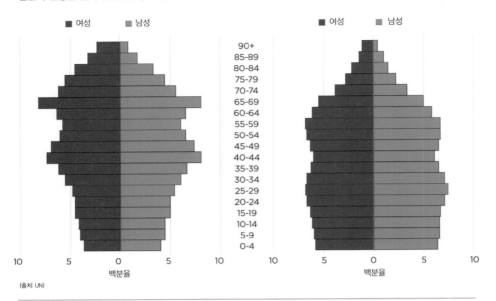

일본의 연령별 남녀 인구 분포(2016)

■ 여성　■ 남성

미국의 연령별 남녀 인구 분포(2016)

■ 여성　■ 남성

(출처: UN)

피라미드 차트는 분기형 막대 차트의 일종으로, 출생률, 사망률, 연령 또는 전체 인구 수준과 같은 인구 기반 수치의 변화를 표시하는 데 사용된다.

다른 연령 그룹을 나타낸다. 차트의 모양을 보면 일본이 고령자 비율이 더 높은 반면, 미국은 젊은이의 비율이 더 높다는 것을 바로 알 수 있다.

막대가 서로 반대편을 향하므로 남녀 간 비율의 비교는 어렵다. 그러나 시각 자료의 목표에 따라 이것은 문제가 안 될 수도 있다. 성별 비율이 중요하다면 쌍 막대 차트 또는 도트 플롯 등의 차트 유형이 더 나은 선택이 될 것이다. 그러나 분포의 전체적인 형태를 보려면 피라미드 차트가 적절하다.

피라미드 차트의 대안을 찾는다면 도트 플롯 또는 막대사탕 차트가 적격이다. 성별에 해당하는 데이터값은 가로축을 따라 배치되고 선으로 연결된다. 오른쪽에 표시된 것처럼 막대를 선과 점으로 대체해서 막대사탕 차트(95페이지 참조)를 사용할 수 있다. 두 가지 방법 모두 다른 색상을 사용하거나 아니면 전체 그래프에 하나의 색상만 사용할 수도 있다.

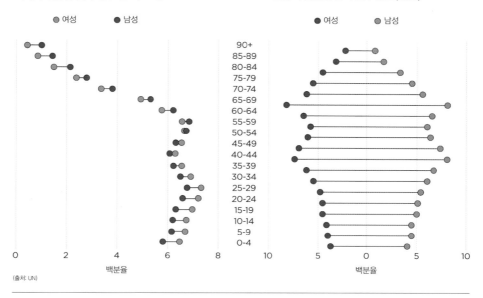

미국의 연령별 남녀 인구 분포(2016)

● 여성　● 남성

백분율

(출처: UN)

일본의 연령별 남녀 인구 분포(2016)

● 여성　● 남성

백분율

피라미드 차트의 대안으로 도트 플롯 또는 막대사탕 차트를 사용할 수 있다.

일본과 미국의 연령별 남녀 인구 분포(2016)

■ 미국 여성　■ 미국 남성　— 일본 여성　— 일본 남성

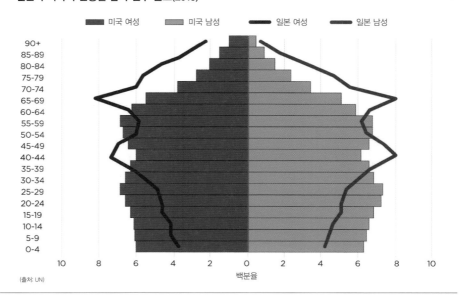

백분율

(출처: UN)

피라미드 차트의 대안으로 도트 플롯 또는 막대사탕 차트를 사용할 수 있다.

피라미드 차트로 두 국가의 연령 분포를 정확하게 비교하기는 어렵다. 평균적으로 일본이 미국보다 고령자가 많다는 내용을 추론할 수 있지만 더 자세한 비교는 어렵다. 앞서 히스토그램에서 본 것처럼 여러 차트를 겹쳐 놓는다면 비교가 쉬워진다. 그러나 이 방식은 두 국가의 데이터가 서로 다른 부호화 방식(막대와 꺾은선)으로 표시되므로 어느한 쪽을 더 강조하는 듯한 인상을 줄 우려가 있다.

통계적 불확실성을 차트로 시각화하기

데이터와 통계에는 여러 종류의 불확실성이 있다. 불확실성을 시각화하는 방법을 배우기 전에, 이 용어가 무엇을 의미하는지를 잠시 생각해보자. 통계학자나 수학자가 아니더라도 불확실성과 측정 오차가 결과와 시각화에 어떤 영향을 미칠 수 있는지 이해할 필요가 있다. 불확실성을 염두에 두고 데이터 작업을 한다면 (그리고 그 사실을 밝힌다면) 독자들은 당신의 작업에 대해 신뢰를 갖게 될 것이다.

불확실성이라는 용어는 크게 두 가지로 생각할 수 있다. 하나는 무작위성으로 인한 불확실성uncertainty from randomness으로, 통계 모델 및 결과의 통계적 신뢰도에 적용된다. "스미스 후보는 54%의 지지율을 획득했고 오차 한계는 +/− 4% 포인트이다." 등의 정치 여론 조사 데이터 발표에 포함되는 표준 오차 한계가 그런 예다. 또 다른 종류는 데이터가 부정확하거나, 신뢰할 수 없거나, 정밀하지 않거나, 알려지지 않은 등의 미지의

(출처: 스콧 애덤스)

불확실성^{uncertainty from unknowns}이라고 하는 것이다. 간단한 예로는 유아의 나이를 주가 아닌 개월 단위로 표시한 데이터 세트다. 통계 및 확률 모델을 사용하면 첫 번째 종류의 불확실성을 다룰 수 있으며, 따라서 시각화가 가능하다. 한편, 두 번째 종류의 불확실성은 데이터의 양이 많아진다고 반드시 해결되지는 않는 성격의 것이다.

무작위성(오차 한계, 신뢰 구간 등)으로 인한 불확실성을 깊게 다루는 것은 이 책의 범위를 벗어난다. 그러나 미지의 불확실성은 많은 독자들이 쉽게 공감할 수 있다. 이 장에서 사용한 데이터인 산업 및 주별 근로자 소득을 들어 설명해보자. 이 분석에 사용된 데이터 세트는 2016년 미국 인구조사국의 미국 지역사회 조사 데이터다. 설문 조사에는 연간 약 350만 명의 인구 통계 및 경제 정보가 포함된다. 이 장의 데이터를 위해 백만 명이 넘는 사람들의 개인 소득을 조사했다.

이제 인구조사국이 묻는 소득 관련 문항에 어떤 사람이 틀린 답을 할 만한 이유를 상상해보라. 우선 거짓말을 할 수도 있고, 자신의 소득을 가장 가까운 달러, 또는 가장 가까운 백 달러 또는 가장 가까운 천 달러 단위로 반올림할 수도 있다. 그들이 언급하지 않은 부업이 존재할 수도 있다. 배우자나 파트너의 소득에 대해 추측을 해야 할 수도 있다. 그들이 틀린 답을 할 수 있는 이유는 얼마든지 있으며, 최근 경제 연구에 따르면, 정부가 추진한 가장 크고 신뢰도가 높은 가계 동향 조사 등에서 보고 오류가 (특히 정부 제도 참여와 관련해) 지난 수 년 간 증가했다고 한다.

우리는 또한 이 조사에서 인구조사국이 미국인 중 일부만 조사한다는 사실을 인지해야 한다(따라서 이런 데이터에서 계산한 결과도 무작위성으로 인한 불확실성에서 자유롭지 못하다). 그 '표본'이 진정으로 대표적이지 않은 이유를 모두 생각해보라. 어떤 사람들은 설문 조사에 답하고 싶지 않을 수 있다. 이사를 해서 조사 설문지를 받지 못했거나 전화 번호가 바뀌어 전화를 받지 못했을 수도 있다.

데이터로 작업할 때마다 이런 종류의 불확실성이 어떻게 최종 추정치에 오차로 연결될 수 있는지 감안해야 한다. 실수가 아니라 불확실성이다. 이 오차는 우리가 데이터에 주의를 기울이고 궁극적으로 결과를 신중하게 시각화하고 설명하는 과정에 근본적으로 작용하는 요소다. 날카로운 경계와 선명한 가장자리를 가진 꺾은선 차트와 막대 차트는 확실성을 나타내는 듯하지만 실제로는 전혀 그렇지 않다.

알베르토 카이로[Alberto Cairo]는 그의 저서 『숫자는 거짓말을 한다[How Charts Lie]』(웅진지식하우스, 2020)에서 다음과 같이 말한다. "불확실성은 많은 사람들을 당혹케 한다. 그것은 과학과 통계는 정확한 진실을 밝혀줄 것이라는 불합리한 기대 때문이다. 사실 과학과 통계가 줄 수 있는 것은 언제든 수정되고 변할 수 있는 불완전한 추정뿐이다." 우리는 흠없는 데이터를 기대해서는 안 되며, 독자들에게 그러한 결함을 가능한 한 설명할 준비가 돼 있어야 한다.

▶ ▶ ▶ ▶ ▶

이제 데이터 추정 또는 통계 모델 결과에 대한 불확실성을 전달하는 어려움을 살펴보자. 이것은 보편적으로 일어나는 문제다. 예컨대, 90명의 데이터 시각화 작성자 및 개발자를 대상으로 한 설문 조사에서 정보 시각화 연구원 제시카 헐만[Jessica Hullman]은 그래프 작성자가 네 가지 주요 이유로 작업에 불확실성을 포함시키지 않는다는 것을 발견했다. 첫째, 독자를 혼란스럽게 하거나 압도하고 싶지 않았다. 둘째, 데이터의 불확실성에 대한 정보에 접근할 수 없었다. 셋째, 불확실성을 계산하는 방법을 몰랐다. 넷째, 그들은 데이터가 의심스러워 보이게 하고 싶지 않았다. 헐만은 불확실성을 시각화하는 것이 중요하다고 주장하며 "작성자가 정보를 종종 생략하거나 그 중요성을 대수롭지 않게 여기는 바람에 데이터가 실제 이상으로 신뢰할 만한 것으로 해석되는 것이 문제의 핵심이다."라고 말했다. 특히 통계적 주장을 할 때 이런 불확실성을 보다 효과적으로 전달하면 상대에게 믿음을 주고 신뢰도를 쌓을 수 있다.

이 부분에서는 불확실성의 시각적 표시 방법을 살펴본다. 중앙 추정치에 대한 불확실성을 표시하는 차트 유형이 많이 있다. 그중 오차 막대 차트, 신뢰 구간 차트, 그라데이션 차트 및 팬 차트 등을 소개한다.

오차 막대

불확실성을 시각화하는 가장 간단하고 일반적인 방법은 오차 한계 또는 신뢰 구간을 나타내는 작은 표식인 오차 막대^{error bar}를 사용하는 것이다. 오차 막대는 그 자체로는 시각화가 아니지만 주로 막대 또는 꺾은선 차트 등에 추가되는 요소다. 오차 막대의 양쪽 끝은 백분위수, 표준 오차, 95% 신뢰 구간 또는 고정 숫자 등을 나타낼 수 있다. 오차 막대는 이런 여러 통계 측정 값을 전달할 수 있으므로 최근 연구에 따르면 이것이 독자를 헷갈리게 해서 데이터에 대해 잘못된 결론을 내릴 수 있다고 한다. 따라서 간격에 대한 설명을 가급적 차트에 추가하거나 차트 내부에 명시해야 한다.

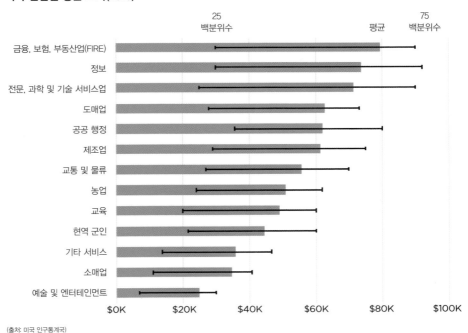

불확실성이나 분포를 시각화하는 가장 단순하고 흔한 방법은 오차 막대를 이용하는 것이다. 오차 막대는 오차 한계 또는 신뢰도 구간을 나타내는 작은 표식이다.

215페이지의 막대 차트는 13개 산업의 2016년 기준 평균 소득을 보여준다. 오차 막대는 25번째 및 75번째 백분위수를 나타낸다.

막대 차트에 오차 막대를 적용하면 흥미로운 문제가 발생할 수도 있다. 일부 연구에 따르면 막대 외부에 있는 데이터값보다 막대 내부에 있는 데이터값이 더 가능성이 높다고 판단하는 경향이 있다고 한다('막대 내부' 편향). 앞의 차트의 예를 들면, 금융, 보험, 부동산업(FIRE) 부문 근로자의 급여를 80,000달러 미만으로 간주할 가능성이 80,000달러 이상으로 가정할 가능성보다 높다는 뜻이다. 다른 연구에 따르면 바이올린 플롯, 줄무늬 플롯 또는 그라디언트 플롯과 같은 유형의 그래프를 사용할 때 불확실성과 분포를 더 잘 판단할 수 있다고 한다.

오차 막대는 많은 독자에게 익숙한 접근 방식이며 다른 차트보다 적은 데이터가 필요하지만 연구 결과에 따르면 오차 막대를 통해 불확실성을 평가하기는 쉽지 않다고 한다.

신뢰 구간

신뢰 구간confidence interval 차트는 일반적으로 시간에 따른 불확실성의 범위나 정도를 선이나 음영으로 나타낸다. 기본적인 신뢰 구간 차트는 말 그대로 꺾은선 차트인데, 중앙 추정값, 상위 신뢰 구간 값 및 하위 신뢰 구간 값에 대한 세 개의 선이 있는 형태다(상한 및 하위 선은 신뢰 구간, 표준 오차, 또는 고정된 숫자). 선은 실선, 파선 또는 색상 표시 등으로 표시할 수 있지만 중앙 추정값이 주요 관심 대상인 경우 신뢰 구간 값보다 강조하기 위해 더 두껍거나 더 짙은 색을 띤다.

앞 페이지의 두 차트는 1967년부터 2017년까지 미국의 중위소득을 보여준다. 이런 추정치 주변의 표준 오차는 왼쪽 그래프에서는 두 개의 선으로, 오른쪽에서는 음영으로 표시된다.

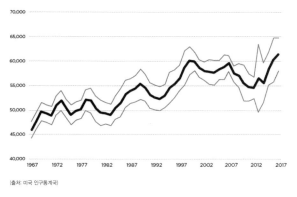

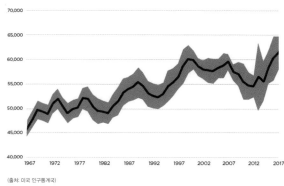

(출처: 미국 인구통계국)　　　　　　　　　　　　　　　　(출처: 미국 인구통계국)

가운데 선을 둘러싼 선이나 음영을 통해 불확실성의 범위를 시각화할 수 있다.

그라데이션 차트

그라데이션 차트gradient chart(줄무늬 플롯stripe plot이라고도 함)는 불확실성의 분포 또는 차이를 보여준다. 그라데이션 플롯을 사용하는 여러 방법이 있지만 기본적으로는 중요한 값을 표시한 다음 한쪽 또는 양쪽에 색상 그라데이션을 추가해서 데이터값을 둘러싼 불확실성의 정도를 시각적으로 나타낸다. 이 방법의 이름은 그래프의 모양이 아니라 색상이나 질감의 단계적 변화 효과를 뜻하는 그라데이션 기법을 따라 지어졌다.

그라데이션 플롯은 시간에 따른 변화를 표시하거나 아래 그래프와 같이 개별 관측치 주변의 분포를 표시할 수 있다. 이 그라데이션 플롯은 위의 오차 막대 차트와 똑같은 데이터를 보여주지만, 양쪽으로 튀어나온 오차 선이 있는 막대 대신 평균 소득은 어두운 가로 선으로 부호화되고 분포의 25~75번째 백분위수는 그라데이션으로 표시된다. 색상 그라디언트는 표준 오차의 배수를 보여줄 수 있으며 결과가 중앙 추정값에서 멀어질수록 결과의 확실성이 떨어진다는 의미를 나타낼 수 있다.

줄무늬 차트도 시간에 따른 변화를 표시하는 효과적인 방법이다. 이것의 좋은 예는 레딩 대학교University of Reading의 기후 과학자 에드 호킨스Ed Hawkins 박사가 1850년부터

2018년까지의 온도 변화를 나타낸 줄무늬 차트이다. 각 막대(줄무늬)는 낮은 온도(파란색)에서 높은 온도(빨간색)에 이르는 다양한 온도를 보여준다. 누구나 온라인 사이트를 통해 전 세계 및 특정 지역의 가파른 기온 상승을 확인할 수 있다. 이 줄무늬 차트는 여러 웹사이트와 TV 방송에 소개됐고 이코노미스트 잡지의 표지로 쓰이기도 했다.

2019년 데이터 스토리즈Data Stories 팟캐스트 인터뷰에서 호킨스 박사는 "그래프, 축, 레이블 등을 보는 데 익숙하지 않은 청중과 소통할 방법을 찾고 있었다. 우리 눈에 익숙한 것들이 그들에게는 너무 복잡하다. 지나치게 수학적인 인상을 풍기면 그들은 바로 관심을 꺼버린다."라고 말했다. 같은 팟캐스트의 다른 인터뷰에서 「사이언티픽 아메리칸Scientific American」의 수석 그래픽 편집자인 제니퍼 크리스찬슨Jennifer Christiansen은 이 차

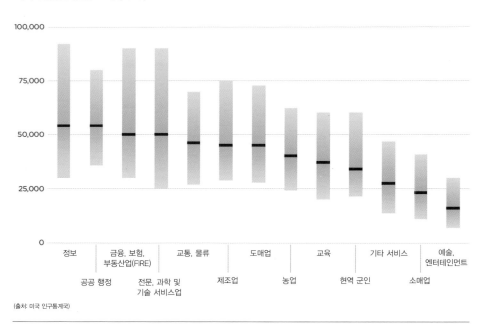

미국 산업별 중위 소득 (2016)

(출처: 미국 인구통계국)

그라데이션 차트는 불확실성의 분포를 시각화하기 위해 핵심 데이터값의 한쪽 또는 양쪽에 색상 그라데이션을 표시한다.

---

1   1845년에 창간된 미국의 대표적인 대중 과학 월간지 – 옮긴이

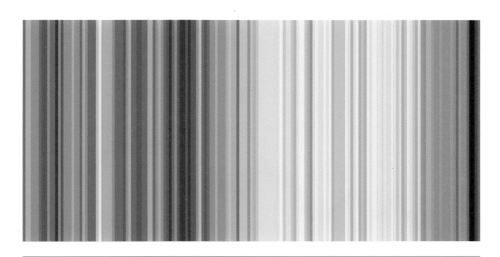

ShowYourStripes.info에서 인용한 이 줄무늬 차트는 1850년부터 2018년까지의 지구 온도를 나타낸다. 색이 있는 줄무늬는 보기도 좋고, 이해하기도 쉽다.

트에 대해 다음과 같이 언급했다. "모든 지역의 기후 줄무늬 패턴이 시원한 파란색에서 따뜻한 빨간색으로 진행된다. 여기에는 레이블도 설명문도 필요 없다. 연평균 기온을 색으로 표시함으로써 온난화되는 우리 지구의 모습을 누구나 이해 가능한 직관적인 방식으로 전달했다. 소셜 미디어 프로필부터, 핀, 넥타이, 잡지 표지, 머그컵 및 콘서트 화면에 이르는 모든 매체에 읽기 쉽게 표시된다."

팬 차트

신뢰 구간을 나타내는 경계선 사이 음영의 색상 또는 채도가 값에 따라 변경되는 경우 이를 팬 차트fan chart라고 한다. 팬 차트는 꺾은선 차트의 그라데이션 플롯에 해당하며, 시간에 따른 불확실성의 변화 시각화에 유용하다. 팬 차트에서 중앙 추정치에 가장 가까운 값은 가장 짙고 바깥쪽으로 이동할수록 옅다. 색상 사용은 높은 수준의 통계적 신뢰 수준에서 낮은 수준으로의 이동을 구분한다. 추정치가 중앙 추정치에서 멀어질수록 추정치의 확실성이 약해지는 양상을 전달할 수 있다는 점이 이 차트의 장점이다.

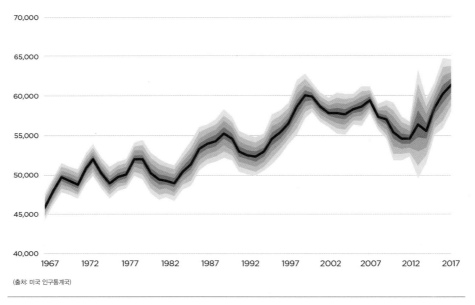

미국의 중위소득(1967–2017)

(출처: 미국 인구통계국)

팬 차트는 그라데이션 차트와 마찬가지로 중앙 추정치를 중심으로 한 분포(이 경우 표준 오차)를 나타낸다.

이 팬 차트는 지난 50년 간의 평균 가구 소득 변화를 보여준다. 색상 띠는 표준 오차를 여덟 구간으로 나눈 것이다. 색상 띠는 백분위수 또는 기타 측정 값을 표시할 수도 있다. 그라데이션 차트와 유사하게, 색상 채도의 변화는 표준 오차의 배수를 표시할 수 있으며 검은색 선으로 표시되는 중앙 추정치에서 멀어짐에 따라 확실성이 줄어듦을 나타낸다.

직접 손으로 그린 느낌

불확실성을 나타내는 또 하나의 방법은 시각화 기술 자체가 아니라 디자인 기법을 활용한 것이다. 손으로 그리고 색칠한 스케치처럼 감성적인 기법으로 그래프의 요소를 거칠거나 흐릿하게 표현함으로써 불확실성 또는 부정확성을 표현할 수 있다. 연구에 따르면 스케치 느낌의 그래프는 사람들의 관심을 더욱 끌어들이며, "거친 표현을 통해 불확실성이나 중요성을 연상시킬" 수 있다고 한다. 「가디언」의 저널리스트 모나 찰라비 Mona Chalabi(위)와 런던 대학교의 조 우드Jo Wood(아래)의 차트는 이런 기법의 적용 예다.

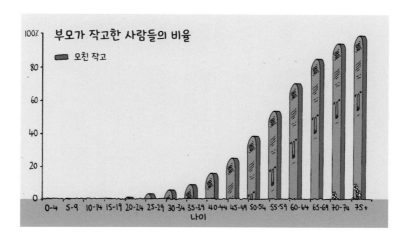

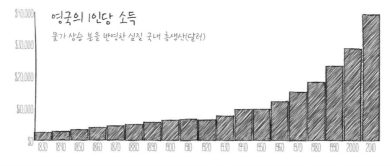

손으로 그린 스케치처럼 감성적인 기법으로 그래프의 요소를 거칠게 표현함으로써 불확실성 또는 부정확성을 표현할 수 있다. (출처: 모나 찰라비(위) 그리고 조 우드, giCentre, 런던 대학교 (아래))

상자 수염 그림

데이터 분포를 시각화할 때 전체 분포를 표시하거나 그 안의 특정 지점만 표시할 수 있다. 발명가인 존 튜키John W. Tukey가 도식 플롯schematic plot이라고 명명한 상자 수염 그림box-and-whisker plot(또는 상자 그림)은 상자 및 선 표식을 사용해 분포 내의 특정 백분위수

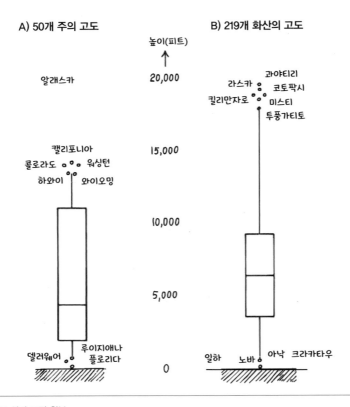

튜키의 1977년도 상자 그림 원본

값을 표시한다. 표식을 추가해 특이값 또는 그 외의 흥미로운 데이터 포인트나 수치를 표시할 수도 있다. 히스토그램이나 바이올린 차트보다는 상세함이 떨어지지만 데이터 분포를 간결하게 요약할 수 있다.

상자 수염 그림의 기본 형태는 사각형(상자), 상자의 상단과 하단에서 나오는 두 개의 선(수염), 특이값 또는 기타 특정 데이터 포인트를 표시하는 점 등으로 구성된다. 대부분의 표준 상자 수염 그림은 다섯 가지 요소로 구성된다.

1. 중앙값 – 상자 내부에 단일 수평선으로 부호화된다.
2. 두 개의 경첩^{hinge} – 상자의 위와 아래쪽 가장자리이며 일반적으로 1/4분위수(25 백분위수) 및 3/4분위수(75 백분위수)에 해당하며, 이 두 점의 차이를 사분범

위$^{Interquartile\ Range,\ IQR}$라고 한다.

3. 높은 극단과 낮은 극단(때로는 최대 및 최소)은 사분범위의 1.5배 위치에 있다(74페이지의 상자 참조).

4. 두 개의 수염(선)이 경첩을 특정 관측치 또는 백분위수에 연결한다.

5. 특이값 – 중앙값에서 수염의 가장자리보다 더 멀리 떨어져 있는 개별 데이터 포인트를 말한다.

이런 각 구성 요소는 분포의 어떤 부분을 표시하는지에 따라 다를 수 있다. 일부 제작자는 특이값을 최소값 및 최댓값 또는 1번째 및 99번째 백분위수와 같은 고정 분위수로 대체한다. 일부는 비대칭 수염을 생성할 수 있는 반사분위 범위 $(Q_3-Q_1)/2$를 사용한다. 그리고 일부는 평균 또는 표준 오차와 같은 다른 요약 통계를 추가한다. 또한 색상, 선 두께, 레이블 지정 방법 및 위치 등을 변경할 수 있다.

실제적인 예로서, 다음 페이지의 상자 수염 그림은 13개 산업의 소득 분포를 보여준다. 각 상자 중앙의 가로선은 중앙값을 나타내고 상자의 가장자리는 25 및 75 백분위수를 나타낸다. 선의 끝(수염)은 10 및 90 백분위수를 나타낸다.

왼쪽 그래프는 산업을 알파벳순으로 정렬하고 오른쪽 그래프는 중앙값을 기준으로 정렬한다. 일반적으로는 알파벳순이나 다른 임의의 정렬 대신 데이터값의 크기 순으로 정렬하는 것이 좋다. 한편, 알파벳순 정렬이 적합한 경우가 있다. 예를 들어 미국 50

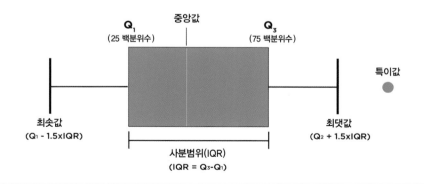

상자 수염 그림의 기본 형태

개 주에 대한 소득을 표시하는 경우 알파벳순으로 정렬하면 독자가 개별 주를 찾기가 쉽다. 그러나 어느 특정 주의 소득 수준을 다루는 것이 목표라면 소득 수준 데이터값을 기준으로 정렬하는 것이 데이터 비교를 더 쉽게 만들 것이다.

백분위수 및 통계 또는 데이터의 불확실성을 표시하는 선택은 종종 독자의 경험, 관심사, 전문 지식 등에 영향을 받는다. 예를 들어 과학 또는 연구 응용 분야는 결과의 통계적 타당성 여부를 입증하기 위해 불확실성을 전달하는 것이 중요하다. 그러나 데이터가 각 관측치에 대해 단일 값(예: 미국의 1인당 GDP에 대한 단일 추정치)만 있는 경우에는 분포를 시각화하지 못할 수도 있다.

상자 수염 그림에서 특정 백분위수 점을 표시하는 것은 분포 전체를 시각화하지 않기로 명시적으로 결정하는 것에 해당한다. 이것은 다른 백분위수가 특별히 중요하지 않거나 데이터가 상당 부분 표준 분포를 따르는 경우에는 큰 문제가 되지 않을 수 있다. 그러나 누구에게도 중요한 패턴을 감추고 있지 않다고 확신할 수 있을 때까지 데이터를 철저히 탐색해야 한다.

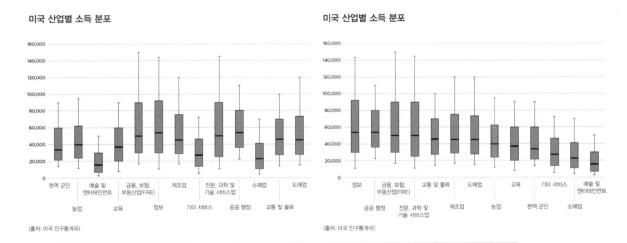

이 차트는 13개 산업별 소득의 분포를 알파벳순(왼쪽) 또는 중앙값(오른쪽) 기준으로 정렬한 것이다. 상자의 끝은 각각 25 및 75 백분위수를, 수염의 끝은 각각 10 및 90 백분위수를 나타낸다.

촛대 차트

촛대 차트^{candlestick chart} 또는 주식형 차트^{stock chart}는 상자 수염 그림처럼 보이지만 다른 내용을 시각화한다. 상자 수염 그림은 불확실성 또는 분포를 시각화하는 반면, 촛대 차트는 주식, 채권, 증권 및 상품 가격 등의 시간에 따른 변화를 시각화한다. 막대는 하루의 시가 및 종가, 선은 고가 및 저가를 표시하며 시간을 나타내는 가로축을 따라 나열된다.

촛대 차트에는 두 가지 요소가 있다. '몸통'이라고도 하는 중앙 상자는 시가와 종가의 차이를 보여준다. 몸통에서 위쪽과 아래쪽으로 확장되는 선('심지^{wick}'라고도 함)은 그날의 저가와 고가를 나타낸다. 상자 수염 그림과 마찬가지로 촛대 차트는 특정 값만을 표시할 뿐, 하루 동안의 모든 활동(예: 가격 변동성)을 표시하지는 않는다.

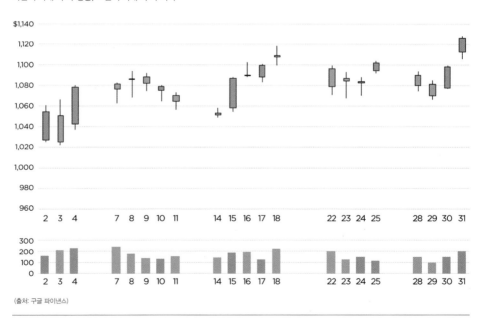

알파벳 주가 동향 (2019년 1월)
파란색 막대: 주가 상승, 노란색 막대: 주가 하락

(출처: 구글 파이낸스)

촛대 차트는 상자 수염 그림과 비슷하지만 주로 주식, 채권, 증권 및 상품 가격의 시간에 따른 변화를 시각화하는 데 사용된다.

촛대 차트의 구체적인 특징은 다양하게 변경될 수 있다. 하루 동안의 가격 변동(즉, 시가보다 종가가 크거나 작음)을 구별하기 위해 색상을 변경할 수 있으며, 아이콘이나 기타 기호로 고가와 저가를 표시할 수 있다. 상자 수염 그림과의 관계 때문에 이 장에서 촛대차트를 다뤘지만 시간을 다룬 장이나 범주 간 비교 장에서도 얼마든지 다룰 수 있었을 것이다.

이전 페이지의 촛대 차트는 2018년 1월부터 2월까지 구글 검색 엔진의 모회사인 알파벳Alphabet, Inc.의 주식 거래 양상을 보여준다. 아래 막대는 거래량을 나타낸다. 두 그래프에서 파란색 막대는 하루 동안의 가격 상승을, 노란색 막대는 하락을 나타낸다. 두 그래프를 상하로 쌓은 것에 주목하라. 이중축 차트를 사용했더라면 혼란스럽고 어수선해졌을 것이다.

바이올린 차트

다음 몇 가지 차트 유형의 목표는 분포에서 몇몇 백분위수만을 표시하는 대신에 전체분포를 표시하는 것이다. 분포의 특정 지점을 선택하는 상자 수염 그림이나 값이 일정간격으로 그룹화되는 히스토그램과 달리 바이올린 차트violin chart는 전체 분포의 모양을보여준다.

이 바이올린 차트는 앞서 본 예처럼 2016년 기준, 13개 산업의 평균 소득 데이터를 사용한다. 영역이 두꺼울수록 해당 섹션에 더 많은 값이 있음을 의미하고 얇은 부분은 관찰 빈도가 낮음을 의미한다. 각 산업의 평균 소득을 표시하기 위해 중간에 점을 추가했다. 차트가 알파벳순(왼쪽)과 평균 소득 기준(오른쪽)으로 정렬될 때 어떤 차이가 느껴지는지 확인해보라.

커널 밀도

이 차트 유형을 만들 때 고려할 사항은 각 분포의 커널 밀도kernel density를 추정해야 한다는 것이다. 커널 밀도는 히스토그램에서처럼 변수의 분포를 추정하는 방법이지만 다른

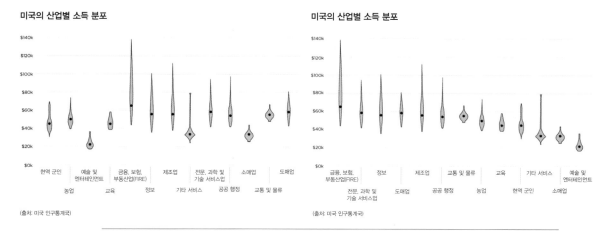

미국의 산업별 소득 분포

$140k
$120k
$100k
$80k
$60k
$40k
$20k
$0k

현역 군인 · 예술 및 엔터테인먼트 · 금융, 보험, 부동산업(FIRE) · 제조업 · 전문, 과학 및 기술 서비스업 · 소매업 · 도매업
농업 · 교육 · 정보 · 기타 서비스 · 공공 행정 · 교통 및 물류

(출처: 미국 인구통계국)

미국의 산업별 소득 분포

$140k
$120k
$100k
$80k
$60k
$40k
$20k
$0k

금융, 보험, 부동산업(FIRE) · 정보 · 제조업 · 교통 및 물류 · 교육 · 기타 서비스 · 예술 및 엔터테인먼트
전문, 과학 및 기술 서비스업 · 도매업 · 공공 행정 · 농업 · 현역 군인 · 소매업

(출처: 미국 인구통계국)

데이터 분포 상의 특정 지점(백분위수)을 보여주는 대신 바이올린 차트는 커널 밀도를 이용해 전체 분포의 모양을 추정해 나타낸다.

알고리듬을 사용해서 더 매끄럽게, 또는 더 연속적으로 보이도록 만들 수 있다. 바이올린 플롯의 경우 이런 밀도 추정치는 보이지 않는 중심선을 따라 서로 대칭이 되도록 표시된다.

다음과 같이 생각해보라. 히스토그램은 하나의 축을 따라 분포를 요약해서 보여준다. 바이올린 플롯은 그 축의 한편에 있는 히스토그램의 매끄러운 버전을 좌우대칭으로 표시한다. 매끄럽게 만드는 방법은 데이터나 기반이 되는 함수 등에 따라 선택되는 커널 밀도 추정 방식에 따라 달라질 수 있다.

바이올린 차트는 상자 수염 그림보다 풍부하지만 만들기도 어렵고, 청중이 이해하기도 어려울 수 있다. 예를 들어 최신 버전의 엑셀은 상자 수염 그림이 기본 그래프인 반면, 바이올린 플롯은 확률 밀도를 수동으로 계산한 다음 그래프 솔루션을 찾아야 한다.

능선 플롯

능선 플롯^ridgeline plot^은 여러 그룹의 데이터를 동일한 가로축을 따라 정렬하고 이를 세로축을 따라 조금씩 겹치도록 표시하는 일련의 히스토그램 또는 밀도 플롯이다. 기본적으로 능선 플롯은 히스토그램이 특정 방식으로 정렬되는 소형 다중 구성 히스토그램 또는 수평선 차트와 비슷하다.

다음 페이지의 능선 플롯은 13개 산업의 소득 분포를 보여준다. 가로축은 13개 산업 모두 동일하며 분포는 세로 방향으로 조금씩 겹친다. 데이터의 색 구성표와 밀도에 따라 계열 간에 어느 정도 겹치는 부분이 생기지만 다른 그래프 유형(예: 스파크라인 및 수평선 차트)에서 보았듯이 독자가 특정 값을 읽어내는 것보다는 전체 패턴을 표시하는 것이 더 중요할 때가 있다. 이런 겹침은 문제가 될 수도 있지만 독자가 동일한 축을 따라 서로 다른 분포가 서로 어떻게 정렬되는지 빠르고 쉽게 확인할 수 있다는 장점 때문에 상쇄된다.

가장 유명한 능선 플롯은 사람들이 그것이 능선 플롯인지도 몰라봤던 것이다. 그것은 영국의 포스트펑크 밴드인 조이 디비전Joy Division의 1979년도 데뷔 앨범 〈언노운 플레져Unknown Pleasures〉의 앨범 커버였다. 밴드 이름이나 앨범 제목조차 없이 검은 바탕에

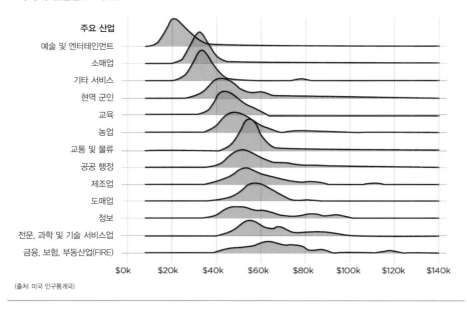

미국의 산업별 소득 분포

(출처: 미국 인구통계국)

능선 플롯은 여러 히스토그램을 동일한 가로축을 따라 정렬하고, 이를 세로 방향으로 조금씩 겹치도록 표시한다.

(출처: 사진은 젠 크리스찬슨. 사진 속 내용은 해롤드 D. 크래프트 주니어가 1970년 9월에 발표한 논문 「전파 관측을 통한 12개의 펄사 행성의 펄스 모양과 분산 측정」의 그림 5.37이다.)

흰색 선만이 여럿 그어진 것이 전부였다. 2015년 「사이언티픽 아메리칸」 지의 수석 그래픽 편집자 젠 크리스찬슨^{Jen Christiansen}은 1970년 코넬 대학교의 전파 천문학자인 해롤

특정 산업 부문은 여성을 저임금으로 고용하는 경향이 더 크다

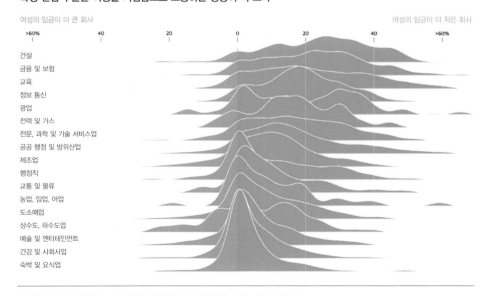

「가디언」의 능선 플롯은 여러 산업 부문별 남녀 임금 격차의 분포를 보여준다.

드 크래프트 주니어^{Harold D. Craft, Jr.}의 박사 학위 논문에서 원본 이미지를 찾아냈다. 원래 차트는 중성자 별의 일종인 펄서에서 나오는 연속적인 전파 신호의 분포를 그래프로 표시한 것이었다. 앨범 표지 디자이너 피터 사빌^{Peter Saville}은 이것을 "레코드 표지로서는 놀랍도록 난해한 상징"이라고 불렀다.

능선 플롯에 잘 맞는 데이터는 범주(행)마다 그 분포가 달라서 독자가 위아래로 훑어보며 그 차이를 확인할 수 있는 데이터다. 데이터가 있으면 색상, 글꼴, 레이아웃 등의 조정으로 독자의 관심을 끌 수 있다. 229페이지의 능선 플롯은 「가디언」이 2018년에 발표한 것으로, 1만 개 이상의 영국 기업과 공공 기관의 남녀간 임금 격차의 분포를 보여준다. 세로 방향의 0퍼센트 기준선(임금 격차 없음)의 양쪽에 서로 다른 색상을 사용하고 임금 격차가 가장 높은 산업(예: 건설)부터 가장 작은 산업(예: 숙박 및 식품 서비스)까지 데이터를 정렬해서 시선을 유도한다.

데이터를 표시해 불확실성을 시각화하기

지금까지 이 장에서 제시된 그래프는 선, 점, 막대, 색상 등으로 데이터 분포를 요약한다. 정도의 차이가 있지만 히스토그램, 바이올린 및 능선 플롯 모두 이런 작업을 수행한다. 데이터 분포를 시각화하는 또 다른 방법은 데이터 자체를 표시하는 것이다.

스트립 플롯

데이터 자체를 표시하는 기본적인 방법은 스트립 플롯^{strip plot}을 사용하는 것이다. 이 그래프 유형에서 데이터 포인트는 하나의 가로 또는 세로축 위에 그려진다.

아래 예는 각 주의 13개 산업별 평균 소득을 표시했다(미국 평균은 검은색 세로선으로 표시). 앞서 상자 수염 그림과 바이올린 차트를 통해 유사한 데이터를 보았지만 여기서는 개별 포인트를 볼 수 있다. 단, 개인 근로자의 소득 데이터가 아니라 각 주의 평균 소득을 표시하고 있다. 내 데이터에 있는 모든 사람(약 130만 명)의 소득을 모두 표시한다면 값이 너무 많아 하나의 검은 선으로 보일 것이다.

미국 산업별 소득 분포

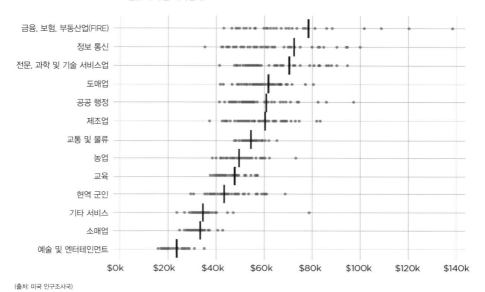

● 점은 각 주를 나타낸다.

(출처: 미국 인구조사국)

스트립 플롯은 하나의 가로 또는 세로축을 따라 데이터 포인트를 표시한다. 이 스트립 플롯은 데이터를 작은 동그라미로 부호화했지만 종종 짧은 선을 사용하기도 한다.

일부 데이터가 뭉개지는 것은 사실이지만 반투명한 색상이 겹쳐 색이 어두워지는 패턴을 통해 분포상에서 소득의 대부분이 어디에 위치하는지 더 명확해진다. 적절한 데이터의 수가 어느 정도인지에 대한 규칙은 없지만 데이터를 표시하다 보면 지나치게 많다고 여겨지는 지점을 알 수 있다.

NPR[2]의 대화형 스트립 플롯에서 가져온 아래 이미지는 이런 시각화가 표준 막대 차트 또는 히스토그램보다 더 풍부할 수 있음을 보여주는 좋은 예이다. 이 그림은 미국 내 모든 주의 각 학군을 포인트로 표시했다. 진한 주황색 동그라미(검은색 가로선 아래)는 학생당 지출이 전국 평균 미만인 학군이다. 진한 녹색 동그라미는 학생당 지출이 전국 평균보다 높은 학군이다. 동그라미를 (실선 테두리를 포함해) 반투명하게 만들어 학군의 데

---

2   미국의 공영 라디오 방송국 - 옮긴이

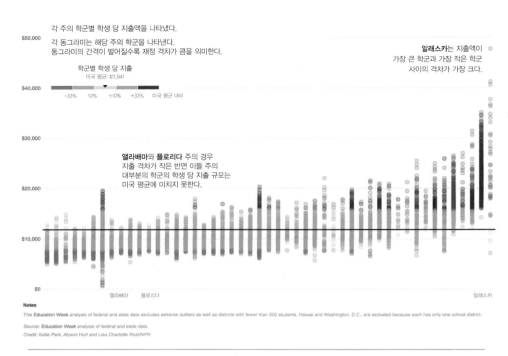

각 주의 학군별 학생 당 지출액을 나타냈다.

각 동그라미는 해당 주의 학군을 나타낸다.
동그라미의 간격이 벌어질수록 재정 격차가 큼을 의미한다.

알래스카는 지출액이
가장 큰 학군과 가장 작은 학군
사이의 격차가 가장 크다.

학군별 학생 당 지출
미국 평균: $11,841

−33%　10%　+10%　+33%　미국 평균 대비

앨라배마와 **플로리다** 주의 경우
지출 격차가 작은 반면 이들 주의
대부분의 학군의 학생 당 지출 규모는
미국 평균에 미치지 못한다.

앨라배마　플로리다

알래스카

Notes

This *Education Week* analysis of federal and state data excludes extreme outliers as well as districts with fewer than 200 students. Hawaii and Washington, D.C., are excluded because each has only one school district.

Source: *Education Week* analysis of federal and state data.

Credit: Katie Park, Alyson Hurt and Lisa Charlotte Rost/NPR

NPR이 만든 이 스트립 플롯은 미국 전역의 학군별 지출액의 분포를 보여준다.

이터값이 서로 겹치는 부분을 알 수 있게 한 것은 흥미롭고 유용한 디자인이다. 또한 앨라배마, 플로리다 및 알래스카의 경우에만 가로축에 레이블이 표시됐다. 특히 이 세 주는 차트에 주석이 달려 있다. 다른 주의 레이블은 대화형 버전에서 사용자가 동그라미 위로 마우스를 이동할 때만 가로축에 표시된다.

벌떼 플롯

분포가 아닌 개별 데이터 포인트를 표시할 때 데이터를 더 잘 보이게 하려면 지터링jittering(변위)이라는 기법을 사용한다. 이것은 데이터 포인트가 서로 겹치지 않도록 개별값을 약간 조정하는 것이다.

왼쪽 스트립 플롯은 모든 데이터가 하나의 가로축 위에 표시된다. 점들이 뭉친 모습은 볼 수 있지만 모든 개별 값을 보기는 어렵다. 오른쪽 버전은 데이터가 가로세로 방향으로 약간씩 변위돼 각 포인트를 더 잘 볼 수 있다. 데이터를 변위시키는 다양한 알고리듬과 접근 방식이 있지만 가장 중요한 고려 사항은 값을 표시할 수 있을 만큼만 값을 조작하되 분포의 전반적 양상을 바꾸지는 않는 것이다. 바이올린 차트에서 커널 밀도 추정 방식을 선택하는 것과 마찬가지로, 변위 기법의 선택(예: x 및 y 변수 모두 변위시키는가? 그 경우 각 변수를 독립적으로 변위시키는가?)은 데이터와 기본 분포에 따라 달라진다.

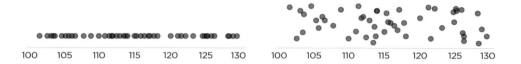

물론 모든 경우에 변위 기법이 작동하는 것은 아니며, 얼마나 많은 점을 표시할 수 있는지에 따라 제약이 있다. 데이터 포인트가 너무 많으면 과도한 변위가 필요하게 돼 기본 분포가 달라질 수 있다. 예컨대, 각 산업에서 모든 사람의 소득을 표시하려면 변위가 필요한 점이 너무 많아서 점을 실제 위치에서 너무 멀리 이동하는 결과를 가져온다. 그러나 13개 산업 전반에 걸쳐 50개 주 각각의 평균 소득을 보여주는 것은 그다지 압도적이지 않으며, 분포의 양상을 대체로 확인할 수 있다. 물론 데이터 세트에 대단히 많은 점이 있다는 것을 보여주는 데 관심이 있고 데이터의 전체적인 형태를 유지할 수 있다면 많은 점을 그리는 것이 당신의 주장을 정확하게 전달하는 데 도움이 될 것이다.

벌떼 플롯beeswam plot3을 만들려면 각 포인트가 겹치지 않도록 위치를 살짝 흔들어준다. 이 장(및 8장)의 다른 차트와 마찬가지로 점을 정렬하는 데 사용할 수 있는 다양한 계산 방법이 있다. 예컨대 점을 오름차순으로 정렬하거나 정사각형 또는 육각형 격자에 배치하는 등이다. 여기서는 능선 플롯과 유사하게 각 산업은 동일한 가로축을 공유하므로 서로 다른 섹터를 쉽게 비교할 수 있다.

---

3 데이터 포인트의 흩어진 모습이 벌떼와 비슷해서 그렇게 부른다. 지터 플롯이라고도 함 – 옮긴이

미국 산업별 소득 분포

(주별 주요 산업)

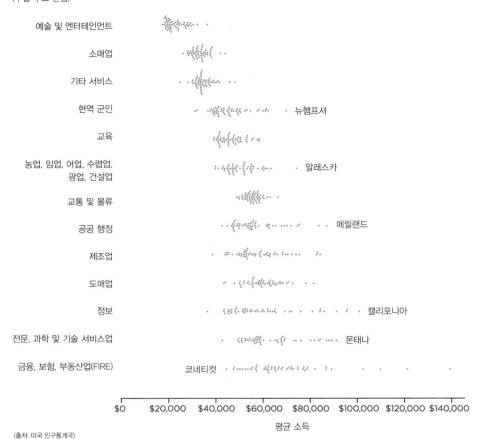

벌떼 플롯은 데이터 세트의 모든 점의 위치를 흔들어 서로 겹치지 않게 해서 각 점을 보이게 만든다.

몇몇 특이값에 간단한 주석과 레이블을 추가한 것에 주목하라. 이 값들은 그래프에서 분명하게 눈에 띄고, 호기심 많은 독자는 그 점에서 무슨 일이 일어나고 있는지 궁금할 것이다. 이것은 오류일까? 그렇지 않다면 이 점은 어느 주에 속하며 소득이 다른 주에 비해 높은 이유가 무엇일까? 모든 특이값에 레이블을 지정하지는 않았지만 이들 데이터값을 충분히 고려했음을 납득시킬 정도는 된다.

트럼프 소유 사업체에서 이뤄진 비용 지출

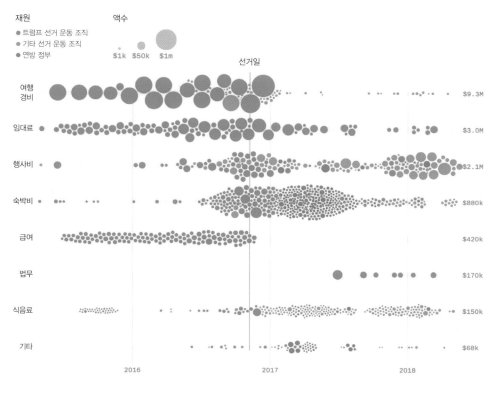

(출처: 프로퍼블리카. *이 차트에는 날짜가 불확실한 다섯 건의 지출 및 세 건의 마이너스 액수는 포함되지 않음. 차트: 해리 스티븐스/엑시오스)

엑시오스가 만든 이 벌떼 플롯은 2016년 선거 전후에 트럼프 기업이 소유한 사업체에서 이뤄진 지출 양상을 보여준다.

벌떼 플롯은 시간에 따른 변화를 보여줄 수도 있다. 엑시오스Axios4가 만든 위의 벌떼 플롯은 사실 여덟 개의 벌떼 플롯을 나란히 배열한 것으로, 2016년 선거 전후에 트럼프 기업The Trump Organization이 소유한 사업체에서 이뤄진 비용 지출 패턴을 보여준다. 색상(지출 재원), 크기(지출 금액) 및 포인트 밀도(시간 차원) 등을 조합해 선거일을 전후한 활동을 보여주는 효과적인 시각화를 만들었다.

---

4   2017년에 설립된 미국의 온라인 뉴스 서비스 – 옮긴이

윌킨슨 도트 플롯 및 밀 플롯

스티븐 퓨가 개발하고 명명한 밀 플롯^{wheat plot}은 도트 히스토그램 또는 윌킨슨 도트 플롯^{Wilkinson dot plot}의 확장 버전이다(윌킨슨 도트 플롯은 『그래픽의 문법^{The Grammar of Graphics}』(Springer, 2005)의 저자 리랜드 윌킨슨^{Leland Wilkinson}의 이름을 딴 것이다. 실제로 윌킨슨 자신은 이 차트를 히스토도트 플롯^{histodot plot}이라고 불렀지만 그 이름은 오래 가지 않았음이 분명하다). 윌킨슨 도트 플롯은 일반적인 히스토그램과 비슷하지만, 모든 관측치를 일괄적으로 부호화한 하나의 막대로 표시하는 대신 각 구간 안에서 데이터 포인트를 쌓아 올리는 방식으로 표시한다. 말하자면 히스토그램과 단위 차트의 결합인 셈이다. 이 방식을 사용하면 각 포인트가 (가로축의 위치를 따라 측정되는) 실제 값으로 표시되지 않고 각 열에 차곡차곡 쌓인다. 즉, 각 점은 실제 값이 아니라 각 구간에서의 관측치 하나 하나를 가리키는 것이다.

소득 분포

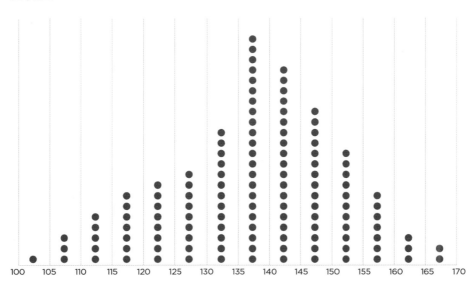

*근로자 200명에 대한 소득 분포의 예시임

도트 히스토그램 플롯은 히스토그램의 각 간격 내에 개별 데이터 포인트를 표시한다. 물론 표시할 수 있는 점의 개수에는 한계가 있다.

윌킨슨 도트 플롯을 수정해 실제의 데이터값을 나타내면서도 데이터 포인트를 각 구간 내에 쌓아 올리는 밀 플롯을 만들 수 있다. 실제 데이터값은 가로축을 따라 그려지되 여전히 구간 안에 모아지면서 총 관측치 수를 표시하기 위해 위로 쌓인다. 스티븐 퓨는 다음과 같이 썼다. "점의 휘어지면서 정렬된 모습은 의미가 있다. 그 위치에 따라 각 간격 내의 분포를 시각화하기 때문이다. 언뜻 보기에는 이상해 보이지만 읽는 방법을 이해하고 배우는 데 1분 밖에 걸리지 않는다." 앞서 본 분포 그래프 중 일부와 마찬가지로 밀 플롯의 제약 중 하나는 데이터값이 너무 많으면 서로 겹칠 수 있다는 점이다.

다음 페이지의 밀 플롯은 근로자 200명의 소득 분포를 보여준다. 오른쪽의 히스토그램은 비교를 위해 표시됐다. 분포의 각 구간별로 실제 데이터가 아닌 관측치의 상대적 점유율을 볼 수 있다. 두 그래프 사이에는 명백한 장점과 단점이 있다. 밀 플롯은 독자가 탐색할 수 있는 더 자세한 정보를 보여주며 그래프는 더 흥미롭고 매력적으로 보일 수 있는 반면 히스토그램은 더 쉽게 이해할 수 있다.

소득 분포

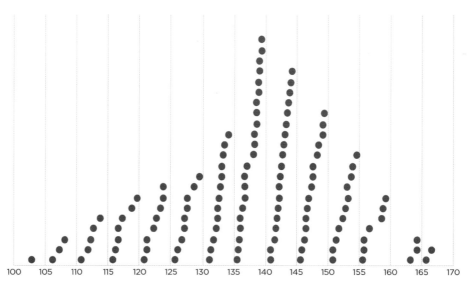

*근로자 200명에 대한 소득 분포의 예시임

스티븐 퓨가 디자인한 밀 플롯은 도트 히스토그램을 수정해 각 구간 내에서 실제 값을 나타낸다.

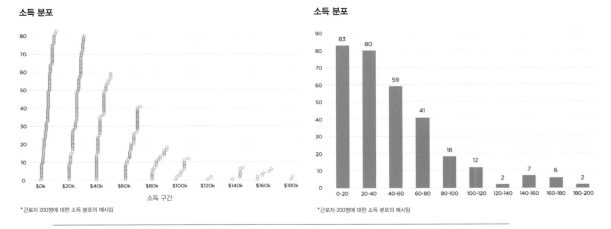

밀 플롯과 일반적인 히스토그램 간에는 장단점이 있다. 밀 플롯에는 상세한 정보가 많지만 이해하기가 더 어려울 수 있다.

아래 「가디언」의 그림에서 밀 플롯과 능선 플롯의 차이점을 확인할 수 있다. 203페이지의 능선 플롯이 있는 동일한 기사에서 이 그래프는 데이터 세트의 모든 회사에 대한 점을 표시했다. 점이 너무 많아서 진정한 밀 플롯에서 보는 '기울어짐'은 볼 수 없지

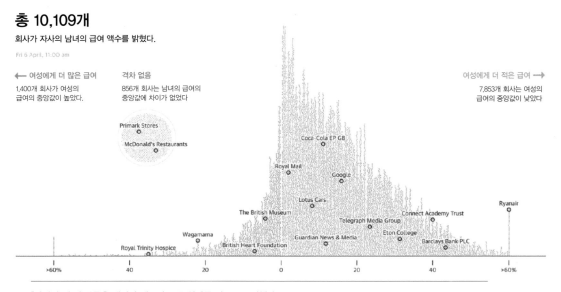

「가디언」의 밀 플롯은 데이터 세트의 모든 회사를 점으로 표시했다.

만 전체적인 분포의 양상과 그래프의 오른쪽에 있는 회사의 수가 더 많다는 점을 잘 이해할 수 있다. 또한 각 개별 회사를 표시함으로써 레이블을 추가해 특정 회사를 강조할 수 있는 여지가 생겼다. 이는 표준 히스토그램이나 능선 플롯에서는 불가능했던 작업이다. 그러나 몇몇 레이블이 가리키는 포인트는 세로축에서 임의로 선택됐음을 인식할 필요가 있다. 즉 이 그림의 세로축은 단순히 포인트를 쌓아 올린 것이지, 급여 격차 데이터를 표시한 것이 아니다.

비구름 플롯

때로는 데이터의 분포 밀도와 실제 데이터값을 모두 표시하는 것이 유용한 경우가 있다. 신경과학자인 마이카 앨런^{Micah Allen}이 처음 명명한 비구름 플롯^{raincloud plot}은 분포 (바이올린 차트를 기억해보라)와 함께 실제 데이터를 그 아래에 표시한다. 마치 구름 아래로 데이터가 비처럼 내리는 모습이다.

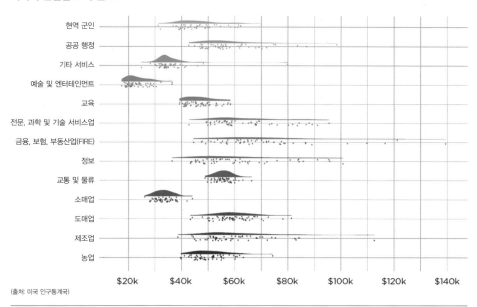

비구름 플롯은 요약된 히스토그램과 함께 실제 데이터를 그 아래에 표시한다.

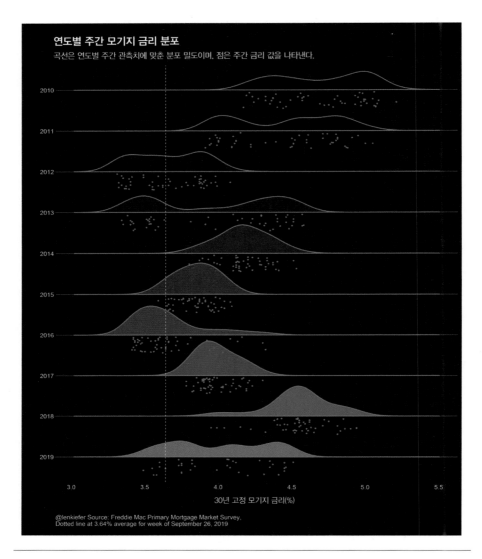

연도별 주간 모기지 금리 분포
곡선은 연도별 주간 관측치에 맞춘 분포 밀도이며, 점은 주간 금리 값을 나타낸다.

@lenkiefer Source: Freddie Mac Primary Mortgage Market Survey.
Dotted line at 3.64% average for week of September 26, 2019

30년 고정 모기지 금리(%)

렌 키퍼(Len Kiefer)의 비구름 플롯은 수 년에 걸친 주간 모기지 금리의 분포를 나타낸다. 이 시각화 자료는 데이터의 전체적 요약과 함께 개별 데이터 포인트를 보여준다.

비구름 플롯은 데이터의 요약된 형태와 모든 개별 데이터 포인트를 함께 보여주므로 특이값과 패턴을 찾아낼 수 있다. 다시 말하지만, 이런 그래프를 읽는 방법을 이해하려면 독자가 더 많은 수고를 해야 할 수도 있다.

이 비구름 플롯은 아래에 표시된 데이터값과 함께 50개 주에 걸친 소득 분포를 보여준다. 비구름 플롯이 난해해 보일 수 있지만(솔직히 지금은 그렇다), 이 차트가 빛을 발하는 시나리오와 데이터가 분명히 존재한다.

연방주택금융저당공사 Freddie Mac의 부수석 이코노미스트인 렌 키퍼Len Kiefer의 비구름 플롯은 2010년부터 2019년까지의 모기지 금리 분포를 보여주며, 바로 아래에 주간 관측치가 점으로 표시된다. 이 차트는 데이터의 전반적 모습과 세부 데이터값을 모두 보여준다.

줄기 잎 그림

줄기 잎 그림stem-and-leaf plot은 각 데이터값의 자리 값을 보여주는 표이다. 일반적으로 데이터값의 첫 번째 자리(또는 앞의 여러 자리)의 숫자는 '줄기'에 해당하는 열에 나열되고, 데이터값의 나머지 자리(들)의 숫자는 '잎'에 해당하는 표의 나머지 부분에 표시된다.

예를 들어 4, 9, 12, 13, 18, 24, 27의 일곱 개 값만 있는 간단한 데이터 세트를 사용해보자. 데이터는 아래 방향으로 오름차순으로 정렬되고, 왼쪽에는 첫 번째 자리 숫자, 오른쪽에는 둘째 자리(10자리) 숫자가 있다. 상세하고 복잡한 데이터에는 줄기 잎 그림이 유용하지 않을 수 있다.

줄기 잎 그림이 가장 쓸모 있는 경우는 대중 교통 일정표 등의 참조용으로 쓰일 때, 또는 더 제한된 데이터 세트에서 기본적인 분포 및 특이값을 보여줄 때다. 뒤 페이지의 도쿄 도코로자와 역의 일본 열차 시간표는 하루 동안의 열차 도착 시간을 보여준다. 시간에 해당하는 숫자는 맨 왼쪽 열에 표시되고 분은 오른쪽에 표시된다. 첫 열차는 오전 5시 출발, 다음 열차는 오전 5시 08분에 출발, 그다음은 오전 5시 18분에 출발하는 식이다. 줄기 잎 그림은 표이기 때문에 기존 데이터 시각화의 장점 중 일부를 잃지만 잎은 대략적인 분포를 보여준다.

■ 이케부쿠로 선 도코로자와 역 ◇ 이케부쿠로 방면 평일 열차 시간표 2018.03.10 개정

時																		
5	準急 00	竹 08	18	木 24	快速 28	34	各☆中 41	急行 45	50	木 54	59							
6	快速 02	06	各☆中 10	急行 14	むさ 17	19	準急 24	S洲 27	快速 30	33	ちち 37	42	45	木 48	通準 51	むさ 54	急行 57	快速 59
7	準口木 02	通急 05	通準 08	急行 11	快☆中 14	準口木 16	通急 20	23	快☆中 26	28	31	35	準口木 38	41	☆中 44	46	50	53 快☆中 56 快急 58
8	木 01	通急 04	通準 07	急行 10	快口木 13	通急 17	木 19	快☆中 22	むさ 25	29	急行 32	準急 35	中 39	快速 42	ちち 45	快☆中 50	急行 55	準急 58
9	快☆中 02	むさ 05	準急 10	急行 15	中 19	快速 23	ちち 26	31	急行 35	準口木 39	急行 44	準急 48	快○中 55					
10	04	急行 09	12	中 15	準急 19	ちち 23	木 25	30	急行 35	39	44	急行 49	準急 52	木 55				
11	F快中 00	準急 04	急行 09	12	準急 19	ちち 23	木 25	F快中 30	35	急行 39	44	急行 49	準急 52	木 55				
12	F快中 00	準急 04	急行 09	12	準急 19	ちち 23	木 25	F快中 30	35	急行 39	44	急行 49	準急 52	木 55				
13	00	準急 04	急行 09	12	準急 19	ちち 23	木 25	30	35	急行 39	44	急行 49	準急 52	木 55				
14	00	準急 04	急行 09	12	準急 19	ちち 23	木 25	30	35	急行 39	44	急行 49	準急 52	木 55				
15	F快中 00	準急 04	急行 09	12	準急 19	ちち 23	木 25	F快中 30	35	急行 39	44	急行 49	準急 52	木 55				
16	F快中 00	準急 04	急行 09	12	S洲 18	準急 20	ちち 23	木 25	快☆中 30	35	40	急行 44	快☆中 48	52	55			
17	準口木 00	04	準急 08	急行 12	16	S洲 20	準急 22	ちち 24	30	34	38	急行 42	46	快速 52	むさ 54			
18	準口木 00	急行 05	準急 08	急行 12	16	S洲 20	準急 22	25	30	34	38	急行 42	46	快速 52	むさ 55			
19	準口木 00	急行 05	準急 08	急行 12	16	20	快速 24	27	29	準口中 32	37	急行 40	準急 42	46	快速 52	むさ 55	59	
20	02	急行 07	準急 10	急行 12	16	20	準急 22	25	28	32	37	急行 40	46	準急 52	むさ 55			
21	武 02	急行 07	準急 10	急行 16	準急 22	ちち 25	32	急行 37	準急 40	急行 47	むさ 52	55						
22	02	急行 07	準急 10	17	準急 22	ちち 25	32	37	40	木 47	準急 52	むさ 55						
23	準急 02	武 08	横 14	むさ 19	25	竹 28	急行 32	36	42	50	58							

種別 むさ=特級むさし ちち=特級ちちぶ S=S-TRAIN 快□=快速急行:東京メトロ線内急行 F快=快速急行:東京メトロ線内通勤急行 快☆=快速急行:東京メトロ線内通勤急行
急行 通急=通勤急行 快速 快□=快速:東京メトロ線内普通 快○=快速:東京メトロ線内急行 快☆=快速:東京メトロ線内通勤急行 準急
準口=準急:東京メトロ線内普通 準□=準急:東京メトロ線内通勤急行 通準=通勤準急 各☆=各駅停車:東京メトロ線内急行 無印=各駅停車

줄기 잎 그림은 각 데이터값의 자리 값을 보여준다. 이 차트는 열차 시간표 등에 사용되곤 한다. 이 표는 일본 사이타마 현 도코로자와 기차역의 열차 시간표다.

결론

이 장에서 다룬 그래프는 데이터의 분포와 특정 값에 대한 불확실성을 어떻게 표시할 수 있는지 보여준다. 이런 차트 중 일부는 데이터의 요약 통계와 특정 값을 보여준다. 분포를 구간별로 집계해서 그 분포를 히스토그램으로 시각화할 수 있다. 또는 특정 백분위수를 사용해 상자 수염 그림을 생성하거나 촛대 차트에 주가 변동을 표시할 수 있다.

더 나은 데이터 시각화 도구와 더 빠른 컴퓨터로 그 어느 때보다 더 많은 데이터를 표시할 수 있다. 벌떼 차트, 밀 플롯 및 비구름 플롯에는 데이터 포인트가 구체적으로 표시된다. 이런 시각화 유형은 독자에게 전체 데이터 세트를 제공할 수 있지만, 데이터 포인트가 너무 많지 않아 서로 겹치고 가리지 않을 정도일 때 유용하다.

이 장에서 소개한 그래프는 통계적 개념과 분산 지표 등에 익숙하지 않은 독자에게는 약간 어려울 수 있다. 항상 그렇듯이 그래프를 만들 때 가장 중요한 일은 청중을 생각하는 일이다. 박사 학위를 가진 경제학자가 대학교의 점심 세미나에서 연구 내용을 발표하는 경우라면 중앙값이나 분산 또는 95% 신뢰 구간 등을 굳이 설명할 필요가 없다. 그러나 같은 내용을 일반 대중에게 제시하려면 정의와 주석을 제공해야 할 것이다. 그런 수치를 언급하지 않거나 발표의 수준을 낮추라는 의미가 아니라, 시각 자료에 담긴 개념을 자세히 설명하는 데 시간을 할애해야 한다는 뜻이다. 시각화의 계획, 테스트, 및 개념화에 들인 노력은 연구 내용을 보다 효과적으로 전달하는 유익한 결과를 가져올 것이다.

지리공간

지도 상에 지리 데이터를 표시하면 사람들이 데이터를 보며 자신의 위치를 발견할 수 있다는 이점이 있다. 문자 그대로 데이터에서 자신을 보는 것이다. 주제와 연결되는 이런 느낌은 다른 종류의 시각화가 해내기 어렵다. 지리 데이터를 그리는 작업에는 주나 국가와 같은 지리적 영역에 색상을 추가하거나 지도 위에 원, 사각형, 선 또는 기타 모양을 추가하는 것 등이 포함된다.

데이터 기반 지도는 새로운 것이 아니다. 1922년에 작성된 '지도 및 판매 시각화^{Maps and} Sales Visualization'는 지도에 데이터를 배치하는 36가지 방법을 보여준다. 이 그림의 저자는 다음과 같이 썼다.

> 지도를 사용하는 것은 공간의 시각적 표현과 관련이 있다. 따라서 모든 지도 작업은 외곽선 그리기로부터 시작한다. … 지구가 구형이라는 사실은 지도의 시각화를 어렵게 만드는 요인이다. 그래서 구의 표면을 평면에 나타내기 위해 다양한 방법이 시도됐다.

이 장은 지리 데이터 시각화의 기본적인 어려움에 대해 다루고, 기본적인 지도에 대한 몇 가지 대안을 살펴본다. 1922년에 제작된 이 시각화의 현대적인 버전에 해당하는 대안이다.

E. P. 허먼(E. P. Hermann)의 '지도 및 판매 시각화(1922)' 도표는 지도 위에 데이터를 표시하는 다양한 방법을 보여준 초기 예다.

이 장에 사용된 지도는 「워싱턴포스트」에서 자주 사용하는 색상 배색표를 사용한다. 이 장의 미국 정치 체제 지도에서는 신문사 편집국에서 주로 사용하는 기본적인 빨강–파랑 색상 배색표를 사용한다.

지도 시각화의 어려움

애런 코블린Aaron Koblin의 비행 패턴Flight Patterns는 넋을 잃고 보게 되는 지도이다. 코블린은 24시간 동안 미국 상공을 이동하는 모든 비행 경로를 표시했다. 지도의 정적 버전은 미국 전역의 주요 공항과 하늘 위의 활동을 보여준다(미국 내 어디든 확대해서 볼 수 있는 대화형 버전도 있다). 가장 큰 공항의 순위를 알려주거나 출발 지연을 피하는 방법을 알려주는 시각화는 아니지만 미국 하늘의 교통 패턴을 한눈에 볼 수 있다.

지도 제작에는 몇 가지 고유한 어려움이 따른다. 그중 가장 큰 어려움은 지리적 영역의 크기가 데이터값의 중요도와 일치하지 않을 수 있다는 점이다. 러시아의 면적은 1,700만 평방미터 이상으로 캐나다의 거의 두 배 크기이므로 지도에서 많은 공간을 차지한다. 약 70만 평방미터의 면적을 가진 텍사스는 대략 캘리포니아와 콜로라도를 합한 크기와 비슷하지만 실제로는 알래스카(172만 평방미터)의 절반도 되지 않는다. 대부분의 미국 지도에서 알래스카 지도는 형태가 일그러져 캘리포니아 남쪽 바다 위 어딘가에 놓이므로 사람들이 이 사실을 잘 모를 수 있다. 요점은 러시아, 텍사스 및 알래스카에 해당하는 데이터값이라고 해서 더 중요하다는 법은 없다는 것이다. 지도는 시각화되는 중요한 값에 대한 우리의 인식을 왜곡할 수 있기에 더욱 주의가 필요하다.

지도를 만들려면 보다 회의적이고 비판적인 태도로 신중하게 접근해야 한다. 지도가 정말로 지리 데이터를 표시하는 최선의 방법일까? 아니면 그저 사람들이 사는 위치

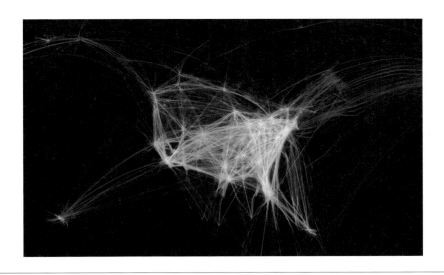

애런 코블린(Aaron Koblin)의 비행 패턴(Flight Patterns) 프로젝트는 정적 지도와 대화형 지도를 통해 24시간 동안 미국 상공을 이동하는 모든 비행 경로를 보여준다.

를 보여주고 싶을 뿐인가? 지도는 우리가 살펴보려는 관계를 나타내는가, 아니면 단순히 지리적 식별 정보를 가지고 있다는 사실에 의존할 뿐인가? 이 장은 지각적 측면에서 본 지도의 문제점과 요점 전달에 있어 지도가 항상 최상의 수단은 아닌 이유를 살펴본다. 그렇다고 지도를 만들면 안 된다는 뜻은 아니다. 많은 경우 데이터를 더 잘 이해하기 위해 지도를 만들어야 하지만, 특히 지도의 경우 먼저 한 발 물러나 그것이 최선의 시각화 방법인지 검토해야 한다.

하고 싶은 이야기는 간단하다. 지리 데이터를 표시하는 방법은 다양하고 지도에 넣을 수 있는 개체, 모양, 색상도 다양하다는 것이다. 데이터 시각화에 어떤 지도 유형을 사용할 것인지는 다음 두 가지 질문에 따라 달라진다. 지리적 패턴은 얼마나 중요한가? 친숙한 지도를 보여주는 것이 얼마나 중요한가?

단계구분도

아마도 가장 친숙한 데이터 지도는 가장 낯선 이름인 단계구분도^{cholopleth map}일 것이다. 단계구분도는 색상, 음영, 패턴 등을 사용해 지리 단위의 비례적인 수량과 크기를 표시한다. 아래에 표시한 전 세계 1인당 GDP의 단계구분도를 읽는 방법을 이미 알고 있을 것이다. 이 지도는 시각화에서 국가(확장하면 자신)를 빠르고 쉽게 찾을 수 있게 해주는 간단하고 친숙한 형태다.

사용된 색상 배색표^{color palette} 또한 이해하기 쉽다. 숫자가 작을수록 더 옅은 색상, 숫자가 클수록 더 짙은 색상에 해당한다(색상 배색표를 색상 램프 color ramp 라고도 부른다). 지도 작성 시 잘못된 색상 배색표를 사용하는 경우가 의외로 많다. 예를 들어, 중간 지점에서 양 바깥쪽으로 색상이 짙어지는 발산형 색상 배색표를 사용하는 경우다. 평균 GDP와 같은 중간 수치를 기준으로 1인당 GDP를 위아래로 비교하지 않는 한, 발산형 색상 배색표는 잘못된 선택이다. 대신, 우리는 이미 표준으로 자리잡은 옅은 색상에서 짙은 색상으로 바뀌는 배색표를 사용해야 한다. 색상 배색표는 12장에서 자세히 설명한다.

전 세계 1인당 GDP(2017)

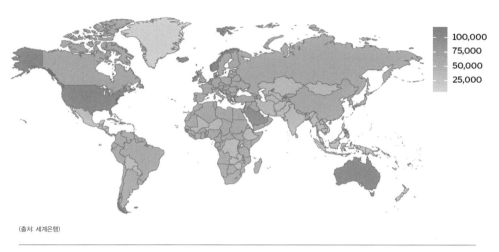

100,000
75,000
50,000
25,000

(출처: 세계은행)

단계구분도는 아마도 가장 친숙한 데이터 지도 형태일 것이다. 색상은 데이터값을 나타내며, 지도상의 지리적 영역에 지정된다.

크기가 작거나 생소한 국가를 찾기가 다소 어려울 수 있지만 전체적인 형태는 친숙하고 잘 알려져 있으며 이해하기 쉽다. 룩셈부르크가 2017년에 1인당 104,000달러 이상으로 가장 높은 1인당 GDP를 기록했다는 사실을 알고 있었는가? (참고로 미국의 1인당 GDP는 59,500달러였다.) 룩셈부르크의 면적은 약 2,600평방미터에 불과하고(참고로 프랑스는 거의 64만 평방미터) 지도에서 찾기도 어렵지만 1인당 소득이 가장 높다.

지도는 지리적 왜곡을 유발한다. 즉, 지리적 영역의 크기는 데이터값의 중요도와 일치하지 않을 수 있다. 이런 왜곡에도 불구하고 지도는 지리 데이터를 표시하는 쉽고 친숙한 방법임에는 틀림없다.

지리적 왜곡을 수정하는 다양한 대체 지도 유형이 있다. 예를 들어 카토그램은 데이터값에 따라 지리적 단위의 크기를 조정한다(262페이지 참조). 타일 격자 지도는 일정한 크기의 사각형을 사용한다(267페이지 참조). 히트맵처럼 지리적 데이터를 표시하는 차트 유형도 있다(129페이지 참조). 이런 대체 접근 방식의 단점은 표준 지도만큼 친숙하지 않다는 것이다. 그러나 데이터 시각화 및 지도 제작 책인 『지도학^{Cartography}』(Esri Press,

2018)의 저자 케네스 필드[Kenneth Field]는 다음과 같이 말했다. "옳은 카토그램도, 잘못된 카토그램도 없다. 각각 진실의 다른 표현이 있을 따름이다."

투영법 선택

데이터를 지도로 표시할 때의 한 가지 어려움은 어느 투영법[projection](또는 도법)을 선택할 것이냐의 문제다. 세상은 구형이지만 지도는 평면이다. 지도 제작자는 지도 투영법을 선택해서 구 모양의 세계를 2차원 평면으로 변환해야 한다. 모든 지도는 지구 표면을 어느 정도는 왜곡하며, 어떤 투영법이 지구를 2차원으로 가장 잘 묘사하는지에 대한 상당한 논쟁이 있다.

가장 친숙한 투영법은 메르카토르 도법[Mercator projection]이다. 이것은 구글 지도의 초기 버전에서 사용됐던 지도이며 태블로 및 PowerBI 등의 데이터 시각화 도구에서 기본값으로 사용된다. 플랑드르 출신의 지리학자이자 지도 제작자인 게르하르드두스 메르카토르[Gerardus Mercator]가 1569년에 개발한 이 도법은 항해용 지도의 표준이 됐다. 선원은 두 지점 사이에 직선을 그리고 그 선(항정선 rhumb line이라고 함)과 자오선(북극과 남극 사이를 지나는 수직선) 사이의 각도를 측정해 방위를 찾을 수 있다. 메르카토르 투영법은 항

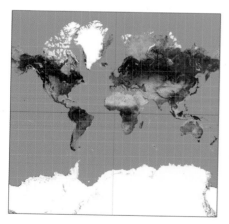
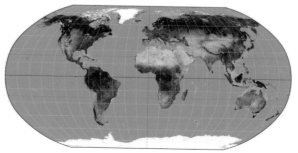

투영법에 따라 지도를 인식하는 방식이 달라진다. 예컨대, 왼쪽의 메르카토르 도법은 오른쪽의 로빈슨 도법과 상당히 다르다. (출처: 위키미디어 사용자 Strebe)

해에는 유용하지만 위도가 북극과 남극에 가까워지면 지도상의 크기를 왜곡한다. 따라서 그린란드와 남극처럼 극지방에 가까운 국가는 실제보다 훨씬 더 크게 그려진다. 다음 페이지(왼쪽)에 표시된 메르카토르 지도에서 그린란드는 남미 대륙과 거의 같은 크기로 보이지만 실제로는 남미 대륙의 1/8에 불과하다. 오른쪽 로빈슨Robinson 투영법에 그려진 국가들의 면적은 실제 크기에 더 가깝다.

지도 투영법(도법)에는 크게 세 가지 종류가 있다.

원뿔도법

▶ 원뿔도법conical projection은 마치 원뿔이 지구 위에 놓인 후 전개된 것과 같다. 원뿔 투영법은 미국과 러시아처럼 동서로 긴 지역을 투영하는 데 가장 적합하다. 그 이유는 왜곡이 공통 평행선을 따라 일정하기 때문이다. 잘 알려진 투영법으로는 알베르스 정적 원뿔 도법Albers Equal Area Conic과 람베르트 정각 원추 도법Lambert Conformal Conic이 있다.

원통도법

▶ 원통도법cylindrical projection은 원뿔형 지도와 비슷하지만 원뿔 대신 원통을 사용한다. 메르카토르 투영과 마찬가지로 원통형 지도는 중심에서 멀리 떨어진 지리적 영역을 확대한다.

평면도법(방위도법)

▶ 이 접근 방식을 사용하면 지구가 평평한 표면에 투영된다. 모든 점은 북극과 같은 중심점에서 동일한 비례 거리에 있지만 해당 중심점에서 멀어질수록 왜곡이 커진다.

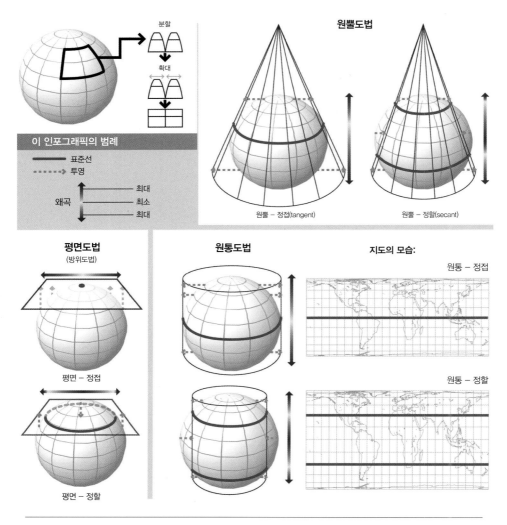

분할

확대

원뿔도법

원뿔 – 정접(tangent)

원뿔 – 정할(secant)

평면도법
(방위도법)

평면 – 정접

평면 – 정할

원통도법

지도의 모습:

원통 – 정접

원통 – 정할

정도의 차이는 있지만 모든 지도는 지구 표면을 왜곡시킨다. 알베르토 카이로의 『진실을 드러내는 데이터 시각화의 과학과 예술(The Truthful Art)』(웅진지식하우스, 2020)에서 인용한 이 그림은 여러 지도 투영법 중 몇 가지를 소개한다.

동의하지 않는 지도 제작자도 있겠지만 어느 한 가지 지도 투영법이 정답이라고 말할 수는 없다. 투영법마다 장단점이 있으며 진지한 지도 제작자는 여러 투영법의 속성을 깊이 연구하고 대안을 저울질한다. 메르카토르 도법은 제한된 범위에서는 문제없이 잘 사용할 수 있지만 데이터 시각화 분야의 많은 사람들은 명백한 단점 때문에 메르카토

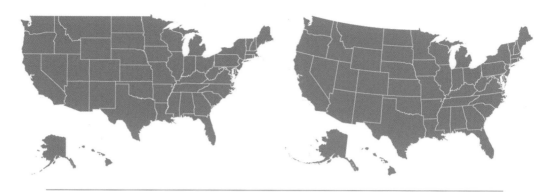

미국의 북측 경계는 메르카토르 도법(왼쪽)은 직선으로, 알베르스 도법(오른쪽)은 곡선으로 그려진다.

르 도법을 피한다. 미국 지도의 북측 경계가 직선으로 그려졌다면 메르카토르 도법이 사용됐음을 알 수 있다. 이에 비해 알베르스Albers 도법은 북측 경계가 약간의 곡률을 가진 모습으로 알아볼 수 있다.

구간 선택하기

단계구분도에 데이터를 추가할 때 먼저 고려할 사항은 지리적 단위를 음영 처리할 구간bin을 선택하는 것이다. 데이터를 이산discrete(구간이 나뉘어진) 범주에 배치하는 것은 본질적으로 합역 문제aggregation problem이다. 여러 주나 국가를 하나의 구간 안에 포함시키면 그들 간의 차이를 알기 어렵다.

예를 들어 다음 미국 지도는 각 주의 2018년도 가구당 중위소득을 보여준다. 각 주를 어떻게 묶느냐(구간 선택)에 따라 지도 음영이 달라지며, 궁극적으로 독자가 데이터를 인식하는 방식이 달라진다. 매사추세츠(86,345달러)와 메릴랜드(86,223달러) 주는 2018년에 가장 높은 가구당 중위소득을 기록했으며 가장 짙은 색으로 표시된 최고 구간에 속했다. 뉴멕시코(48,283달러)와 미시시피(42,781달러) 주는 분포의 반대편에 있으며 가장 옅은 색조로 표시된다.

지도 제작 시 구간을 결정하는 방법에는 기본적으로 네 가지가 있다.

구간 구분 없음

이것은 각 데이터값마다 고유한 색상 톤을 가지는 연속 색상 배색표(램프)에 해당한다. 지도 제작 시 고민할 필요 없이, 그저 가장 낮은 값의 가장 옅은 색상에서 가장 높은 값의 가장 짙은 색상으로 올라가기 때문에 쉽다. 한편, 그렇게 만들어진 색상 그라디언트는 미묘한 색상 변화 때문에 뚜렷하게 확인하기 어려운 공간 문양을 만들어낼 수 있다. 이 예에서는 아이오와(68,718달러), 네브래스카(67,515달러), 와이오밍(62,539달러) 주의 차이를 구분하기가 어렵다.

미국의 가구당 중위소득(2018)

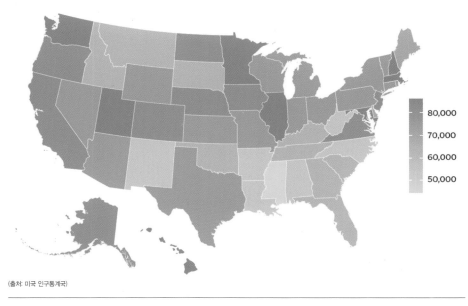

(출처: 미국 인구통계국)

연속적인 색상 배색표(또는 램프)는 옅은 색(작은 값)에서 짙은 색(큰 값)으로 매끄럽게 이어진다.

등간격 구간

데이터가 몇 개의 구간으로 나뉘어진 지도에서는 대체로 데이터 범위를 구간의 수만큼 일정하게 나누는 것이 기본이다. 예를 들어, 네 개의 구간과 1에서 100까지의 데이터 범위가 있는 지도라면 네 개의 그룹(1-25, 26-50, 51-75, 76-100)이 만들어진다.

이 방식은 연속 방식(구간 없음)보다는 지리적 단위(예: 주)를 서로 더 명확하게 구분하는 한편, 구간 단위로 주를 나누다 보니 변화의 크기가 뚜렷이 드러나지 않는 단점이 있다. 분포가 매우 치우친 경우 이 방식은 지리적 단위의 배분이 구간 별로 고르지 않게 된다. 이 지도에서 간격은 10,000달러 단위로 일정하게 분할돼 최하위 범주에 5개, 다음에 10개, 중간에 17개, 다음에 14개, 최상위 범주에 다섯 개 주가 배분된다.

미국의 가구당 중위소득(2018)

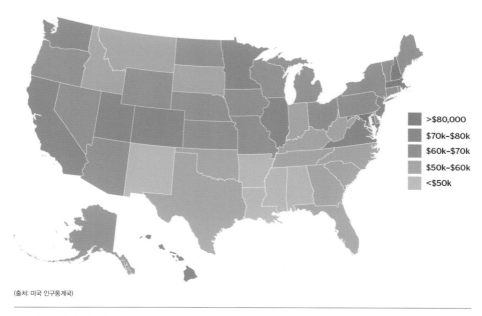

(출처: 미국 인구통계국)

데이터 지도에 색상을 넣는 방법 중 하나로 데이터를 일정한 간격(예: 10,000달러 간격)으로 나누는 방법이 있다.

데이터 분포 구간

데이터를 서로 다른 구간으로 나눌 수도 있다. 예를 들어 일정 간격으로 구간을 나누는 대신 동일한 수의 관측치를 갖도록 구간을 나눌 수 있다. 예컨대 사분위(네 개 그룹), 오분위(다섯 개 그룹) 또는 십분위(10개 그룹)으로 나누는 것이다. 혹은, 분산 또는 표준 편차와 같은 측정치를 기준으로 구간을 나눌 수도 있다.

데이터 분포 접근 방식은 지리적 단위 간의 차이를 명확하게 보여주지만 구간이 나뉘어지는 지점은 수치적인 의미가 없을 수 있다. 국가를 다섯 개의 동수 그룹(오분위)으로 나누는 아래 지도에서 가구별 중위소득이 72,812달러인 코네티컷은 최상위 그룹에 올라간 반면, 미네소타는 가구별 중위소득이 71,817달러로 코네티컷과 매우 근접함에도 불구하고 그 아래 구간에 배치된다.

미국의 가구당 중위소득(2018)

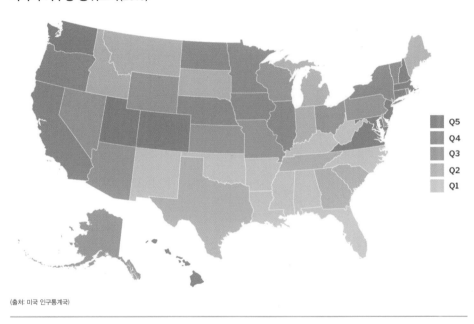

(출처: 미국 인구통계국)

지리적 단위를 나누는 또 다른 방법은 사분위(네 개 그룹), 오분위(다섯 개 그룹) 등과 같이 동일한 수의 관측치를 갖도록 데이터를 나누는 것이다.

임의 구간

이 접근 방식에서 지도 작성자는 반올림 수나 자연스러운 구분 등 임의의 기준으로 구간 구분 지점을 선택한다. 이 방법을 사용하면 위의 코네티컷-미네소타의 예처럼 부자연스러운 구분이 생기는 것을 피할 수 있지만, 오해의 소지도 있다. 데이터를 자세히 살펴보지도 않고 큰 그룹이나 반올림 수를 기준으로 구간을 임의로 정하면 아래 그림과 같은 결과를 낼 수도 있다.

미국의 가구당 중위소득(2018)

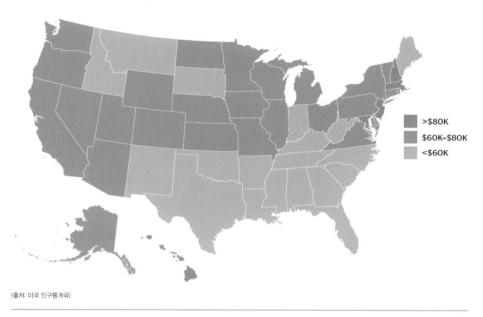

(출처: 미국 인구통계국)

데이터 지도의 목적에 따라서는 데이터를 임의의 구간으로 나눌 수도 있다.

다른 대안들

어느 지도가 맞고 틀리다는 것은 아니다. 단계구분도에서 구간 결정이 얼마나 중요한지를 말하는 것이다. 최선의 구간 결정을 위해 마크 몬모니어^{Mark Monmonier}가 2018년에 쓴 저서『지도와 거짓말^{How to Lie with Maps}』(푸른길, 2021)의 조언이 도움이 된다. 일정한 크기의 구간을 임의로 사용하거나 소프트웨어 도구가 구간을 결정하도록 맡기는 대신 분포의 실제 양상을 눈으로 확인해보라. 임의 구간 방식 지도에 막대 차트를 추가하면 구간 구분 지점 및 데이터값 간의 차이가 분명해진다. 추가된 그래프 때문에 더 많은 공간이 필요하더라도 데이터에 대한 명확한 그림을 제공할 수 있다.

각 구간 별 관측치 수를 시각화 내에 표시하면 분포의 양상을 확인하기 좋다. 아래 그림에서 범례는 각 구간 별 관측치 수를 나타내는 작은 막대 차트로 바뀌었다.

미국의 가구당 중위소득(2018)

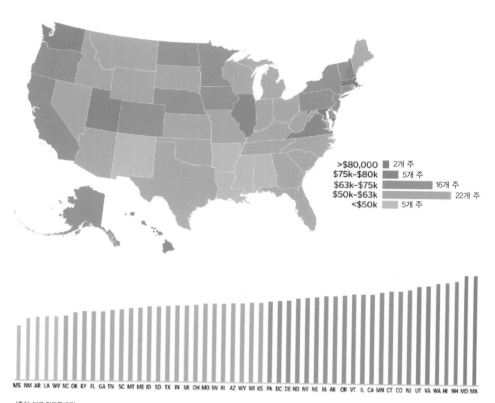

(출처: 미국 인구통계국)

지도 상의 데이터를 보다 잘 이해하도록 돕는 방법은 막대 차트처럼 또 다른 종류의 시각화를 추가하는 것이다. 이 그림에는 범례에 작은 막대 차트가 삽입돼 각 구간 별로 몇 개의 주가 있는지 명확하게 보여준다. 이것은 필수 요소는 아니지만 지도 상의 데이터 분포 이해에는 도움이 된다.

구간 레이블 표시하기

지도 제작 시 고려할 또 다른 사항은 구간에 레이블을 표시하는 방법이다. 방금 만든 가구당 중위소득 지도와 막대 차트를 예로 들어보자.

이 지도에서 구간은 임의로 정해졌다. 최상위 구간은 "> $86,000"로 정의되지만 다음 범주의 최댓값은 81,346달러(뉴햄프셔)이므로 최상위 구간의 레이블은 "> $85,000"나 "> $82,000", 심지어 "> $81,346" 중 무엇이든 가능하다.

이 지도의 범례는 여러 방법으로 정의할 수 있다.

1. 반올림 대신 실제 소득 금액을 사용할 수도 있지만 여전히 임의의 구간이라는 문제가 남는다. 이 경우 86,000달러가 네 번째 그룹에 속하는지 다섯 번째에 속하는지 확실하지 않다. 이를 표시하는 몇 가지 방법이 있다. 예를 들어 여러 개의 상자를 사용하거나 하나의 이미지를 사용하고 그 아래에 레이블을 표시하는 것이다(또 한 가지 해결책은 주석을 달아 상한 및 하한을 포함 또는 제외하는 구간을 명시하는 것이다).

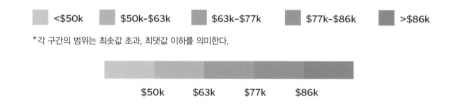

2. 또 다른 대안은 실제 데이터값으로 구간을 정하는 방법이다.

   이 방법은 데이터값을 명확하게 보여준다는 장점이 있다. 예를 들어 하위 두 개 구간에서 49,973달러와 50,573달러 사이의 차이를 볼 수 있다. 단점은 범례가 지나치게 상세하고 복잡해지는 것이다. 이렇게 정밀해야 할 이유가 무엇인지 궁금할 수 있으며, 내용에 따라서는 한 구간의 최댓값과 다음 구간의 최솟값 사이에 무슨 일이 있는지 궁금할 수 있다.

3. 또는 다음과 같이 '여백' 구간을 포함하는 범례를 만들 수도 있다.

■ $42,781- □ $49, 974- ■ $50,573- □ $62,630- ■ $63,938- □ $74,177- ■ $77,066- □ $81,347- ■ $86,223-
$49,973 $50,572 $62,629 $63,937 $74,176 $77,065 $81,346 $86,222 $86,345

이런 범례는 정확하고 꼼꼼하기는 하지만 복잡할 뿐 아니라 비어 있는 구간 네 개를 추가하는 바람에 원래의 다섯 구간이 잘 보이지 않게 된다.

이상과 같이 구간 설정과 레이블 표시에 관한 여러 문제와 장단점을 살펴봤다. 아쉽게도 이 모든 문제를 한 번에 해결할 방책은 없다. 언제나 필요한 정밀도 수준(소수점 이하 자릿수), 전체 구간의 수, 데이터의 연속성(즉, 데이터가 지나치게 몰리지 않는다면 반올림된 구간도 괜찮다)을 신중하게 고려하라.

꼭 지도여야 할까?

다른 유형의 지도를 알아보기 전에 지도가 목표를 달성하고 주장을 가장 잘 전달하는지 자문해보자. 많은 지도는 그것이 해당 콘텐츠에 가장 적합해서가 아니라 단지 지리 데이터를 가지고 있다는 이유만으로 제작된다.

간단한 예를 보자. 2016년 「워싱턴포스트」의 한 기사는 미국의 자살률과 총기 소유 사이의 관계를 조사했다. 그 기사는 이렇게 설명하고 있다.

> 2006년의 한 연구에 따르면 1980년대부터 2000년대까지 인구 조사 지역에서 총기 소유가 10% 감소할 때마다 자살률이 2.5% 감소했다. 유사한 결과를 보여주는 다른 많은 연구가 있다.
>
> 이런 양상은 주 별로 살펴볼 때 명확해진다. 총기 소유 비율이 높고 사람들이 총기에 더 쉽게 접근할 수 있는 주에서 자살률이 더 높다. 2007년 연구에 따르면 자살은 정신 질환 및 기타 요인 등을 배제하더라도 총기 소유가 낮은 주보다 총기 소유가 높은 주에서 두 배 더 자주 일어난다.

이 두 단락 아래에 지도가 두 개 실렸는데, 이를 재작성한 단계구분도를 다음 페이지에 표시했다. 이 지도가 총기 소유율과 자살률 사이의 양의 상관관계를 확인하는 데 도움이 되는가? 자살률이 가장 높고 총기 소유율이 가장 높은 주가 어디인지 알 수 있는가? 나는 두 지도를 번갈아 보며 각 주와 지역을 식별하려고 애썼지만 어려웠다.

대신 동일한 데이터를 거품 플롯에 배치하면 어떨까? 자살률을 세로축에, 총기 소유율을 가로축에 놓고 인구 수에 따라 원의 크기를 조정할 수 있다. 각 주의 미국 내 지역을 구분하기 위해 색상을 추가하면 그래프의 오른쪽 상단 영역에 있는 주가 총기 소유율이 더 높고 총기 규제법이 약한 서부 및 남부 주에 해당함을 뚜렷이 알 수 있다.

거품 플롯은 간단한 단계구분도보다 덜 친숙하지만 명확한 제목과 약간의 주석이 첨부된 이 차트는 총기 소유와 자살의 관계를 더 잘 보여줄 수 있다. 지도를 만들 때 "이 지도가 주장 전달에 가장 적합한 시각화인가?"라고 자문해보라.

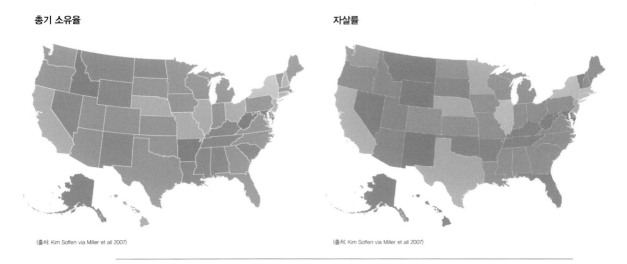

총기 소유율

(출처: Kim Soffen via Miller et all 2007)

자살률

(출처: Kim Soffen via Miller et all 2007)

* 워싱턴포스트에 실린 원본 지도는 실제로는 격자 지도였다(268페이지 참조). 데이터는 「워싱턴포스트」 기사와 「밀러 (Miller)」 등의 논문에서 발췌했다. 당신 자신이나 가까운 사람이 정신적 어려움을 겪고 있다면 자살예방상담전화(미국 1-800-273-8255)를 통해 자살 예방 및 위기 관리에 도움을 얻을 수 있다.[1]

---

1   한국의 자살예방상담전화는 국번 없이 1393이다. - 옮긴이

총기 소유율과 자살률은 양의 상관관계를 가진다

(10만 명당 자살 건 수)

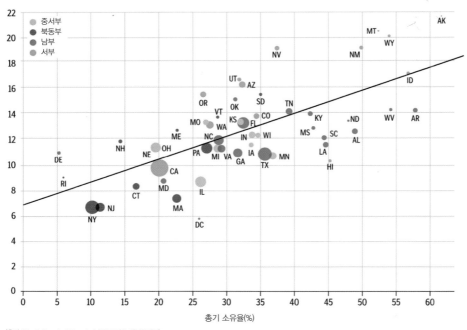

(출처: Kim Soffen via Miller et all 2007, 미국 인구통계국)
*원의 크기는 주 인구를 표시한다

지도 두 장 대신 산점도를 사용하는 방법도 있다.

카토그램

일반 단계구분도의 지리적 왜곡을 조정하는 방법 중 하나는 값에 따라 지리적 영역의
모양을 바꾸는 카토그램cartogram을 사용하는 것이다. 물론 이것에는 장단점이 있다. 한
편으로는 이런 조정이 데이터를 더 정확하게 시각화한다. 왜냐하면 카토그램은 데이터
와 지리적 크기를 연결하기 때문이다. 반면, 카토그램 같은 그래프는 우리가 알고 있는
표준 지도와 다르다. 따라서 독자에게 직관적이지 않다. 표준 지도를 사용할지 카토그
램을 사용할지에 대한 결정은 언제나 그렇듯 목표와 청중에 따라 달라진다.

케네스 필드Kenneth Field는 그의 책 『지도학Cartography』(Esri Press, 2018)에서 지도 제작의 목적을 다음과 같이 요약한다.

대부분의 주제별 지도의 목적은 비교가 가능한 자료를 제공하는 데에 있다. 그런 관점에서 지리적 지도는 거의 대부분 부적합하다. 이 사실만으로도 지각과 인지적 측면에서 문제가 발생한다. 이런 문제는 데이터 자체를 조작하는 등의 방법으로 해결할 수 있다. 또는 데이터를 수정하고 지리적 지도를 유지하는 대신 데이터값을 유지하고 지리적 정보를 수정해 카토그램을 만들 수도 있다.

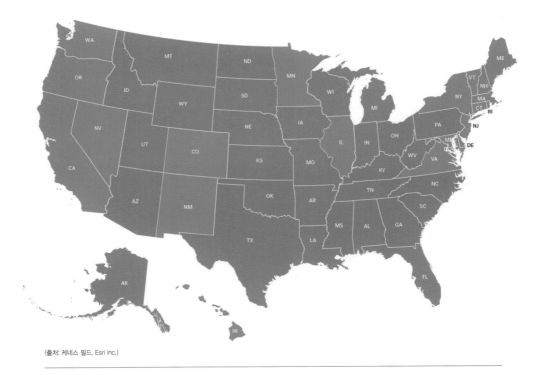

(출처: 케네스 필드, Esri Inc.)

이 표준 형태의 단계구분도는 2016년 미국 대통령 선거 결과를 보여준다. 북서부의 아이다호(ID), 몬태나(MT), 와이오밍(WY)처럼 인구는 적지만 땅은 넓은 주들이 북동부의 매사추세츠(MA)와 로드아일랜드(RI)처럼 면적은 작지만 인구가 많은 주에 비해 지도상의 훨씬 큰 부분을 차지하는 것에 주목하라.

지도 작성에는 연접contiguous, 비연접noncontiguous, 그래픽graphic, 격자grid 네 가지 기본 유형이 있다. 카토그램의 진가를 확인하려면 미국 선거인단을 살펴보는 것이 좋은 방법이다. 미국 선거 시스템에서 각 주는 지리적 크기가 아니라 인구를 기준으로 선거인 수가 할당된다. 따라서 아이다호, 몬태나, 와이오밍 같은 주는 면적이 매우 크지만(총 842,813제곱킬로미터) 인구는 상대적으로 적으므로 선거인단이 총 10표에 불과하다. 대조적으로 선거인단 11표를 가진 매사추세츠주는 면적이 20,300제곱킬로미터로, 앞의 세 개 주 면적의 2.5% 미만이다. 2016년 대선의 단계구분도에서 아이다호, 몬태나, 와이오밍 주은 선거인단에 비해 지도에서 불균형적으로 큰 공간을 차지한다.

연접 카토그램

연접 카토그램contiguous cartogram은 데이터에 따라 각 지리적 단위의 크기를 조정한다. 예를 들어 아래 지도에서 각 주는 선거인단(또는 인구) 수에 따라 크기가 조정된다. 아래

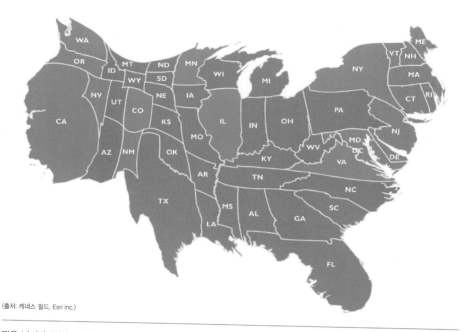

(출처: 케네스 필드, Esri Inc.)

땅은 넓지만 인구는 적은 지역이 지도상에서 과도한 비율을 차지하는 문제를 해결하기 위해 카토그램은 지리적 단위의 크기를 다른 데이터값에 따라 조정한다. 이 지도는 각 주의 선거인단 수에 따라 크기를 조정한 것이다.

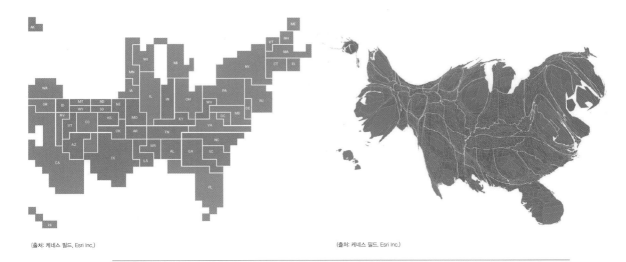

(출처: 케네스 필드, Esri Inc.)   (출처: 케네스 필드, Esri Inc.)

연접 카토그램의 다른 예를 나타냈다. 왼쪽은 사각형을 사용했고 오른쪽은 카운티별로 확대/축소한 것이다. 이것은 일방적인 단계구분도에서 일어나는 지리적 왜곡을 극복하는 대안에 해당한다. 그러나 이런 지도는 일반 지도에 비해 낯설기 마련이다.

지도의 왼쪽 버전은 사각형으로 원래의 대략적인 지리적 위치와 경계를 유지하면서 각 주의 크기를 조정한다. 세 번째 지도는 각 주의 투표 비율에 따라 두 정당의 상징색을 반영해 보라색 음영을 조정한다. 각 접근 방식은 데이터가 지리적 형태를 변형시킴에 따라 국가의 전체적인 형태가 변형되므로 다소 낯설어 보일 것이다. 여기서 장단점이 명확히 보인다. 주의 크기를 데이터값에 비례해 더 정확하게 확대할 수도 있겠지만 그러면 형태를 알아보기 어려울 것이다.

비연접 카토그램

연접 지도 작성을 보았으므로 비연접noncontiguous 카토그램이 어떻게 생겼는지 짐작할 수 있을 것이다. 이 방식에서 지리적 단위는 인구 등의 데이터값에 따라 그 크기가 조정되지만 각 단위는 분리돼 서로 연접하지 않는다. 이런 식으로 개별 단위의 모양을 유지하되 전체적으로는 형태가 달라진다. 레이블과 주석을 위한 더 많은 공간을 확보할 수 있다는 점이 비연접 카토그램의 장점이다.

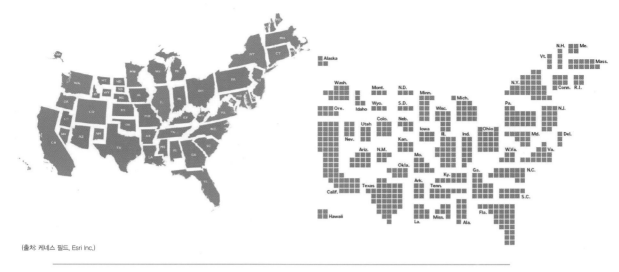

(출처: 케네스 필드, Esri Inc.)

비연접 카토그램은 지리적 영역을 서로 떨어뜨려 놓는다. 그러면 레이블과 주석을 추가할 공간이 생기는 장점이 있는 한편, 낯선 모양이 되기도 한다.

왼쪽 지도는 선거인단 수에 따라 각 주의 크기 비율을 조정하고 해당 주에서 어느 후보가 이겼는지를 색상으로 표시했다. 각 지리적 단위의 정확한 모양이 꼭 필요한 것이 아니므로 오른쪽의 지도는 각 주를 사각형으로 나타내면서 선거인 투표 수에 따라 사각형의 수가 조정된다. 이 버전도 아이다호, 몬태나, 와이오밍이 훨씬 더 작아 보이는 반면 뉴욕은 훨씬 더 커지는 것을 볼 수 있다.

비연접 카토그램은 1970년대 중반 보스턴 대학교의 지리학자 주디 올슨^{Judy Olson}이 발명했다. 그녀는 1976년 논문에서 다음과 같이 썼다. "비연접 지도 작성법의 가장 흥미로운 특징은 단위 사이의 빈 공간에 의미가 있다는 점일 것이다. 가장 밀도가 높은 지리적 단위가 앵커로 사용되는 경우 (즉, 가장 밀집된 지리적 단위가 다른 모든 단위의 크기를 조정하는 기준이 되는 경우) 빈 공간은 가장 밀집된 단위와 다른 단위 간의 밀도 차이가 얼마나 큰지를 반영한다. 그 효과는 상당히 극적일 수 있다."

그래픽 카토그램

그래픽 카토그램은 지리적 단위의 원래 모양 대신 데이터값에 맞는 다른 모양을 사용한다. 아마 가장 잘 알려진 그래픽 카토그램은 돌링 지도^{Dorling map}일 것이다. 데이터에 따라 크기가 조정된 원을 데이터에 사용하는 이 카토그램은 옥스포드 대학의 지리학자 대니 돌링^{Danny Dorling}의 이름을 따서 명명됐다.

돌링 지도의 변형은 원 대신 사각형을 사용하는 드메르스^{DeMers} 카토그램(또는 타일 그램)이다. 드메르스 접근 방식의 장점은 지리적 단위 사이의 공간을 최소화한다는 점이다. 한편, 전체 지리를 알아보기가 좀 더 어렵다는 단점이 있다. 아래의 그래픽 지도는 각 주의 선거 투표 수를 다시 보여주고, 색상은 어느 후보가 주의 선거 투표에서 이겼는지 보여준다.

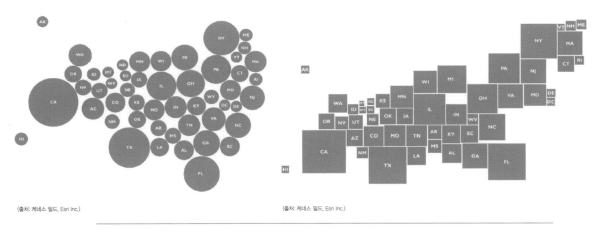

(출처: 케네스 필드, Esri Inc.)   (출처: 케네스 필드, Esri Inc.)

돌링 카토그램(왼쪽)과 드메르스 카토그램(오른쪽)은 표준 지도의 형태를 벗어나 다른 도형을 사용한다.

격자 카토그램

네 번째이자 마지막 카토그램은 격자 카토그램^{gridded cartogram}으로, 다양한 모양이 데이터에 맞춰 크기가 조정되고 배열되면서 지리적 형태를 대략적으로 유지한다. 이 때 주로 사각형이나 육각형을 사용한다.

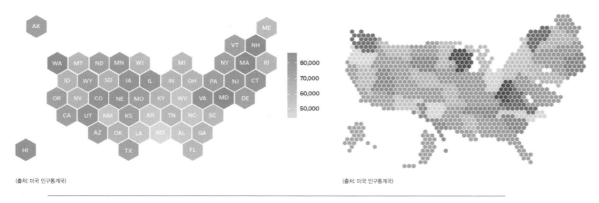

미국의 가구당 중위소득 (2018)

(출처: 미국 인구통계국)

미국의 가구당 중위소득 (2018)

(출처: 미국 인구통계국)

육각형 격자 지도는 이름 그대로 육각형을 격자 형태로 모아둔 것이다. 각 지리적 단위에 육각형 하나 또는 여러 개를 대응시키고 데이터값에 따라 그 크기를 조정한다.

그 예로 위의 육각형 격자 지도를 보자. 육각형의 장점은 다른 모양에 비해 타일을 국가의 실제 지리에 가깝게 배열할 수 있는 유연성이 더 크다는 점이다. 왼쪽 지도는 주 당 하나의 육각형을 보여주며 가구당 중위소득 값을 부호화하기 위해 음영 처리돼

미국의 가구당 중위소득 (2018)

(출처: 미국 인구통계국)

타일 격자 지도는 각 지리적 단위에 대해 하나의 사각형을 사용한다.

있다. 오른쪽 버전은 주 당 여러 개의 육각형을 사용하되 육각형의 색상과 수를 데이터 값에 따라 조정한다.

흔히 사용되는 또 다른 격자 카토그램은 각 지리적 단위에 대해 하나의 사각형을 사용한다. 이를 타일 격자 지도tile grid map라고도 부른다. 268페이지 하단의 차트는 가구당 중위소득을 네 그룹(사분위)으로 나눴다.

모든 시각화와 마찬가지로 이 방법에도 장단점이 있다. 타일 격자 지도의 장점은 각 주가 동일한 크기이며 지리적 왜곡을 추상화한다는 점이다. 단점은 지리적 단위가 이제 반드시 올바른 위치에 있지는 않다는 점이다. 앞의 타일 격자 지도에서 사우스캐롤라이나는 노스캐롤라이나의 동쪽에 있고 캘리포니아는 애리조나에 닿지 않으며 위스콘신은 미네소타의 북쪽에 있다. 지리적으로 이들의 실제 상대적 위치와는 다르다. 물론 타일의 배열은 변경될 수 있지만 실제의 지리적 구조와는 이미 다르므로 어떻게 하든

미국의 가구당 중위소득 (2008-2018)

(출처: 미국 인구통계국)

타일 격자 지도의 장점 중 하나는 각 주가 같은 크기로 표시되므로 사각형 안에 스파크라인이나 막대 그래프 등의 다양한 그래프 유형을 넣을 수 있다는 점이다.

임의적일 수밖에 없다. 그러나 이 지도는 단계구분도나 카토그램보다 구성하기가 더 쉬울 수도 있다(엑셀에서도 셀의 크기를 조절하면 제작이 가능하다).

타일 격자 지도의 장점 또 하나는 일정한 형식의 데이터를 더 추가할 수 있다는 점 이다. 269페이지 하단의 타일 격자 지도에서 각 주의 사각형에 작은 선(스파크라인)을 넣어 2008-2018년 기간 중 가구당 중위소득 변화를 나타냈다.

타일 격자 지도(및 그래픽 카토그램)의 또 다른 장점은 지리적 영역에 다양한 모양을 추가 할 수 있다는 점이다. 아래의 타일 격자 지도는 앞서 본 가구당 중위소득 값을 모두 이 모티콘을 사용해서 분류한다. 물론, 여기에는 분명한 장단점이 있다. 이모티콘은 재미 있고 시각적이지만 풍기는 분위기가 매우 다르다. 또한 기존 지도에 비해 여러 주를 한 눈에 비교하거나 광범위한 지리적 패턴을 파악하기 어렵다. 오른쪽 버전처럼 경계 또 는 음영을 추가해 두 가지 방식을 결합할 수도 있다.

타일 격자 지도의 또 하나의 장점은 이모티콘 등의 다양한 모양을 사용할 수 있다는 점이다.

비영역기반 카토그램

언급할 만한 또 다른 종류의 카토그램이 있다. 지도가 항상 데이터를 부호화할 필요는 없으며 정확하게 부호화할 필요도 없다. 비영역기반 카토그램non-area-based cartogram (또는 거리 카토그램distance cartogram)은 물리적 지형을 변형해서 상대적인 시간과 거리를 표시한다. 예를 들어 아래의 워싱턴 DC 메트로(지하철) 노선도를 보면, 각 역 사이

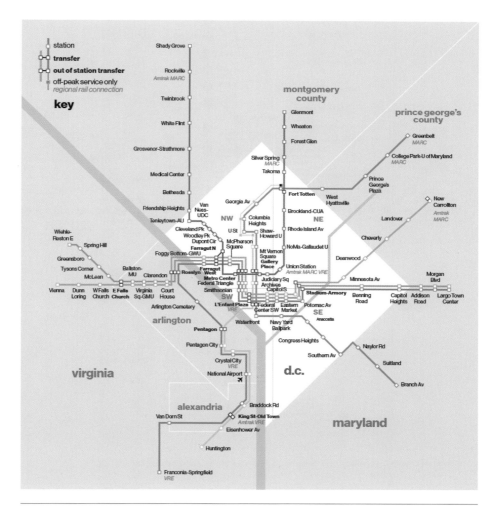

디자이너 제이콥 버먼(Jacob Berman)이 만든 워싱턴 DC 지하철 노선도는 실제 지리적 거리와 달리 역 사이를 비교적 일정한 간격으로 표시한다.

지하철 역별 승하차 이용객 비율: 오전 최고 혼잡 시간대

오전 최고 혼잡 시간대의 지하철 역별 승하차 이용객 비율을 나타냈다 (2018년 7월–2019년 6월)

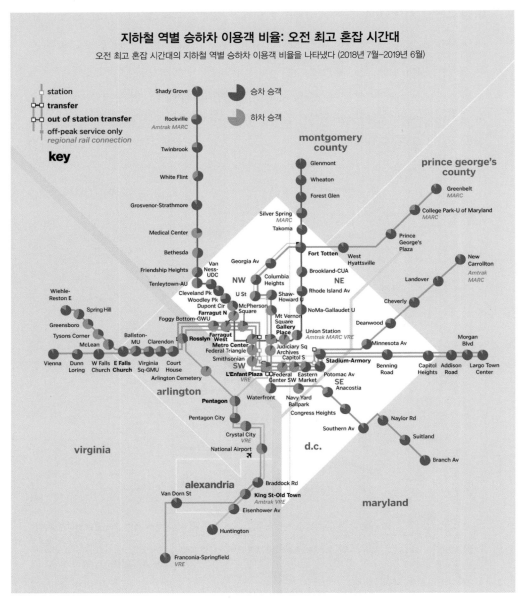

(출처: 지도: 제이콥 버먼, 데이터: 워싱턴 도시권 교통국(Washington Metropolitan Area Transit Authority), 매트 존슨(Matt Johnson, 2012) 참조)

지도에 다른 그래프를 추가할 수도 있다. 여기에 사용된 원형 차트는 아침 출근 시간 대에 각 지하철 역의 승하차 이용객의 비율을 나타낸다. 워싱턴 DC의 지하철에 대해 잘 모르더라도 이 그림을 보면 사람들이 외곽에서 타서(파란색) 시내에서 내리는(주황색) 경향을 볼 수 있다.

의 실제 거리는 상당히 다르지만 지도상으로는 비교적 일정한 거리를 보여준다. 실버 라인과 노선을 공유하는 오렌지 라인의 서쪽 부분을 보라. 이스트 폴스 처치East Falls Church 역과 볼스턴-MU Ballston-MU 역 사이, 그리고 볼스턴-MU와 버지니아 광장-GMU Virginia Square-GMU 역 사이의 거리는 이 지도상으로 보면 둘이 동일하지만, 실제 거리는 각각 4.3km와 0.8km로 큰 차이가 난다. 지하철 노선도는 간결한 그림으로 탑승자가 빠르고 효율적으로 여행을 계획하도록 돕는 것이 목적이기 때문에 역 사이의 실제 거리를 표시하지 않아도 된다.

이처럼 친숙한 지도는 데이터를 추가할 수 있는 기회도 제공한다. 예를 들어, 278페이지의 지도는 오전 혼잡시간대에 각 역에 출입하는 승객의 수를 보여준다. 각 역은 원형 차트로 표시되고, 파란색과 주황색 부분은 각각 역에 들어오는 사람과 역에서 나가는 사람의 비율을 나타낸다. 이 지하철 시스템에 익숙하지 않더라도 아침에 외곽에서 도심으로의 움직임이 있음을 볼 수 있다.

어떤 경우에도 청중을 생각하자. 이 지도는 워싱턴 DC 지하철 정기 이용 승객에게는 흥미로울 수 있지만 도시 계획자가 애틀랜타나 댈러스 또는 베를린에서 이 지도를 보여준다면 그만큼의 호응은 없을 수도 있다. 그 지역 관객들은 이 지도의 모양과 배열이 생소할 수 있기 때문이다. 언제나 그렇듯이 우리는 청중의 필요와 전문성과 기대를 고려해야 한다.

비례 기호 및 점 밀도 지도

지도의 데이터 시각화에서 사용 가능한 부호화 방법으로 색상과 크기만 있는 것이 아니다. 선, 화살표, 점, 원, 아이콘, 심지어 작고 조밀한 막대 그래프와 원형 차트 등의 다양한 모양과 개체를 모두 지도에 배치할 수 있다. 데이터에 비례해 기호의 크기가 조정되기 때문에 이를 비례 기호 지도proportional symbol map라고 한다. 단, 지도가 어수선해지지 않도록 주의하지 않으면 가장 중요한 정보를 식별하는 데 어려움을 겪을 것이다.

유럽의 1인당 GDP 격차 (2017)

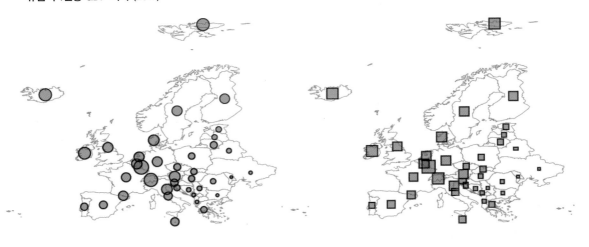

(출처: 세계은행)

선, 화살표, 점, 원 등의 다양한 모양과 개체를 모두 지도에 배치하고 데이터값에 따라 크기를 조정할 수 있다.

위의 두 지도는 유럽 국가별 1인당 GDP를 색상으로 표시하는 대신 원과 사각형으로 부호화해서 보여준다. 이전 시각화에서 보았듯이 겹치는 모양을 표시하려면 반투명 색상을 사용해야 한다. 벨기에와 네덜란드 주변처럼 밀집된 지역에서는 개별 국가에 해당하는 모양을 찾기 어려울 수 있다. 원과 같은 모양을 보고 정확한 값을 식별하기 어렵다는 점 외에도 밀집된 지역에서 지리적 단위를 구별하는 것도 어려울 수 있다.

점 밀도 지도^{dot density map} 또는 점 분포 지도^{dot distribution map}는 데이터값의 존재를 표시하기 위해 점 또는 기타 기호를 사용한다. 이는 비례 기호 지도를 살짝 특이하게 사용한 예다. 기호는 단일 데이터값(일대일 대응) 또는 여러 값(일대다 대응)을 나타낼 수 있다. 이런 종류의 지도는 대용량 데이터 처리가 요구되기도 하지만 단계구분도 또는 카토그램에서 시각화하기 어려운 공간 패턴과 밀집 지역(클러스터)을 부각시킬 수 있다.

점 밀도 지도는 기호의 군집화^{clustering}를 통해 지리적 밀도를 빠르고 쉽게 표시하기 때문에 유용하다. 한편, 이런 지도를 제작하려면 주소 또는 경도-위도 쌍과 같은 정확한

점 밀도 지도는 하나(또는 여러) 데이터값에 대해 하나의 점 또는 기호를 표시한다. '유사성' 게슈탈트 원리에 따라 인구 밀집 지역이 국토 전역에 흩어져 있는 양상을 볼 수 있다. (출처: ©2013, Weldon Cooper Center for Public Service, Rector and Visitors of the University of Virginia, 제작: 더스틴 A. 케이블(Dustin A. Cable))

지리적 위치 정보가 필요하지만 그런 정보는 대체로 구하기 어렵거나 공표할 수 없다는 어려움이 있다. 따라서 그런 경우에는 특정 지리적 영역 내의 대략적인 또는 임의의 위치에 기호를 배치해야 한다.

앞의 미국의 점 밀도 지도를 살펴보자. 이 지도는 2010년 미국 인구 조사 데이터를 사용해 전국의 3억 8천만 거주자 각각에 대해 한 개의 점을 해당 인구 조사 단위 지역 위에 표시했다. 색상은 각각의 인종 및 민족 집단을 나타낸다. 백인은 파란색, 흑인은 녹색, 아시아인은 빨간색, 히스패닉 또는 라틴계인은 주황색, 아메리카 원주민과 기타 인종은 갈색이다. 2장에서 본 지도와 마찬가지로 이 지도에는 데이터만 표시됐고, 주 경계나 도시 표식 등의 레이블이 없다. 그럼에도 도시와 국경 및 해안에 사람들이 모여 살기 때문에 여전히 미국의 모습으로 인식될 수 있다.

흐름 지도

흐름 지도flow map는 장소 간의 움직임을 보여준다. 화살표와 선은 흐름의 방향을 나타내며 선의 너비는 데이터값에 해당할 수 있다. 앞서 미국과 세계 여러 지역 간의 수출입 흐름을 보여주는 흐름 지도의 한 예를 보았다(146페이지). 흐름 지도로 정성적 데이터를 부호화할 수도 있다. 이 경우 방향 기호의 너비가 데이터값을 나타내지 않을 수 있다.

흐름 지도에는 여러 유형이 있다. 방사형 흐름 지도radial flow map (원점-목적지 지도라고도 함)는 하나의 원점에서 여러 목적지를 향한 흐름을 나타낸다. 분산형 흐름 지도distributive flow map는 비슷하지만 원점에서 출발한 흐름이 다시 여러 갈래로 나뉠 수 있다는 점이 다르다. 비행기 기내 잡지에 실린 지도가 그런 예다. 델타항공 기내지 뒷면에 실린 지

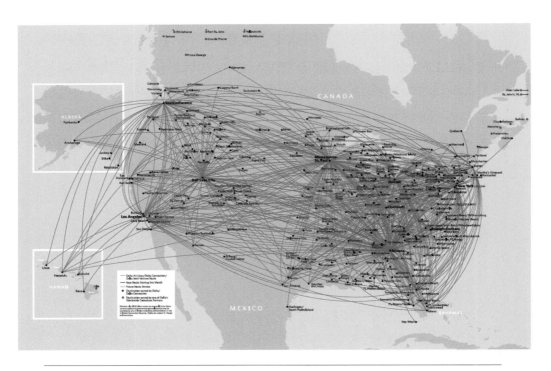

흐름 지도는 장소 간의 움직임을 보여준다. 델타항공의 이 흐름 지도는 어수선해 보이지만 '타의 추종을 불허하는 운항 노선'을 보여준다는 항공사의 목적을 잘 충족시키고 있다.

도를 다음에 나타냈다. 이것은 다양한 연결을 모두 보여주기 때문에 분산형 흐름 지도에 해당한다.

이 지도를 보고 "와, 복잡하다! 여기서 내 노선을 어떻게 찾지?"라는 생각이 들 수도 있다. 그러나 개별 노선을 찾는 것은 이 지도의 목적이 아니다. 이 지도의 의도는 (적어도 내가 추론하기로는) 델타항공이 미국 전역에서 제공하는 모든 항공편을 보여줌으로써 '타의 추종을 불허하는 국내 운항 노선'을 보유하고 있음을 나타내기 위한 것이다. 모든 비행 노선이 얽혀 있는 그림을 통해 그 메시지를 전달한다.

아마도 가장 유명한(적어도 데이터 시각화 분야에서) 흐름 지도는 샤를 조셉 미나르Charles Joseph Minard가 1869년에 만든, 나폴레옹의 1812–1813년도 러시아 원정 지도와, 이보다는 덜 유명한 기원전 218년 한니발의 알프스 경유 로마 진군 지도일 것이다. 프랑스의 도시공학자 미나르는 수십 년에 걸친 심층 연구를 통해 자신의 연구를 뒷받침하는 매력적인 시각 자료를 제작했다. 다음 그림 하단의 나폴레옹의 원정 지도는 나폴레옹 군대의 러시아 진격과 그 후 퇴각 과정에서 겪은 '점진적인 인명 손실'을 보여준다.

278페이지 그림 왼쪽부터 보면 1812년 6월, 42만 명의 병력이 러시아를 침공했다. 4개월 후 군대가 모스크바에 도달할 즈음에는 10만 명의 병력만 살아남았다. 나폴레옹이 가을에 퇴각 명령을 내렸을 때 군대는 섭씨 영하 30도까지 떨어지는 극심한 추위에 맞서 싸워야 했고, 결국 1813년 말에 러시아를 떠날 때의 병력은 1만 명으로 줄었다.

미나르의 지도는 여섯 가지 데이터값을 한 장의 그림으로 통합한다.

1. 병력(선의 두께)
2. 이동 거리(오른쪽 하단 눈금)
3. 온도(하단 꺾은선 그래프)
4. 시간(하단 꺾은선 그래프에 포함)
5. 이동 방향(색상으로 표시–갈색은 동쪽으로 진군, 검은색은 후퇴)
6. 지리(도시, 강, 전투–전부는 아니고 일부만 표시)

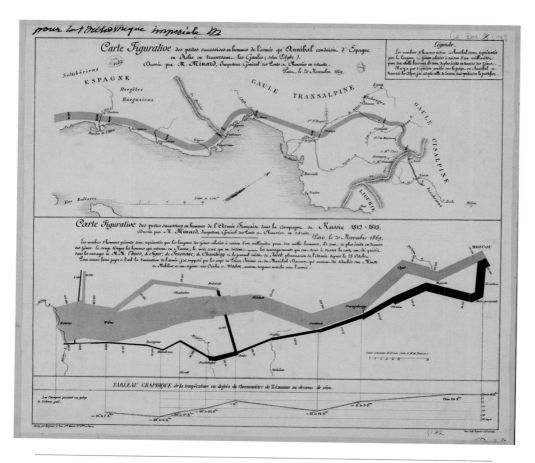

샤를 조셉 미나르의 한니발과 나폴레옹의 지도는 두 군대의 진군을 나타낸다. (사진 제공: 프랑스 국립고등교량도로학교 (École Nationale des Ponts et Chaussées))

작가 샌드라 렌드겐Sandra Rendgen은 저서 『미나르 시스템The Minard System』(Princeton Archi
tectural Press, 2018)에서 다음과 같이 언급했다.

> 나폴레옹의 원정 50년 후에 미나르는 이 시각 자료를 만들었다. 이것은 개념
> 전환의 훌륭한 사례였다. 미나르는 군사 작전의 시각화에 흐름 기법을 적용하
> 면서 모든 초점을 흐름 속에 있는 사람들의 수라는 오직 하나의 변수에 집중
> 했다. 그리고 이 변수는 급격하고 꾸준한 감소라는 오직 한 종류의 변화에 초

점을 맞춘다. 이 강력하고 통렬한 메시지 덕분에 전쟁의 대격변에 대한 이야기를 두 편의 지도(특히 나폴레옹 지도)를 통해 성공적으로 전달할 수 있었던 것 같다.

결론

이 장에서 지리 데이터 시각화가 가진 잠재력과 위험을 살펴봤다. 때로는 지리적 단위를 다양한 크기로 변화시키면 데이터가 왜곡될 수 있다. 혹은 데이터에 맞게 지리적 모양을 조정하면 익숙했던 지도가 낯설게 느껴질 수 있다.

지리 데이터로 작업할 때는 본능적으로 지도를 만들고 싶을 것이다. 그러나 잠시 생각해보라. 과연 지도가 그 데이터를 표시하는 최선의 방법인가? 데이터값 간의 차이를 정확하게 확인해야 하는가? 그렇다면 지도에 내재된 합역 문제로 인해 어려움이 생길 수 있다. 가시화될 수 있는 명확한 지리적 패턴이 데이터에 있는가? 그렇지 않다면 지도는 요점 전달에 도움이 되지 않을 수 있다.

데이터 지도가 실제로 올바른 접근 방식이라면 어떤 투영법을 사용할 것인지, 표준 형태의 단계구분도가 최선의 선택인지 등을 신중하게 검토하라. 맥락과 독자의 관점에서 카토그램이 (비록 몇 가지 단점에도 불구하고) 더 나은 선택일 수도 있다.

가장 좋은 방법은 여러 시각화 유형을 결합하는 것일 수도 있다. 최종 게시 유형에 따라 복합적 시각화를 사용할 수 있다. 막대 차트나 표가 삽입된 지도가 한 예가 될 것이다. 이런 복합적 접근 방식은 친숙한 시각화 유형을 통해 독자가 자신의 위치를 식별할 수 있게 하고, 더 나아가 실제 데이터를 더 자세하게 살펴볼 수 있도록 도와준다.

관계

이 장은 두 개 이상의 변수 간 관계relationship 및 상관관계correlation를 보여주는 차트를 살펴본다. 이런 차트 중에서 가장 친숙한 유형은 데이터가 가로축과 세로축으로 부호화되는 산점도일 것이다. 다른 모양과 개체를 사용해 둘 이상의 변수 간 관계를 시각화할수도 있다. 평행 좌표 플롯은 선을 사용하고 코드 다이어그램은 원 안에 호를 그려 사용한다. 이런 차트는 상관관계와 인과 관계까지도 보여줄 수 있다.

이 장은 스웨덴의 학자 한스 로슬링Hans Rosling과 통계 시각화를 전문으로 하는 갭마인더Gapminder 재단의 그의 동료들이 만든 유명한 거품 차트의 색상 배색표와 글꼴을 사용한다. 로슬링의 갭마인더 프로젝트는 특정 데이터 시각화 스타일 가이드를 만들지는않지만 이 장의 시각화는 갭마인더 웹사이트에서 사용된 시각화 자료의 기본 색상과글꼴Bariol 및 기타 스타일을 차용한다.

산점도

산점도scatterplot는 두 변수 간의 상관관계의 유무를 나타내는 가장 일반적인 시각화 방식일 것이다. 하나의 변수는 가로축을, 다른 하나는 세로축을 따라 그려지고, 이렇게생성된 공간에 구체적인 관측치가 표시된다. 막대 차트와 달리 산점도의 축은 0에서

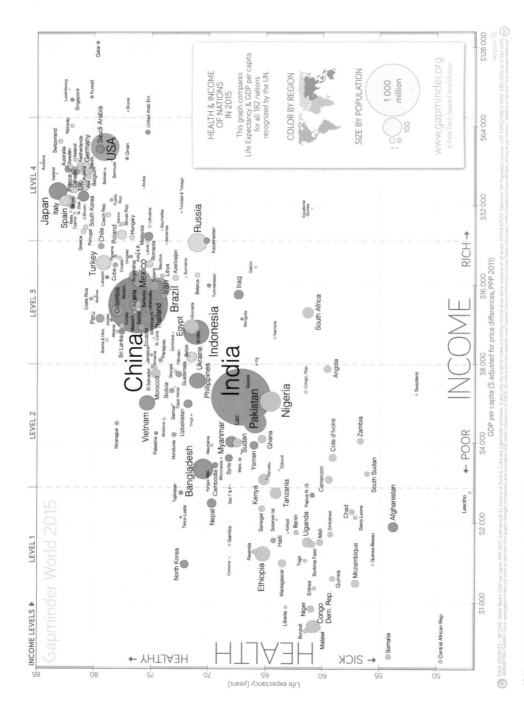

(출처: www.gapminder.org에서 제공하는 무료 차트예시 발췌)

(출처: XKCD[1])

시작할 필요가 없다. 특히 0을 데이터값으로 가질 수 없는 데이터 계열의 경우는 더욱 그렇다.

두 변수 간 관계를 보여주는 유명한 그래프 중 하나는 로슬링과 갭마인더의 동료들이 만든 산점도 세트이다. 내과 의사 출신으로서 약 20년간 아프리카 농촌 지역에서 공중 보건을 연구한 로슬링은 매력적인 프레젠테이션과 데이터 시각화, 그리고 국제 개발 문제 탐구를 위해 데이터 사용을 장려하는 것으로 유명하다. 2014년 테드토크^{TED Talk}에서 그는 세계 각국의 출산율(여성 1인당 출생 수)과 출생시 기대 수명의 관계를 나타낸 애니메이션 산점도를 보여줬다.

앞서 말했듯이, 산점도를 포함한 여러 비표준 그래프 유형은 생소할 수 있다. 이런 시각화를 사용할 수 없다는 의미는 아니지만, 이런 시각화가 낯설 수 있음을 염두에 두고 그래프의 이해를 도울 방법을 궁리해야 한다.

산점도를 비롯한 여러 비표준 그래프 유형의 데이터를 읽는 데에는 익숙하지 않더라도 많이 보았을 수는 있다. 예를 들어, 다음 페이지에 있는 「뉴욕 매거진^{New York Magazine}」의 주간 인정 매트릭스^{Approval Matrix}는 "멋대로 남의 수준을 평가하는, 간단 명료한 시사 가이드"이다. "고상한^{Highbrow}–대중적인^{Lowbrow}"을 나타내는 세로축과 "끔찍한^{Despicable}–훌륭한^{Brilliant}"을 나타내는 가로축으로 정의된 공간에 텍스트, 이미지, 아

---

1 미국의 과학 웹툰 사이트 – 옮긴이

인정 매트릭스 멋대로 남의 수준을 평가하는 간단 명료한 시사 가이드

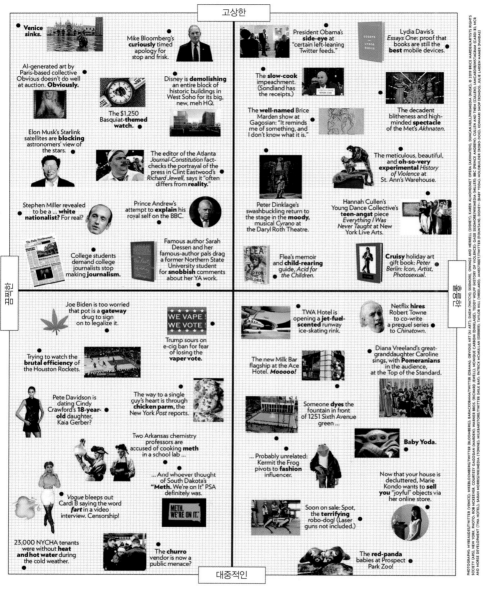

「뉴욕 매거진」의 인정 매트릭스(Approval Matrix)는 데이터를 기반으로 하지는 않았지만 산점도에 해당한다.

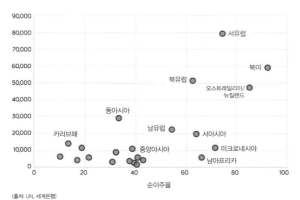

순이주율과 1인당 GDP는 양의 관계를 나타낸다
(1인당 GDP)

(출처: UN, 세계은행)

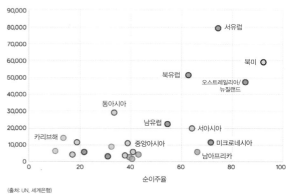

순이주율과 1인당 GDP는 양의 관계를 나타낸다
(1인당 GDP)

(출처: UN, 세계은행)

두 산점도 모두 순이주율과 1인당 GDP의 관계를 나타낸다. 왼쪽은 반투명한 한 가지 색상을, 오른쪽은 지역별로 반투명한 여러 색상을 사용했다.

이콘 등이 그려진다. 인기 뉴스를 나열하는 가벼운 방법이지만 본질적으로는 산점도에 해당한다.

데이터 기반의 산점도를 보자면, 위의 두 산점도는 가로축은 순이주율net immigration rate(순이주율은 한 지역으로 이주해 들어오는 사람 수를 이주해 들어오는 사람과 나가는 사람을 합한 총 이주자 수로 나눈 값이다),[2] 세로축은 1인당 국내총생산GDP을 표시한다. 왼쪽 버전은 반투명한 색상을 사용해서 겹치는 값을 볼 수 있다. 오른쪽 산점도도 반투명 효과가 사용되지만 지역별로 다른 색상이 사용됐다.

산점도는 두 변수의 상호 연관성 확인에 유용하다. 두 변수가 동일한 방향(가로축을 따라 오른쪽으로, 세로축을 따라 위로)으로 이동하면 양의 상관관계가 있다고 한다. 즉, 두 변수가 동시에 커지거나 작아지면 양의 상관관계가 있다. 서로 반대 방향으로 움직이면 음의 상관관계가 있다고 한다. 그리고 명백한 관계가 없으면 상관관계가 없다(286페이지의 상자 참조). 위의 두 산점도에서 두 측정 항목이 양의 상관관계가 있음을 시각적으로

---

2   저자는 이 책에서 순이주율을 이와 같이 정의하고 이어지는 그림에서 순이주율과 이주율을 같은 의미로 사용하고 있음을 밝혀둔다. – 옮긴이

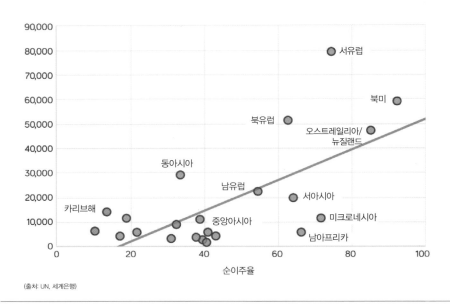

순이주율과 1인당 GDP는 양의 관계를 나타낸다

(1인당 GDP)

(출처: UN, 세계은행)

데이터를 가장 잘 설명하는 선(a line of best fit)은 두 변수 사이의 상관관계를 시각화한다.

알 수 있다. 즉, 1인당 GDP가 높은 지역, 특히 서유럽 및 북유럽, 호주/뉴질랜드 및 북미 지역의 순이주율이 더 높다.

상관관계를 더욱 확실히 하는 방법은 통계학자가 '데이터를 가장 잘 설명하는 선ᵃ ˡⁱⁿᵉ ᵒᶠ ᵇᵉˢᵗ ᶠⁱᵗ'이라고 부르는 직선을 산점도에 추가하는 것이다. '회귀선ʳᵉᵍʳᵉˢˢⁱᵒⁿ ˡⁱⁿᵉ' 또는 '추세선ᵗʳᵉⁿᵈˡⁱⁿᵉ'이라고도 하는 이것은 관계의 대략적인 방향을 보여준다. 최적의 추세선을 계산하는 통계 기법은 이 책의 범위를 벗어난다. 하지만 계산을 통해 이 선을 추가하면 두 변수가 어느 방향으로(그리고 어느 정도로) 상관되는지 더 명확하게 보여줄 수 있다.

산점도는 더욱 널리 사용되지만 여전히 그것을 읽고 이해하기 어려워하는 사람들이 있을 수 있다. 2016년 퓨 리서치 센터 설문 조사에 따르면 약 60%의 사람들이 산점도의 내용을 정확하게 식별할 수 있었다.

상관관계

"상관관계는 인과 관계를 암시하지 않는다"는 금언을 들어 봤을 것이다. 이 이야기가 널리 회자되는 이유는 실제로 우연한 변수 사이에 인과 관계가 존재한다고 믿는 경우가 많기 때문일 것이다. 사람들은 더운 날씨에 아이스크림을 더 많이 먹는다. 그러나 아이스크림을 많이 먹는다고 기온이 올라가는 것은 아니다. 데이터를 보고 변수 간 관계를 시각화할 때 어떤 것이 상호 연관성이 있고, 어떤 것이 인과 관계가 있을 수 있는지 신중하게 분별해야 한다. 아는 것이 적을수록 인과 관계보다 상관관계를 더 많이 발견하게 된다.

상관관계는 두 정량적 변수 간의 선형 연관성의 정도를 측정한 것이다. 상관관계를 측정하는 가장 일반적인 값은 피어슨(Pearson) 상관 계수로, 변수 간 선형 연관성을 측정하며 일반적으로 그리스 문자 ρ(rho, 로)로 표시된다.

선형 상관 계수의 부호와 값은 변수 간 관계의 방향과 크기를 나타낸다. 상관 계수 값은 −1에서 +1 사이이다. +1은 완전 음의 상관관계를, +1은 완전 양의 상관관계를 나타내며, 0은 선형 상관관계가 없음을 나타낸다. 양의 상관 계수는 양의 상관관계를 나타낸다. 즉, 한 변수가 커지면 다른 변수도 커진다. 계수가 음수이면 변수가 반대 방향으로 움직이고 한 변수는 다른 변수가 작아질수록 커진다.

이 논의는 이런 선형 연관(관계)과 관련이 있으며, 두 변수가 비선형 관계를 가질 수도 있다. 선형 연관(linear association)은 변수와 변수 간의 직선 관계를 설명하는 통계 용어이다. 간단한 예는 거리를 시간과 속도로 계산하는 방법이다. 이 경우, 우리가 2시간 동안 시속 60킬로미터의 속도로 운전한다면 120킬로미터를 이동할 것이다. 주행 속도는 시간이 지나도 변하지 않으므로 관계는 선형이다.

한편, 비선형 연관성은 직선적인 선형 추세에서 벗어나거나 곡선을 그리는 데이터의 패턴을 나타낸다. 예를 들어 회사가 신제품을 통해 얻는 이익을 생각해보라. 신제품이 출시되면 경쟁이 거의 없고 매출이 증가한다. 판매가 계속 증가함에 따라 제품의 인지도가 올라가고 수익이 증가한다. 경쟁 기업이 유사 제품을 만들어 출시하면 원래 제품의 가격은 하락하고 수익이 감소한다. 그러면 처음 회사는 또 다른 신제품을 개발하고 전체 주기가 다시 시작된다.

아래 이미지에서 볼 수 있듯이 두 데이터값이 완벽하게 양 또는 음의 상관관계가 있을 때 단일 직선 상에 놓인다. 두 값이 위 또는 아래로 나란히 이동하면 양의 상관관계 또는 음의 상관관계가 있다고 한다. 오른쪽 하단 그래프의 데이터는 특이값이 상관관계 측정에 미치는 영향을 보여준다. 데이터 포인트 한 개를 그래프의 왼쪽 상단 부분으로 이동하면 상관관계가 +1.0에서 +0.8로 감소한다.

이런 시각 자료는 분석을 수행할 때 데이터를 눈으로 확인하는 것이 얼마나 중요한지를 강조한다. 데이터 시각화는 작업 결과를 남에게 전달할 때 뿐만 아니라 자체적인 데이터 탐색에도 도움이 된다. 데이터 시각화는 다른 방법으로는 볼 수 없었던 패턴과 관계를 드러낼 수 있다. 이 작업을 업무 흐름의 마지막까지 미루지 않는 것이 중요하다.

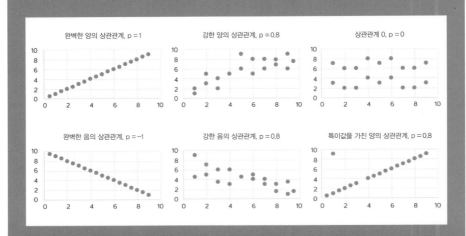

2016년 마이애미 대학교의 저널리즘 교수인 알베르토 카이로(Alberto Cairo)는 산점도에 점으로 공룡을 그리고 이를 '데이터사우르스(Datasaurus)'라고 명명했다. 그의 목표는 탐색 단계에서 데이터 시각화의 중요성을 보여주는 것이었다. 데이터 시각화 수업을 가르치는 교수가 학생들에게 평균 x값 54.26, 평균 y값 47.83, x 표준 편차 16.76, y 표준 편차 26.93, 피어슨 상관 계수 −0.06 이라는 특징을 가지는 142개의 데이터 포인트로 산점도를 그리도록 요청했다고 가정해보라. 누가 공룡을 그릴 것이라고 생각이나 할까?

2017년 논문에서 연구원 저스틴 마티카(Justin Matejka)와 조지 피츠모리스(George Fitzmaurice)는 '데이터사우르스'를 한 단계 더 발전시켜 동일한 요약 통계(평균, 표준 편차 및 상관관계)를 유지하는 12가지 대안을 생성했다. 카이로의 '데이터사우르스', 마티카와 피츠모리스의 논문, 그리고 1장에서 언급한 앤스컴의 4종 세트가 주는 메시지는 요약 통계에만 의존해서는 안 되며 데이터를 시각화해서 확인할 필요가 있다는 것이다.

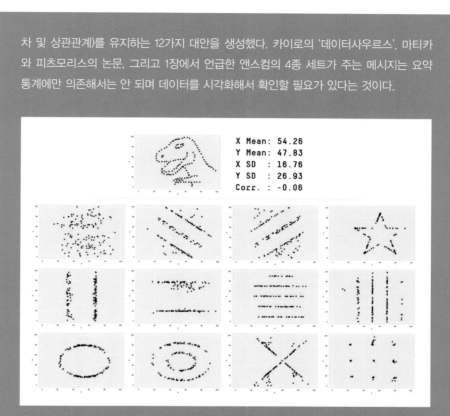

(출처: Matejka and Fitzmaurice, 2017)

거품 플롯

산점도는 제3의 변수로 원의 크기를 변경해 거품 플롯^{bubble plot}(또는 거품 산점도)으로 변환할 수 있다. 데이터 포인트는 반드시 원일 필요는 없으며 데이터에 대한 인식을 왜곡하지 않는 한 다른 모양이어도 괜찮다. 다룬 부분에서 이미 언급했듯이 원의 크기는 반경이 아닌 면적을 기준으로 해야 한다(123페이지 참조). 색상은 특정 포인트를 그룹화하거나 강조하고 시선을 유도할 때 유용하다.

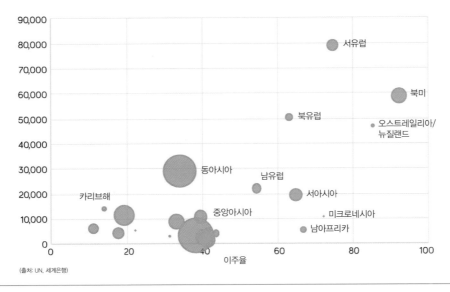

이주율과 1인당 GDP 사이의 양의 상관관계

(1인당 GDP. 원의 크기는 인구를 나타낸다)

(출처: UN, 세계은행)

거품 차트는 일반 산점도에 제3의 변수를 추가한 것이다. 이 도표에서 원의 크기는 각 지역의 인구를 나타낸다.

다음 거품 플롯의 원은 각 지역 인구에 따라 크기가 달라진다. 양의 관계가 여전히 분명하지만 이제는 각 지역의 상대적 크기를 볼 수 있다.

거품 플롯은 흔하지 않은 그래프이므로 레이블과 주석을 통해 차트와 그 내용을 안내하는 배려가 특히 더 필요하다. 한 가지 방법은 각 축과 축 방향에 따른 변화에 대해 레이블을 지정하는 것이다. 다음 페이지의 거품 플롯에는 가로축 중앙에 '순이주율'이라는 레이블을, 그리고 그 양쪽에 '낮은 순이주율' 및 '높은 순이주율'이라는 레이블을 표시했다.

더 상세한 안내를 위해 두 변수 값이 동일한 45도 선을 추가할 수 있다. 또한 특정 포인트를 색상이나 윤곽선으로 강조하거나 텍스트로 특정 데이터 포인트에 대한 설명을 추가할 수 있다. 적절하게 레이블이 지정된 이런 요소는 그래프와 콘텐츠가 잘 이해되도록 돕는다. 산점도를 읽는 방법을 아는 사람도 포인트가 너무 많으면 해석에 어려움을 겪기도 한다.

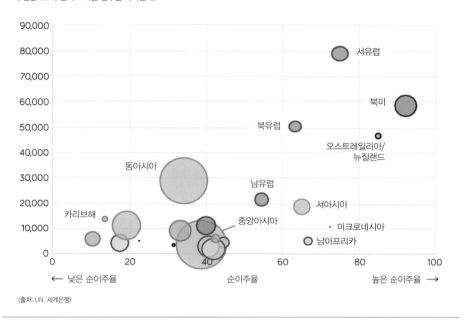

순이주율과 1인당 GDP 사이의 양의 상관관계

(1인당 GDP, 원의 크기는 인구를 나타낸다)

(출처: UN, 세계은행)

이전과 마찬가지로 추가 색상을 통해 다른 변수를 표시할 수 있다. 이 예는 지역별로 다른 색을 사용했다.

텍스트, 색상, 외곽선 등으로 특정 포인트에 레이블을 지정하면 차트를 차근차근 살펴 보도록 도움을 주고 시선을 유도할 수 있다. 위의 플롯에는 지역별 색상을 추가했다. 다음 두 예는 같은 방식으로 세계 200여개 국을 표시했다. 이처럼 색상을 사용하면 독 자가 지역을 식별할 수 있다. 특정 영역만을 강조하려면 관심 영역에 색상을 사용하고 나머지는 회색을 사용해서 배경화할 수 있다.

산점도에 대한 마지막 두 가지 요점은 다음과 같다.

첫째, 293페이지와 같이 모든 데이터 포인트에 대한 레이블이 포함된 산점도를 종종 볼 수 있다. 이런 그림은 읽지 못할 만큼 중첩된 레이블 때문에 압도적으로 복잡하다. 다행히 우리는 레이블이 정보를 전달하는 유일한 방법이었던 시대를 훨씬 넘어섰다. 레이블을 구체적으로 표시하지 않은 일부 포인트의 정확한 위치를 알고 싶은 독자가

이주율과 1인당 GDP 사이의 양의 상관관계

(1인당 GDP)

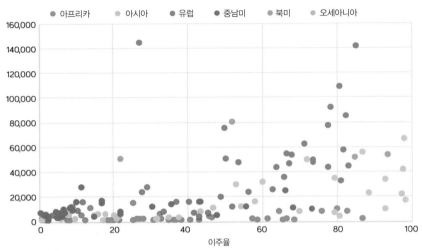

(출처: UN, 세계은행)

유럽 국가들은 1인당 GDP와 이주율이 높은 편이다

(1인당 GDP)

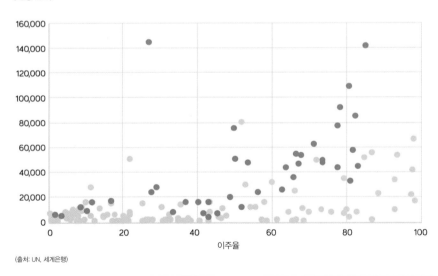

(출처: UN, 세계은행)

앞서 본 것처럼, 색상을 전략적으로 사용해 특정 그룹 또는 특정 데이터 포인트를 부각시킬 수 있다. 상단의 그래프는 세계의 여러 지역을 다른 색상으로 표시했다.

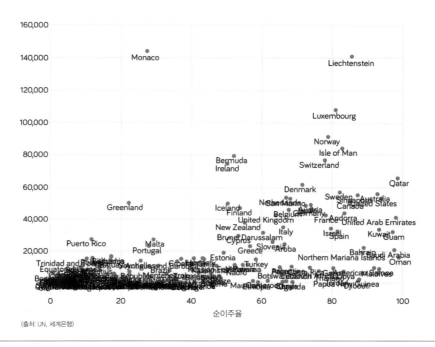

이주율과 1인당 GDP 사이의 양의 상관관계

(1인당 GDP)

(출처: UN, 세계은행)

순이주율

모든 데이터 포인트에 레이블을 표시해야 하는 경우는 극히 드물다. 데이터의 가독성을 높이려면 불필요한 요소를 제거해야 한다.

있다면 온라인에 데이터 파일을 게시하거나 태블로나 PowerBI 등의 도구로 대화형 버전을 만들 수 있다. 예를 들어, 많은 학술 연구자들은 학술 잡지처럼 대학 웹사이트에 저자 웹 페이지를 가지고 있다. 그곳은 그래프의 기본 데이터를 게시할 수 있는 좋은 장소이다.

둘째, 데이터를 정규화하거나, 변화율을 계산하거나, 데이터의 로그를 취하면 그래프가 시각적으로 더욱 명료해질 수 있다. 이는 데이터가 시각적으로 너무 조밀하게 모여 있는 경우 특히 그렇다. 로그는 말하자면 다른 방식으로 작성된 지수이다. 수학의 지수 법칙을 사용한 로그 변환은 절대값 대신 상대값을 표시한다. 로그 데이터를 시각화하면 분포의 과도한 치우침을 완화할 수 있다.

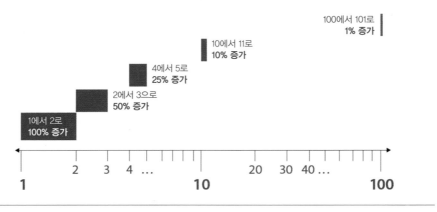

로그 척도에서 100에서 101로 가는 것은 1에서 2로 가는 거리의 약 1%이다. Lisa Charlotte Rost(2018) 참조.

101 빼기 100과 2 빼기 1이 같다는 사실은 로그 척도에서는 중요하지 않다. 100에서 101로 이동하면 1% 증가하고 1에서 2로 이동하면 100% 증가한다는 것이 중요하다. 따라서 로그 척도에서 100에서 101로 가는 것은 1에서 2로 가는 거리의 약 1%이다.

절대값(수준)과 상대값(로그)의 차이를 이해하기 위해 일부 샘플 데이터를 그래프로 표시해보자. 왼쪽의 그래프는 2, 4, 8, 16, 32 등으로 두 배씩 증가하는 숫자를 보여준다. 선형 척도에서는 각 순차 값이 점점 더 멀어지는 '지수'곡선을 볼 수 있다. 대조적으로

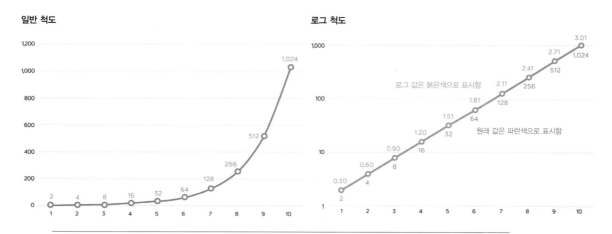

로그 값은 절대값 대신 상대값을 표시할 때 유용하다.

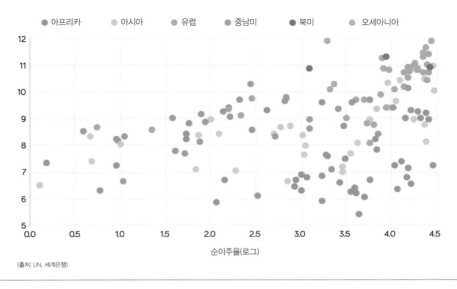

이주율과 1인당 GDP 사이의 양의 상관관계

(1인당 GDP, 로그)

● 아프리카 ● 아시아 ● 유럽 ● 중남미 ● 북미 ● 오세아니아

순이주율(로그)

(출처: UN, 세계은행)

양쪽 변수의 로그를 취하면 데이터가 그래픽 공간에 더 고르게 퍼질 수 있다.

로그 플롯(오른쪽 그래프)에서 각 격자선은 이전 격자선(1, 10, 100, 1,000)에 비해 10배 증가를 나타낸다. 이 표현 방식에서는 동일한 데이터가 (증가 속도가 같음에도) 곡선이 아니라 직선으로 그려진다.

GDP−이주율 산점도에서는 1인당 GDP와 순이주율이 둘 다 낮은 국가들이 원점 주변에 모여 있다. 두 변수의 로그를 취하면 데이터가 그래픽 공간에 고르게 퍼진다. 단점은 로그(또는 다른 종류의 변환)가 직관적으로 바로 이해되지 않는다는 것이다. 룩셈부르크의 1인당 GDP가 107,865달러라는 것은 우리 모두 이해할 수 있는 수치이지만, 로그로 나타낸 1인당 GDP가 11.59달러라는 것은 쉽게 이해할 수 없다.

다음은 로그 척도를 사용하는 다른 예다. 이것은 시계열 데이터를 사용해 시간에 따른 상대적 변화를 볼 수 있다. 온라인 데이터 시각화 도구인 데이터래퍼^{Datawrapper}의 디자이너이자 블로거인 리사 샬롯 로스트^{Lisa Charlotte Rost}는 뉴질랜드 관광 데이터를 사용해 로그 변환의 작동 방식을 보여줬다. 또한 그런 방식이 시간에 따른 변화를 보여주

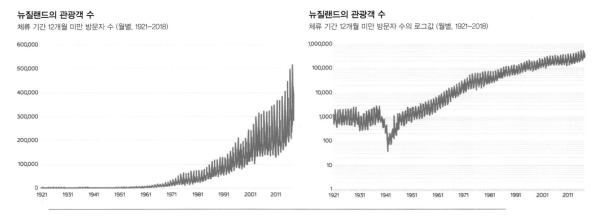

뉴질랜드의 관광객 수
체류 기간 12개월 미만 방문자 수 (월별, 1921-2018)

뉴질랜드의 관광객 수
체류 기간 12개월 미만 방문자 수의 로그값 (월별, 1921-2018)

뉴질랜드 방문객 수가 2차 세계 대전 기간 동안 급락한 양상이 왼쪽 그래프에서는 보이지 않지만 데이터를 로그값으로 바꾸면 그 변화가 보인다. Lisa Charlotte Rost (2018)

는 데이터의 표시와 이해에 어떤 영향을 미치는지도 보여주었다. 왼쪽 꺾은선 차트에는 1921년부터 2018년까지 월별 관광객 수를 표시했다. 기간 시작부터 약 1970년까지 비교적 평탄한 패턴을 볼 수 있다. 그 후 방문자 수가 증가한다. 오른쪽 버전은 로그 값을 사용하므로 상대적인 방문자 수를 보여준다. 여기에서 우리는 제2차 세계 대전 중인 1940년대 초에 뚜렷한 하락을 볼 수 있다. 왼쪽 그래프는 절대적인 숫자의 감소를 뚜렷하게 보여주지 않지만(관광객 수는 1939년 초 약 2,000명에서 1942년 100명 미만으로 감소) 상대적인 수로는 급격한 감소를 나타냈다.

데이터의 변환이 적절한지 여부는 대부분 어떤 질문에 답변을 하는지에 달려 있다. 상대값을 구하는가, 절대값을 구하는가? 퍼센트 변화를 보려 하는가, 수준 변화를 보려고 하는가? 이런 질문에 대해 정답이 따로 정해져 있지는 않다. 각각 장단점이 있을 따름이다.

평행 좌표 플롯

산점도는 가로축과 세로축으로 표시되는 두 변수 데이터를 다룬다. 하지만 시각화할 변수가 더 많은 경우가 있다. 그럴 때 평행 좌표 플롯parallel coordinates plot이 활용된다.

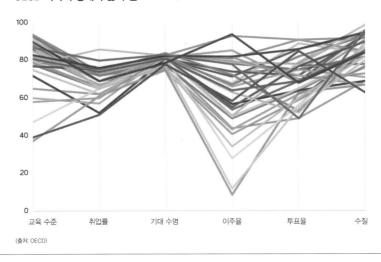

OECD 국가의 경제적 삶의 질

교육 수준　취업률　기대 수명　이주율　투표율　수질

(출처: OECD)

평행 좌표 플롯은 여러 수직축에 데이터를 표시해 2개 이상의 변수 사이의 상관관계를 나타낸다.

평행 좌표 플롯에서 데이터값은 여러 개의 세로축을 따라 그려지고 선으로 연결된다. 산점도에서와 같이 축은 다른 측정 단위를 가지거나 척도를 균일하게 유지하기 위해 백분율 등으로 정규화할 수 있다. 따라서 평행 좌표 플롯은 두 변수 간 상관관계의 시

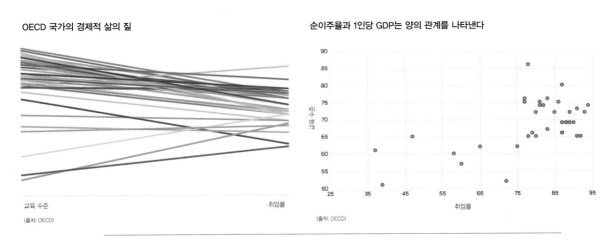

OECD 국가의 경제적 삶의 질

교육 수준　취업률

(출처: OECD)

순이주율과 1인당 GDP는 양의 관계를 나타낸다

(출처: OECD)

평행 좌표 플롯의 두 축만 놓고 보면(기울기 차트와 비슷하다) 두 변수 간의 관계를 알아보기가 훨씬 쉽다. 이 데이터를 다르게 표시한 것이 산점도다.

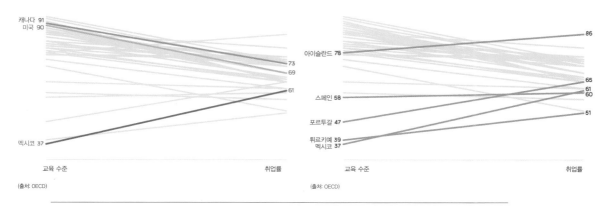

북미 지역 국가의 교육 수준과 취업률의 관계

다섯 개 국가의 교육 수준과 취업률의 관계

(출처: OECD)

(출처: OECD)

기울기 차트와 마찬가지로 다양한 색상, 선 굵기 및 기타 시각적 요소를 사용해 특정 영역이나 데이터값을 강조할 수 있다.

각화 대신 한 그림 안에서 여러 상관관계를 보여준다.

예를 들어, 297페이지 상단의 평행 좌표 플롯은 세계 32개국의 이주와 관련된 여섯 가지 변수 사이의 상관관계를 보여준다. 각 세로축은 학력, 취업률, 기대 수명과 같은 변수를 나타내며 각 선은 국가를 나타낸다.

하지만 이 그래프는 정말 읽기 어렵다! 저마다 다른 색을 가진 너무 많은 선이 여러 장소에서 교차한다. 평행 좌표 플롯의 문제를 해결하기 전에 우선 단순화시켜 보자.

첫 두 축을 따로 확대해서 보면 기울기 차트와 유사한 가장 간단한 평행 좌표 플롯이 표시된다(기울기 차트는 시간에 따른 변화를 보여주고 평행 좌표 플롯은 서로 다른 변수를 비교하는 데 사용되기 때문에 5장의 기울기 차트와 구별된다). 여기서는 학력과 취업률 사이의 관계를 표시한다. 왼쪽 축(교육)의 상단에 있는 선(국가)도 오른쪽 축(취업률)의 상단에 가깝기 때문에 이 두 변수는 양의 상관관계가 있다(선의 기울기를 보는 것이 아니라 각 축 상에서 점의 상대적 위치를 보는 것이다). 이것은 오른쪽 산점도에도 분명하게 나타난다. 항상 그렇듯이 어떤 차트를 사용할 것인지는 목적과 대상에 따라 다르다.

기울기 차트와 마찬가지로 다양한 색상, 선 굵기 등의 요소나 텍스트로 특정 영역 또는 데이터값을 강조할 수 있다. 예를 들어 북미 국가(왼쪽 그래프) 또는 위쪽으로 기울어진

선(오른쪽 그래프)만 강조할 수 있다.

여섯 개의 변수가 모두 있는 평행 좌표 플롯으로 돌아가 보자. 이제 차트를 읽는 방법을 이해했으므로 첫 두 축에서 교육과 취업률 사이의 양의 상관관계를 볼 수 있다. 또

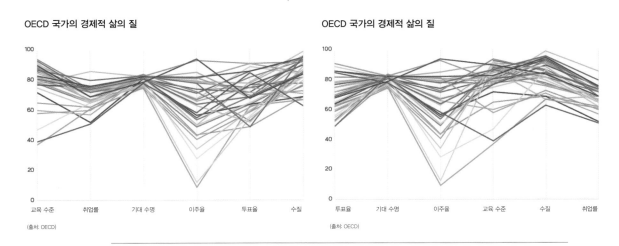

평행 좌표 플롯에 데이터값이 너무 많으면 쉽게 어수선해진다.

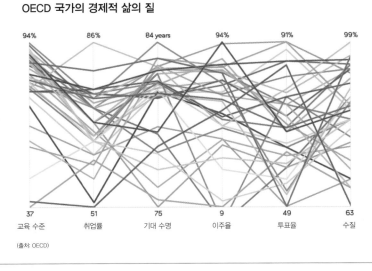

평행 좌표 플롯의 각 축의 범위는 각 측정 값의 최댓값과 최솟값에 따라 다를 수 있다.

한 두 번째 및 세 번째 축에서 취업률과 기대 수명 사이의 양의 상관관계를 볼 수 있다. 데이터의 상관관계를 명확하게 식별할 수 있는지 여부는 축을 어떻게 배열하느냐에 달려 있다. 오른쪽 플롯은 순서를 바꿔 투표율과 기대 수명을 첫 두 축에 표시함으로써 원래 차트에서는 볼 수 없었던 두 변수 간의 양의 상관관계를 볼 수 있다.

한편, 여섯 개 수직축의 범위가 모두 같으므로 특정 범주의 데이터가 밀집돼 표시됐다. 예를 들어, 기대 수명은 74.6년에서 83.9년으로 약간만 차이가 나는 반면 순이주율은 8.6%에서 93.9%로 차이가 크다. 299페이지 하단 차트처럼 축의 범위를 조정하면 데이터가 밀집되지 않아 더 잘 보이게 된다. 단, 축마다 범위를 표시하는 레이블을 추가해야 한다. 원래의 차트는 모든 축에 레이블을 지정할 필요가 없다는 장점이 있는 반면 각 변수의 변화 폭이 제한된다는 단점이 있었다. 각 축의 범위를 조정한 평행 좌표 플롯은 데이터가 분산되어 표시된다는 점에 주목하라.

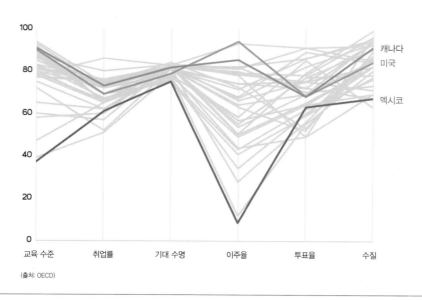

앞서 본 것처럼 이런 조밀한 그래프를 단순화하는 방법은 '회색으로 시작하기' 지침에 따라 몇몇 관측치에만 색상을 사용하는 것이다.

요컨대, 평행 좌표 플롯의 단점은 쉽게 복잡해진다는 것이다. 관찰된 데이터(선)가 많고 축도 여러 개일 때 독자는 상관관계를 찾고 특정 값을 선택하기 어려울 수 있다. 이런 문제를 해결하는 방법 중 하나는 '회색으로 시작하기' 지침을 따라 우선 모든 선을 회색으로 하고 특정 선만 색상으로 강조하는 것이다.

레이더 차트

레이더 차트radar chart는 평행 좌표 플롯과 비슷하지만 선이 서로 평행하게 배열되는 대신 원을 둘러싼다. 거미줄 차트spider chart 또는 스타 차트star chart라고도 하며 비교적 좁은 공간에 여러 비교를 표시하는 좋은 방법이다. 데이터값은 중심에서 방사되는 축을 따라 표시되며(축은 표시되지 않을 수도 있음) 변수 간 관계를 나타내기 위해 선으로 연결되거나 영역으로 표시된다.

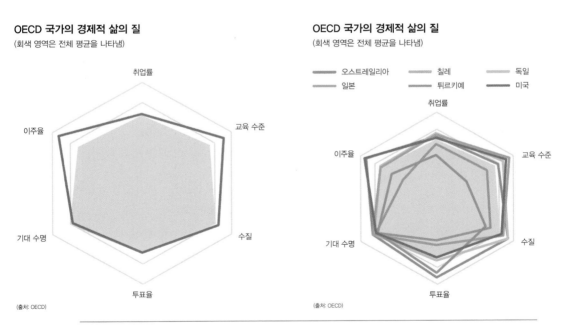

레이더 차트는 평행 좌표 플롯과 비슷하지만 선이 서로 평행하게 배열되는 대신 원을 둘러싼다. 회색 영역은 각 측정 값에 대한 전체 평균을 나타낸다.

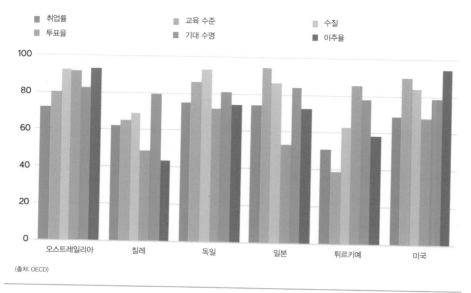

OECD 국가의 경제적 삶의 질

- 취업률
- 투표율
- 교육 수준
- 기대 수명
- 수질
- 이주율

(가로축: 오스트레일리아, 칠레, 독일, 일본, 튀르키예, 미국)

(출처: OECD)

이처럼 막대 차트에 막대가 너무 많으면 구체적인 관찰 내용이나 패턴을 찾기 어렵다.

301페이지의 레이더 차트는 앞서 사용한 것과 동일한 여섯 개의 변수를 보여준다. 미국 데이터를 선으로 표시했고 그 뒤의 회색 영역은 32개 국가의 평균이다. 오른쪽 버전은 여섯 개 국가의 데이터를 표시하고 전체 평균을 회색으로 나타냈다. 두 차트 모두 간결하며 특히 특이값을 강조하는 데 유용하다. 튀르키예를 나타내는 모양(분홍색 선)이 다른 나라와 현저하게 다름을 쉽게 알 수 있다. 같은 데이터를 쌍 막대 차트로 표시하면 그런 관찰을 하기가 훨씬 더 어렵다.

다른 차트와 마찬가지로 레이더 차트는 선이 많을수록 복잡해지고 서로 교차하는 교차 패턴은 인식을 더욱 어렵게 만든다. 평행 좌표 플롯의 경우처럼 서로 다른 측정 지표를 표시하는 것도 인식을 어렵게 만드므로 이때는 데이터값의 정규화 또는 기타 수정이 필요하다(위의 레이더 차트에서 기대 수명 값이 가까이 모여 있는 양상을 눈여겨보라).

또 다른 방안은 국가 또는 그룹 별로 레이더 차트를 만드는 소형 다중 구성 방식을 사용하는 것이다. 이 경우 소형 다중 구성 버전은 원본보다 더 많은 공간을 차지하며 국가 간 비교가 어려울 수 있다. 그러나 전체 평균을 기준으로 각 국가의 데이터값을 보기는 더 쉽다.

OECD 국가의 경제적 삶의 질

(회색 영역은 전체 평균을 나타냄)

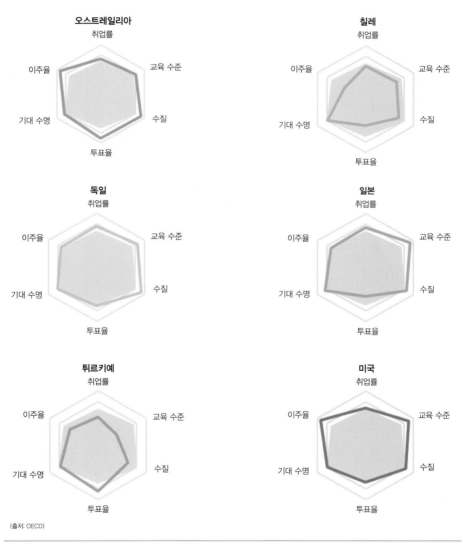

(출처: OECD)

소형 다중 구성 접근 방식은 전체 평균을 기준으로 각 국가의 데이터값을 보기 쉽게 만든다.

코드 다이어그램

코드 다이어그램^{chord diagram}[3]은 레이더 차트처럼 원으로 배열된 관측치 간의 연관성 또는 관계를 표시하는 또 다른 방법이다. 관측치 사이에 공유되는 특성을 보여주기 위해 사용된다. 코드 다이어그램에서 노드^{node}라고 부르는 관측치는 원 둘레에 위치하며 상호 간 연결을 나타내기 위해 원 내부의 호로 이어진다. 호의 두께(또는 색상이나 색상의 투명도)는 그룹 간 연결의 세기를 나타낸다.

아래 코드 다이어그램은 앞서 사용한 이주 데이터를 사용해 2017년 세계 주요 지역

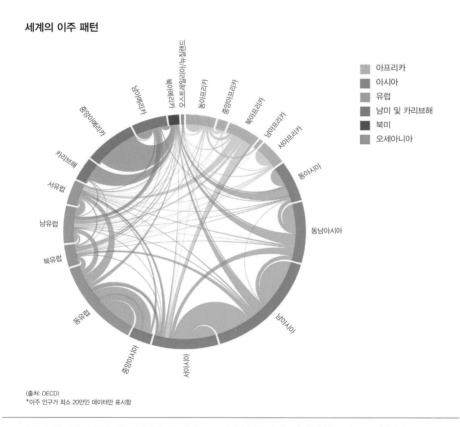

세계의 이주 패턴

(출처: OECD)
*이주 인구가 최소 20만인 데이터만 표시함

코드 다이어그램에서 관측치는 원의 둘레에 위치하며 상호 간의 연결을 나타내기 위해 원 내의 호로 이어진다.

---

3 chord는 원 둘레 상의 두 점을 연결한 선분인 현(弦)을 뜻한다.– 옮긴이

간 이주 흐름을 보여준다. 각 지역은 원 둘레에 배치되고 각 지역에서 나오는 띠는 입국 또는 출국하는 이주자 수에 해당한다. 이 그래프 하나에 110개 이상의 값이 그려져 있다. 특정 값을 찾아내려면(매우 큰) 표를 사용하면 되겠지만 코드 다이어그램은 시각적이고 공간 효율적이라는 장점이 있다.

첫 번째 코드 다이어그램에서 아시아 내의 대규모 이주민 흐름(빨간색 영역)과 중앙 아메리카와 북미 사이의 이동(원의 12시 부근의 파란색 부분으로 연결되는 두꺼운 녹색 선)을 확인할 수 있다. 한 가지 위험은 그래프가 복잡해져 관계 식별이 어렵다는 점이다. 여기서도 특정 그룹을 색상이나 선으로 강조하는 방법을 사용할 수 있다. 아시아 지역이 빨간

아시아의 이주 패턴

(출처: OECD)
*이주 인구가 최소 20만인 데이터만 표시함

회색을 바탕으로 색상을 요령 있게 사용함으로써 특정 그룹이나 데이터 포인트에 시선을 모을 수 있다.

색이고 다른 모든 지역이 회색인 코드 다이어그램에서 그 효과를 확인할 수 있다. 코드 다이어그램의 복잡성(및 치밀함)은 시각적 흥미를 유발하고 독자가 데이터를 더 깊이 탐구하도록 초대한다.

아크 차트

코드 다이어그램을 단일 가로축을 따라 펼쳐 놓으면 아크 차트arc chart 4가 된다. 이 경우 노드는 선을 따라 배치되고 호를 그리는 곡선으로 연결된다. 선은 다양한 높이, 두께, 색상을 가지며, 이를 통해 관계의 세기 또는 상관관계가 표시된다. 아래의 아크 차트는 코드 다이어그램처럼 세계 각 지역 간 이주의 흐름을 보여준다.

세계의 이주 패턴

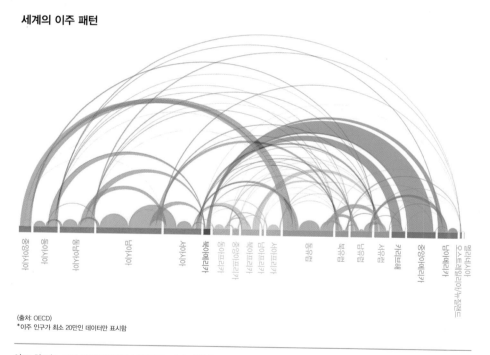

(출처: OECD)
*이주 인구가 최소 20만인 데이터만 표시함

아크 차트는 코드 다이어그램을 가로축을 따라 펼친 형태와 비슷하다.

---

4   arc는 원둘레의 일부분을 가리키는 호(弧)를 뜻한다. – 옮긴이

이 섹션의 다른 차트에도 적용되는 내용이지만, 아크 차트의 주요 고려 사항은 데이터의 순서가 결과에 대한 인식에 영향을 미칠 수 있다는 점이다. 북아메리카에서 카리브해, 중남미 국가로 뻗은 굵은 녹색 곡선을 눈여겨보라. 반대로 북미가 그래프의 맨 오른쪽에 있고 서반구의 다른 국가 옆에 있으면 시각화가 크게 달라진다. 더 이상 굵은 녹색 곡선이 시선을 끄는 것이 아니라 전체 공간을 가로질러 북미와 아시아 지역을 잇는 여러 빨간색 띠가 두드러진다. 분명 색상 때문에 눈길이 가는 측면도 있지만 국가의 배열도 중요하다. 주장하는 바를 가장 잘 전달하는 배열을 찾기 위해 색상 및 노드 배치를 다양하게 실험해보라. 그만한 가치가 있다.

아크 차트의 변형은 아크–시간 차트 또는 아크–연결 차트로, 시간 경과에 따른 연결을 마찬가지의 방식으로 표시한다. 두 개의 개별 변수 간의 상관관계 또는 연관성을 설

세계의 이주 패턴

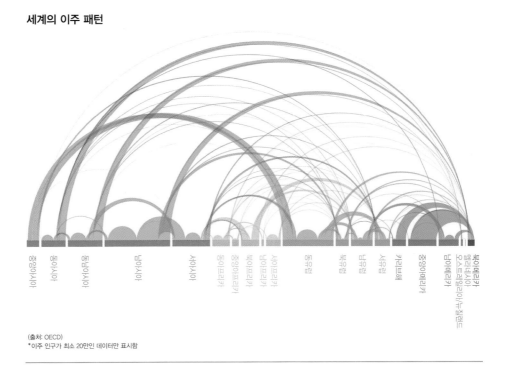

(출처: OECD)
*이주 인구가 최소 20만인 데이터만 표시함

이 장의 다른 그래프와 마찬가지로 가로축에 데이터를 어떻게 배열하느냐에 따라 데이터에 대한 인식이 달라질 수 있다. 이 아크 차트와 앞의 아크 차트를 비교해보라. 둘의 데이터는 같지만 모양은 다르다.

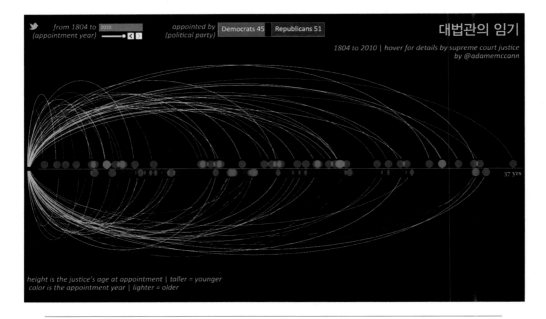

애덤 맥캔은 아크 차트를 이용해 1804년 이후 미국의 모든 대법관의 임기를 표시했다.

명하는 대신 노드는 시간을 나타낸다. 아크 연결 차트는 5장에서 봤던 타임라인 또는 흐름도의 대안으로 생각할 수도 있다. 위에 나타낸 애덤 맥캔Adam McCann의 아크 차트는 1804년 이후 미국의 모든 대법관의 임기를 보여준다. 원점(가장 왼쪽 지점)은 각 판사의 임기 시작 시점을 나타내며 호는 은퇴 연령까지 이어진다. 각 호의 높이는 임명 당시의 나이를 나타내고(높을수록 더 어리다) 색상은 임명된 연도와 임명 당시의 소속 정당을 나타낸다(색조가 옅을수록 더 이른 연도를 가리킨다). 막대 차트 또는 히트맵과 같은 대체 차트 유형으로도 같은 내용을 표시할 수 있지만 이 차트의 모습에는 매력적인 면이 있다.

아크 차트의 또 다른 용도는 거리를 표시하는 것이다. 「가디언」의 아크 차트는 뉴욕시가 노숙자 인구를 보내는 곳을 보여준다. 도시는 뉴욕시와의 거리에 따라 배열된다. 예컨대 왼쪽에 버지니아주 리치몬드, 오른쪽에 캘리포니아주 샌프란시스코가 있다. 호의 높이와 두께, 원의 크기는 얼마나 많은 사람들이 각 도시에 가는지 보여준다.

뉴욕 노숙자의 이주 정책

미국 본토에서 가장 많은 이주가 이뤄진 지역은 남부
(플로리다주 올랜도와 조지아주 애틀랜타)였다.

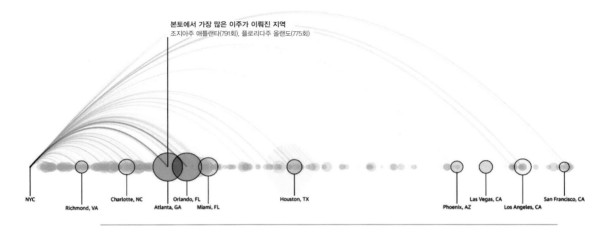

본토에서 가장 많은 이주가 이뤄진 지역
조지아주 애틀랜타(791회), 플로리다주 올랜도(775회)

NYC

Richmond, VA

Charlotte, NC

Orlando, FL

Atlanta, GA   Miami, FL

Houston, TX

Phoenix, AZ

Las Vegas, CA

Los Angeles, CA

San Francisco, CA

아크 차트는 지리적 데이터도 표시할 수 있다. 「가디언」에 실린 이 예는 뉴욕시의 노숙자를 이주시키는 지역을 표시했다.

상관 행렬

상관 행렬 correlation matrix 은 가로 및 세로축을 따라 나열된 변수가 있는 표이다. 각 셀 안의 숫자는 해당 관계의 세기를 나타내는데, 종종 피어슨 상관 계수가 사용된다(254페이지의 상자 참조).

상관 행렬 그래프는 같은 레이아웃을 사용하지만 숫자 대신 모양(주로 원) 또는 색상과 음영으로 상관관계의 세기를 표시해서 테이블을 구성한다. 상관 행렬은 히트맵의 사촌 뻘이며 11장에서 다룰 주제인 표에 시각적 요소를 추가하는 것으로 볼 수 있다.

전 세계 이주 통계

		아프리카					아시아					유럽				라틴아메리카 및 카리브해			북미	오세아니아			
		동부	중부	북부	남부	서부	중부	동부	동남부	남부	서부	동부	북부	남부	서부	카리브해	중미	남미	북미	오스트레일리아/뉴질랜드	멜라네시아	미크로네시아	폴리네시아
아프리카	동부	49.0	10.0	7.1	0.6	0.1	0.0	0.1	0.6	0.0	0.1	0.0	0.1	0.1	1.1	0.0	0.0	0.0	0.0	0.0	0.0	0.0	0.0
	중부	3.9	17.0	3.7	0.5	4.3	0.0	0.0	0.0	0.0	0.0	1.0	0.0	0.0	0.0	0.0	0.0	0.0	0.0	0.0	0.0	0.0	0.0
	북부	7.2	1.1	3.2	0.0	0.4	0.0	0.1	0.1	0.4	9.0	0.2	0.2	0.3	0.8	0.0	0.0	0.0	0.2	0.0	0.0	0.0	0.0
	남부	14.0	2.0	0.2	7.1	0.5	0.0	0.5	0.8	0.1	0.2	0.4	1.7	1.1	1.8	0.0	0.0	0.1	0.3	0.2	0.0	0.0	0.0
	서부	0.0	1.5	0.6	0.0	58.0	0.0	0.0	0.0	0.0	0.1	0.0	0.0	0.0	0.4	0.1	0.0	0.0	0.1	0.0	0.0	0.0	0.0
아시아	중부	0.0	0.0	0.0	0.0	0.0	4.9	1.0	0.1	0.0	1.6	44.0	0.1	0.1	2.4	0.0	0.0	0.0	0.0	0.0	0.0	0.0	0.0
	동부	0.0	0.0	0.0	0.0	0.1	0.3	53.0	1.8	12.0	0.0	0.2	0.6	0.1	0.3	0.0	0.0	3.6	2.2	0.4	0.0	0.0	0.0
	동남부	0.0	0.0	0.0	0.0	0.0	9.2	13.0	68.0	0.2	0.0	0.6	0.1	0.2	0.0	0.0	0.9	0.4	0.0	0.0	0.0	0.0	0.0
	남부	0.0	0.0	0.0	0.0	0.1	2.1	110.0	8.6	1.6	0.0	0.6	0.1	0.1	0.0	0.2	0.5	0.0	0.4	0.9	0.0	0.0	0.0
	서부	6.0	0.1	38.0	0.2	0.3	0.9	0.3	170.0	40.0	130.0	12.0	1.7	2.9	5.4	0.0	0.0	0.6	1.4	0.1	0.0	0.0	0.0
유럽	동부	0.0	0.0	0.2	0.0	0.1	56.0	1.5	0.4	1.0	21.0	100.0	4.7	2.5	3.9	0.0	0.0	0.6	1.4	0.1	0.0	0.0	0.0
	북부	8.5	0.7	2.0	2.4	4.5	0.4	5.0	23.0	5.9	8.8	26.0	20.0	8.9	8.8	2.4	0.3	2.7	4.2	2.2	0.1	0.0	0.0
	남부	2.0	2.4	15.0	0.3	5.3	0.5	4.1	6.2	2.3	3.2	32.0	5.8	31.0	16.0	3.8	1.7	25.0	1.9	0.6	0.0	0.0	0.0
	서부	4.2	4.0	34.0	0.5	6.5	12.0	4.8	8.7	8.5	31.0	60.0	7.7	49.0	29.0	2.0	0.7	7.3	3.6	0.6	0.0	0.0	0.0
라틴아메리카 및 카리브해	카리브해	0.0	0.0	0.0	0.0	0.0	0.0	0.1	0.1	0.1	0.0	0.0	0.2	0.3	1.4	7.1	0.2	1.0	2.6	0.0	0.0	0.0	0.0
	중미	0.0	0.0	0.0	0.0	0.0	0.0	0.5	0.1	0.0	0.1	0.1	0.1	0.5	0.4	6.5	2.1	9.8	0.0	0.0	0.0	0.0	0.0
	남미	0.0	0.1	0.1	0.2	0.1	0.0	1.8	0.1	0.1	0.6	0.5	0.5	8.0	1.6	0.8	0.5	42.0	1.3	0.0	0.0	0.0	0.0
북미	북미	8.2	1.3	6.7	1.5	8.1	1.2	53.0	47.0	53.0	17.0	23.0	18.0	19.0	15.0	66.0	60.0	34.0	12.0	1.6	0.7	0.2	0.4
오세아니아	오스트레일리아/뉴질랜드	1.6	0.1	0.8	2.5	0.2	8.8	8.3	10.0	3.1	1.9	18.0	6.8	3.7	0.1	0.2	1.3	2.1	7.4	1.4	0.0	0.0	1.5
	멜라네시아	0.0	0.0	0.0	0.0	0.0	0.0	0.0	0.2	0.0	0.0	0.0	0.2	0.0	0.0	0.0	0.0	0.0	0.0	0.2	0.1	0.0	0.1
	미크로네시아	0.0	0.0	0.0	0.0	0.0	0.0	0.1	0.0	0.0	0.5	0.0	0.0	0.0	0.0	0.0	0.0	0.0	0.2	0.0	0.2	0.1	0.1
	폴리네시아	0.0	0.0	0.0	0.0	0.0	0.0	0.0	0.0	0.0	0.0	0.0	0.0	0.0	0.2	0.0	0.0	0.0	0.2	0.1	0.0	0.2	0.2

(출처: OECD)

*이주 인구가 최소 20만인 데이터만 표시함

기본적인 상관 행렬은 관찰치 간의 관계의 세기를 나타내는 표다.

전 세계 이주 통계

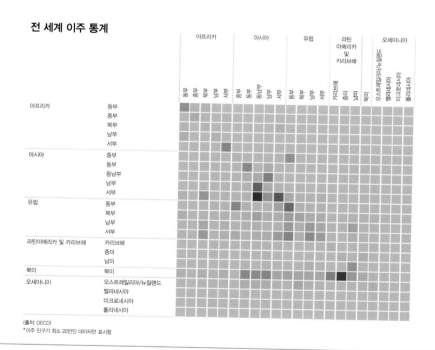

(출처: OECD)

*이주 인구가 최소 20만인 데이터만 표시함

행렬에 히트맵 방식을 적용하면 위의 경우처럼 숫자를 표시하지 않고도 패턴을 뚜렷하게 표시할 수 있다.

310페이지의 두 행렬은 2017년도에 전 세계 이주자 중 국가별 입국자 수와 출국자 수의 관계를 보여준다. 상단에 표시된 것은 표로 나타낸 표준 상관 행렬이다. 표를 사용하면 서로 다른 변수 간의 정확한 상관관계를 이해하는 데 필요한 모든 세부 정보를 얻을 수 있지만 탐색하기가 어렵다. 숫자가 너무 많아 중요한 값들이 눈에 띄지 않는다. 하단에 표시된 행렬은 히트맵(129페이지 참조)으로, 표가 가진 세부 정보를 잃는 대신 특히 아시아 내에서 나타나는 더 강한 (양의) 상관관계를 강조한다. 색상과 숫자를 모두 표시할 수도 있지만 그러면 결국 복잡하고 어수선해질 수 있다.

아래 두 그림은 데이터를 표준 상관 행렬 그래프로 표시한다. 원은 관계의 세기를 나타내며 색상(오른쪽 버전)은 각 지역을 표시하는 데 도움이 되지만 이 경우엔 색상이 너무 많을 수 있다. 인간은 원의 크기로 수량을 평가하는 데 그다지 능숙하지 않기 때문에 차이를 명확하게 확인하기 어렵다. 두 경우 모두 원의 크기는 각 셀에 맞도록 조정되지만, 꼭 그럴 필요는 없다. 원을 더 크게 만들어 전체 공간을 채우고, 반투명 색상으로 겹침을 해결할 수 있다.

상관 행렬 표 대신 원이나 기타 모양을 사용할 수 있다. 색상을 추가해 공간을 시각적으로 배열할 수도 있다.

상관 행렬 또는 표에서 한 가지 더 고려할 사항은 대각선 상의 값이 정의상 1에 해당한다는 점이다. 즉, 동아프리카와 동아프리카 간의 이주는 동일하다. 이들은 너무 눈에 띄거나 어수선해 보일 수 있기 때문에 종종 생략된다.

네트워크 다이어그램

이제 그래프, 플롯, 차트 대신 다이어그램이라고 부르는 그래프를 살펴본다. 다이어그램은 그 레이아웃과 구조가 수학이나 데이터에 의해 결정되기 보다 어떻게 해야 가장 잘 보이고 가장 명료할지에 의해 결정되는 형식이기 때문에 그렇게 부른다. 이런 다이어그램은 그룹 및 시스템 안팎의 계층 또는 연결 구조를 표시할 때 사용된다. 데이터값에 따라 선의 두께와 점의 크기를 조정해 관계의 세기를 나타낼 수 있으며 화살표는 그룹 및 커뮤니티 내부의 움직임을 시각화할 수 있다. 가계도를 생각해보라. 선은 부모, 형제 자매, 배우자 및 자녀 간의 연결 관계를 보여주지만 연결선과 가족의 사진 또는 이름은 데이터값에 따라 조정되지 않는다.

사람, 그룹 또는 기타 단위 간의 연결을 보여주는 표준 네트워크 다이어그램부터 시작해보자. 일반적으로 네트워크 다이어그램의 점(노드 또는 정점이라고도 함)은 개인이나 관찰 사항을 나타내고 선(에지edge라고도 함)은 이들을 서로 연결하고 그 관계를 보여준다. 노드의 위치와 연결선의 길이(또는 두께)는 관계의 세기를 나타낸다. 노드는 종종 원으로 표시되지만 아이콘, 기호 또는 그림을 사용할 수도 있다.

네트워크 다이어그램의 궁극적인 모양과 구성은 시각화하려는 네트워크의 종류와 노드와 에지를 정렬하는 방법에 따라 다르다. 네트워크 다이어그램을 만들 때 에지가 교차하고 노드가 겹치는 방식에 주의해야 한다. 시각화가 시각적 균형감을 가질 수 있으려면 균일하고 의미 있는 에지 길이를 정하고 그래프가 전체적으로 대칭성을 갖도록 해야 한다.

우선 네 가지 종류의 네트워크 다이어그램을 구분해보자.

1. 무방향 비가중^{undirected and unweighted}

   나연, 아랑, 혜지는 친구다. 나연은 태빈, 결희와도 친구다.

2. 무방향 가중^{undirected and weighted}

   이 다이어그램의 연구원들은 논문의 공저자일 경우 연결된다. 선의 두께는 공저에 참여한 횟수를 반영한다.

3. 방향 비가중^{directed and unweighted}

   재혁은 트위터에서 연아, 명인, 아린을 팔로우하지만 연아만이 재혁을 팔로우한다. 연아와 아린은 서로를 팔로우하고 아린은 명인을 팔로우한다. 연결에는 가중치가 적용되지 않고, 하나 이상의 방향으로 연결될 수 있다(연결 안 될 수도 있음).

4. 방향 가중^{directed and weighted}

   사람들이 한 국가에서 다른 국가로 이주한다. 선의 두께는 이주자 수를, 방향은 목적지를 나타낸다.

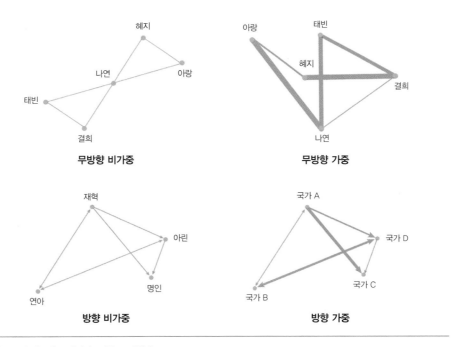

네 종류의 네트워크 다이어그램을 표시했다.

네트워크 다이어그램에서 노드와 에지를 배치하기 위해 선택할 수 있는 다양한 알고리듬이 있다. 일반적으로 네트워크 알고리듬은 에지가 서로 교차하는 빈도를 최소화하고 노드의 겹침을 방지한다. 일반적으로 네트워크 다이어그램의 에지의 길이는 대략적으로 균일하고 노드는 균일하게 분포되기를 원한다. 이 네 개의 네트워크 다이어그램은 20개의 포인트를 사용해 포인트 간 관계가 구성 알고리듬에 따라 다양한 형태로 나타날 수 있음을 보여준다.

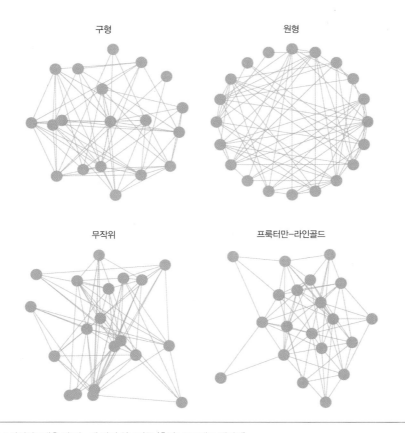

네트워크 다이어그램을 만드는 네 가지 알고리듬 (출처: R 그래프 갤러리)

다음 네트워크 다이어그램은 인구가 많은 순서대로 (1백만 명 이상) 상위 75 개국의 지역 관계를 보여준다. 이 네트워크 다이어그램이 표준 지리 지도보다 더 나은 시각화라고 주장하는 것은 아니지만 콘텐츠를 쉽게 이해하고 다이어그램의 작동 방식을 볼 수 있기 때문에 여기에 표시한다. 트위터 또는 페이스북 네트워크에 있는 사람들 사이의 연결 관계를 가족, 친구 및 동료별로 그룹화해서 표시한다고 상상해보라.

네트워크 다이어그램은 한 시스템 안에서 서로 다른 에이전트 간의 구조와 관계를 보여주는 데 이상적이다. 어떤 경우에는 특정 노드가 서로 가까이 모여 있기 때문에 그룹화 또는 집중이 명확해진다. 더 큰 네트워크 내에서 특정 그룹을 강조하기 위해 색상이나 다른 모양을 사용할 수 있다.

세계 지역별 국가명

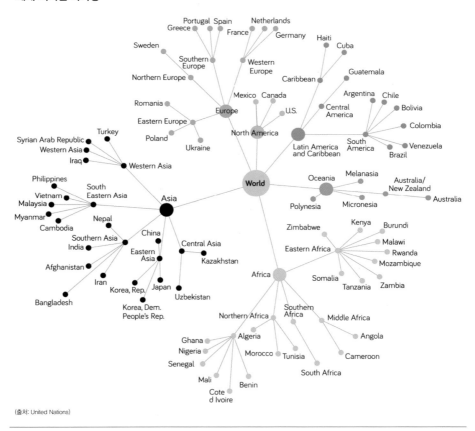

(출처: United Nations)

인구 1백만 명 이상인 국가들의 구성을 보여주는 단순한 네트워크 다이어그램

이 네트워크 다이어그램의 소형 다중 구성은 미국 의회의 투표 행동의 양상을 보여준다. (출처: Andris et al. (2015))

다른 모든 차트와 마찬가지로 네트워크 다이어그램에 너무 많은 데이터를 표시하면 복잡해서 읽기 어려울 수 있다. 그러나 다른 차트와 달리 고밀도 클러스터링을 표시하는 것이 네트워크 다이어그램의 목표인 경우가 있다. 클리오 안드리스Clio Andris와 그녀의 협력자들이 만든 32개의 네트워크 다이어그램 세트는 미국 의회에서 투표 행동의 양극화를 보여준다. 저자들은 1949년(왼쪽 상단)부터 2011년(오른쪽 하단)까지 각 미국 하원의 네트워크 다이어그램을 만들었다. 공화당원은 빨간색 점으로, 민주당원은 파란색 점으로 표시된다. 선은 의회 의원들이 서로 투표한 빈도를 나타낸다. 각 네트워크 다이어그램이 매우 밀집돼 있지만 이런 소형 다중 구성을 사용하면 양당이 과거에 비해 2011년에 함께 투표할 가능성이 훨씬 낮음을 분명히 알 수 있다.

이에 비해 아래의 꺾은선 차트는 양당 간의 불일치를 간단하고 직관적인 방식으로 보여준다. 즉각적인 정보를 제공하지만 네트워크 다이어그램만큼 인상적이지는 않다.

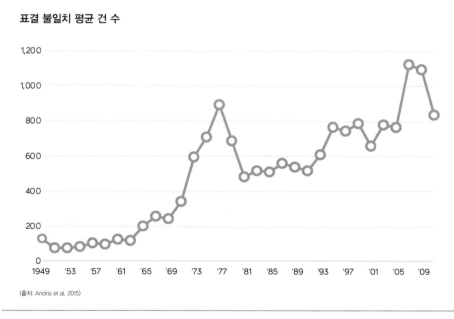

표결 불일치 평균 건 수

(출처: Andris et al, 2015)

안드리스 등의 2015년 논문의 요약 데이터를 이용해 미국 의회의 투표 행동에 대해 비슷한 주장을 할 수 있다. 그러나 꺾은선 차트는 네트워크 다이어그램의 소형 다중 구성만큼의 깊은 인상은 남기지 못할 것이다.

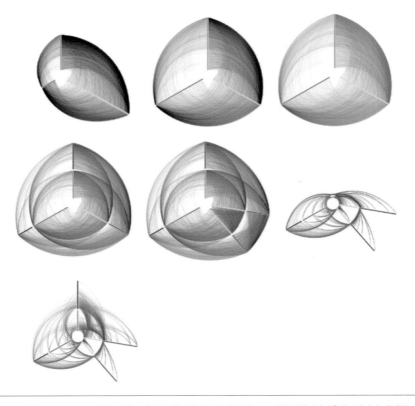

마틴 쉬빈스키(Martin Krzywinski)의 하이브 차트는 네트워크를 시각화하는 또 다른 방법이다. (출처: 캐나다 마이클 스미스 유전체 과학 센터(Canada's Michael Smith Genome Sciences Center))

에지와 노드가 너무 많은 네트워크 다이어그램은 털뭉치처럼 보여 시각화 내용을 읽기 어렵기 때문에 일부 연구자들은 대체 시각화 유형을 개발했다. 예를 들어 하이브 플롯 hive plot 은 우선 하나의 중심점에서 바깥으로 나오는 축을 따라 공간을 구성한다. 노드는 세 개 이상의 (분할 가능한) 축을 따라 배치되고 에지는 점을 연결하는 곡선 링크로 그려진다. 이 시각화의 발명가인 마틴 쉬빈스키 Martin Krzywinski 는 다음과 같이 썼다. "하이브 플롯 자체가 레이아웃 알고리듬을 기반으로한다. 그러나 그 결과물은 미학이 아니라 네트워크 구조를 기반으로 한다. 그러한 의미에서 이 레이아웃은 합리적이며, 어떤 네트워크 특성에 관심이 있느냐에 따라 레이아웃이 달라질 수 있다."

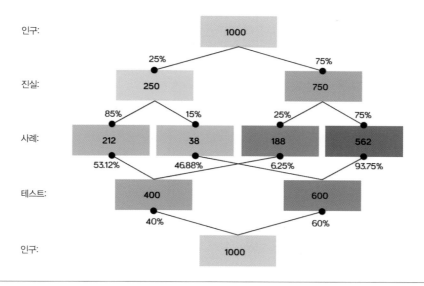

어떤 분야는 프로세스를 시각화하기 위해 네트워크 다이어그램을 사용한다.

어떤 분야는 네트워크 다이어그램을 다른 방식으로 활용한다는 점도 주목할 만하다. 개별 값이 서로 어떻게 상관되는지 그리는 대신, 일부 네트워크 다이어그램은 흐름 또는 프로세스를 보여준다. 그런 면에서 흐름도나 또는 타임라인과 유사하다. 예를 들면 위에 표시된 것처럼 컴퓨터 네트워크, 직원 디렉토리 또는 확률의 논리 모델이 포함될 수 있다.

트리 다이어그램

5장의 흐름도처럼 트리 다이어그램tree diagram은 시스템 또는 그룹의 계층 구조를 보여준다. 계층적 조직도는 기본적인 트리 다이어그램의 예다. 노드는 최초 루트에서 시작해 연결link, 연결선link line 또는 분기branch라고 하는 선으로 연결돼 바깥쪽으로 분기된다. 최초 노드는 루트라고 하며 다른 모든 노드의 상위 노드이고, 각 노드에는 하위 노드가 있을 수 있다. 부모 노드가 아닌 노드를 잎 노드leaf node라고 한다.

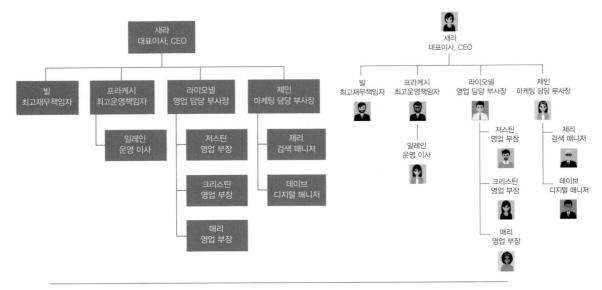

트리 다이어그램은 계층 구조를 보여준다. 위의 두 조직도는 디자인을 더 가미한 버전을 독자가 선호하는지에 따라 각각 다른 용도로 사용될 수 있다.

지금까지 논의한 많은 시각적 요소와 마찬가지로 다이어그램의 요소를 정의할 데이터 값이 거의 없는 상황에서는 디자인이 특히 중요하다. 예를 들어 이 가상의 조직도를 살펴보자. 왼쪽 차트는 이름으로만 구성되고 오른쪽 차트에는 아이콘이 포함된다. 어떤 것을 사용할 것인지는 목적에 따라 다르다. 왼쪽에 있는 것은 회사 이사회 회의나 공식 프레젠테이션에 적합할 수 있다. 오른쪽 버전은 마케팅 캠페인이나 웹사이트에 더 효과적일 수 있다.

기본 트리 다이어그램은 최고경영자부터 시작해 아래로 분기되는 경우가 많지만 이런 관계를 보여주는 다른 방법이 많이 있다. 아래쪽이 아닌 위쪽으로 분기하는 가계도를 만들거나 다른 종류의 계층 또는 분류를 표시하기 위해 가로 배열을 만들 수 있다.

트리 다이어그램의 또 다른 유형은 단어 트리word tree이다. 2007년에 마틴 와텐버그Martin Wattenberg와 페르난다 비에가스Fernanda Viegas가 개발한 단어 트리는 책, 기사 또는 기타 구절의 텍스트를 시각적으로 표현한 것이다(정성적 데이터 시각화를 다룬 10장 참조).

일반적으로 가로로 표시되는 이 시각화는 왼쪽 또는 오른쪽에 단어 하나로 시작해 그 단어가 등장하는 다양한 맥락을 표시하기 위해 분기된다. 이런 맥락은 독자가 주제와 문구를 찾을 수 있도록 트리와 같은 구조로 배열된다. 여기에서 노드 역할을 하는 개별 단어는 나타나는 빈도에 따라 크기가 조정되기도 한다.

정량적, 정성적 데이터를 시각화할 수 있는 다양한 종류의 트리가 있다. 트리 다이어그램은 인간 게놈과 같은 복잡한 데이터를 나타낼 수도 있고, 국가를 지역으로 나누는 등의 간단한 데이터를 표시할 수도 있다. 어떤 종류의 트리를 만들고 디자인할 것인지는 항상 그렇듯이 목적과 청중에 따라 다르다. 예를 들어, 322페이지의 트리는 321페이지에 표시된 네트워크 다이어그램과 같은 데이터를 보여준다. 한편으로는 아주 효율적이지는 않더라도 네트워크 다이어그램보다는 탐색하기가 쉬울 수 있다.

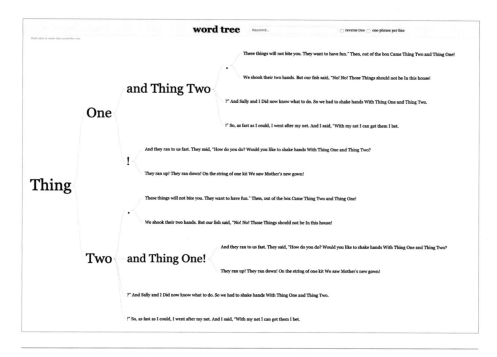

이 단어 트리는 닥터 수스(Dr. Seuss)의 책 『캣 인 더 햇(The Cat in the Hat)』(Random House Books for Young Readers, 1957) 본문을 시각화한 것이다. (출처: 제이슨 데이비스(Jason Davis))

세계 지역별 국가명

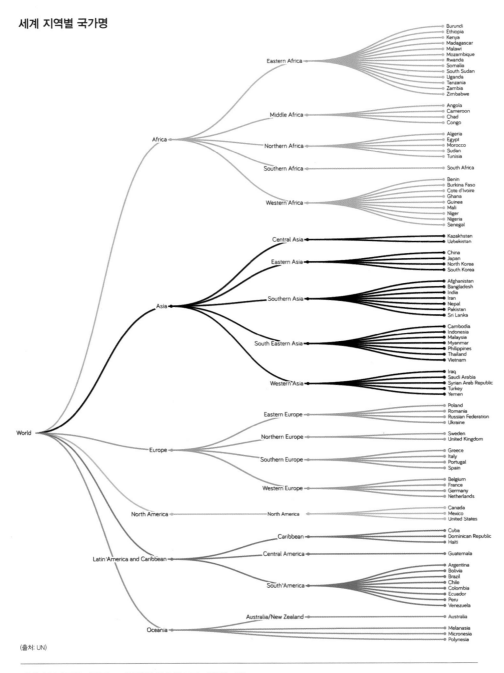

세계의 국가들을 지역별로 세분화한 단순한 트리 다이어그램.

결론

이 장에서는 변수, 개인 또는 그룹 간의 관계를 시각화하는 차트와 다이어그램을 살펴봤다. 우리는 종종 두 개 이상의 사물이 어떻게 관련돼 있는지 이해하고 싶어한다. 그러나 두 변수가 상관관계가 있다고 해서 인과 관계가 있음을 의미하지는 않는다는 사실을 기억하라. 독자 또는 청중에게 데이터를 제시하기 전에 데이터의 요소가 어떻게 관련돼 있는지 먼저 명확하게 이해하는 것이 중요하다.

이 장에서 살펴본 종류의 그래프는 서로 다른 방식과 모양을 사용해 데이터에 내재된 관계를 전달한다. 각각의 접근 방식에는 명확성, 순서 및 간결함 등의 측면에서 장단점이 있다. 산점도에는 하나의 가로축과 하나의 세로축이 있다. 거품 차트는 제 3의 변수를 추가한다. 평행 좌표 플롯은 둘 이상의 세로축을 사용한다. 레이더 차트는 여러 축을 모아 원의 중심에서 바깥쪽으로 뻗어 나가고, 코드 다이어그램은 원의 둘레를 따라 감싸는 형태를 취한다. 아크 차트는 단일 가로축을 따라 데이터를 펼쳐서 보이고, 상관 행렬은 정사각형 또는 직사각형 형식을 사용한다. 네트워크 및 트리 다이어그램을 사용해서 개인 또는 그룹 간의 관계 또는 문장의 구조를 표시할 수 있다.

이전 장의 그래프와 마찬가지로 8장의 일부 그래프는 독자가 이해하기 어려울 수도 있다. 이해하기 쉽도록 내용을 희석하거나 생략할 필요는 없지만, 비표준 그래프의 콘텐츠를 가장 잘 전달하는 방법을 찾는 노력이 필요하다. 독자가 내용을 더 잘 이해할 수 있도록 레이블, 주석, 능동적 제목 및 유용한 지시 정보 등을 사용해 그래프를 읽는 방법을 안내하면 좋다.

부분과 전체

이 장은 부분과 전체의 관계를 보여주는 차트를 다룬다. 그런 차트 중에서 가장 널리 사용되고 친숙한 그래프는 원형 차트이다. 원형 차트는 지각 측면에서 여러 어려움을 수반한다. 이 장에서 다룰 트리맵과 선버스트 다이어그램도 지각 측면의 문제가 있다. 구성 요소를 과연 모두 표시해야 하는지, 구성 요소를 어떻게 합산할지 미리 확인해야 한다. 이 장의 그래프는 계층적 데이터의 시각화에도 쓸 수 있다. 계층적 데이터는 여러 단계의 층위로 구분하고 그 안에서 그룹으로 묶을 수 있는 데이터다. 이런 데이터는 트리 다이어그램에서 이미 보았다.

이 장의 그래프는 텍사스 오스틴 소재 디지털 우선 출판물인 「텍사스 트리뷴Texas Tribune」의 온라인 스타일 가이드를 기반으로 한다. 「텍사스 트리뷴」의 스타일 가이드에는 색상과 글꼴을 규정하는 기본 스타일 외에도 웹사이트의 온라인 요소에 대한 지침도 포함돼 있다.[1]

---

1 「텍사스 트리뷴」의 스타일 가이드는 https://apps.texastribune.org/styles/에서 확인할 수 있다. – 옮긴이

원형 차트

데이터 시각화 분야에서는 전반적으로 원형 차트^{pie chart}를 얕보는 분위기다. 원형 차트가 부채꼴(파이) 조각으로 시각화 될 때 정확한 크기 식별이 어렵기 때문에 문제가 많다고 보는 것이 가장 큰 이유다. 지각 순위표 상에서 원형 차트는 중간 아래에 있다. 원형 차트는 종종 불평의 대상이 되곤 하지만 매우 친숙한 차트 유형이며 그런 친숙함이 유용한 면도 있다. 연구에 따르면 사람들은 각진 모양보다 곡선에 더 끌린다고 하며, 저자 마누엘 리마^{Manuel Lima}는 원 모양에 대한 친화력이 인간 진화에서 수천년 전으로 거슬러 올라간다는 증거를 제시하기도 했다.

아래의 원형 차트는 전 세계 일곱 개 지역의 수입 분포(국가 또는 지역으로 유입되는 상품의 달러 가치)를 보여준다. 왼쪽 버전은 달러 금액(십억 단위)을, 오른쪽 버전은 백분율을 표시한다. 두 가지 방법 모두 괜찮지만 레이블과 제목에 정확히 표시해야 함을 명심하라.

원형 차트의 가장 중요한 규칙은 조각의 합계가 100% 또는 적어도 어떤 종류의 합계여야 한다는 것이다. 일부 구성 요소를 제외하거나, 또는 합계가 100%를 초과하게 하면 안 된다(안타깝게도 후자의 경우가 흔히 일어난다). 원형 차트의 조각을 정렬할 때 12시

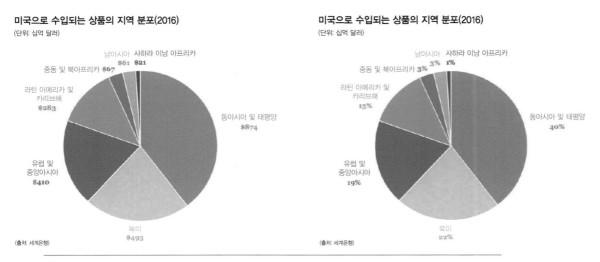

원형 차트는 부분과 전체의 관계를 보여준다. 두 원형 차트는 미국으로 수입되는 상품의 지역 분포를 각각 금액 단위 및 백분율로 나타낸다.

위치에서 시작해 가장 큰 것부터 가장 작은 것까지 순서를 정렬하는 것이 좋다. 대체로 이것이 최선의 방법이지만 때로는 가능하지 않거나 자연스럽지 못할 때가 있다. 예를 들어, 연령대별 점유율을 시각화하는 경우 12시 방향에서 나이대가 가장 어린 그룹부터 시작한다면 그다음 나이대가 높은 그룹으로 차례대로 올라가는 것이 좋다. 이 경우 데이터가 값이 아닌 범주별로 정렬될 때 독자가 데이터를 더 자연스럽게 이해할 수 있다.

원형 차트를 두 개 이상 사용하는 상황(매우 특수한 경우에만 그렇게 하기를 권한다)에서는 모든 원형 차트의 정렬 방식을 똑같게 하라. 원형 차트가 여러 개 있을 때 조각의 위치가 서로 다르면 상호 비교가 너무 어렵다.

원형 차트에 대한 부정적인 관점

원형 차트의 문제점은 크기가 다른 조각을 쉽게 비교할 수 없다는 것이다. 아래에 원형 차트와 막대 차트로 배열된 동일한 데이터가 있다. 막대 차트에서 값의 순위를 파악하는 것이 얼마나 쉬운지, 그리고 원형 차트에서 작은 차이를 감지하기가 얼마나 어려운지 확인하라.

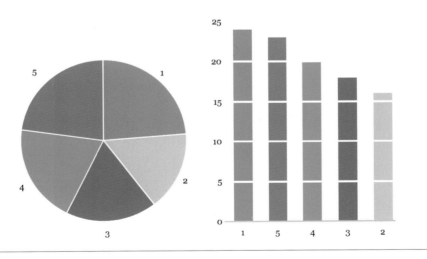

데이터값의 비교는 왼쪽의 원형 차트보다 오른쪽의 막대 그래프를 이용하는 편이 훨씬 쉽다.

원형 차트로 값의 순위를 올바로 식별할 수 있더라도 막대 차트가 값의 순위 확인이 더 쉽고 빠르다는 데 이의가 없을 것이다. 또한 값의 차이가 어느 정도인지도 쉽게 확인할 수 있다. 분명 원형 차트는 값을 정확하게 식별할 수 없다. 데이터를 뚜렷하고 정확하게 파악하는 것이 목적이라면 원형 차트는 최선의 선택이 아니다.

원형 차트에서 수량을 인식하는 방법이 명확하지 않다는 점도 주목할 만하다. 중앙 각도를 기준으로 하는가? 아니면 조각의 면적? 또는 호의 길이? 2016년에 발표된 두 건의 연구 논문은 원 중앙에서 만나는 조각의 각도가 원형 차트를 읽는 주요 방법이 아니며, 면적과 원주의 부분인 호의 길이가 각도보다 값을 읽는 능력을 더 잘 예측한다고 제안했다.

원형 차트의 값을 중앙 각도로 인식하는 것이 아니라면 중앙을 제거한 원형 차트인 도넛 차트^{donut chart}가 더 실용적이고 바람직한 대안일 수 있다. 만약 조각의 각도로 원형 차트의 수량을 식별하는 것이라면 중앙 각도가 사라진 도넛 차트는 원형 차트보다 나

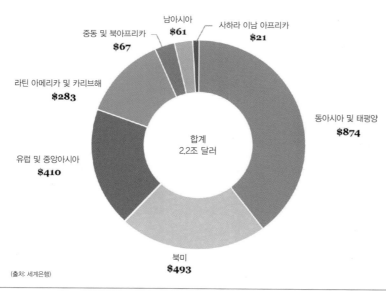

도넛 차트는 원형 차트의 중심부를 비워 추가적인 제목이나 텍스트를 넣을 공간을 확보한다.

미국으로 수입되는 상품의 지역 분포(1996년)

(단위: 십억 달러)

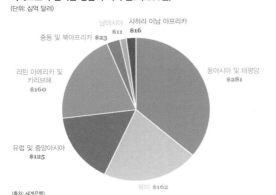

(출처: 세계은행)

미국으로 수입되는 상품의 지역 분포(2016년)

(단위: 십억 달러)

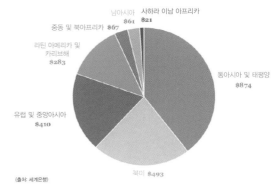

(출처: 세계은행)

미국으로 수입되는 상품의 지역 분포(1996년 및 2016년)

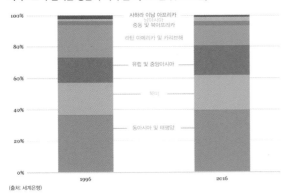

(출처: 세계은행)

미국으로 수입되는 상품의 지역 분포(1996년 및 2016년)

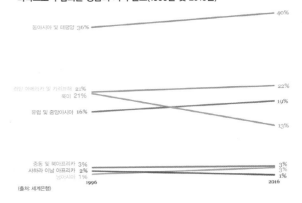

(출처: 세계은행)

미국으로 수입되는 상품의 지역 분포(2016)

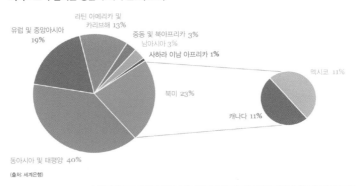

(출처: 세계은행)

시간에 따른 변화를 표시하기 위해 원형 차트를 쌍으로 표시하는 것은 도움이 되지 않는다. 누적 막대 차트나 기울기 차트가 훨씬 쉽고 빠르게 이해된다.

쁜 선택일 것이다. 어느 쪽이 맞는지 확실하게 증명한 사람은 없다. 그래도 도넛 차트는 차트 중앙에 숫자나 설명을 추가할 수 있다는 장점이 있다.

표시되는 조각이 많지 않더라도 원형 차트는 가급적 쌍으로 사용하지 않는 것이 좋다 (330페이지 그림). 각 그룹의 데이터값이 달라졌는지 확인하려면 양쪽 원형 차트를 번갈아 살펴봐야 하는 불편이 있기 때문이다. 그런 비교 작업은 누적 막대 차트나 기울기 차트를 사용하면 더 빠르고 쉽게 할 수 있다. 단, 기울기 차트를 사용하면 부분 대 전체 비교에서 벗어나 시간에 따른 변화에 초점을 맞추게 된다.

특히 조각이 너무 많은 원형 차트는 피하라. 다섯 조각도 너무 많으며, 그보다 많다면 도무지 파악할 수 없을 정도가 된다. 또한 단일 조각을 빼내어 이를 더 세분화하는 '분할' 원형 차트를 피하라. 이 차트는 읽기 어렵다. 그 대신 더 나은 대안으로 막대 차트 또는 생키 다이어그램을 사용하라(143페이지 참조).

원형 차트에 대한 긍정적인 관점

이제 원형 차트에 대한 긍정적인 관점을 살펴보자. 아래의 두 원형 차트는 동일한 데이터를 보여주지만 배열이 다르다. 왼쪽 버전에서 그룹 B(보라색 조각)의 값을 바로 알아보기는 어렵다. 오른쪽 버전처럼 차트를 회전하면 차트 중앙에 익숙한 직각이 만들어

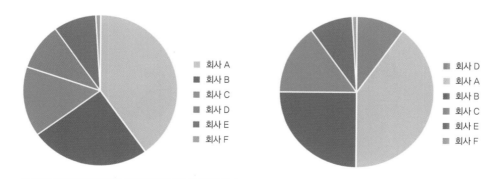

회사 B에 해당하는 보라색 조각의 내부 각도가 90도라는 것이 잘 보이도록 차트를 만들면 그 데이터값을 추정하기가 쉽다.

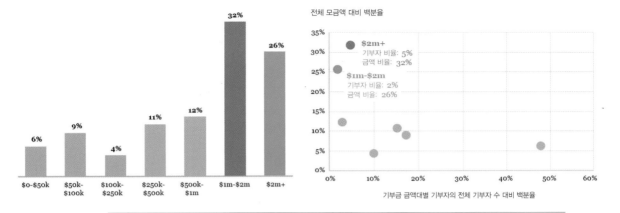

대부분의 기부금은 몇 건의 거액 기부에서 나왔다

32%
26%
12%
11%
9%
6%
4%

$0-$50k $50k-$100k $100k-$250k $250k-$500k $500k-$1m $1m-$2m $2m+

대부분의 기부금은 몇 건의 거액 기부에서 나왔다

전체 모금액 대비 백분율

$2m+
기부자 비율: 5%
금액 비율: 32%

$1m-$2m
기부자 비율: 2%
금액 비율: 26%

기부금 금액대별 기부자의 전체 기부자 수 대비 백분율

위의 두 차트는 비영리 단체의 모금액 중 상당 부분이 몇 건의 거액 기부에서 나왔음을 보여준다. 만약 반 이상의 기부금이 이 두 그룹에서 나왔음을 보여주는 것이 목적이라면 원형 차트가 적절한 선택이다.

지고 이제 그룹 A의 값(25%)이 명확해진다. 따라서 원형 차트는 개별 조각이나 여러 조각의 합이 익숙한 각도인 특정 숫자(25%, 50% 및 75%)일 때 유용하다. 이런 경우에는 독자의 주의를 서너 개의 조각에 쉽게 집중시킬 수 있다.

원형 차트가 유용할 수 있는 실제 예를 살펴보자. 비영리 단체의 모금 활동 결과를 보고하는 프레젠테이션을 상상해보자. 100건의 기부를 받았고 전체 모금액의 절반 이상이 100만 달러 이상의 매우 큰 기부에서 나온 것이라고 가정한다. 기부금을 일곱 개 범주로 나누고 상위 범주를 1백만 달러에서 2백만 달러 사이의 기부 그룹과 2백만 달러 이상의 기부 그룹으로 나눈다. 지각 순위표에서 상위권에 속하는 막대 차트나 산점도를 사용하는 방법도 있다.

그러나 독자의 입장에서는 원형 차트가 가장 효과적일 수 있다. 원형 차트는 거의 즉각적으로 읽고 이해할 수 있으며, 독자가 눈여겨보기를 원하는 부분이 절반 이상을 차지하기 때문에 마음 속으로 수직선을 원 안에 그리기가 쉽다. 기본 정보를 가급적 빨리 알고 싶어하는 청중에게 마리메꼬 차트나 산점도의 해석 방법을 설명해야 한다고 상상해보라.

대부분의 기부금은 몇 건의 거액 기부에서 나왔다

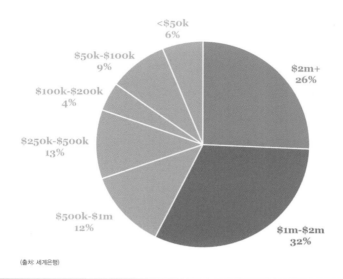

(출처: 세계은행)

이 원형 차트는 관심의 대상인 두 그룹을 잘 부각시킨다. 그 이유는 (1) 두 그룹의 합이 50%를 약간 넘기고, (2) 다른 그룹은 회색으로 처리됐기 때문이다.

대부분의 기부금은 몇 건의 거액 기부에서 나왔다

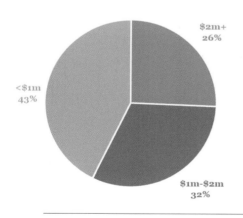

대부분의 기부금은 몇 건의 거액 기부에서 나왔다

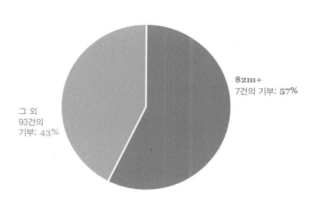

원형 차트를 단순화하면 주요 그룹에 관심을 집중시킬 수 있다.

332페이지의 원형 차트에서 일곱 개 값이 모두 표시되고 레이블이 지정되지만 관심있는 두 조각만 색상이 지정되고, 이들이 합쳐지면 50%보다 분명히 크다는 점을 유의해서 보라(또한 여기에서 범주 값으로 조각을 정렬하는 것이 더 합리적이므로 12시 시작 규칙을 따르지 않는다는 점에 유의하라). 다른 조각들은 그래프의 주요 초점이 아니기 때문에 회색으로 표시돼 배경으로 이동한다. 프레젠테이션의 경우 두 그룹을 하나로 결합하고 다른 레이블을 삭제해 청중의 주의를 분산시키는 화면의 정보 양을 줄일 수도 있다.

이 예는 원형 차트가 유용할 수 있는 또 다른 시나리오로 이어진다. 즉, 독자의 시선을 단일값, 즉 진정한 의미에서의 부분 대 전체 관계에 집중시키는 경우다. 이 경우 과연 차트가 필요한지 여부를 고려하라. 미국의 빈곤율이 12.3%라는 진술을 뒷받침하는 시각 자료가 과연 필요한가? 소셜 미디어나 프레젠테이션 슬라이드라면 몰라도 보고서나 기사는 본문에서 숫자를 언급하는 것만으로도 충분할 것이다.

잘못된 원형 차트는 어떻게 해도 여전히 잘못된 차트이다. 만약 원형 차트를 사용하기로 선택했다면 전략적으로 신중하게 사용하라. 특정 수량의 식별이나 조각끼리의 비교는 대체로 어렵지만, 크기의 대략적인 차이를 이해하거나 조각 하나에 집중하는 경우라면 원형 차트가 적합하다.

트리맵

메릴랜드 대학의 벤 슈나이더만Ben Shneiderman이 개발한 트리맵tree map은 정사각형 또는 직사각형의 조각들을 그룹으로 나눠 계층 또는 부분–전체 관계를 보여준다. 말하자면 트리맵은 원형 차트를 사각형으로 만든 것이다.

334페이지의 두 트리맵은 2016년 미국의 총 수입 내역을 지역별로 구분해서 보여준다. 직사각형 간의 비교가 더 쉽기 때문에 원형 차트보다 읽기가 더 쉬울 수 있다. 한편으로는 친숙하지 않은 그래프 유형이라 탐색 속도가 느리거나 어려울 수 있다.

미국으로 수입되는 상품의 지역 분포(2016)

(출처: 세계은행)

미국으로 수입되는 상품의 국가 분포(2016)

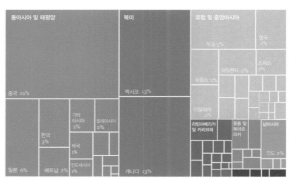

(출처: 세계은행)

미국으로 수입되는 상품의 국가 분포(2016)

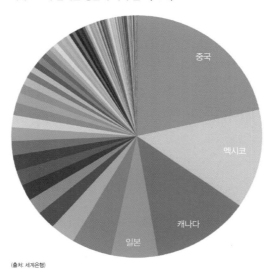

(출처: 세계은행)

트리맵은 원형 차트의 대안으로, 부분–전체 또는 계층 관계를 나타낼 수 있다. 아래의 원형 차트를 읽기가 실질적으로 불가능하다는 것에 유의하라.

오른쪽 트리맵은 지역 범주를 개별 국가로 더 세분화한다. 세계의 모든 국가가 이 차트에 표시돼 있는 것은 아니지만 어떤 국가가 미국에 가장 많은 상품을 파는지 명확하게 알 수 있다.

미국으로 수입되는 상품의 지역 분포(2016)

(파란색은 1996년에서 2016년 사이의 증가를, 빨간색은 감소를 나타낸다)

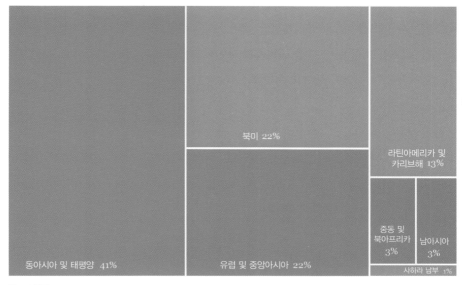

북미 22%

라틴아메리카 및
카리브해 13%

중동 및
북아프리카
3%

남아시아
3%

동아시아 및 태평양 41%

유럽 및 중앙아시아 22%

사하라 남부 1%

(출처: 세계은행)

색상을 사용해서 트리맵에 데이터를 추가로 표시할 수 있다. 이 경우 1996년과 2016년 사이의 수입 점유율 변화를 색상으로 나타낸다.

동일한 데이터를 보여주는 원형 차트는 읽기가 불가능하다.

슈나이더만은 원래 자신의 컴퓨터에서 파일 디렉토리를 간결하게 보기 위해 트리맵을 개발했다. 다양한 그룹과 변수를 포함할 수 있는 트리맵은 그 간결함이 가장 큰 장점이다. 트리맵은 하위 섹션에 레이블을 지정해서 상위 그룹 내에 포함시킬 수 있어 계층 구조를 쉽게 시각화할 수 있다. 트리맵에 다른 부호화를 추가할 수도 있다. 예를 들어, 위의 트리맵은 미국의 수입액의 2016년 분포를 보여주고 색상은 1996년에서 2016년 사이의 점유율 변화를 나타낸다(파란색은 증가, 빨간색은 감소).

선버스트 다이어그램

계층 구조의 각 단계별로 전체에 대한 부분의 비율을 표시하려면 선버스트^{sunburst} 다이어그램을 사용할 수 있다. 트리맵처럼 선버스트는 부분−전체 관계 및 계층적 관계를 표시할 수 있다. 예를 들어 다음 선버스트 다이어그램은 앞의 세부 트리맵과 같은 데이터를 보여주며 각 지역별 구성 요소를 표시하는 추가 링이 있다.

선버스트의 각 링은 계층 구조의 다른 단계에 해당하며 각 링의 조각(노드라고도 함)은 그 하위 그룹을 의미한다. 중앙 링은 최상위 레벨(루트라고도 함)을 보여준다. 바깥 쪽 고리들은 그룹이 어떻게 하위 그룹으로 나뉘는지 보여준다. 색상을 사용해서 다른 링, 그

미국으로 수입되는 상품의 분포(2016)

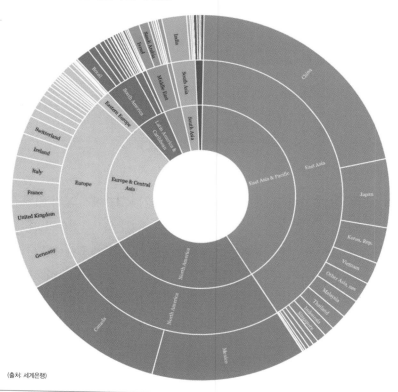

(출처: 세계은행)

선버스트 그래프는 부분−전체 및 계층적 관계를 나타낸다.

률, 계층 등을 강조할 수 있다. 위의 선버스트 그래프는 색상을 사용해 세계 일곱 주요 지역을 구분한다.

모든 원형 시각화와 마찬가지로 선버스트 그래프도 패턴을 명확하고 빠르게 확인하기 어렵다. 범주가 너무 많은 선버스트 다이어그램은 자세히 살펴봐도 패턴을 발견하기에는 너무 복잡할 수 있다. 그런 경우 색상, 레이블 및 주석을 전략적으로 사용해 가장 중요한 부분으로 시선을 이끌 수 있다.

나이팅게일 차트

이런 유형의 차트는 콕스콤^{coxcomb} 또는 로즈^{rose} 다이어그램이라고도 하지만 나이팅게일 차트^{Nightingale chart}로 가장 널리 알려져 있다. 플로렌스 나이팅게일이 크림 전쟁 중 군인 사상자를 시각화하기 위해 만든 것이 이 차트의 최초이자 가장 유명한 예이다.

1820년에 태어난 나이팅게일은 부유한 가정에서 교양과 수학에 대한 종합 교육을 받고 자랐다. 평생을 보건 분야에 헌신하고 궁핍한 사람들을 돕겠다고 일찍부터 결정한 나이팅게일은 1850년대 초에 간호사가 됐다. 병원 물품 정리 경험이 있는 그녀는 크림 전쟁 중 튀르키예 스쿠타리^{Scutari}의 야전 병원에서 영국인 사상자를 돌봤다. 2년간 그녀는 간호사들과 함께 환자에 대한 자세한 기록을 남기면서 부상자와 환자를 간호했다.

나이팅게일은 위생 문제가 스쿠타리의 높은 사망률의 주된 원인이라고 확신하고 수십 개의 시각화로 데이터를 보여주는 수백 편의 출판물을 발행했다. 결국 영국 정부는 병원의 열악한 실태 조사를 위해 위생위원회를 만들었으며 이윽고 위생, 환기 및 청결 개선을 실현했다.

그녀의 이름으로 불리는 가장 유명한 차트는 원 주위로 기간 별로 나뉘어진 데이터값이 그려진다. 각 조각은 크림 전쟁의 1854년 4월(오른쪽 그림의 9시 위치)부터 1856년 3월(왼쪽 그림의 9시 위치)까지의 기간 중 월별 사망자 수를 나타낸다. 사망 원인은 다음 세 가지 범주로 나뉜다: 전투 중 상처로 인한 사망(분홍색), 기타 원인으로 인한 사망(검은색), 질병으로 인한 사망(파란색). 오른쪽 그림은 전쟁의 첫 12개월 동안의 사망 패턴을

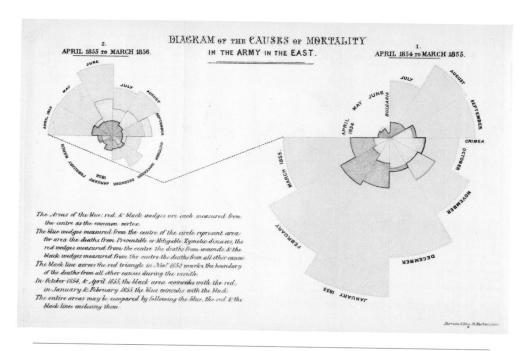

플로렌스 나이팅게일은 콜레라, 발진티푸스 및 이질과 같은 질병으로 인한 사망자의 비율이 지나치게 큼을 나타내는 전설적인 차트를 만들었다. (이미지 출처: 웰콤 컬렉션(Wellcome Collection))[2]

보여준다. 왼쪽 그림은 위생위원회가 1856년 3월에 개혁을 시행한 이후 12개월 기간을 보여준다.

나이팅게일 차트는 조각이 각각 다른 방향으로 확장된 원형 차트로 생각할 수 있다. 각 조각의 영역은 전체에 대한 값을 나타내며 조각은 시간 차원을 따라 정렬된다. 따라서 나이팅게일 차트는 시간에 따른 변화와 부분-전체 관계를 모두 나타낸다.

이 시각화는 두 가지 주요 내용을 보여준다. 첫째, 전투 중 사망자는 총 사망자 수의 극히 일부에 불과했다. 질병(콜레라, 발진티푸스 및 이질)으로 인한 사망이 훨씬 큰 비율을 차지했다. 둘째, 전쟁 중에 작업을 시작한 위생위원회가 어떻게 전체 사망자를 극적으로 줄였는지 보여준다.

---

2   헨리 웰콤 경이 설립한 의학 박물관, 런던 소재 – 옮긴이

동부 전선의 군인 사망 원인

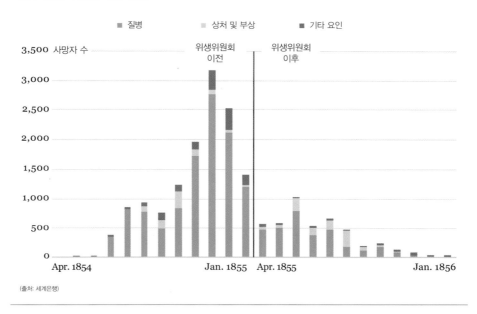

이 누적 막대 차트는 나이팅게일 그래프 원본과 같은 데이터를 나타낸다. 그러나 과연 원본만큼의 깊은 인상을 남기는가?

이 책에서 이미 나이팅게일 차트의 변형 사례를 보았다. 예를 들어 원형 막대 차트는 바깥쪽으로 방사되는 중앙 원 주위에 막대를 배열한다. 방사형 차트는 또한 원형 레이아웃을 사용해 반경을 따라 정렬된 변수 간의 관계를 표시한다. 많은 원형 차트와 마찬가지로 나이팅게일 차트는 읽기 어려울 수 있으며 조각 간 비교도 어렵다. 나이팅게일 차트의 주요 문제점은 바깥쪽에 위치한 조각의 크기가 반드시 더 커지기 마련이어서 과도하게 강조된다는 점이다. 이런 왜곡은 중심에서 멀어질수록 증가한다.

위의 누적 막대 차트는 앞 페이지의 나이팅게일 차트와 동일한 크림 전쟁 사망 데이터를 사용한다. 1855년 3월과 4월 사이에 수직선을 추가해서 두 원의 끊김을 표시한다. 막대 차트는 총계를 더 명확하게 보여주지만 해당 기간 중간에 일어난 변화를 원본만큼 명확하게 나타내지 않으며 또 원본만큼 매력적이지도 않다.

나이팅게일의 차트를 이 누적 막대 차트 같은 표준 차트로 만들었더라면 더 낫지 않았을까 의문을 가질 수도 있다. 데이터 시각화 전문가 RJ 앤드류스[RJ Andrews]는 이 문제를 정면으로 언급했다.

> 간혹 비평가들은 그녀의 사망률 데이터를 막대 차트처럼 직설적인 방식으로 시각화하는 편이 나을 것이라고들 말한다. 그러나 그것은 사실이 아니다. 프로렌스 나이팅게일은 막대 차트를 많이 만들었다. 하지만 그것에 관심을 두는 사람은 아무도 없다! 그녀의 장미(차트)는 1858년에도 독자를 사로잡았고 오늘날에도 여전히 우리의 관심의 대상이 되고 있다.

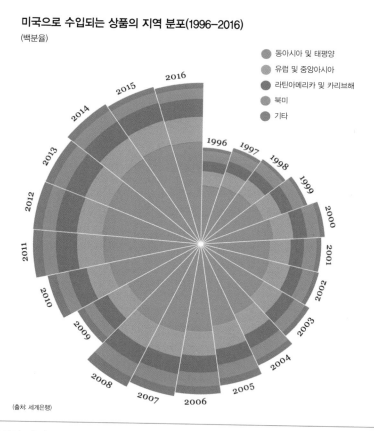

나이팅게일 차트는 온갖 종류의 데이터를 표시할 수 있다. 한편, 지각적 측면에서의 어려움도 존재한다.

미국으로 수입되는 상품의 지역 분포(1996-2016)
(백분율)

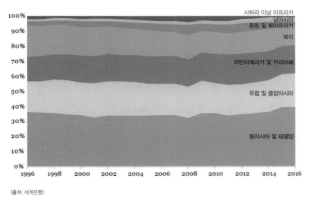

(출처: 세계은행)

미국으로 수입되는 상품의 지역 분포(1996-2016)
(단위: 10억 달러)

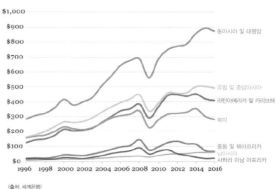

(출처: 세계은행)

누적 영역 차트나 꺾은선 차트는 나이팅게일 차트 대신 사용할 수 있는 간단한 대안이다.

다른 경우와 마찬가지로 우리는 지각적으로 정확한 것과 사람들의 관심을 끌고 그들 마음에 각인되는 것 사이의 균형을 유지해야 한다. 작가 알베르토 카이로가 나이팅게일에 대해 이렇게 썼듯이 말이다. "정보를 알리는 것뿐만 아니라 흥미롭고 독특하고 아름다운 그림으로 설득하는 것이 그녀의 목표였다. 막대 그래프는 동일한 메시지를 효과적으로 전달하지만 시각적 매력은 부족하다."

이 장 초반의 수입 통계 데이터를 나이팅게일 차트 형식으로 배열해보자. 이 차트는 1996년부터 2016년까지 미국이 전 세계 일곱 개 지역에서 수입한 상품의 액수를 보여준다. 각 지역은 층별로 표시되며 연도 데이터는 1996년을 시작으로, 시계 방향으로 가장 이른 것부터 가장 최근 순으로 나열된다.

누적 영역 차트 또는 꺾은선 차트를 사용해 동일한 데이터를 표시할 수도 있다. 여기에서 작은 값이 나이팅게일 차트에서는 약간 더 크게 나타나는 것에 유의하라. 원의 중심에서 멀어질수록 면적은 커지기 때문이다. 그러나 지금까지 살펴본 것처럼 나이팅게일이 이런 표준 차트 유형에 비해 유용한 경우도 있다. 나이팅게일 차트는 더 간결하고 기본 차트 유형과 매우 달라 보인다. 그런 특징을 살리는 것이 목표가 될 수도 있다.

보로노이 다이어그램

20세기 초에 살았던 러시아 수학자 게오르기 보로노이^{Georgy Voronoi}의 이름을 따서 명명된 보로노이 다이어그램^{Voronoi diagram}은 여러 개의 점(시드^{seed}, 사이트^{site}, 또는 생성점^{generating point}이라고 부름)이 있는 평면을 각 점을 둘러싼 다각형 모양으로 분할한다. 이 공간 어딘가에 점을 찍으면 그 점은 다른 어떤 시드보다 해당 영역(다각형)의 시드에 더 가깝다. 보로노이 다이어그램은 종종 지리 데이터에 사용되지만 부분−전체 관계도 표시할 수 있기 때문에 이 장에 배치했다. 보로노이 다이어그램은 생물학(세포 구조), 생태학(산림 성장 연구) 및 화학(분자 위치) 등의 학문 분야에서도 볼 수 있다.

보로노이 다이어그램의 흥미로운 특성은 각 다각형의 경계가 가장 가까운 두 시드 점과 같은 거리에 있다는 것이다. 즉, 각 다각형은 다각형의 가장자리에서 해당 시드 점까지의 거리가 가능한 가장 짧아지도록 정의된다. 세 개의 경계가 만나면 가장 가까운 세 점과 같은 거리에 있는 꼭지점^{vertex}이라고 하는 점이 생긴다. 다각형의 모양과 위치를 결정하는 다양한 알고리듬이 있다.

(지도 출처: 안드레이 카샤(Andrei Kashcha)의 도시 도로 프로젝트)

보로노이 다이어그램의 작동 방식을 보기 위해 도시에 9개의 소방서가 있다고 상상해보자.

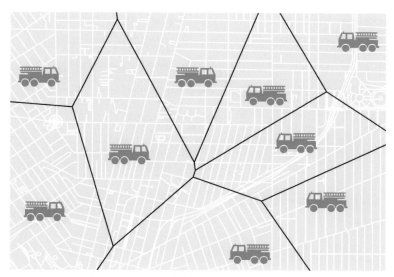

보로노이 지도를 이용해 도시를 아홉 개의 구획으로 나눌 수 있다.

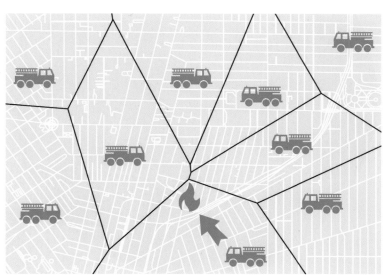

화재가 발생할 경우 출동해야 할 가장 가까운 소방서가 어디인지 알 수 있다.

알고리즘에 대한 설명은 복잡하므로 간단한 예를 들어 보자. 아홉 개의 소방서가 있는 도시 어딘가에서 화재가 발생했다고 하자. 어느 소방서가 대응해야 할까? 아홉 개의 소방서의 위치는 생성점generating points이며, 각 생성점을 둘러싼 다각형은 가장 가까운 소방서가 대응해야 한다는 원칙에 따라 어느 소방서가 출동해야 하는지를 알려준다(물론 도로와 교량 및 기타 장애물과 관련된 문제는 무시하고 있지만 더 복잡한 알고리듬은 이런 종류의 장애물도 고려할 수 있다). 344페이지에서 볼 수 있듯이 보로노이 다이어그램은 도시를 구성 요소 기준으로 분할해서 부분 대 전체 관계를 효과적으로 시각화 할 수 있다.

일반적으로 지역별로 분류된 전 세계 국가의 인구를 보여주는 이와 같은 보로노이 다이어그램을 볼 수 있다.

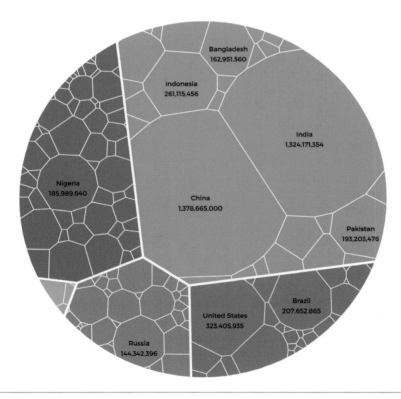

보로노이 차트는 부분과 전체의 관계를 나타낼 때 흔히 사용된다. 윌 체이스(Will Chase)의 이 그래프는 세계 각국의 인구를 나타낸다.

데이터 시각화 역사상 유명한 지도 중 하나가 보로노이 다이어그램이라는 사실을 모르는 사람이 많을 것이다. 1854년 중반, 영국의 의사이자 현대 역학(전염병학)의 창시자인 존 스노우^{John Snow}는 콜레라 발병으로 인한 사망자를 런던의 소호 지도에 짧은 선으로 표시했다. 이 전염병으로 한 달여 동안 600명 이상이 사망했다.

스노우의 지도를 보면 브로드 스트리트^{Broad Street}에 있는 물 펌프 주변에 데이터가 집중된 모습이 드러난다. 감염된 펌프(이미지 중앙에 "PUMP" 레이블이 있는 지점) 바로 왼쪽과 거리 위아래로 많은 수의 사망자(짧은 선으로 표시)를 볼 수 있다. 스노우가 그린 원본보다 약간 뒤에 게시된 이 지도에서는 사망자 발생 구역 주위에 점선이 그려진다(보라색으로 강조 표시). 스노우에 따르면 점선은 "브로드 스트리트의 펌프와 주변 펌프에서 가장 가까운 도로에서 동일한 거리에 있는 지점을 세심한 측정을 통해 확인한 결과다."

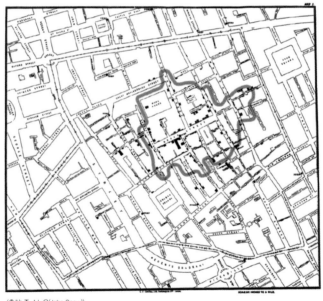

(출처: 존 스노우(John Snow))

존 스노우의 유명한 콜레라 지도는 실제로 보로노이 다이어그램이다. 브로드 스트리트의 물 펌프 주변에 사망자가 밀집돼 있음을 분명히 볼 수 있다. 그 물 펌프는 지도 중앙에 있는 가장 굵은 검은색 막대 바로 우측에 작은 점으로 표시됐다. 브로드 스트리트의 물 펌프로부터의 거리를 표시하기 위해 스노우가 표시한 점선을 위의 그림에서는 강조했다.

또한 보로노이의 방법론을 적용해 지도의 각 물 펌프를 점(보라색)으로 표시하고 그 주위에 다각형(보라색 선)을 그릴 수 있다. 따라서 스노우 지도는 실제로 '스노우 보로노이'다.

(출처: 존 스노우(John Snow))

지도 상에 있는 각 물 펌프를 보라색 점으로 표시하면 스노우의 지도 원본으로부터 보로노이 다이어그램을 만들 수 있다.

결론

원형 차트는 친숙하고, 만들기 쉽고, 읽기 쉽기 때문에 부분–전체 관계의 기본적인 시각화 방법이다. 그러나 원형 차트는 지각적인 측면에서 단점이 많으므로 주의가 필요하다. 원형 차트를 사용할 경우 조각 수를 제한하라. 또한 직각이 눈과 뇌에 익숙하다는 사실을 기억하라. 따라서 25% 단위의 표식을 사용하면 도움이 된다. 원형 차트를 쌍으로 표시하면 값을 비교하기 어렵다. 두 개 이상의 원형 차트를 사용한다면 적어도 조각의 순서는 같아야 한다.

원형 차트에 대한 대안이 있다. 트리맵은 기본적으로 원형 차트를 사각형으로 만든 것이다. 트리맵에는 더 많은 주석과 계층 관계를 표시할 수 있다. 선버스트 다이어그램도 계층적 관계를 보여주지만, 선버스트 다이어그램에 데이터 계열이 많으면 복잡하고 어수선할 수 있다. 보로노이 차트는 부분−전체 관계를 보여주는 또 다른 레이아웃으로, 지리 공간 데이터, 세포 구조 또는 생태 데이터를 시각화하는 데 사용된다.

이런 그래프 유형 중 일부는 친숙하지 않을 수 있지만 데이터값을 더 정확하게 식별하는 데 도움이 된다. 이전 장에서 다룬 막대 차트, 누적 막대 차트 및 기울기 차트 등을 부분−전체 관계 시각화에 사용할 수도 있지만 그런 관계를 명확히 하려면 설명 텍스트가 필요한 경우가 많다.

정성적 데이터를 다루는 차트

지금까지 주로 정량적 데이터를 다루는 차트를 살펴보았다. 그러나 관찰, 인터뷰, 포커스 그룹, 설문 조사 및 기타 수단을 통해 수집된 정성적 데이터와 비수치적 정보를 전달하는 그래프도 있다. 이 장의 차트는 주로 단어와 문구를 전달한다.

우리는 정성적 결과를 재료 삼아 내러티브와 이야기를 엮어 지식을 전달하곤 한다. 정량적 데이터로 이와 같은 일을 하기는 어렵다. 빅데이터를 다운로드하고, 회귀분석을 실행하고, 표를 생성하면 보다 객관적인 결과를 도출할 수 있지만, 공감을 이끌어내는 데에는 이야기만한 것이 없다. 정량적 데이터는 이야기를 전달하는 데 도움이 된다.

정량적 데이터와 마찬가지로 정성적 결과도 요약하고 싶을 때가 있다. 이 장에 실린 이미지는 전 세계의 다양한 뉴스 및 연구 기관에서 가져온 것이다. 이전 장과 달리 레이아웃, 디자인 및 접근 방식의 다양성을 보여주는 스타일 가이드를 사용하지 않는다. 이 장의 일부 그래프는 데이터를 전체적으로 보여주고, 다른 그래프는 세부 결과와 텍스트 또는 인용문을 검토하게 한다. 어떤 차트를 사용할 것인지는 의도하는 목적과 결과물을 어디에 게시할 것인지에 따라 달라진다.

아이콘

데이터 시각화 디자인은 더 많은 콘텐츠를 제공하고 독자를 사로잡는 데 매우 유용하다. 이전 장에서는 색상, 레이아웃 및 다양한 모양이 어떻게 독자의 관심을 끌고 그래픽에 빠져들게 만들 수 있는지 살펴보았다. 마찬가지로 아이콘, 이미지 및 사진은 관심을 불러일으키고 정량적 데이터를 분류하기 쉽게 만들 수 있다.

명사 프로젝트(Noun Project)에 쓰인 아이콘의 예들이다. 마이크로소프트 오피스 최근 버전에는 아이콘 라이브러리가 내장돼 있다. 명사 프로젝트나 플랫아이콘(Flaticon) 등의 웹사이트에서 아이콘을 구입하거나 무료로 아이콘을 내려받을 수도 있다. 아이콘처럼 사용할 수 있는 글꼴도 있다. 예컨대 StateFace 글꼴의 각 글자는 미국의 각 주를 나타내는 아이콘으로 돼 있다.

특히 아이코노그래피iconography는 정성적 데이터를 시각화하는 데 도움이 될 수 있다. 아이콘은 순전히 장식용일 수도 있고, 데이터를 나타낼 수도 있고(단위 차트나 아이소타이프 차트처럼, 122페이지 참조), 독자를 시각 자료의 한 단계에서 다음 단계로 안내할 수 있다. 아이콘(이모티콘 포함)은 그 자체로 시각적 언어이므로 다른 방법으로는 표현하기 어려운 아이디어와 감정을 간결하게 전달할 수 있다. 또한 특정 지적 장애나 인지 장애를 가진 독자가 시각 자료를 활용하는 데 도움이 되기도 한다. 한 연구에 따르면 이런 시각적–그래프 형태의 의사소통이 성공적인 언어 개발을 촉진하는 데 도움이 됐다고 한다.

연구와 분석을 지원하기 위해 아이콘을 사용할 수 있는 방법의 예로서 예산 및 정책 우선순위 센터Center on Budget and Policy Priorities의 이 간단한 그래픽은 근로 소득세 공제 및 자녀 세금 공제가 도움이 되는 다섯 가지 방법의 설명을 보완하기 위해 아이콘을 사용한다. 이 글의 내용은 본질적으로 정성적이며 아이콘은 독자가 텍스트를 쉽게 읽을 수 있도록 안내하는 역할을 한다.

인생의 단계마다 도움이 되는 근로자 가족 세액 공제

근로 소득 세액 공제(EITC) 및 자녀 세액 공제(CTC)는 자녀가 있는 저소득 및 중간 소득 근로 가정의 근로에 대한 보상 및 빈곤 감소라는 혜택을 가져올 뿐 아니라 실질적으로 생애 전 단계에서 가족에게 도움이 된다는 사실이 연구를 통해 밝혀지고 있다.

유아 및 산모의 건강 개선: EITC 증가와 유아 건강 지표(출산 체중, 조산 등)의 개선 사이의 연관성이 있음이 연구를 통해 밝혀졌다. 또한 확장된 EITC를 받는 것이 산모의 건강 향상에 도움이 될 수 있다고 제안한다.

학교 성적 향상: (EITC 및 CTC 등의) 세액 공제를 더 많이 받는 가정의 초, 중등 학생이 해당 연도에 더 높은 시험 점수를 받는 경향이 있다.

더 높은 대학 진학률: 주 또는 연방 EITC의 확대 혜택을 받는 저소득 가정의 자녀는 대학 진학 가능성이 더 높다는 연구 결과가 있다. 이는 중학교 및 그 이전에 더 높은 EITC를 통해 지속적인 학업적 유익을 얻었기 때문이라고 본다. 세금 환급이 증가하면 고3 학생을 둔 가족이 대학교 학비를 부담할 역량을 높여 대학 진학률도 증가한다는 연구가 있다.

다음 세대의 근로 및 소득 증가: 근로 빈곤 가정의 6세 이하 아동이 받는 추가 소득이 연간 3,000달러일 때, 25세에서 37세 사이에 평균적으로 연간 135시간을 더 일하고 평균 연간 소득이 17% 증가한다는 연구 결과가 있다.

사회 보장 퇴직 시 혜택: EITC는 근로 연령 여성의 고용과 소득을 증대함으로써 사회 보장 퇴직 혜택을 증가시켜 노년의 빈곤을 줄인다는 연구가 있다. (사회 보장 혜택은 근로 소득액을 기준으로 한다.)

참고: 연구에 대한 자세한 내용은 Chuck Marr, Chye-Ching Huang, Arloc Sherman 및 Brandon DeBot, "근로, 빈곤 감소, 아동 발달 지원 등을 촉진하는 EITC 및 자녀 세액 공제에 대한 연구 결과"(CBPP) 참조

아이콘은 연구와 분석 분야에서도 유용하게 쓰인다. (출처: 예산 및 정책 우선순위 센터(Center on Budget and Policy Priorities))

단어 구름과 특정 단어

단어 구름word cloud은 아마도 정성적 데이터를 시각화하는 방법으로 가장 널리 사용돼 친숙할 수 있다. 그러나 실제로는 단어가 텍스트에 나타나는 횟수를 나타내는 정량적

데이터 표시 방법이다. 단어 구름에서 각 단어의 크기는 해당 문구의 빈도에 따라 조정된다.

이런 그래프는 전체적인 패턴을 보여주는 경우나 특정 데이터 하나가 명백하게 부각되는 경우를 시각화하는 데 적합하다. 특정 값을 탐색해서 찾아내야 하는 상황에는 적절하지 않다.

단어 구름은 시각적으로 매력적이지만 두 가지 문제가 있다. 첫째, 텍스트에서 각 단어의 빈도가 구체적으로 얼마나 되는지 명확하지 않다. 아래의 단어 구름은 버락 오바마 대통령의 2016년 연두 교서를 분석한 것이다. 그가 미국America, 세계world, 사람people이라는 단어를 자주 사용했음을 알 수 있다. 그러나 얼마나 많이 언급했는지는 알기 어렵다. 텍스트에서 단어의 정확한 빈도를 이해하는 것이 중요하다면 이 시각화 방식은 부적합하다.

이 단어 구름에서 미국인Americans이라는 단어는 어떤가? 이 단어 역시 자주 사용됐지만 수직 방향으로 놓여 있어서 눈에 잘 띄지 않는다. 이것이 단어 구름의 두 번째 문제다. 일부 단어는 길이, 방향, 글꼴 또는 색상 때문에 다른 단어보다 더 커 보일 수 있다.

이 단어 구름은 버락 오바마 대통령의 2016년도 연두 교서에 사용된 단어의 빈도를 나타냈다. (데이터 출처: 미국 백악관)

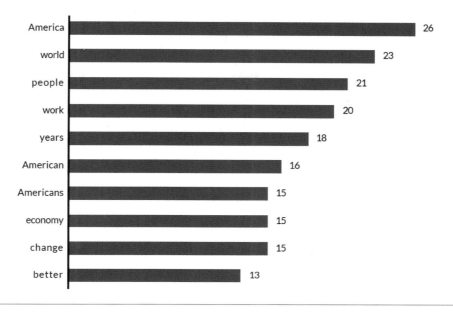

오바마의 2016년도 연두 교서에서 가장 빈번하게 사용된 열 개 단어를 일반적인 막대 차트로 나타냈다. (데이터 출처: 미국 백악관)

단어 구름을 만들려면 각 단어의 빈도를 계산해야 한다. 텍스트를 수량화한 후에는 막대 차트를 비롯한 다양한 시각화 방법을 사용할 수 있다. 단어 구름보다 막대 차트에서 단어의 사용 빈도를 확인하는 것이 훨씬 쉽다. 참고로 단어 구름은 일반적으로 'the' 및 'at' 등의 불용어stop words라고 하는 가장 일반적인 단어를 제외한다.

효과적인 단어 구름을 만드는 또 다른 방식은 전체 텍스트 본문을 의미별로 그룹화된 단어, 즉 의미 그룹별로 분리하는 것이다. 오바마의 연설에 대해 「USA 투데이」 지는 그의 연설을 다음과 같이 요약했다.

> 오바마는 지난 7년 동안 이루어진 진전을 옹호하고 대통령 임기 후에도 오랫동안 미완성 상태로 남을 의제를 설정했다. 그것은 기후 변화의 영향을 되돌리기, 암 치료를 위한 혁신적인 도전, 정치 체제의 변화를 요구하는 풀뿌리 운동 등이다.

하나의 단어 구름 대신 텍스트를 여러 의미 그룹으로 나누는 방법이 제시됐다. Hearst et al. (2019) 참조. (데이터 출처: 미국 백악관)

연설에서 언급된 이런 주요 정책은 기본 단어 구름에 나오지 않는다. 따라서 텍스트를 의미 그룹으로 구성한 다음 단어 구름의 소형 다중 구성 모음을 구성하는 것이 더 좋은 방법일 수 있다. 예를 들어 위의 단어 구름은 연설에서 가장 중요한 주제와 단어가 눈에 더 잘 들어온다. 이를 위해서는 그룹과 클러스터의 선정을 위한 더 많은 분석 노력이 들지만 더 나은 시각화를 제공한다.

단어 나무

텍스트 데이터를 시각화하는 또 다른 방법은 각각의 단어가 나타나는 맥락을 조사하는 것이다. 2007년 마틴 와텐버그와 페르난다 비에가스가 개발한 단어 나무^{word tree}는 텍스트 내에서 특정 단어가 사용되는 모든 방식을 보여준다. 나무 구조는 각 단어가 텍스

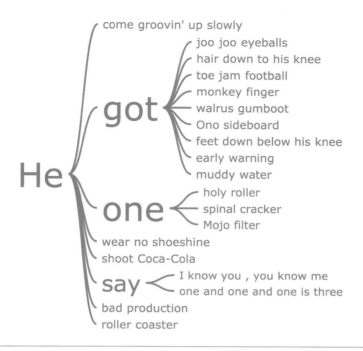

단어 나무는 텍스트 내에서 특정 단어가 사용되는 모든 방식을 보여준다. 이 텍스트는 비틀즈의 노래 〈컴 투게더(Come Together)〉의 가사이다. (출처: AnyChart)

트 내에 나타나는 조합을 보여주며, 각 단어는 빈도에 따라 크기가 조정된다.

8장에서 계층적 관계를 표시하는 방법을 설명하면서 단어 나무의 한 가지 예를 이미 보았다. 그와 비슷하게, 비틀즈의 노래 〈컴 투게더Come Together〉의 가사로 만든 이 단어 나무는 노래의 구성 요소를 계층 구조로 보여준다.

단어 나무는 또 다른 방식으로 정량적 데이터를 표시하는 데 사용할 수 있다. 다음의 단어 나무는 과학 블로거 50명과의 인터뷰를 기반으로, 인터뷰 응답을 목표와 동기로 분류한다. 아홉 가지 카테고리에서 특정 단어 언급 및 인용문으로 분기되는 것을 볼 수 있다. 단어 나무는 단어 구름과 동일한 단점을 가진다. 즉, 단어의 정확한 빈도를 확인하기는 어렵다. 그러나 그들은 텍스트를 문맥에 따라 보여주는 매력적이고 흥미로운 시각화 방법이다.

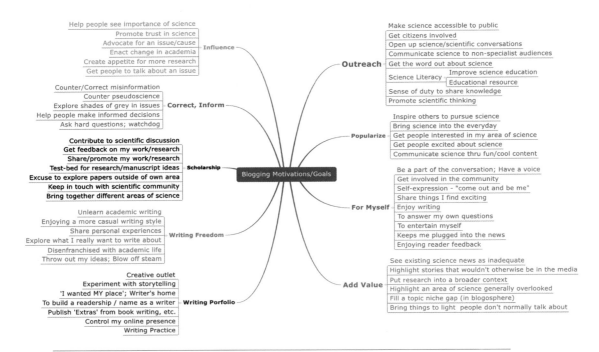

Help people see importance of science
Promote trust in science
Advocate for an issue/cause
Enact change in academia
Create appetite for more research
Get people to talk about an issue
— **Influence**

Counter/Correct misinformation
Counter pseudoscience
Explore shades of grey in issues
Help people make informed decisions
Ask hard questions; watchdog
— **Correct, Inform**

Contribute to scientific discussion
Get feedback on my work/research
Share/promote my work/research
Test-bed for research/manuscript ideas
Excuse to explore papers outside of own area
Keep in touch with scientific community
Bring together different areas of science
— **Scholarship**

Unlearn academic writing
Enjoying a more casual writing style
Share personal experiences
Explore what I really want to write about
Disenfranchised with academic life
Throw out my ideas; Blow off steam
— **Writing Freedom**

Creative outlet
Experiment with storytelling
'I wanted MY place'; Writer's home
To build a readership / name as a writer
Publish 'Extras' from book writing, etc.
Control my online presence
Writing Practice
— **Writing Porfolio**

Blogging Motivations/Goals

Outreach —
Make science accessible to public
Get citizens involved
Open up science/scientific conversations
Communicate science to non-specialist audiences
Get the word out about science
Science Literacy — Improve science education
— Educational resource
Sense of duty to share knowledge
Promote scientific thinking

Popularize —
Inspire others to pursue science
Bring science into the everyday
Get people interested in my area of science
Get people excited about science
Communicate science thru fun/cool content

For Myself —
Be a part of the conversation; Have a voice
Get involved in the community
Self-expression - "come out and be me"
Share things I find exciting
Enjoy writing
To answer my own questions
To entertain myself
Keeps me plugged into the news
Enjoying reader feedback

Add Value —
See existing science news as inadequate
Highlight stories that wouldn't otherwise be in the media
Put research into a broader context
Highlight an area of science generally overlooked
Fill a topic niche gap (in blogosphere)
Bring things to light people don't normally talk about

페이지 자로(Paige Jarreau)는 단어 나무를 사용해 인터뷰 응답 내용을 여러 그룹으로 나눴다.

특정 단어

정성적 텍스트 데이터를 시각화하는 또 다른 방법은 개별 단어를 정량적 지표와 결합하는 것이다. 디지털 간행물 더 푸딩The Pudding을 창간한 맷 데니얼스Matt Daniels의 2019년도 시각화 작품은 개별 랩 아티스트가 사용하는 고유 단어 수에 대한 히스토그램(203페이지)이다. 작가는 일련의 막대 대신 아티스트 이름을 표시하면서 색상을 사용해 앨범 출시 시점을 10년 단위로 구별했다. 데이터를 살펴보면 가장 일반적인 단어 수는 약 4,000개임을 알 수 있다. 또한 시간이 갈수록 사용되는 고유 단어 수가 감소함을 볼 수 있다(빨간색으로 표시된 이름이 그래프 왼쪽에 더 많다). 원한다면 특정 아티스트의 이름과 연도에 대한 세부 사항에 집중할 수도 있다.

아티스트의 첫 35,000 가사에 사용된 고유 단어의 수

시대별
1980년대 | 1990년대 | 2000년대 | 2010년대

<2,675 (고유 단어 개수)
- Lil Uzi Vert
- NF

2,675-3,050 (고유 단어 개수)
- DMX
- 21 Savage
- A Boogie wit...
- Lil Baby
- Lil Durk
- Wiz Khalifa
- YG
- YoungBoy Nev...

3,050-3,425 (고유 단어 개수)
- Bone Thugs-n...
- 50 Cent
- Juicy J
- Drake
- Future
- Kid Cudi
- Kid Ink
- Kodak Black
- Lil Yachty
- Logic
- Migos
- Travis Scott
- Young Thug

3,425-3,800 (고유 단어 개수)
- Foxy Brown
- Juvenile
- Master P
- Salt-n-Pepa
- Snoop Dogg
- Eve
- Gucci Mane
- Kanye West
- Lil Wayne
- Missy Elliot
- Trick Daddy
- Trina
- Young Jeezy
- Big Sean
- Brockhampton
- BoB
- Childish Gam...
- Hopsin
- G-Eazy
- J Cole
- Machine Gun ...
- Meek Mill
- Nicki Minaj
- Russ

3,800-4,175 (고유 단어 개수)
- Run-D.M.C.
- 2Pac
- Big L
- Insane Clown...
- MC Lyte
- Scarface
- Three 6 Mafia
- UGK
- Dizzee Rascal
- Jadakiss
- Kano
- Lil' Kim
- Nelly
- Rick Ross
- T.I.
- 2 Chainz
- A$AP Ferg
- Big KRIT
- Cupcakke
- Jay Rock
- Kendrick Lamar
- Mac Miller
- ScHoolboy Q
- Tyga
- Vince Staples

4,175-4,550 (고유 단어 개수)
- Biz Markie
- Ice T
- Rakim
- Brand Nubian
- Geto Boys
- Ice Cube
- Jay-Z
- Mobb Deep
- Outkast
- Public Enemy
- Cam'ron
- Eminem
- The Game
- Joe Budden
- Kevin Gates
- Royce da 5'9
- Tech n9ne
- Twista
- Ab-Soul
- A$AP Rocky
- Danny Brown
- Death Grips
- Denzel Curry
- $uicideboy$
- Tyler the Cr...
- Wale

4,550-4,925 (고유 단어 개수)
- Beastie Boys
- Big Daddy Kane
- LL Cool J
- Busta Rhymes
- Cypress Hill
- De La Soul
- Fat Joe
- Gang Starr
- KRS-One
- Method Man
- A Tribe Call...
- Atmosphere
- Ludacris
- Lupe Fiasco
- Mos Def
- Murs
- Xzibit
- Flatbush Zom...
- Joey BadA$$
- Rittz

4,925-5,300 (고유 단어 개수)
- Common
- Das EFX
- E-40
- Goodie Mob
- Nas
- Redman
- Brother Ali
- Action Bronson
- KAAN

5,300-5,675 (고유 단어 개수)
- Kool G Rap
- Kool Keith
- Raekwon
- CunninLynguists
- Sage Francis
- Watsky

5,675-6,050 (고유 단어 개수)
- Del the Funk...
- The Roots
- Blackalicious
- Canibus
- Ghostface Ki...
- Immortal Tec...
- Jean Grae
- Killah Priest
- RZA

6,050-6,425 (고유 단어 개수)
- GZA
- Wu-Tang Clan
- Jedi Mind Tr...
- MF DOOM

6,425+ (고유 단어 개수)
- Aesop Rock
- Busdriver

개별 데이터 포인트를 산점도로 표시할 수 있는 것처럼 개별 단어를 데이터 시각화로 나타낼 수 있다. 더 푸딩(The Pudding)의 맷 데니얼스는 "힙합계의 가장 많은 어휘 수(The Largest Vocabulary in Hip Hop)" 기사에서 그런 시각화 방법을 사용했다.

우리가 살펴본 다른 그래프 형식(예: 벌떼 차트(234페이지) 및 네트워크 다이어그램(311페이지))과 마찬가지로 데이터 내의 개별 단어를 시각화하는 방법은 다양하다. 해당 정보를 논리적으로 구성해 독자가 패턴을 쉽게 감지하고 그래프에 몰입할 수 있도록 하는 것이 핵심이다.

인용

만약 문맥이 중요하다면 개별 단어를 따로 떼어내어 시각화하는 것은 아주 좋은 방법은 아니다. 때로는 전체 인용문을 표시해야 하는 경우도 있다.

「베를리너 모르겐포스트」는 2016년 독일 의회 선거 관련 기사에서, 선출된 공무원 중 일부가 선거구에서 얼마나 멀리 떨어져 사는지를 다뤘다. 이 신문은 여섯 명의 공무원이 대표하는 지역과 그들의 실제 거주지를 보여주는 지도와 함께 이들의 직접적인 인용문도 제시했다. 독자는 지도로 이야기의 핵심을 이해하고, 인용문을 통해 더 자세한 내용을 파악할 수 있었다.

Warum kandidieren Sie so weit entfernt?

Erol Özkaraca
SPD

Der Sozialdemokrat engagiert sich nach wie vor in Neukölln, obwohl er schon vor Jahren nach Frohnau gezogen ist. Die Familie habe ein Haus mit Garten gewollt, das gebe es im Neuköllner Norden nun mal nicht. „Ich bin da eigentlich nur zum Schlafen, kenne mich dort kaum aus." Ihm sei aber klar, dass das durchaus Sozialneid im Wahlkreis auslösen kann.

Wolfgang Albers
DIE LINKE

Der Chirurg aus Wannsee ist seit 2006 im Abgeordnetenhaus - und überzeugter Experte für Gesundheits- und Hochschulpolitik. „Das Entscheidende ist, dass man gute Sachpolitik macht." Im Lichtenberger Wahlkreis ist er regelmäßig und hält Kontakt über sein Büro. „Das Einzige was nervt, ist der 34 Kilometer lange Weg im Stadtverkehr."

Iris Spranger
SPD

Die stellvertretende SPD-Landesvorsitzende hat lange in Marzahn-Hellersdorf gewohnt, ist dort 1994 in die Partei eingetreten. „Es ist ja kein Geheimnis, ich habe meinen Mann kennengelernt und bin vor drei Jahren mit ihm zusammengezogen - in Frohnau. Ich habe aber keine Minute überlegt, ob ich politisch nach Reinickendorf gehe."

Anja-Beate Hertel
SPD

Ihre politische Heimat war lange Reinickendorf, wo sie auch wohnt. Nach einem internen Streit verlegte sie den Schwerpunkt ihrer Parteiarbeit nach Neukölln-Buckow. „Als Innenpolitikerin stehe ich den Positionen von Heinz Buschkowsky und der Neuköllner SPD in der Innen- und Integrationspolitik nahe, die in anderen Bezirken lange nicht mehrheitsfähig waren."

Holger Krestel
FDP

Der Liberale ist schon lange mit Tempelhof-Schöneberg verbunden. Hier hat er 1974 seinen Schulabschluss gemacht. „Bis heute bin ich im Bezirk aktiv". Von 2010 bis 2013 hat er ihn im Bundestag vertreten, war zuvor auch im Abgeordnetenhaus. „In Spandau wohne ich nur zuletzt, um mich mit meiner Frau um meine 86-jährige Mutter zu kümmern."

André Lefeber
PIRATEN

Der Kandidat der Piraten wohnt noch in Lichterfelde, doch es zieht ihn immer wieder in den Südosten der Stadt. „Da viele meiner Bekannten und Freunde im Bezirk Treptow-Köpenick wohnen, finden viele meiner Freizeitaktivitäten dort statt, wo ich kandidiere." Er plane sogar einen Umzug in die Gegend. „Doch dies scheiterte bisher an den Mieten."

정성적 데이터를 전달하기 위해 때로는 인용문을 보여주면 된다. 「베를리너 모르겐포스트」 지의 기사 제목은 "멀리 살면서 선거에 출마하는 이유는?"으로 번역된다. 가장 왼쪽의 에롤 외스카라차(Erol Özkaraca)의 인용문은 다음과 같이 번역된다: "사회민주당(SPD) 소속인 그는 몇 년 전에 프로나우(Frohnau)로 이사했지만 여전히 노이쾰른(Neukölln)구에 관여하고 있다. 그의 가족은 정원이 딸린 집을 원했지만 노이쾰른의 북쪽에서는 구할 수 없었다. "난 집에서 잠만 잘 뿐이고 그 동네에 대해서는 거의 모릅니다." 그러나 그는 이 점이 그의 선거구에서 사회적 질투심을 분명히 유발할 수 있음을 알고 있다."[1]

설문 조사 데이터로 작업하는 분석가가 인용문을 다루기는 어려운 작업일 수 있다. 설문 조사 응답자의 정확한 이름이나 사진을 가지고 있지 않을 수 있으며, 혹시 가지고 있더라도 개인 정보 보호 및 보안에 대한 우려로 인해 게시가 허용되지 않을 수 있다. 그러나 사람의 사진이 포함된 인용문이 콘텐츠를 보다 시각적이고 개인화하는 효과를 발휘할 수 있는지 고려해볼 만하다. 계획되지 않은 임신에 관한 어번 인스티튜트^{Urban Institute} 연구 프로젝트의 예에서 보듯이, 때로는 인용문만으로도 내용 전달에 효과를 발휘한다.

---

1   프로나우는 베를린 시에서 최북단에 위치한 부유한 동네로 알려져 있고, 노이쾰른은 베를린 시 남단에 위치한다. – 옮긴이

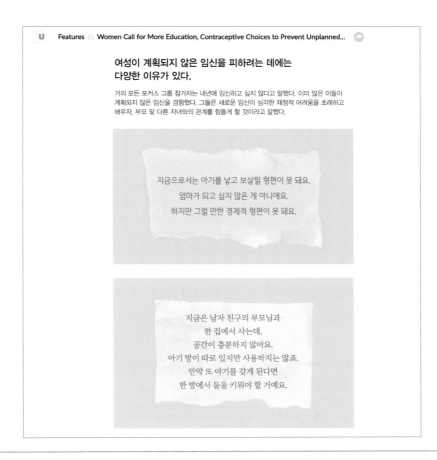

여성이 계획되지 않은 임신을 피하려는 데에는 다양한 이유가 있다.

거의 모든 포커스 그룹 참가자는 내년에 임신하고 싶지 않다고 말했다. 이미 많은 이들이 계획되지 않은 임신을 경험했다. 그들은 새로운 임신이 심각한 재정적 어려움을 초래하고 배우자, 부모 및 다른 자녀와의 관계를 힘들게 할 것이라고 말했다.

> 지금으로서는 아기를 낳고 보살필 형편이 못 돼요.
> 엄마가 되고 싶지 않은 게 아니에요.
> 하지만 그럴 만한 경제적 형편이 못 돼요.

> 지금은 남자 친구의 부모님과
> 한 집에서 사는데,
> 공간이 충분하지 않아요.
> 아기 방이 따로 있지만 사용하지는 않죠.
> 만약 또 아기를 갖게 된다면
> 한 방에서 둘을 키워야 할 거예요.

인용문이나 특정 문구를 사용하는 것이 메시지 전달에 큰 힘을 발휘하기도 한다. (출처: 어반 인스티튜트(Urban Institute))

문구에 색상 입히기

텍스트는 단어, 구절, 문장, 단락의 순서로 구성된다. 시각화의 목표에 따라 텍스트의 특정 부분을 강조하면 분석 내용을 요약할 때 유용하다. 중요한 구절을 독자가 볼 수 있도록 색상이나 굵은 글꼴로 강조하면 된다.

360페이지의 이미지는 2019년 미국 민주당 대선 후보 경선 토론회의 대본에 주석을 달고 강조한 「블룸버그 뉴스Bloomberg News」 기사를 발췌한 것이다. 각 색상은 서로 다른 주제를 나타내므로 독자가 글 내용을 쉽게 탐색하고 가장 빈번하게 논의된 주제를 빠르게 확인할 수 있다.

다음 페이지의 "선호하는 흔적의 보존Preservation of Favored Traces" 프로젝트는 찰스 다윈의 『종의 기원』의 편집 순서를 보여준다. 다윈의 최종 원고는 실제로 다섯 번째 편집본이었으며, 최종 텍스트의 각 단어를 처음 등장한 편집본별로 색상으로 구분하면 다윈의 글쓰기와 사고 방식이 몇 년에 걸쳐 진화한 양상을 볼 수 있다. 대화형 버전에서는 텍스트를 더 자세히 확대하거나, 검색하고 탐색할 수 있다.

이런 정성적 데이터 시각화 방식은 데이터에 대한 조감도를 제공하지만 정량화하지는 않는다. 또 이 기술을 사용해 텍스트에서 인용문이나 구절을 강조해서, 가령 긍정적, 부정적 등으로 태그를 지정할 수 있다. 이는 주관적이기는 하지만 이해를 심화하는 데 유용하다. 최근 몇 년간의 자연어 처리, 텍스트 분석 및 기계 학습 알고리듬 등의 발전 덕에 이제 연구원들은 어조와 의미를 보다 정확하게 측정할 수 있다.

「블룸버그 뉴스」는 2019년 미국 대선 후보 경선 토론회에 대한 뉴스 기사에서 주요 구절을 강조 표시했다.

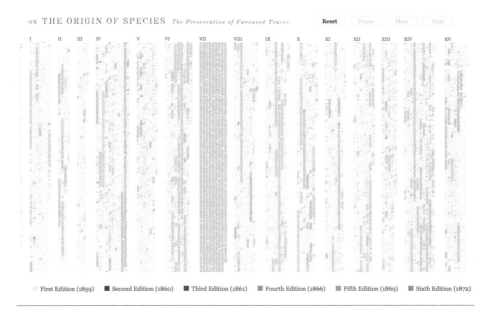

특별히 텍스트가 많이 있는 경우에는 특정 문구를 강조함으로써 독자의 시선을 이끌 수 있다. 벤 프라이(Ben Fry)는 '다윈의 단어 강조하기(Highlighting words in Darwin)' 프로젝트에서 바로 이런 방식을 사용했다.

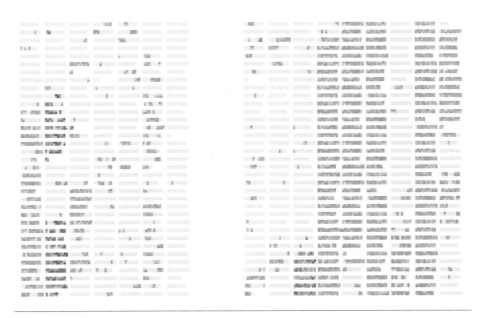

'다윈의 단어 강조하기(Highlighting words in Darwin)'의 확대 보기

행렬과 목록

만약 정성적 데이터 세트 전체를 표시하는 것이 불가능하다면 데이터를 단순화하고 그룹 또는 범주로 구성하는 대안이 있다. 실질적으로 이 방식은 정성적 데이터 표를 만들어 주장과 내러티브를 더 쉽게 볼 수 있게 만든다. 이런 방식으로 목록을 만들어 매우 조밀한 데이터 세트도 쉽게 탐색 가능하도록 만들 수 있다.

「텍사스 트리뷴」의 이 그래픽은 2018년 텍사스의 공화당 및 민주당의 강령platforms의 주요 쟁점을 정리한 것이다. 게시된 강령의 정성적 정보와 여러 설문 조사의 정량적 데이터를 결합해 기자들은 6대 주요 정책을 둘러싼 쟁점에 대해 폭넓은 관점을 제공한다.

사립 학교 보조금

텍사스 주민들의 2017년도 텍사스 주립대와 텍사스 트리뷴의 설문 조사 응답 내용

학부모들의 사립 학교 비용 부담을 줄이기 위해 주세 수입을 활용하는 안

48%	10%	42%
반대	모름	찬성

Numbers may not add up to 100 due to rounding. Margin of error ± 2.83 percentage points.

민주당의 생각

"텍사스주 민주당은 "학교 선택(school choice)"라는
엉뚱한 미명 하에 사립 학교와 종파 학교에
공공의 세금을 쓰는 것에 반대한다."

Read the full Democratic platform

공화당의 생각

"텍사스의 가정들은 자녀들의 교육을 위해 공립이든 사립이든,
차터 스쿨이든 홈스쿨이든 선택할 권리가 있으며,
이를 위해 정부의 제약이나 간섭 없이 세금 공제나
면제 혜택을 활용할 수 있어야 한다."

Read the full Republican platform

기자들의 요약

민주당은 오랫동안 사립 학교 교육에 대한 보조금 지급을 반대해 왔다. 올해의 강령에는
특별히 그런 보조금이 텍사스 내 장애를 가진 학생들의 특수 교육 기회를 저해한다는 표현을 추가했다.
한편, 오랫동안 학교 선택권을 지지해 온 공화당은 강령을 수정하면서 "망해가는 학교에 학생을 강제로
다니게 해서는 안 된다", "사립학교, 교구학교, 홈스쿨 등에 정부가 간섭하는 것을 거부한다" 등의
주장을 추가했다.

「텍사스 트리뷴」은 인용문, 텍스트, 아이콘, 설문 조사 결과의 정량적 데이터 등을 결합시켰다. (출처: texastribune.org)

학교 보조금을 다룬 이 예에서는 각 섹션이 세 개의 아이콘, 쟁점을 설명하는 문장, 그리고 2017년 설문 조사 결과의 막대 차트로 시작하는 방식을 볼 수 있다. 아래에서 각 당의 강령 문서에서 인용한 별도의 인용문과 기자의 요약으로 쟁점 전체를 하나로 묶었다.

앞에서 본 정성적 그래프 유형에서는 데이터의 의미를 분석가가 직접 판단해야 하는 경우가 있었지만 이 경우는 어느 쪽을 택할 것인지를 독자 스스로 선택할 수 있다. 즉, 정량적 데이터의 시각화는 생각보다 복잡하지 않을 수 있다. 그저 독자가 쉽게 탐색하고 스스로 처리할 수 있는 방식으로 텍스트를 정리하면 된다.

결론

정성적 데이터를 간결하게 제시하기는 쉽지 않다. 인터뷰를 하고 결과를 요약해서 주장하는 바를 쉽게 이해할 수 있도록 만드는 일은 결코 만만하지 않다. 그러나 정성적 데이터는 정량적 데이터가 할 수 없는 방식으로 독자의 관심을 끌 수 있다. 좋은 디자인과 구성으로 독자를 정량적 데이터로 끌어들여 단어, 인용문, 구문 등을 탐색하도록 장려할 수 있다.

단어 구름은 정량적 데이터를 시각화하는 흔한 방법 중 하나이지만 단어의 길이, 글꼴, 레이아웃 등에 따라 내용 파악에 문제가 있을 수 있다. 그러나 단어 구름은 매력적이므로 특정 시나리오에서는 쓸모가 있다. 최근 연구를 사용해 텍스트를 의미론적 그룹으로 분할하고 소형 다중 구성 버전의 단어 구름을 만드는 방법을 찾는다면 이런 문제를 일부 해결할 수 있다.

단어 구름을 대체할 여러 대안이 있다. 특정 단어나 문구를 표시하거나, 인용구와 사진을 조합하거나, 단순히 텍스트 안팎에 아이콘을 사용하는 방법 등으로 정량적 데이터를 부각시킬 수 있다. 이 장의 예에서 살펴본 것처럼 특정 구절과 문구를 강조하려면 디자인, 색상, 레이아웃 등의 적절한 선택이 중요하다. 다른 여러 차트 유형과 마찬가지로 연습과 실험을 통해 정성적 데이터의 시각화를 발전시킬 수 있을 것이다.

표

표(테이블)도 물론 데이터 시각화의 한 형태이다. 모든 데이터값을 숫자로 정확하게 표시하려면 표가 최상의 해결책일 수 있다. 많은 데이터를 표시하거나 작은 공간에 데이터를 표시하려고 한다면 아주 좋은 방법은 아니겠지만 잘 설계된 표는 독자가 특정 숫자를 찾고 패턴과 특이값을 발견하는 데 유용하다.

다른 그래프에서 보았듯이 격자선, 눈금 등의 어수선한 요소는 시각화를 복잡하게 하고 요점을 흐릴 수 있다. 특히 표는 복잡해지기 쉽다. 효과적인 시각화를 만드는 지침 원칙이 표에도 그대로 적용된다. 즉, 데이터를 명확하게 보여줘서 독자가 가장 중요한 패턴, 추세, 값 등을 찾을 수 있게 하라. 격자선, 과도한 간격, 고르지 않은 정렬 등의 어수선한 요소를 줄여라. 간결한 능동적 제목과 부제를 사용하고 백분율 및 달러 기호 등의 단위 레이블을 적절히 표시해 표와 텍스트를 통합하라.

이 장은 더 나은 표를 만들기 위한 10가지 요령을 다룰 것이다.

표의 해부학

데이터 제시 방법을 개선하기 위해 표를 언제 어떤 식으로 조정해야 할지 이해하려면 먼저 표의 구성 요소부터 파악해야 한다. 아래의 다이어그램은 표의 열 가지 주요 구성

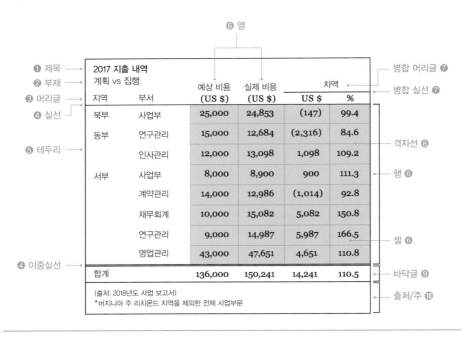

데이터 표의 구성 요소

요소를 보여준다. 이 중 많은 부분이 12장의 스타일 가이드 섹션에서 다룰 차트의 구성 요소와 비슷하다. 차트 스타일과 마찬가지로 표와 관련한 스타일 중 일부는 주관적인 결정에 따르며, 음영, 색상, 글꼴 크기, 선 두께 등에 대해서는 작성자의 취향에 의존한다.

1. **제목.** 간결하고 능동적인 제목을 사용한다. '표 1. 회귀분석 결과'는 썩 유익하지 않다. 대신, '1년의 업무 경험 증가는 2.8%의 연봉 증가로 이어진다'와 같은 제목을 써서 결론으로 안내하라. 제목과 부제목을 왼쪽으로 정렬하면 표의 나머지 부분과 나란히 정렬돼 탐색하기 쉬운 격자가 생성된다.

2. **부제.** 부제는 제목 아래에 위치하며, 제목과 구별하기 위해 더 작은 글꼴이나 다른 색상으로 설정할 수 있다. 부제는 표의 데이터 단위(예: '백분율' 또는 '수천 달러')를 지정하거나 보조 요점(예: '경험 효과가 여성보다 남성에게 더 크다') 등을 표시한다.

3. **머리글 또는 열 머리글.** 열의 제목에 해당한다. 굵은 글꼴로 표의 나머지 셀과 구분하거나 실선으로 구분한다.

4. **실선.** 표의 부분을 서로 구분하는 선이다. 최소한 머리글 아래, 맨 아래 행과 출처 또는 주석 사이를 실선으로 구분하라.

5. **테두리.** 표를 둘러싸는 선의 모음이다. 전체 표 주위에 테두리를 포함할지 여부는 문서의 나머지 부분에서 표가 정렬되는 방식에 따라 다르다. 표를 구분하기 위해 시각적 차별화 요소를 추가해야 하는 경우 테두리가 유용하다. 그러나 너무 많은 선과 테두리가 문서를 지저분하게 만든다면 테두리를 모두 없애라.

6. **열, 행 및 셀.** 열은 세로 줄, 행은 가로줄에 해당한다. 열과 행이 교차하는 영역을 셀이라고 한다.

7. **병합 머리글 및 병합 실선.** 여러 열에 걸쳐 있는 텍스트와 실선이다. 특정 열 머리글이 왼쪽 또는 오른쪽으로 정렬되더라도 병합 머리글 텍스트는 일반적으로 병합된 열 중앙에 배치된다.

8. **격자선.** 셀을 구분하는 표 내의 교차선이다. 차트처럼 격자선은 너무 두드러지지 않는 편이 좋다. 격자선이 굵으면 표가 어수선해진다.

9. **바닥글.** 표의 맨 아래 영역으로, 합계 또는 평균에 대한 행을 포함하곤 한다. 머리글과 마찬가지로 이 행을 표의 나머지 부분과 구별해야 한다. 숫자를 굵게 표시하거나 선으로 구분하거나 셀 배경을 음영 처리하는 방법이 있다.

10. **출처 및 주석.** 표와 관련된 인용, 추가 세부 정보, 주석 등이 포함된 표 아래의 텍스트이다. 예를 들어, 미국 현대어문학협회Modern Language Association, MLA 스타일은 출처를 먼저 배치하고 주석을 그 아래에 배치할 것을 제안한다.

더 나은 표를 만들기 위한 10가지 지침

이 지침은 너무 많은 색상, 선, 잡동사니 등으로 어수선한 표를 중요한 숫자와 패턴을 쉽게 볼 수 있는 표로 바꾸는 방법을 제시한다. 다음 페이지의 그림은 이 지침에 따라

Role	Name	ID	Start Date	Quarterly Profit	Percent Change
Operations	Waylon Dalton	A1873	May-11	5692.88	34.1
Operations	Justine Henderson	B56	Jan-10	4905.02	43.522
Operations	Abdullah Lang	J5867	Jun-14	4919.53	38
Operations	Marcu Cruz	B395	Dec-13	9877.52	37.1
Research	Thalia Cobb	C346	Apr-13	3179.49	-9
Research	Mathias Little	D401	Mar-11	5080.26	3.2
Research	Eddie Randolph	A576	Jul-18	7218.24	43.1
Contracts	Angela Walker	B31	Feb-18	6207.53	-1.788
Contracts	Lia Shelton	C840	Jan-16	1070.61	4.31
Contracts	Hadassah Hartman	D411	Nov-15	3735.96	3.01

Role	Name	ID	Start Date	Quarterly Profit	Percent Change
Operations	Waylon Dalton	A1873	May-11	$5,693	34.1
	Justine Henderson	B56	Jan-10	4,905	43.5
	Abdullah Lang	J5867	Jun-14	4,920	38.0
	Marcu Cruz	B395	Dec-13	9,878	37.1
Research	Thalia Cobb	C346	Apr-13	3,179	-9.0
	Mathias Little	D401	Mar-11	5,080	3.2
	Eddie Randolph	A576	Jul-18	7,218	43.1
Contracts	Angela Walker	B31	Feb-18	6,208	-1.8
	Lia Shelton	C840	Jan-16	1,071	4.3
	Hadassah Hartman	D411	Nov-15	3,736	3.0

다크호스 애널리틱스(DarkHorse Analytics)의 자료를 참고로 함

왼쪽 표에서 훨씬 더 명확하고 읽기 쉬운 오른쪽 표로 바뀌는 예이다.

규칙 1. 표의 머리글과 몸통을 구분하라

열 제목을 뚜렷하게 표시하라. 굵은 텍스트 또는 실선으로 표 본문의 숫자 및 텍스트와 구분지어라. 머리글은 데이터값이 아니라 카테고리 또는 제목임이 분명해야 한다. 1인당 GDP 성장률을 사용하는 이 예에서 열 제목은 굵은 글꼴로 표시되며 데이터와 실선으로 구분된다.

국가	2013	2014	2015	2016
중국	7.23	6.76	6.36	6.12
인도	5.10	6.14	6.90	5.89
미국	0.96	1.80	2.09	0.74
인도네시아	4.24	3.73	3.65	3.85
멕시코	-0.06	1.45	1.90	1.68
파키스탄	2.21	2.51	2.61	3.44

국가	**2013**	**2014**	**2015**	**2016**
중국	7.23	6.76	6.36	6.12
인도	5.10	6.14	6.90	5.89
미국	0.96	1.80	2.09	0.74
인도네시아	4.24	3.73	3.65	3.85
멕시코	-0.06	1.45	1.90	1.68
파키스탄	2.21	2.51	2.61	3.44

규칙 1. 머리글을 몸통과 구분하라

규칙 2. 굵은 격자선 대신 튀지 않는 구분선을 사용하라

그래프에서 어수선함을 줄이라는 기본 원칙처럼 표의 굵은 테두리와 구분선을 옅게 바꾸거나 제거할 수 있다. 각 셀에 테두리가 꼭 필요한 경우는 거의 없다. 합계를 표시하는 경우에는 음영, 굵은 글꼴 또는 약간의 줄 분리를 사용해 구분한다.

왼쪽 표에서 2007-2011년과 2012-2016년의 평균을 표시하는 두 열이 다른 열에 묻히는 모습을 보라. 얼핏 봐서는 중간에 평균이 있다는 사실조차 알기 어렵다. 오른쪽 버전은 해당 열에 약간의 음영을 넣어 구분이 쉽다.

국가	2007	2008	2009	2010	2011	Avg.	2012	2013	2014	2015	2016	Avg.
중국	13.64	9.09	8.86	10.10	6.36	10.74	7.33	7.23	6.76	6.36	6.12	6.76
인도	8.15	2.38	6.95	8.76	6.90	6.30	4.13	5.10	6.14	6.90	5.89	5.63
미국	0.82	-1.23	-3.62	1.68	2.09	-0.30	1.46	0.96	1.80	2.09	0.74	1.41
인도네시아	4.91	4.59	3.24	4.83	3.65	4.47	4.68	4.24	3.73	3.65	3.85	4.03
멕시코	0.70	-0.48	-6.80	3.49	1.90	-0.19	2.15	-0.06	1.45	1.90	1.68	1.41
파키스탄	2.72	-0.36	0.74	-0.48	2.61	0.64	1.34	2.21	2.51	2.61	3.44	2.42
평균	5.15	2.33	1.56	4.73	3.92	3.51	3.52	3.28	3.73	3.92	3.60	3.61

국가	2007	2008	2009	2010	2011	Avg.	2012	2013	2014	2015	2016	Avg.
중국	13.64	9.09	8.86	10.10	6.36	10.74	7.33	7.23	6.76	6.36	6.12	6.76
인도	8.15	2.38	6.95	8.76	6.90	6.30	4.13	5.10	6.14	6.90	5.89	5.63
미국	0.82	-1.23	-3.62	1.68	2.09	-0.30	1.46	0.96	1.80	2.09	0.74	1.41
인도네시아	4.91	4.59	3.24	4.83	3.65	4.47	4.68	4.24	3.73	3.65	3.85	4.03
멕시코	0.70	-0.48	-6.80	3.49	1.90	-0.19	2.15	-0.06	1.45	1.90	1.68	1.41
파키스탄	2.72	-0.36	0.74	-0.48	2.61	0.64	1.34	2.21	2.51	2.61	3.44	2.42
평균	5.15	2.33	1.56	4.73	3.92	3.51	3.52	3.28	3.73	3.92	3.60	3.61

규칙 2. 굵은 격자선 대신 튀지 않는 구분선을 사용하라

규칙 3. 숫자는 머리글과 함께 오른쪽으로 정렬하라

숫자는 소수점 또는 쉼표를 기준으로 오른쪽으로 정렬한다. 필요 시 정렬 유지를 위해 0을 추가하면 숫자를 읽고 훑어보기 쉬워진다. 아래 예에서 숫자가 오른쪽으로 정렬된 가장 우측 열이 다른 두 열보다 비교하기가 훨씬 쉽다. 격자 레이아웃을 유지하기 위해 열 머리글도 숫자와 함께 오른쪽으로 정렬한다.

이런 관점에서 표의 글꼴도 신중하게 선택하라. 일부 글꼴은 문자 p, g 또는 q와 같은 방식으로 일부 숫자가 수평 기준선baseline 아래로 떨어지는 구식 숫자old style figures를 사용한다. 이런 글꼴은 소설의 장 번호 매기기와 같이 데이터를 다루는 경우가 아닐 때는 괜찮다. 그러나 데이터 표에서는 주의가 산만해지고 읽기 어려울 수 있다. 항상 모든 숫자가 기준선에 맞춰져 있고 그 밑으로 떨어지지 않는 줄맞춤 숫자lining figures가 있는 글꼴을 사용하라.

하단 표에서 커스텀 글꼴인 Cabin의 경우 쉼표와 소수점의 줄이 잘 맞지 않음에 유의하라. 글꼴에 따라서는 숫자마다 너비가 다를 수 있다는 점도 기억하라. 또한 구식 숫자를 가진 Georgia 글꼴의 경우 일부 숫자의 획이 수평 기준선 아래로 떨어진다는 점에 유의하라(이를 명확히 하기 위해 각 셀에 밑줄을 추가했다).

	2016	2016	2016
중국	6,894.40	6,894.40	6,894.40
인도	1,862.43	1,862.43	1,862.43
미국	52,319.10	52,319.10	52,319.10
인도네시아	3,974.73	3,974.73	3,974.73
멕시코	9,871.67	9,871.67	9,871.67
파키스탄	1,179.41	1,179.41	1,179.41
평균	12,683.62	12,683.62	12,683.62

규칙 3. 숫자는 머리글과 함께 오른쪽으로 정렬하라.

	Calibri	Karla	Cabin	Georgia
중국	6,894.40	6,894.40	6,894.40	6,894.40
인도	1,862.43	1,862.43	1,862.43	1,862.43
미국	52,319.10	52,319.10	52,319.10	52,319.10
인도네시아	3,974.73	3,974.73	3,974.73	3,974.73
멕시코	9,871.67	9,871.67	9,871.67	9,871.67
파키스탄	1,179.41	1,179.41	1,179.41	1,179.41
평균	12,683.62	12,683.62	12,683.62	12,683.62

글꼴에 따라 숫자가 다르게 보일 수 있음에 유의하라.

규칙 4. 텍스트는 머리글과 함께 왼쪽으로 정렬하라

숫자를 오른쪽으로 정렬했으면 텍스트는 왼쪽으로 정렬해야 한다. 영어는 왼쪽에서 오른쪽으로 읽으므로 이런 방식으로 항목을 정렬하면 세로 방향의 테두리가 균일하게 생

오른쪽 정렬 읽기 어렵다	가운데 정렬 더 읽기 어렵다	왼쪽 정렬 가장 읽기 쉽다
영국령 버진 아일랜드	영국령 버진 아일랜드	영국령 버진 아일랜드
케이맨 제도	케이맨 제도	케이맨 제도
조선민주주의인민공화국	조선민주주의인민공화국	조선민주주의인민공화국
룩셈부르크	룩셈부르크	룩셈부르크
미국	미국	미국
독일	독일	독일
뉴질랜드	뉴질랜드	뉴질랜드
코스타리카	코스타리카	코스타리카
페루	페루	페루

규칙 4. 텍스트는 머리글과 함께 왼쪽으로 정렬하라

성돼 어색하지 않다. 가장 우측 열에 있는 국가명을 읽기가 다른 두 열에 비해 얼마나 쉬운지 보라.

규칙 5. 적절한 수준의 정밀도를 선택하라

소수점 이하 다섯 자리의 정밀도가 필요한 경우는 거의 없다. 요구되는 정밀도와 깨끗하고 시원시원한 표 사이의 균형을 유지하라. 예를 들어 1인당 GDP 성장률은 결코 소

국가	너무 많은 자리 수	너무 적은 자리 수	적당한 자리 수
중국	6.12380	6	6.1
인도	5.88984	6	5.9
미국	0.74279	1	0.7
인도네시아	3.84530	4	3.8
멕시코	1.58236	2	1.6
파키스탄	3.43865	3	3.4
평균	**2.63104**	**3**	**2.6**

규칙 5. 적절한 수준의 정밀도를 선택하라

수점 이하 다섯 자리로 보고되지 않는다. 그런 정밀도는 불필요하며, 데이터에서 지원하지도 않는데 마치 그 정도로 정밀하다는 착각을 유도한다. 반대로 자릿수를 지나치게 축소해서도 안 된다. 1인당 GDP 성장률을 정수로 표시하면 국가별로 중요한 차이가 가려진다.

규칙 6. 행과 열 사이의 공간을 사용해 시선을 안내하라

표 안팎의 공간을 어떻게 사용하느냐에 따라 데이터를 읽는 방향에 영향을 줄 수 있다. 예를 들어 왼쪽 표에서는 행 사이보다 열 사이에 더 많은 공간이 있으므로 표를 왼쪽에서 오른쪽이 아닌 위에서 아래로 읽도록 시선을 이끈다. 이에 비해 오른쪽 표에는 열 사이보다 행 사이에 더 많은 공간이 있어 시선이 세로가 아닌 가로로 움직일 가능성이 더 높다. 표에서 데이터가 읽히기를 원하는 순서에 맞도록 간격을 조정하라.

국가	2014	2015	2016
중국	6.76	6.36	6.12
인도	6.14	6.90	5.89
미국	1.80	2.09	0.74
인도네시아	3.73	3.65	3.85
멕시코	-0.38	-4.37	-4.25
파키스탄	2.51	2.61	3.44
평균	3.43	2.87	2.63

국가	2014	2015	2016
중국	6.76	6.36	6.12
인도	6.14	6.90	5.89
미국	1.80	2.09	0.74
인도네시아	3.73	3.65	3.85
멕시코	-0.38	-4.37	-4.25
파키스탄	2.51	2.61	3.44
평균	3.43	2.87	2.63

규칙 6. 행과 열 사이의 공간을 사용해 시선을 안내하라

규칙 7. 단위의 반복을 없애라

제목이나 부제에서 이미 언급했다면 표에 적힌 값이 달러임을 독자는 알고 있다. 표 전체에 단위 기호를 반복해서 표시하는 것은 과잉이며 표를 복잡하게 만든다. 제목 또는 열 제목 영역을 사용해 단위를 정의하거나 첫 번째 행에만 배치하라(숫자는 소수점 기준으로 정렬해야 한다). 표 내에서 단위를 혼합하는 경우 레이블을 명확하게 표시하라.

국가	2014	2015	2016	국가	2014	2015	2016
중국	6.76%	6.36%	6.12%	중국	6.76%	6.36%	6.12%
인도	6.14%	6.90%	5.89%	인도	6.14	6.90	5.89
미국	1.80%	2.09%	0.74%	미국	1.80	2.09	0.74
인도네시아	3.73%	3.65%	3.85%	인도네시아	3.73	3.65	3.85
멕시코	-0.38%	-4.37%	-4.25%	멕시코	-0.38	-4.37	-4.25
파키스탄	2.51%	2.61%	3.44%	파키스탄	2.51	2.61	3.44
평균	3.43%	2.87%	2.63%	평균	3.43	2.87	2.63

규칙 7. 단위의 반복을 없애라

규칙 8. 특이값을 강조하라

앞의 예처럼 6개국에 대해 3년만 표시하는 대신 20개국에 대해 10년의 데이터를 표시해야 한다면 어떻게 해야 할까? 이 경우 텍스트를 굵게 표시하거나 색상으로 음영 처리하거나 전체 셀을 음영 처리해서 특이값을 강조할 수 있다. 일부 독자는 특정 정보를 찾기 위해 표의 모든 숫자를 살펴보겠지만 대다수는 가장 중요한 값만 살펴볼 가능성이 크다. 중요한 숫자로 시선을 이끌면 데이터에 대한 질문에 답하거나 주장하는 바를 더 잘 이해시킬 수 있다.

	2010	2011	2012	2013	2014	2015	2016
중국	10.10	9.01	7.33	7.23	6.76	6.36	6.12
인도	8.76	5.25	4.13	5.10	6.14	6.90	5.89
미국	1.68	0.85	1.46	0.96	1.80	2.09	0.74
인도네시아	4.83	4.79	4.68	4.24	3.73	3.65	3.85
브라질	6.50	3.00	0.98	2.07	-0.38	-4.37	-4.25
파키스탄	-0.48	0.61	1.34	2.21	2.51	2.61	3.44
나이지리아	5.00	2.12	1.52	2.61	3.52	-0.02	-4.16
방글라데시	4.40	5.25	5.28	4.77	4.84	5.37	5.96
러시아	4.46	5.20	3.48	1.57	-1.04	-3.04	-0.41
멕시코	3.49	2.12	2.15	-0.06	1.45	1.90	1.58

	2010	2011	2012	2013	2014	2015	2016
중국	10.10	9.01	7.33	7.23	6.76	6.36	6.12
인도	8.76	5.25	4.13	5.10	6.14	6.90	5.89
미국	1.68	0.85	1.46	0.96	1.80	2.09	0.74
인도네시아	4.83	4.79	4.68	4.24	3.73	3.65	3.85
브라질	6.50	3.00	0.98	2.07	-0.38	-4.37	-4.25
파키스탄	-0.48	0.61	1.34	2.21	2.51	2.61	3.44
나이지리아	5.00	2.12	1.52	2.61	3.52	-0.02	-4.16
방글라데시	4.40	5.25	5.28	4.77	4.84	5.37	5.96
러시아	4.46	5.20	3.48	1.57	-1.04	-3.04	-0.41
멕시코	3.49	2.12	2.15	-0.06	1.45	1.90	1.58

규칙 8. 특이값을 강조하라

규칙 9. 유사한 데이터를 하나로 묶어 여백을 늘려라

유사한 데이터 또는 레이블을 하나로 묶어 반복을 줄여라. 모든 숫자 값에서 달러 기호를 제거하는 것처럼 반복되는 용어나 레이블을 하나로 묶으면 표의 어수선함을 줄일수 있다. 이 다음 예에서 지역의 이름을 하나로 묶으면 첫 번째 열에 있는 반복적인 정보의 양이 줄어 든다. 병합 머리글과 실선을 사용해 동일한 항목을 결합하고 불필요한 반복을 줄일 수 있다. 이 예에서는 지역명을 하나로 묶는 것 외에도 텍스트 왼쪽 정렬, 숫자 오른쪽 정렬, 굵은 머리글 및 바닥글 사용과 같은 몇 가지 지침을 적용했다.

지역	국가	1인당 GDP		변화(%)
		2015	2016	
아시아	중국	6496.62	6894	6.1238
아시아	인도	1758.84	1862	5.8898
북미	미국	51933.40	52319	0.7428
아시아	인도네시아	3827.55	3975	3.8453
남미	브라질	11351.57	10869	-4.2541
아시아	파키스탄	1140.21	1179	3.4387
아프리카	나이지리아	2562.52	2456	-4.1601
아시아	방글라데시	971.64	1030	5.9627
북미	멕시코	9717.90	9872	1.5824
아시아	일본	47163.49	47661	1.0546
아프리카	에티오피아	487.29	511	4.9041
중동	이집트	2665.35	2726	2.2633
유럽	독일	45412.56	45923	1.1240
중동	이란	6007.00	6734	12.1010
중동	튀르키예	13898.75	14117	1.5734
유럽	프랑스	41642.31	41969	0.7845
평균		15440	15631	2.6860

지역	국가	1인당 GDP		변화(%)
		2015	2016	
아프리카	에티오피아	487	511	4.90
	나이지리아	2,563	2,456	-4.16
아시아	방글라데시	972	1,030	5.96
	중국	6,497	6,894	6.12
	인도	1,759	1,862	5.89
	인도네시아	3,838	3,975	3.85
	일본	47,163	47,661	1.05
	파키스탄	1,140	1,179	3.44
유럽	프랑스	41,642	41,969	0.78
	독일	45,413	45,923	1.12
중동	이집트	2,665	2,726	2.26
	이란	6,007	6,734	12.10
	튀르키예	13,899	14,117	1.57
북미	멕시코	9,718	9,872	1.58
	미국	51,933	52,319	0.74
남미	브라질	11,352	10,869	-4.25
평균		15,440	15,631	2.69

규칙 9. 유사한 데이터를 그룹화하고 여백을 늘려라

유사한 요소를 하나로 묶으면 표의 어수선함을 줄이는 데 도움이 되지만 표를 인터넷에 게시할 경우에는 주의할 점이 있다. 표를 웹사이트에 이미지로 게시하면 사용자는 표의 데이터를 복사해서 다른 도구에 붙여 넣을 수 없으며 화면 낭독 프로그램(스크린리더: 표를 훑어보고 값을 크게 읽어주는 소프트웨어, 12장 참조)은 데이터값을 읽을 수 없다. 현재 웹 프로그래밍 언어 및 웹 서식이 가진 제약 때문에 인터넷에 게시할 때 사용하는 도구에 따라서는 병합 머리글 및 기타 특수 형식의 선택을 포기해야 할 수도 있다.

규칙 10. 적절한 상황에 시각화를 추가하라

표에 작은 시각화를 추가하면 큰 효과를 낼 수 있다. 색이나 굵은 글꼴로 특이값을 강조하는 것과 마찬가지로 모든 숫자를 표시하는 대신 스파크라인(172페이지 참조)을 추가해 일부 데이터를 시각화할 수 있다. 또는 작은 막대 차트로 일련의 숫자를 시각적으로 설명할 수 있다. 또는 히트맵(129페이지 참조)을 사용하고 표에 숫자를 남겨 두거나 숨길 수 있다. 그러면 독자가 전체 패턴에 집중하고 세부 사항을 무시하는 데 도움이 될 수 있다.

차트 유형 구조를 표 내부에 삽입할 수도 있다. 전체 차트를 표에 삽입하려면 도트 플롯(4장 참조)이 간결하고 표의 선형 구조 내에서 잘 정렬될 수 있다. 표준 도트 플롯을 일부 수정해서 표 안에서 각 값에 해당하는 위치에 숫자를 배치할 수도 있다.

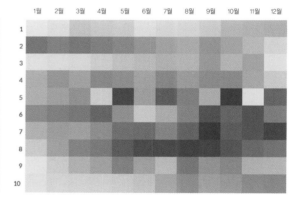

국가	2007	2016	2007-2016
중국	13.64	6.12	
인도	8.15	5.89	
미국	0.82	0.74	
인도네시아	4.91	3.85	
멕시코	0.70	1.58	
파키스탄	2.72	3.44	
평균	5.15	3.60	

국가	2016
중국	6.12
인도	5.89
미국	0.74
인도네시아	3.85
멕시코	1.58
파키스탄	3.44
평균	3.60

	1월	2월	3월	4월	5월	6월	7월	8월	9월	10월	11월	12월
1	10	13	24	22	21	13	16	17	21	28	30	32
2	65	57	62	58	52	45	38	33	45	37	27	17
3	12	14	15	20	24	26	30	28	42	28	38	12
4	32	45	38	51	47	37	51	41	49	50	35	21
5	31	39	46	19	92	39	80	56	31	97	10	75
6	50	57	61	74	46	20	31	53	86	73	86	59
7	30	40	38	47	66	69	52	74	98	78	85	93
8	21	38	53	60	80	90	90	94	93	83	70	64
9	10	20	30	38	55	38	25	61	44	50	29	28
10	12	17	18	19	21	24	35	48	38	42	50	52

국가	2007	2016
중국	——— 13.64	——— 6.12
인도	——— 8.15	——— 5.89
미국	– 0.82	– 0.74
인도네시아	—— 4.91	—— 3.85
멕시코	– 0.7	—— 1.58
파키스탄	—— 2.72	—— 3.44
평균	——— 5.86	——— 2.63

규칙 10. 시각화를 적절히 추가하라. 스파크라인, 막대 차트, 히트맵, 도트 플롯 등이 그 예다.

시범 사례: 기본적인 데이터 표 새로 디자인하기

미국 농무부 식품 영양 관리국의 이 표는 인디언(아메리카 원주민) 보호 구역 내 식료품 보급 프로그램의 참여자 수를 보여준다. 이 표에는 2013년부터 2016년까지 24개 주에

주	2013 회계 연도	2014 회계 연도	2015 회계 연도	2016 회계 연도	2017 회계 연도 예비 추정치
인디언 보호 구역 내 식료품 보급 프로그램: 참여자 수 (2018년 3월 9일 현재)					
알래스카	204	347	479	650	724
애리조나	10,835	11,556	11,880	11,887	11,235
캘리포니아	5,593	5,495	5,159	4,795	4,463
콜로라도	419	454	402	442	353
아이다호	1,440	1,566	1,688	1,706	1,530
캔자스	416	551	569	592	613
미시건	1,299	1,846	1,971	2,061	1,960
미네소타	2,297	2,756	2,645	2,600	2,487
미시시피	701	863	958	1,056	1,169
몬태나	2,375	3,144	3,149	3,313	3,271
네브라스카	1,010	1,229	1,339	1,396	1,267
네바다	1,373	1,611	1,508	1,468	1,328
뉴멕시코	2,533	2,853	2,966	2,890	2,809
뉴욕	380	384	369	452	350
노스캐롤라이나	584	736	743	700	671
노스다코타	3,840	4,800	4,976	5,661	5,569
오클라호마	25,678	29,012	31,042	33,588	32,795
오리건	678	871	800	785	687
사우스다코타	7,457	8,123	8,208	8,505	8,525
텍사스	117	131	142	124	114
유타	117	167	217	421	384
워싱턴	3,164	3,185	3,284	3,410	3,221
위스콘신	2,441	2,978	3,240	3,442	3,367
와이오밍	657	742	881	1,096	1,190
평균	**75,608**	**85,397**	**88,615**	**93,038**	**90,083**

인디언 보호 구역 내 식료품 보급 프로그램(FDPIR)은 식료품 보급을 선호하는 인디언 부족 단체를 위해 보충 영양 지원 프로그램 (SNAP) 대신 시행하는 것이다. 참여자 수는 12개월에 대한 평균치이다. 데이터는 수정될 수 있다.

미국 농무부 식품 영양 관리국의 이 표는 어수선하며 읽기 어렵다.

10,835	11,556	11,880
5,593	5,495	5,159
419	454	402
1,440	1,566	1,688
416	551	569
1,299	1,846	1,971

미국 농무부의 표에 그려진 두꺼운 격자선에 유의하라. (출처: 미국 농무부)

대한 참여자 수 추정치와 2017 회계 연도의 예비 추정치가 있다. 매우 어둡고 굵은 격자선으로 표가 어수선하고 읽기 어렵다. 표를 확대해서 보면 숫자가 각 셀에서 위쪽으로 정렬돼 약간씩 잘리는 것을 볼 수 있다.

이번에는 개선안을 살펴보자. 열 머리글 행 아래의 실선만 유지하고 어둡고 굵은 격자선을 모두 제거한다. 열 머리글 텍스트는 표 숫자와의 구별을 위해 굵게 표시된다. 표 하단의 실선은 표의 몸통과 아래 부분을 구분하며 합계 행은 굵게 표시된다.

인디언 보호 구역 내 식료품 보급 프로그램: 참여자 수
(2018년 3월 9일 현재)

주	2013 회계 연도	2014 회계 연도	2015 회계 연도	2016 회계 연도	예비 추정치 2017 회계 연도
알래스카	204	347	479	650	724
애리조나	10,835	11,556	11,880	11,887	11,235
캘리포니아	5,593	5,495	5,159	4,795	4,463
콜로라도	419	454	402	442	353
아이다호	1,440	1,566	1,688	1,706	1,530
캔자스	416	551	569	592	613
미시건	1,299	1,846	1,971	2,061	1,960
미네소타	2,297	2,756	2,645	2,600	2,487
미시시피	701	863	958	1,056	1,169
몬태나	2,375	3,144	3,149	3,313	3,271
네브래스카	1,010	1,229	1,339	1,396	1,267
네바다	1,373	1,611	1,508	1,468	1,328
뉴멕시코	2,533	2,853	2,966	2,890	2,809
뉴욕	380	384	369	452	350
노스캐롤라이나	584	736	743	700	671
노스다코타	3,840	4,800	4,976	5,661	5,569
오클라호마	25,678	29,012	31,042	33,588	32,795
오리곤	678	871	800	785	687
사우스다코타	7,457	8,123	8,208	8,505	8,525
텍사스	117	131	142	124	114
유타	117	167	217	421	384
워싱턴	3,164	3,185	3,284	3,410	3,221
위스콘신	2,441	2,978	3,240	3,442	3,367
와이오밍	657	742	881	1,096	1,190
평균	**75,608**	**85,397**	**88,615**	**93,038**	**90,083**

인디언 보호 구역 내 식료품 보급 프로그램(FDPIR)은 식료품 보급을 선호하는 인디언 부족 단체를 위해 보충 영양 지원 프로그램 (SNAP) 대신 시행하는 것이다. 참여자 수는 12개월에 대한 평균치이다. 데이터는 수정될 수 있다.

미국 농무부의 표를 새롭게 디자인해 어수선한 요소를 없애고 전체적으로 산뜻해 보이게 만들었다.

한 단계 더 나아가 표에 몇 가지 시각적 요소와 색상을 추가해보자.

인디언 보호 구역 내 식료품 보급 프로그램: 참여자 수

(2018년 3월 9일 현재)

주	2013 회계 연도	2014 회계 연도	2015 회계 연도	2016 회계 연도	예비 추정치 2017 회계 연도
알래스카	204	347	479	650	724
애리조나	10,835	11,556	11,880	11,887	11,235
캘리포니아	5,593	5,495	5,159	4,795	4,463
콜로라도	419	454	402	442	353
아이다호	1,440	1,566	1,688	1,706	1,530
캔자스	416	551	569	592	613
미시건	1,299	1,846	1,971	2,061	1,960
미네소타	2,297	2,756	2,645	2,600	2,487
미시시피	701	863	958	1,056	1,169
몬태나	2,375	3,144	3,149	3,313	3,271
네브라스카	1,010	1,229	1,339	1,396	1,267
네바다	1,373	1,611	1,508	1,468	1,328
뉴멕시코	2,533	2,853	2,966	2,890	2,809
뉴욕	380	384	369	452	350
노스캐롤라이나	584	736	743	700	671
노스다코타	3,840	4,800	4,976	5,661	5,569
오클라호마	25,678	29,012	31,042	33,588	32,795
오리곤	678	871	800	785	687
사우스다코타	7,457	8,123	8,208	8,505	8,525
텍사스	117	131	142	124	114
유타	117	167	217	421	384
워싱턴	3,164	3,185	3,284	3,410	3,221
위스콘신	2,441	2,978	3,240	3,442	3,367
와이오밍	657	742	881	1,096	1,190
평균	**75,608**	**85,397**	**88,615**	**93,038**	**90,083**

인디언 보호 구역 내 식료품 보급 프로그램(FDPIR)은 식료품 보급을 선호하는 인디언 부족 단체를 위해 보충 영양 지원 프로그램 (SNAP) 대신 시행하는 것이다. 참여자 수는 12개월에 대한 평균치이다. 데이터는 수정될 수 있다.

미국 농무부 표에 약간의 색상을 추가해 간단한 히트맵을 만들었다. 이렇게 하면 특정 수치나 패턴을 더욱 쉽고 빠르게 찾아볼 수 있다.

첫 번째 예는 히트맵이다. 이렇게 만들기 전에는 오클라호마의 프로그램 참여자가 나머지 주보다 얼마나 많은지 알기 어려웠다. 열이 진한 파란색으로 나타난 후에야 그 크기가 명확해졌다.

인디언 보호 구역 내 식료품 보급 프로그램: 참여자 수
(2018년 3월 9일 현재)

주	2013 회계 연도	2014 회계 연도	2015 회계 연도	2016 회계 연도	2017 회계 연도	평균 2013 회계 연도–2017 회계 연도
알래스카	204	347	479	650	724	481
애리조나	10,835	11,556	11,880	11,887	11,235	11,479
캘리포니아	5,593	5,495	5,159	4,795	4,463	5,101
콜로라도	419	454	402	442	353	414
아이다호	1,440	1,566	1,688	1,706	1,530	1,586
캔자스	416	551	569	592	613	548
미시건	1,299	1,846	1,971	2,061	1,960	1,827
미네소타	2,297	2,756	2,645	2,600	2,487	2,557
미시시피	701	863	958	1,056	1,169	949
몬태나	2,375	3,144	3,149	3,313	3,271	3,050
네브라스카	1,010	1,229	1,339	1,396	1,267	1,248
네바다	1,373	1,611	1,508	1,468	1,328	1,458
뉴멕시코	2,533	2,853	2,966	2,890	2,809	2,810
뉴욕	380	384	369	452	350	387
노스캐롤라이나	584	736	743	700	671	687
노스다코타	3,840	4,800	4,976	5,661	5,569	4,969
오클라호마	25,678	29,012	31,042	33,588	32,795	30,423
오리곤	628	871	800	785	687	764
사우스다코타	7,457	8,123	8,208	8,505	8,525	8,164
텍사스	117	131	142	124	114	126
유타	117	167	217	421	384	261
워싱턴	3,164	3,185	3,284	3,410	3,221	3,253
위스콘신	2,441	2,978	3,240	3,442	3,367	3,094
와이오밍	657	742	881	1,096	1,190	913
평균	75,608	85,397	88,615	93,038	90,083	86,548

인디언 보호 구역 내 식료품 보급 프로그램(FDPIR)은 식료품 보급을 선호하는 인디언 부족 단체를 위해 보충 영양 지원 프로그램 (SNAP) 대신 시행하는 것이다. 참여자 수는 12개월에 대한 평균치이다. 데이터는 수정될 수 있다.

인디언 보호 구역 내 식료품 보급 프로그램: 참여자 수
(2018년 3월 9일 현재)

주	2013 회계 연도	2014 회계 연도	2015 회계 연도	2016 회계 연도	2017 회계 연도	평균 2013 회계 연도–2017 회계 연도
알래스카	204	347	479	650	724	254.9 ▲
애리조나	10,835	11,556	11,880	11,887	11,235	3.7 ▲
캘리포니아	5,593	5,495	5,159	4,795	4,463	-20.2 ▼
콜로라도	419	454	402	442	353	-15.8 ▼
아이다호	1,440	1,566	1,688	1,706	1,530	6.3 ▲
캔자스	416	551	569	592	613	47.4 ▲
미시건	1,299	1,846	1,971	2,061	1,960	50.9 ▲
미네소타	2,297	2,756	2,645	2,600	2,487	8.3 ▲
미시시피	701	863	958	1,056	1,169	66.8 ▲
몬태나	2,375	3,144	3,149	3,313	3,271	37.7 ▲
네브라스카	1,010	1,229	1,339	1,396	1,267	25.4 ▲
네바다	1,373	1,611	1,508	1,468	1,328	-3.3 ▼
뉴멕시코	2,533	2,853	2,966	2,890	2,809	10.9 ▲
뉴욕	380	384	369	452	350	-7.9 ▼
노스캐롤라이나	584	736	743	700	671	14.9 ▲
노스다코타	3,840	4,800	4,976	5,661	5,569	45.0 ▲
오클라호마	25,678	29,012	31,042	33,588	32,795	27.7 ▲
오리곤	628	871	800	785	687	1.3 ▲
사우스다코타	7,457	8,123	8,208	8,505	8,525	14.3 ▲
텍사스	117	131	142	124	114	-2.6 ▼
유타	117	167	217	421	384	228.2 ▲
워싱턴	3,164	3,185	3,284	3,410	3,221	1.8 ▲
위스콘신	2,441	2,978	3,240	3,442	3,367	37.9 ▲
와이오밍	657	742	881	1,096	1,190	81.1 ▲
평균	75,608	85,397	88,615	93,038	90,083	19.1

인디언 보호 구역 내 식료품 보급 프로그램(FDPIR)은 식료품 보급을 선호하는 인디언 부족 단체를 위해 보충 영양 지원 프로그램 (SNAP) 대신 시행하는 것이다. 참여자 수는 12개월에 대한 평균치이다. 데이터는 수정될 수 있다.

막대 차트 및 변화를 표시하는 아이콘 등의 시각화를 추가하는 방법도 있다.

또 다른 방식은 원본 표의 핵심 모양을 유지하면서 시각적 요소를 추가하는 것이다. 위 표에서 왼쪽 버전은 새 데이터 포인트(2013–2017 회계 연도의 평균)를 추가하고 오른쪽에 막대 차트를 추가한다. 이 작은 그래픽 요소는 표에서 시선을 모으는 역할을 하면서 참여자 수가 많은 주로 시선을 안내한다. 오른쪽 차트는 2013–2017년 사이의 변동율과 변화의 방향을 표시하는 상하 방향의 작은 삼각형을 추가한다.

시범 사례: 회귀분석 표 새로 디자인하기

일반적인 회귀분석 표에는 추정치와 표준 오차, 그리고 1%, 5% 및 10%와 같은 통계적 유의 수준을 나타내는 기호(일반적으로 별표)가 포함된다. 이런 기본 형식을 가진 표는 자세한 수치가 필요할 때 특히 유용하다.

	모형 1	모형 2	모형 3
r_age	0.0509***	0.0119***	0.0207***
	(0.0062)	(0.0044)	(0.0026)
gndr	0.0442***	0.0616***	0.0630***
	(0.0057)	(0.0037)	(0.0043)
_educ	0.0027***	0.0052***	0.0157***
	(0.0087)	(0.0050)	(0.0072)
hrswkd	0.0397***	0.0075***	0.0211***
	(0.0053)	(0.0025)	(0.0029)
expr	0.0003***	0.0043***	0.0030***
	(0.0051)	(0.0026)	(0.0024)
marstat	0.0191***	0.0066***	0.0069***
	(0.0053)	(0.0025)	(0.0027)

* $p < 0.05$, ** $p < 0.01$, *** $p < 0.001$

	모형 1	모형 2	모형 3
나이	0.0509***	0.0119***	0.0207***
	(0.0062)	(0.0044)	(0.0026)
성별	0.0442***	0.0616***	-0.0630***
	(0.0057)	(0.0037)	(0.0043)
교육수준	0.0027	0.0052	0.0157**
	(0.0087)	(0.0050)	(0.0072)
근무시간	0.0397***	0.0075*	0.0211***
	(0.0053)	(0.0044)	(0.0029)
경험	0.0003	0.0043*	0.0030
	(0.0051)	(0.0026)	(0.0024)
결혼여부	0.0191***	0.0066***	0.0069*
	(0.0053)	(0.0025)	(0.0041)

* $p < 0.05$, ** $p < 0.01$, *** $p < 0.001$

기본적인 회기분석 결과표는 앞서 다룬 10가지 지침을 따라 개선될 수 있다.

이 장의 앞부분에서 설명한 표에 관한 10가지 규칙과 시각화 전략을 따르면 회귀분석 표를 더 명확하고 매력적으로 만들 수 있다. 또한 조밀한 표는 (온라인에서든 인쇄물에서든) 부록에 넣고 본문에는 그래프를 사용하는 방안도 생각해보라.

비교적 간단한 회귀분석 표를 보자. 여기에는 별표가 표시된 계수 추정값, 괄호가 있는 표준 오차, 난해한 변수명(첫째 열) 등이 표시돼 있다. 결과를 표시할 때 변수명을 그대로 사용해서는 안 된다는 점을 명심하라. 학술 논문의 독자라고 해도 '_educ' 또는 'expr' 등의 의미를 알 수는 없다. 수정한 표는 '교육', '경험'과 같은 실제 단어를 사용하고 위의 규칙에 따라 표를 더 깔끔하고 읽기 쉽게 만들었다.

이런 종류의 표를 데이터 시각화로 변환할 수도 있다. 표준 방법은 오차 막대가 있는 막대 차트를 사용하는 것이다. 그러나 6장에서 언급했듯이 일부 연구에 따르면 막대 내부에 그려진 오차 막대의 끝은 무시되는 경향이 있다.

도트 플롯 방식(오차 막대 포함 또는 제외)을 시도해보거나 색상을 사용해 통계적 유의성을 추가로 표시할 수도 있다. 오른쪽 그래프에서 내부가 칠해진 동그라미는 통계적으로 유의한 추정치를 포함하고 내부가 빈 동그라미는 통계적으로 유의하지 않은 추정치에 해당한다.

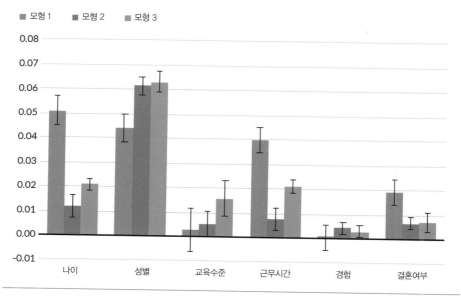

회귀분석 결과를 표 대신 막대 차트로 나타낼 수도 있다.

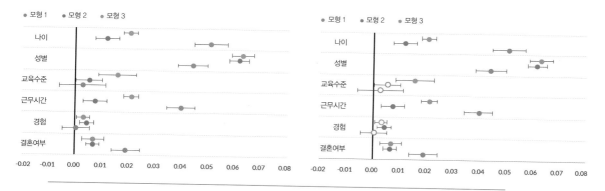

도트 플롯은 회귀분석 결과를 시각화하는 또 다른 방법이다.

궁극적으로 이런 시각적 요소가 불필요하거나 불충분하다고 판단되면 10가지 규칙을
준수해 표를 더 명확하고 읽기 쉽게 만들어라. 독자가 데이터에서 중요한 숫자와 패턴
을 더 쉽게 찾을 수 있게 하고 혼란스럽지 않게 하는 것이 표가 추구하는 목표이다.

결론

표는 그 자체가 데이터 시각화의 한 형태이며 따라서 데이터 시각화와 동일한 규칙이 적용된다. 많은 연구자와 학자들은 표에 크게 의존한다. 그것은 아마도 표는 창의적인 사고가 많이 필요하지 않기 때문일 수도 있다. 표는 텍스트와 숫자로 가득 차 있고, 열과 행이 교차하고, 독자가 탐색하고 해독할 여지가 있는 세부 정보가 들어 있다. 분명히 표는 나름의 가치와 쓸모가 있다. 이 10가지 지침을 지킨다면 표의 가치를 더욱 높이고 더 명확하고 읽기 쉽게 만들 수 있다.

규칙 1. 표의 머리글과 몸통을 구분하라

규칙 2. 굵은 격자선 대신 튀지 않는 구분선을 사용하라

규칙 3. 숫자는 머리글과 함께 오른쪽으로 정렬하라

규칙 4. 텍스트는 머리글과 함께 왼쪽으로 정렬하라

규칙 5. 적절한 수준의 정밀도를 선택하라

규칙 6. 행과 열 사이의 공간을 사용해 시선을 안내하라

규칙 7. 단위의 반복을 없애라

규칙 8. 특이값을 강조하라

규칙 9. 유사한 데이터를 하나로 묶어 여백을 늘려라

규칙 10. 적절한 상황에 시각화를 추가하라

3부

비주얼 디자인 및 디자인 수정

데이터 시각화 스타일
가이드 개발하기

데이터 시각화 스타일 가이드는 시카고 스타일 매뉴얼Chicago Manual of Style[1]이 영문법에 대해 하는 역할을 그래프에 대해 수행한다. 데이터 시각화 스타일 가이드는 그래프의 구성 요소를 정의하고 각 요소의 적절하고 일관된 사용 방식을 규정한다. 글쓰기 스타일 가이드처럼 종합적인 데이터 시각화 스타일 가이드는 그래프, 차트 및 표의 구성 요소를 분류하며, 차트를 디자인하고 스타일을 지정하는 모범 사례와 지침을 제시한다. 글꼴과 색상, 선 너비와 격자선 스타일, 눈금 사용 여부 등의 모든 요소는 명확하고 매력적이며 일관성이 있는 그래프의 작성을 결정짓는 중요한 변수이다.

문법 가이드와 데이터 시각화 가이드의 차이점은 데이터 스타일과 관련된 결정이 대체로 주관적이라는 것이다. 영어 단어 their는 they're와 객관적으로 다르며 이들의 용례에 대해서는 정답과 오답이 뚜렷이 구분된다. 그러나 차트의 선 두께에 대해서는 정답이나 오답이 따로 없다. 그럼에도 고려할 원칙이 분명히 있으며, 그 상당수를 이미 이 책에서 다뤘다. 어떤 스타일을 선택할 것인지는 대체로 작업자와 그가 속한 조직의 선호도에 따라 좌우된다.

---

1 시카고 스타일 매뉴얼이란 시카고 대학교 출판부에서 만든 미국 영어의 문법, 용법, 맞춤법, 원고 작성법 등의 지침서로서, 1906년에 처음 만들어져 지금까지 널리 사용되고 있는 대표적인 스타일 매뉴얼이다. – 옮긴이

데이터 시각화 가이드의 구성 요소

조직에서 데이터 시각화 스타일 가이드는 세 가지 목적으로 사용된다.

첫째, 시각화에 포함할 것과 포함하지 말아야 할 것에 대한 자세한 스타일과 기대치를 구성원에게 제공한다. 제목의 위치와 크기, 글꼴의 종류와 색상 등에 대한 규정 등이 이에 포함된다.

둘째, 조직이 중요시하는 모든 스타일 및 브랜딩 지침을 잘 모르거나 무관심한 사람들에게 어떻게 할지를 안내한다. 연구원과 애널리스트로부터 데이터를 넘겨 받아 그래프를 제작한 후에 색상과 글꼴을 고민하기 시작하는 대신에, 스타일 가이드를 활용하면 그런 결정이 쉬워진다. 소프트웨어 도구에 이런 스타일을 기본 템플릿으로 저장해 두면 프로세스가 간소화되고 그래프 스타일 적용이 자동화된다.

마지막으로 스타일 가이드는 데이터 시각화의 스타일과 느낌, 그 외 세부 사항도 다른 브랜딩 자료만큼 중요하다는 인식과 기대치를 조직 내에 각인시킬 수 있다.

개인의 데이터 작업에도 스타일 가이드가 도움이 된다. 사용자 지정 스타일 가이드는 작업을 보다 일관되고 효율적으로 만들고 작업이 돋보이게 해서 개인 브랜드 구축에 기여한다. 좋은 스타일 가이드가 있으면 기본적인 스타일 결정 문제가 해결되므로 데이터 시각화 작업 시 더 중요한 측면에 집중할 수 있다.

스타일 가이드 작성 시 각 구성 요소를 본인이나 팀 구성원이 사용하고 구현할 수 있는지 검증하는 과정이 필요하다. 차트의 스타일 요구 사항은 다른 브랜딩 자료의 요구 사항과 다를 수 있다. 로고에서 멋져 보이는 색상이 꺾은선 차트나 막대 차트에는 어울리지 않을 수 있다. 또한 데이터 시각화 스타일 가이드를 텍스트 또는 디자인에 대한 스타일 가이드처럼 살아있는 문서, 즉 지속적으로 개정, 보완되는 자료로 취급해야 한다. 가이드는 개인 또는 조직의 미적 기준의 변화에 따라 개정돼야 하며 출판 유형 및 소프트웨어 도구의 발전과 함께 업그레이드돼야 한다.

다음 「이코노미스트」와 「파이낸셜 타임스」의 마리메꼬 차트를 살펴보라. 양 출판물 모두 고유의 모습과 분위기가 있으며 고정 독자가 아니어도 그 스타일을 알아볼 수 있다.

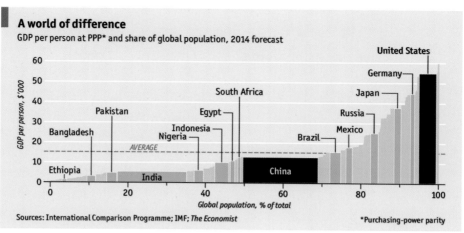

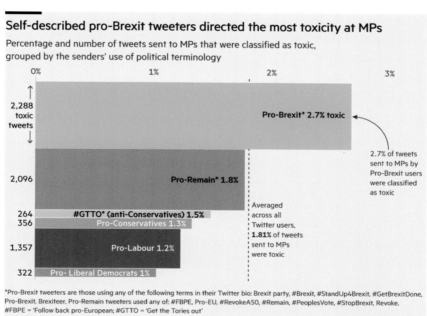

「이코노미스트」(위)와 「파이낸셜 타임스」(아래)의 마리메꼬 차트의 색상과 고유의 글꼴을 비롯한 전반적인 스타일은 각 매체의 정체성을 잘 드러낸다.[2]

---

2   상단의 「이코노미스트」는 ITC Officina Sans를, 하단의 「파이낸셜 타임스」는 Metric을 기본 글꼴로 사용한다. – 옮긴이

이런 브랜딩은 정체성을 나타내는 중요한 요소다.

이 장에서 자세히 다룰 스타일 가이드는 여러 세부 내용으로 구성되지만 기본적으로 모든 데이터 시각화 스타일 가이드가 다룰 내용은 아래와 같다.

1. **그래프 해부학**. 레이블, 제목 및 기타 요소는 어디에 배치해야 하는가? 차트의 적절한 크기는 얼마이며 크기는 출력 유형에 따라 달라야 하는가?

2. **색상 배색표**. 그래프 및 데이터 유형에 어떤 색상을 사용해야 하는가? 그래프 유형에 따라 색상 배색표가 다른가? 인쇄 및 디지털 제품에 따라 다른가?

3. **글꼴**. 어떤 글꼴을 사용해야 하며 크기, 굵기 및 위치는 어떻게 달라야 하는가? 제목의 글꼴 스타일과 그래프 내의 텍스트 글꼴 스타일이 별도로 지정돼야 하는가?

4. **그래프 유형**. 특정 그래프에 대해 특별히 고려할 사항이 있는가? 예를 들어 원형 차트의 사용이 전적으로 금지돼 있는가? 꺾은선 차트에 허용되는 계열 수는 최대 몇 개인가?

5. **이미지 내보내기**. 소프트웨어 도구에서 최종 보고서 또는 웹사이트로 그래프를 어떻게 내보내야 하는가? PNG, JPEG 또는 다른 이미지 형식을 사용해야 하는가? 소프트웨어 도구에 내보내기 기능이 내장돼 있지 않은 경우 이런 이미지 형식을 어떻게 만들어야 하는가?

6. **접근성, 다양성 및 포용성**. 시각 장애가 있거나 지적 장애 또는 기타 장애가 있는 사람들이 그래프에 접근할 수 있기 위해 어떤 조치를 취해야 하는가? 다양한 인종, 성별 및 기타 그룹에 대한 결과를 어떻게 제시할 것인지 고려했는가?

그래프 해부학

그래프 스타일을 규정하려면 먼저 그래프의 각 구성 요소를 정의해야 한다. 실제적 예로 워싱턴 DC의 비영리 연구 기관인 어번 인스티튜트^{Urban Institute}가 만든 스타일 가이드의 기본 템플릿을 사용해보자.

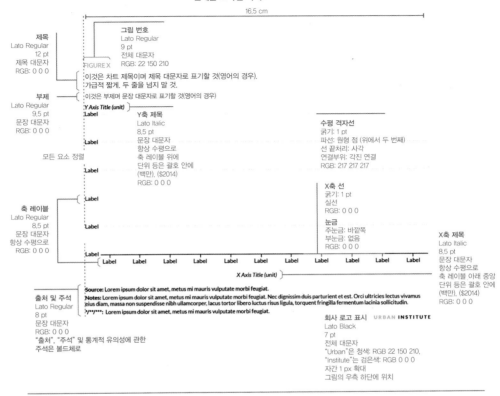

어번 인스티튜트의 스타일 가이드는 차트 각 부분에 적용되는 스타일을 구체적으로 규정한다.

1. 전체 치수

차트의 전체 크기를 지정하라. 차트 크기는 출력 대상에 따라 다를 수 있다. 예를 들어 온라인 그래프는 주로 픽셀로 측정되는 반면 인쇄 문서의 차트는 주로 인치 또는 센티미터로 측정된다. 크기는 조직에서 사용하는 도구와 작업 흐름workflow에 따라 달라질 수 있다. 어번 인스티튜트 가이드의 기준에 따르면 인쇄용 그래픽의 가로 치수는 그림 상단에 표시된 것처럼 8.5×11인치 페이지(US 레터 용지 기준)에 맞게 너비(6.5인치//16.5 cm)가 지정돼 있다.

2. 그림 번호

그림과 표는 번호나 문자를 붙일 수도 있고, 없이 사용할 수도 있다. 차트 제목 위에 가운데 정렬 또는 왼쪽 정렬로 배치할 수 있으며, 별도의 글꼴 크기와 색상을 지정할 수 있다. '그림 1. 차트 제목'과 같이 차트 제목과 함께 한 줄로 표시할 수도 있다. 이미지에서 볼 수 있듯이 어번 인스티튜트의 스타일은 차트 제목 위에 숫자를 모두 대문자로 표준 파란색으로 배치하도록 규정한다. 주석에 글꼴(Lato Regular), 글꼴 크기(9pt), 대문자 표기 및 색상(RGB: 22 150 210) 등에 대한 세부 정보가 적혀 있다.

3. 제목

제목은 차트의 왼쪽 가장자리에 맞춰 정렬되는가, 아니면 그림이 놓이는 공간 중앙에 정렬되는가? 제목(및 기타 텍스트 개체)을 왼쪽으로 정렬하면 왼쪽 가장자리를 따라 세로 격자가 형성돼 보다 체계적으로 보여 읽기가 쉬워진다. 제목의 표현 방식(어조)에 대한 기본 스타일도 규정해야 한다. 순전히 서술적일 것인지, 아니면 차트의 중요한 요점을 간추린 능동적인 표현을 쓸 것인지? (영어의 경우) 문장 대문자 표기법을 따를 것인지, 제목 대문자 표기법을 따를 것인지? 어번 인스티튜트의 스타일은 예시에 나온 대로 제목 대문자 표기법을 따른다. 제목의 내용이 사용 방법에 대한 지시 사항(제목 대문자 표기법을 따라 가급적 짧게, 두 줄을 넘지 말 것)인 점도 유의하라.

4. 부제

부제가 있을 경우 차트에서 어떻게 사용할 것인가? 부제 위치에 더 능동적인 문장을 삽입할 것인가, 아니면 차트에 사용되는 단위를 나열할 것인가? 부제목을 왼쪽으로 정렬하면 세로축 상단 가까이 위치하므로 세로축 제목을 포함하기에 좋은 위치이다. 제목과 구별되게 하려면 괄호 안에 넣거나 크기를 작게 만들거나 색상을 변경할 수도 있다. 어번 인스티튜트의 예제에서 부제는 더 작은 크기와 검은색으로, 문장 대문자 표기법을 따라 작성된다.

5. 축 제목

세로축과 가로축의 제목은 어디에 놓을 것인가? 많은 소프트웨어 도구는 세로축 제목이 90도 회전돼 세로축과 평행하게 배치된다. 그보다는 제목과 부제에 맞춰 가로 방향으로 세로축 위에 배치하는 편이 낫다(앞서 말했듯이 부제가 세로축 제목이어도 괜찮다). 가로축 제목의 경우 축 레이블이 얼마나 떨어져야 할지 결정해야 할 수 있다. 월 또는 년과 같이 단위가 분명하기 때문에 가로축 제목을 생략할 수 있는 경우도 있다. 축 제목은 더 작은 텍스트나 다른 색상을 사용해 구분할 수 있다. 또한 '달러' 또는 '백분율' 등의 단위 표기를 대문자로 표시할 것인지 혹은 기호로 대신할 것인지 결정해야 한다. 어번 인스티튜트의 스타일은 세로축 상단에 제목을 배치하고 괄호 안에 단위를 포함하도록 규정한다. 가로축 레이블은 8.5포인트 Lato Italic 글꼴로 가로축 아래 중앙에 수평으로 배치된다.

6. 축 레이블

축 레이블은 어떤 서식이어야 하는가? 굵은(볼드)체, 이탤릭체, 다른 글꼴 크기? (제목과 구별되는) 세로축 레이블은 일반적으로 차트 왼쪽에 있지만 차트가 매우 넓은 경우 오른쪽에도 추가할 수 있다. 가로축 레이블의 경우 특정 단위에 대한 서식이 별도로 있는가? 예를 들어 축을 따라 연도를 표기하는 경우 2000 '01, '02와 같은 생략형 표기가 허용되는가, 아니면 연도는 네 자리 모두 표기해야 하는가?

7. 축선 및 눈금 표시

축선에 어떤 색상과 두께를 사용하는가? 눈금이 차트 안쪽 또는 바깥쪽에 있는가? 세로축 선을 생략하는 경우도 간혹 있지만 가로축 선은 대체로 차트에 일관된 기준을 제공하기 위해 포함된다. 영점 기준선은 다른 격자선보다 약간 더 짙게 그리는 편이 낫다. 음수 값이 있는 경우 영점 기준선이 차트의 맨 아래에 있지 않음을 분명히 하기 위해 짙게 그릴 필요가 있다. 막대 차트에서 막대 사이에는 눈금 표시tick marks가 필요 없지만 꺾은선 차트는 필요할 수 있다. 어번 인스티튜트의 경우, 세로축 선은 없는 대신 가로축 선은 1포인트 두께의 검정색 선으로 그려지며 차트 바깥쪽으로 주 눈금이 표시된다.

8. 격자선

많은 차트에 가로 격자선이 표시된다. 다만 표시 방식에 차이가 있을 수 있다. 실선, 파선, 점선 중 어느 것인가? 두께와 색상은? 표시 간격은 어느 정도인가? 대체로 세로 격자선은 생략되는 경우가 많지만 산점도에서는 종종 사용된다.

9. 출처 및 주석

데이터의 출처를 구체적으로 표기하고 중요한 모델링 또는 수정 사항을 기록해야 한다. 출처 및 주석을 위한 공간은 일반적으로 차트 하단에 있으며 세로축 레이블, 제목 및 부제에 맞춰 왼쪽으로 정렬된다. 많은 경우 '출처' 및 '주'라는 단어는 굵게 표시된다. 예를 들어 시카고 스타일 매뉴얼(섹션 3.20)은 출처를 주석 윗줄에 배치할 것을 제안한다. 어번 인스티튜트의 스타일에서 출처Source와 주Notes라는 단어는 굵은 글꼴로 돼 있으며 출처를 먼저 표기한다.

10. 로고

그래프에 로고를 표시하려면 로고의 위치와 크기를 결정해야 한다(반드시 고해상도 이미지를 사용할 것). 로고는 종종 오른쪽 하단 모서리에 배치되지만 때로는 다른 위치에 배치된다. 오른쪽 하단 모서리에 배치하면 제목/부제 및 출처/주 영역에서 벗어나 있다는 장점이 있다. 어번 인스티튜트는 그래프의 오른쪽 하단 영역에 로고를 표시하는데 색상 및 간격에 대한 지침이 규정돼 있다.

11. 범례

범례가 사용된다면 위치와 크기는 어떻게 되며, 어떤 표식이 사용되는가? 396페이지의 그림에는 표시되지 않았지만 어번 인스티튜트의 스타일 가이드에는 범례를 포함해 그래프의 여러 요소에 대한 글꼴 크기를 규정한 별도 섹션이 포함돼 있다.

12. 데이터 표식

그래프, 특히 꺾은선 그래프에 원이나 사각형 등의 데이터 표식이 포함되는가? 마커가 채워지거나 비어 있는가? 데이터값에는 어떤 경우에 레이블이 지정되는가? 데이터의 수가 얼마 안 되는 그래프에 대해 데이터 표식을 사용하도록 규정하는 것도 방법이다.

13. 데이터 레이블

데이터 포인트에 레이블을 지정해야 하는 경우는 언제인지, 그리고 그 배치 방법과 형식을 규정한다. 어번 인스티튜트의 가이드에는 레이블 표시 방식을 규정한 별도의 글꼴 크기 일람표가 있다.

14. 데이터 계열

차트 유형에 따라 데이터 계열에 관한 규정—선 두께, 막대 사이의 간격, 각 요소의 색상 등—이 다르다. 조직에서 사용하는 차트가 복잡하다면 특정 차트 유형별로 필요한 내용을 다루는 섹션이 스타일 가이드에 추가될 수도 있다.

▶ ▶ ▶ ▶ ▶

스타일 가이드에 따라 차트 구성 요소의 규정 방법이 다를 수 있음을 보여주는 두 가지 예를 아래에 나타냈다. 첫 번째 이미지는 런던 데이터스토어^{London Datastore}(런던시가 공공 데이터 자원 공유를 위해 개설한 온라인 플랫폼)의 데이터 시각화 스타일 가이드에서 가져온

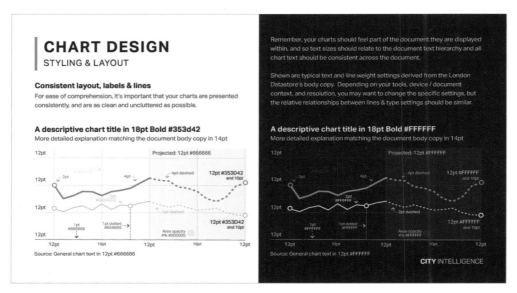

(출처: 그레이터런던 당국(Greater London Authority)의 마이크 브론벼그(Mike Brondbjerg), 열린 정부 라이선스에 따라 사용함)

Basic Structure

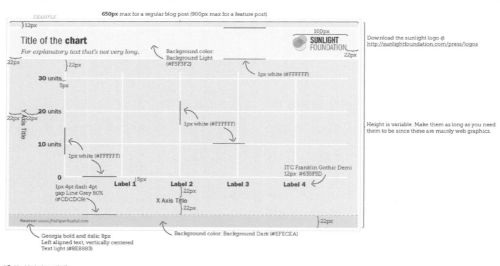

(출처: 선라이트 재단)

데이터 시각화 스타일 가이드는 구체적인 글꼴, 스타일, 색상, 크기 등을 구체적으로 규정해야 한다.

것이다. 두 번째로, 열린 정부를 옹호하는 초당파 조직인 미국의 선라이트 재단^{Sunlight}^{Foundation}도 고유의 스타일 취향을 반영해 차트의 각 부분을 규정하는 스타일 가이드를 가지고 있다.

색상 배색표

시각화에서 색상은 확실한 힘을 발휘한다. 사람들이 그래프를 보고 가장 먼저 알아차리는 것은 아마도 색상일 것이다. 색상은 감정을 자극하고 주의를 끈다. 빈센트 반 고흐^{Vincent van Gogh}가 1885년에 형에게 쓴 것처럼, "색은 그 자체로 무언가를 표현한다. 색이 없다면 아무것도 할 수 없다. 색을 반드시 활용해야 한다."

성공적인 브랜드는 로고와 레터헤드에서 데이터 시각화에 이르는 모든 것에 대해 그 브랜드임을 알아볼 수 있는 색상 배색표^{color palette}(색 구성표)를 가지고 있다. 그러나 배색표가 회사 레터헤드 또는 웹사이트에서 효과를 발휘하더라도 다섯 개의 선이 있는 꺾은선 차트에는 어울리지 않을 수도 있다. 색상 배색표를 개발할 수 있는 다양한 무료 온라인 색상 도구가 있다. Adobe Color, Color Brewer, Color Lovers 및 Design Seeds 등이 몇 가지 예이며 부록에는 더 긴 목록이 있다. 기본 색상 외에도 배색표의 각 색상에 대해 다른 음영과 색조가 필요하다.

스타일 가이드에는 차트 작성자의 색상 선택을 안내하는 다양한 구성표가 포함돼야 한다. 애널리스트가 브랜딩 및 디자인 요소를 쉽게 적용할 수 있게 만든다면 그들은 더 많은 시간을 데이터 분석과 그 목적에 가장 부합하는 그래프를 개발하는 데 사용할 수 있다.

데이터 시각화에 적용 가능한 색상 구성 방식에는 크게 다섯 가지가 있다.

이진형binary. 두 가지(이진) 범주로 나뉘는 명목상[3] 차이: 도시–농촌, 민주당–공화당, 동의–반대 등.

순차형sequential. 낮은 값에서 높은 값으로 논리적으로 배열된 데이터값은 순차적인 색상 배색표를 사용해야 한다. 일반적으로 낮은 값은 옅은 색상으로, 높은 값은 짙은 색상으로 표시된다. 예를 들어 빈곤율이나 인구를 보여주는 단계구분도는 순차적인 색상 배색표를 사용한다.

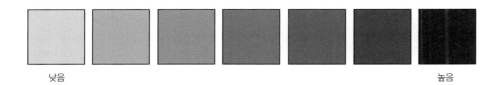

낮음　　　　　　　　　　　　　　　　　　　　　　　　　높음

발산형diverging. 발산형 구성에서 색상은 중간 지점에서 바깥쪽으로 갈수록 더 짙다. 발산형 색상 배색표는 두 가지 다른 색상의 단계적 구성을 공유하고 그 두 가지 색상이 겹치는 옅은 색상(예: 0 또는 중앙 값)에서 양쪽으로 발산한다.

중앙값

3　순서상이 아님 – 옮긴이

범주형^{categorical}. 서로 다른 인종 또는 성별 그룹과 같이 명목상의 차이를 나타내기 위해 별도의 색상을 사용하는 색 구성이다.

강조형. 이것은 범주형 색 구성의 특별한 경우이다. 이런 색 구성은 시각화된 차트 내의 특정 값 또는 특정 그룹을 강조한다. 예를 들어, 이 배색표를 사용해서 산점도에서 단일 또는 복수의 점으로 이뤄진 그룹을 강조할 수 있다.

투명도. 색 구성보다는 색 활용 기술에 해당한다. 그래프 개체의 투명도를 조정하면 그 개체 뒤의 개체를 볼 수 있다. 이 기술은 이미 몇 차례 소개됐다(177페이지의 영역 차트 섹션 참조). 반투명 색상을 사용하면 (테두리의 유무에 상관없이) 겹치는 개체를 표시할 수 있다.

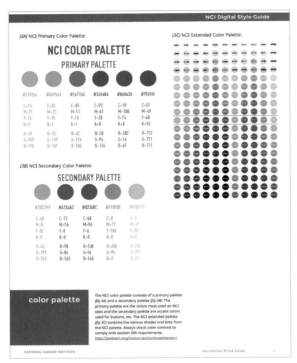
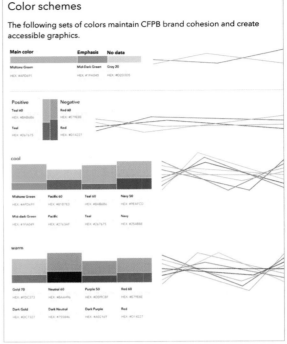

브랜드 색상과 스타일을 규정하는 다양한 방법이 있다. 그 예로 미국 국립 암 연구소(왼쪽)와 소비자금융보호국(오른쪽)의 사례를 나타냈다.

색상 배색표가 실제로 규정되는 예로서 미국 국립암연구소^{National Cancer Institute} 스타일 가이드의 이 섹션은 전체 색조 및 음영 목록과 함께 기본 및 보조 색상 배색표를 보여 준다. 소비자금융보호국^{Consumer Finance Protection Bureau, CFPB} 스타일 가이드에는 'CFPB 브랜드 응집력 유지'를 위한 색상 모음이 포함돼 있다.

또한 색각 이상^{CVD} 또는 색맹인 독자를 염두에 두어야 한다. 전 세계 약 3억 명의 사람들이 다양한 형태의 색각 이상을 겪고 있다. 이들 대부분은 남성이며, 다른 형태도 있지만 대부분은 적색과 녹색을 구분하는 데 어려움을 겪는다. 색상을 테스트하는 데 사용할 수 있는 Vischeck.com 및 WebAim과 같은 다양한 온라인 색상 및 색상 대비 검사 도구가 있다.

무지개를 피하라

색상 배색표를 선택할 때 무지개 색상 배색표를 피하라. 대부분의 경우 무지개 배색표는 최소한 세 가지 이유로 데이터 시각화에 부적합하다. 첫째, 옅은 파란색(작은 데이터값)에서 짙은 파란색(큰 데이터값)으로 변하는 색상 램프는 논리적으로 의미가 있지만 보라색이 주황색보다 더 크다고 말하는 것은 논리적이지 않다. 둘째, 더 중요한 것은 무지개 색상 배색표가 숫자 체계에 상응하지 않는다는 것이다. 아래의 무지개 배색표에서 하늘색 영역이 좁은 것과 비교해서 녹색 영역이 얼마나 넓은지 눈여겨보라. 예를 들어 1에서 2로 단위 변경을 표시하면 녹색의 변경이 표시되지 않을 수 있다. 그러나 파란색 스펙트럼에서 동일한 단위 변경, 예를 들어 9에서 10으로 변경하면 청록색에서 남색으로 완전히 이동할 수 있다. 마지막으로, 무지개 배색표는 색각 이상(가운데 이미지)을 가진 사람에게 잘 전달되지 않으며 흑백 인쇄 시(마지막 이미지) 무용지물이다.

무지개 색상 배색표를 피하라. 이것은 숫자 체계에 상응하지 않으며, 데이터에 대응시킬 때 논리적이지 않다. 또한 색각 이상을 가진 사람에게 잘 전달되지 않으며, 흑백으로 인쇄하면 무용지물이 된다.

색상과 문화

마지막으로 색상은 고정 관념을 강화하거나 문화에 따라 다른 의미를 가질 수 있다. 수년 동안 여성과 남성의 데이터값을 구분하기 위해 핑크색과 파란색을 사용했다. 그러나 현대 서양 문화에서 이런 색상에는 성차별적 고정 관념이 결부됐다. 예컨대 핑크색은 약함을, 파란색은 강함을 나타낸다고 이해하는 것이다. 흥미롭게도 항상 그런 것은 아니었다. 20세기 중반까지는 오히려 그 반대였다. 카시아 세인트 클레어Kassia St. Clair는 저서 『컬러의 말: 모든 색에는 이름이 있다The Secret Lives of Color』(윌북, 2018)에서 이렇게 썼다. "핑크색은 결국 물 빠진 빨간색일 뿐이다. 진홍색 상의의 군인이나 적색 가운 차림의 추기경이 가장 남성적으로 보이는 반면 파란색은 동정녀 마리아의 상징색이다." 흔히 쓰이는 핑크-파랑 대신에 보라색과 녹색(텔레그래프 지) 또는 파랑과 오렌지(『가디언』)처럼 다른 색상 조합을 사용하는 대안을 고려해보라.

문화에 따른 색상 사용 방법이나 색상 인식 방법의 일반적인 차이도 고려하라. 예를 들어, 서양 문화에서 빨간색은 열정과 흥분의 감정을 불러 일으킬 수 있으며 긍정적이고 부정적인 연관성을 모두 가지고 있다. 한편 동양 문화에서 빨간색은 행복, 기쁨 및 축하를 나타낸다. 인도에서 빨간색은 순결을 의미하며 일본에서는 생명, 분노 및 위험과 관련이 있다.

스타일 가이드를 위한 글꼴 규정

데이터 시각화 스타일 가이드는 차트의 각 부분에 대한 글꼴(폰트)을 규정해야 한다. 글꼴이 세 종류 이상 필요한 경우는 아마도 없을 것이다. 대체로 한 종류면 충분하다. 또한 굵기(thin, bold), 각도(이탤릭) 및 색상 등을 변경해 하나의 글꼴을 여러 모양으로 활용할 수 있다.

커스텀 글꼴에 주의하라

커스텀 글꼴^{custom font}을 사용하면 예컨대 마이크로소프트 오피스 패키지에 있는 표준 글꼴과 차별화된 스타일을 표현할 수 있다. 그러나 주의하라. 커스텀 글꼴을 사용하려면 그래프를 표시하는 모든 컴퓨터에 설치해야 한다. 커스텀 글꼴은 그래프를 돋보이게 하지만 파일을 공유하거나 남의 노트북 컴퓨터로 발표할 때 문제를 일으킬 수도 있다.

Century Gothic, Tahoma, Trebuchet MS 및 Verdana 등의 기본 글꼴은 대부분의 운영 체제에서 사용할 수 있지만 비교적 사용 빈도가 낮으므로 참신해 보이는 효과를 낼 수 있다.

태블로를 사용한 데이터 시각화를 위한 BBC 스타일 가이드(왼쪽)에는 사용할 글꼴과 위치, 글꼴을 더 넓은 차트 공간에 맞추는 방법 등을 보여주는 타이포그래피 섹션이 포

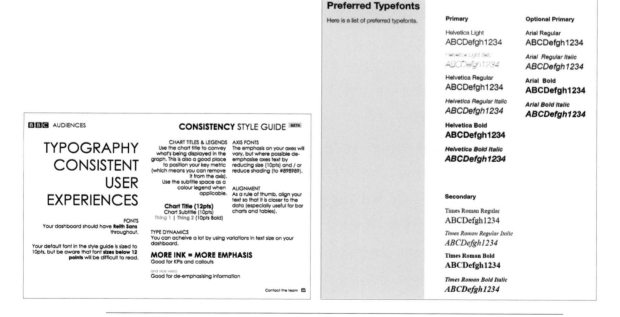

데이터 시각화 스타일 가이드는 어떤 글꼴을 어떤 때에 사용할 것인지도 규정해야 한다. 그런 가이드의 사례로 BBC(왼쪽)와 미국 농무부(오른쪽)의 예를 나타냈다.

함돼 있다. Reith Sans 글꼴은 기본 글꼴이 아니므로 조직 내의 모든 사람이 컴퓨터에 해당 글꼴을 설치했는지 확인해야 한다. 미국 농무부의 시각물 표준 가이드^{Visuals Standards Guide}(오른쪽)는 출판 유형 전반에 걸쳐 사용되는 광범위한 글꼴 세트를 특징으로 하며, 대체로 세 개 중 최소 두 개는 기본 글꼴(Arial 및 Times New Roman)이다.

특정 그래프 유형에 대한 지침

스타일 가이드에 포함될 수 있는 또 다른 섹션은 특정 차트 유형에 대한 일련의 예제 또는 지침이다. 차트마다 다른 특정 스타일 또는 데이터 시각화 모범 사례를 지정할 수 있다. 이 책을 읽으면서 했던 것처럼 조직의 데이터 시각화 역량을 확장하기 위해 약간은 낯선 차트 유형의 예를 포함할 수도 있다.

조직에서 사용하는 가장 일반적인 차트 유형에 대한 지침부터 구성하기 시작하라. 예를 들어 이중축 꺾은선 차트는 사용 금지(162페이지 참조), 원형 차트 사용 시 계열 수는 상한이 있어야 함(325페이지 참조) 등을 규정할 수 있다. 또한 누적 막대 차트에서 레이블이 정확히 어디에 위치해야 하는지 또는 꺾은선 차트의 데이터 요소를 눈금 표시 위 혹은 사이에 나타낼지 여부와 같은, 보다 세부적인 사양도 있다. 또는 막대 차트에 눈금 표시를 하지 않도록 지정하거나 데이터 레이블이 포함될 때는 격자선과 눈금 표시를 반드시 생략하도록 지정할 수 있다.

특정 차트 영역에서 다룰 수 있는 또 다른 문제는 여러 데이터 계열 간에 색상 배색표를 관리하는 방법이다. 배색표의 기본 색상이 파란색, 빨간색 및 주황색일 때, 계열이 두 개 또는 세 개 있을 경우 해당 색상의 순서가 변경될 수 있으며, 예를 들어 쌍 막대 차트와 누적 막대 차트 사이에 색상의 순서가 다를 수 있다.

스타일 가이드에 데이터 시각화에 관한 조언과 요령을 적을 수도 있다. 앞선 다섯 가지 조언은 어번 인스티튜트 가이드의 맨 위에 나열돼 있다. 자신만의 규칙과 조언을 개발하거나 다른 그룹 및 조직에서 게시한 것을 차용할 수도 있다.

이미지 내보내기

시각화가 완성된 결과물을 내보낼 준비가 되면 차트 작성자는 이를 사용 가능한 파일 형식으로 내보내야export 한다. 이 과정에서 일이 잘못될 수도 있다. 내보내기를 잘못하면 과도한 압축으로 전체 이미지의 해상도가 낮아질 수 있다. 4장에서 사용했던 차트의 해상도가 다른 두 버전을 비교해보라. 선명한 색상과 글꼴로 멋지고 효과적인 그래프를 만드는 데 긴 시간을 투자했다면, 흐릿하고 읽기 힘든 최종 산출물 이미지 때문에 모든 노력을 헛수고로 만들지 말자.

시각화 결과물에 적합한 파일 형식의 선택이 중요하다. 선택 가능한 여러 파일 형식이 있으며 저마다 장단점이 있다. 이미지 파일 형식의 가장 큰 차이점은 비트맵인지 벡터인지이다. 비트맵 형식(래스터라고도 함)의 이미지는 색상이 할당된 일련의 사각형(픽셀)

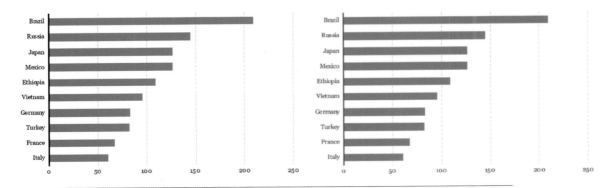

데이터 시각화 도구에서 최종 산출물을 보고서나 웹 이미지 등으로 내보내기 할 때 이미지의 해상도가 충분히 큰지 확인해야 한다. 해당 이미지를 출판하거나 게시하기 전에 확인 절차를 거치는 것이 관건이다.

으로 저장된다. 비트맵 이미지를 확대하면 픽셀이 커지고 해상도가 떨어진다. 문서에 사진을 넣은 다음 확대할 때 픽셀이 커지고 이미지의 선명도가 저하되는 현상을 경험한 적이 있을 것이다.

또 다른 이미지 형식은 벡터이다. 비트맵 이미지와 달리 벡터 이미지에는 이미지의 실제 모양에 대한 정보가 포함된다. 벡터 이미지는 확대하면 다시 그려지므로 비트맵 이미지와 같은 해상도 손실이 없다. 벡터 이미지는 선명도나 디테일을 잃지 않고 끝없이 늘릴 수 있기 때문에 '해상도 독립적resolution-independent'이라고도 한다. 벡터 이미지의 가장 큰 단점은 경우에 따라서는 파일 크기가 의외로 클 수 있다는 점이다.

종류	약어	명칭	적용 범위
벡터	pdf	Portable Document Format	범용
	eps	Encapsulated PostScript	범용
	svg	Scalable Vector Graphics	온라인용
비트맵	png	Portable Network Graphics	선 그림에 최적
	jpeg	Joint Photographic Experts Group	사진 이미지에 최적
	tiff	Tagged Image File Format	인쇄 출력용, 색 재현도 우수
	gif	Graphics Interchange Format	애니메이션에 주로 사용

(출처: 클라우스 O. 윌케(Claus O. Wilke) 지음, 『데이터 시각화 교과서(Fundamentals of Data Visualization)』(책만, 2020) 참조)

소프트웨어 도구로부터 그래프를 최종 산출물로 내보내는 방법을 어떤 식으로 안내할 것인지는 어떤 데이터 시각화 소프트웨어 도구를 기본적으로 사용하는지, 운영 체제는 무엇인지, 최종 산출물이 사용되는 매체는 무엇인지(PDF형식의 보고서인가? 웹사이트상의 개별 이미지인가? 트윗에 삽입되는가?) 등의 다양한 요인에 따라 달라진다. 가장 좋은 전략은 다양한 접근 방식을 시도하는 것이지만 최종 결과물을 검토해 가장 선명하고 깨끗한 이미지로 전달되는지 확인하는 절차가 필요하다.

접근성, 다양성 및 포용성

시각 장애를 가진 많은 사람들은 스크린 리더(화면 판독기)를 사용해서 인터넷을 탐색한다. 스크린 리더는 화면 내용을 사용자에게 소리내 읽어 주기 때문에 파일 이름이 'Image1.png'인 그래프를 게시하면 사용자는 그 파일명을 듣게 된다. 그 외에도 신체적, 인지적, 지적 장애를 가진 사람들은 그들의 접근성 요구 사항을 고려하지 않은 결과물이나 웹사이트 이용 시 어려움을 겪을 수 있다. 접근성에는 인터넷 접속 가능 여부, 그리고 인터넷 연결 속도 문제도 포함된다. 다양한 성격의 지원을 필요로 하는 사람들도 결과물과 웹사이트에 쉽게 접근할 수 있도록 여러 대안을 고려하는 것이 좋다.

접근성이 높은 콘텐츠를 만들기 위해 1973년에 제정된 미국 재활법 508조에 명시된 지침을 따를 수 있다. 재활법 508조에 의하면, 미국 연방 정부 기관은 장애를 가진 사람들이 사용할 수 있는 정보 통신 기술ICT을 개발, 조달, 유지, 사용할 의무가 있다. 즉, 재활법 508조 준수 의무를 가진 연방 기관은 온라인 교육 및 웹사이트와 같은 정보 통신 기술 서비스에 모든 사람이 접근할 수 있도록 해야 한다.

508조가 제시하는 기준 중, 누구나 적용할 수 있는 이미지 관련 기준은 이미지에 '대체 텍스트'(일반적으로 'alt text'라고 함)를 사용하는 것이다. 대체 텍스트는 이미지의 내용을 간략하게 설명한다. 데이터 시각화 이미지라면 차트의 일반적인 결론이나 메시지를 전달하는 텍스트일 수 있다. 즉, 차트를 요약하는 하나의 간결한 문장은 무엇인가에 대한 답을 적는 것이다.

"웹의 잠재력을 최대한으로"라는 모토로 활동하는 국제 기구인 W3C에서 만든 웹 콘텐츠 접근성 지침Web Content Accessibility Guidelines, WCAG의 권장 사항을 참고로, 고려할 몇 가지 기본 문제를 살펴보자. 접근성과 관련해서 WCAG는 네 가지 기본 원칙을 규정한다.

1. **인지 가능**Perceivable. 정보는 사용자가 인지할 수 있는 방식으로 제공돼야 한다. 즉, 음성, 기호, 큰 활자 등의 형식으로 정보 전달을 받아야 할 필요를 가진 사람들을 위해 텍스트가 아닌 컨텐츠를 변환해야 할 수도 있다. 텍스트는 배경과 충분한 색상 대비를 가져야 하며 이미지에는 스크린 리더 및 기타 보조 기술에서 읽을 수 있는 정보(대체 태그)가 있어야 한다.

2. **조작 가능**Operable. 모든 기능을 키보드로 이용할 수 있게 한다. 예를 들어, 탭, 엔터 및 스페이스 바 키를 사용하면 사용자가 페이지를 탐색하고 상호 작용을 조작할 수 있다.

3. **이해 가능**Understandable. 텍스트 내용은 읽고 이해할 수 있어야 하며 웹 페이지는 예측 가능한 방식으로 작동해야 한다. 예를 들어 페이지의 콘텐츠를 심하게 재배열하면 콘텐츠를 읽고 이해하기가 더 어려워질 수 있다.

4. **견고함** Robust. 온라인 콘텐츠는 현재와 미래의 사용자 및 보조 기술과 호환될 수 있을 만큼 충분히 견고해야 한다. 예를 들어 스크린 리더 및 기타 보조 기술이 내용을 정확하게 해석할 수 있는 방식으로 웹사이트를 개발하는 것을 의미한다.

지금까지 웹사이트를 완전히 접근 가능하게 만드는 방법에 대한 구체적인 규칙은 없지만, 시각적 콘텐츠에 보다 쉽게 접근할 수 있도록 다양한 보조 기술을 사용하는 방법을 탐구하는 연구 분야가 존재한다. 컴퓨터 운영 체제, 브라우저 및 프로그래밍 언어는 변화하고 발전하고 있기에 접근성 가이드는 움직이는 표적을 겨냥하는 셈이다. 그러나 다양한 능력을 가진 사람들이 어떻게 콘텐츠에 접근할 수 있는지(혹은 접근하지 못하는지) 고려하는 것은 컨텐츠 제작자가 할 수 있는 일이다. 접근성 개선을 위한 노력은 시각화 작업을 문장과 설명으로 보다 효과적으로 전달하게 되는 결과로 이어지기 마련이다. 즉, 보다 나은 접근성을 위해 궁리하다 보면 결국 모든 사람이 보다 나은 사용성을 누리는 혜택을 얻게 된다.

데이터 시각화에서 고려할 또 다른 문제는 다른 사람들을 부르는 방법이다. 글, 표 또는 그래프에서 '흑인', '아프리카 계 미국인' 또는 '히스패닉' 등의 용어 사용 시 그런 고려를 했을 것이다. 독자와 연구 대상인 지역 사람들이 받아들일 수 있고 이해할 수 있는 표현을 사용하라. 당신이 연구하고 글을 쓰는 대상인 이들의 삶의 생생한 경험을 생각해보라. '사람'을 최우선으로 생각하는 언어를 사용하라. 예컨대 '장애인disabled people' 대신 '장애를 가진 사람people with disabilities'이라는 표현이 낫다. 데이터는 실제 사람들의 삶을 반영한다는 사실을 기억해야 한다.

이는 그래프의 레이아웃과 사용하는 언어에도 적용된다. 표와 그래프에서 막대 또는 선을 어떻게 정렬하는가? 알파벳순인가, 샘플 크기 순인가, 아니면 알려지지 않은 임의의 결정을 기준으로 하는가? 다시 말하지만, 이런 질문에 대한 답을 쉽게 구할 수 없더라도 다양한 사람들에 대한 접근성과 포용성을 높이기 위해 접근 방식과 전략을 찾는 노력을 기울일 가치가 있다.

모든 것을 하나로 묶기

이런 여러 질문과 스타일 결정에 대해 정답이 따로 정해져 있지 않다. 격자선의 두께가 1pt이든 2pt이든, 회색 음영이든 다른 음영이든, 이것은 주로 스타일 상의 결정이지만 기능적 결정이기도 하다. 1장에서 보았듯이 목표는 격자선, 눈금, 표식보다 데이터를 강조하는 것이다.

효과적이고 포괄적인 데이터 시각화 스타일 가이드는 조직 차원에서 개발되는 것이 바람직하다. 가능하면 디자인 팀과 데이터 팀을 한데 모아 데이터 시각화를 포함한 조직의 요구 사항을 충족하는 브랜딩 지침을 결정하라. 조직에 이런 부서가 없거나, 혹은 독자적으로 스타일 가이드를 개발하려 한다면 외부 전문가의 도움을 구하거나 게시된 타사의 스타일 가이드를 참조해 브랜딩 가이드라인 및 스타일을 개발할 수 있다.

데이터 시각화 스타일 가이드를 살아있는 문서, 즉, 지속적으로 수정되고 보완되는 문서로 취급해야 한다. 기술과 트렌드가 바뀌면 가이드를 재검토하라. 그리고 조직 내의 다양한 요구, 도구 및 기술에 유연하게 대처해야 한다. 모든 사람이 접근하고 구현할 수 있는 유익하고 명확한 가이드를 작성하면 당신과 당신이 속한 조직, 그리고 독자들 모두에게 도움이 된다.

디자인 수정 사례

여기까지 읽었다면 여러분의 데이터 시각화 역량은 이 책을 시작할 때보다 훨씬 더 풍부해졌음이 틀림 없다. 지금까지 살펴본 수십 개의 그래프 중에는 생소한 것도 있었겠지만 데이터 시각화에 대한 시야가 넓어지면서 이번에 새로 알게된 그래프 유형을 잘 활용될 수 있는 기회를 만나게 될 것이다.

이 장은 데이터 시각화 디자인 수정 사례 몇 가지를 다룬다. 여기서 디자인 수정을 위해 고른 그래프는 특별히 나쁜 그래프가 아니다. 일부는 단지 데이터를 그리는 더 효과적인 방법이 있다고 믿기 때문에 선택됐다. 우리의 목표는 이런 차트 작성자와 그들의 노력을 비판하는 것이 아니라 데이터 시각화를 더 깨끗하고 명확하고 효과적으로 만들려면 지금껏 배운 내용을 어떻게 적용할 수 있는지를 보여주는 것이다.

물론 제안된 변경 사항이 그래프를 수정하는 유일한 방법은 아니다. 다만 이 책에서 다룬 지침에 따라 디자인 수정을 할 따름이다. 디자인 수정에 정답이나 오답이 따로 있는 것은 아니다. 디자인 개선 방안은 다양할 수 있다. 여러분도 데이터 시각화 디자인에 대한 안목을 키워가면서 자신만의 미적 감각과 취향을 갖추게 될 것이다.

쌍 막대 차트: 주요 농작물의 수확 면적

미국의 다섯 가지 주요 작물의 수확 면적을 여섯 개 년도에 대해 보여주는 미국 농무부의 막대 차트를 천천히 살펴보라. 무엇이 가장 먼저 눈에 띄는가?

아마도 다섯 가지 작물의 수확 면적이 해가 갈수록 증가한 것, 그리고 면화의 수확 면적(두 번째 그룹)이 마지막 해에 감소한 것이 보였을 것이다. 다른 그룹과 달리 면화의 마지막 막대(녹색 막대)는 전년도 막대보다 짧다. 하지만 그래프 전반에 걸쳐 잉크와 색상이 너무 많아서 눈에 금방 띄지는 않는다.

이 차트의 목표가 다섯 가지 작물의 상대적인 수확 면적 추세를 표시하는 것이라면 막대 차트를 선택하지 않는 것이 좋다. 쌍 막대 차트는 정확한 값을 표시하는 데는 유용하지만 상대적 추세가 명확하게 드러나지 않으며 알아보기도 어렵다.

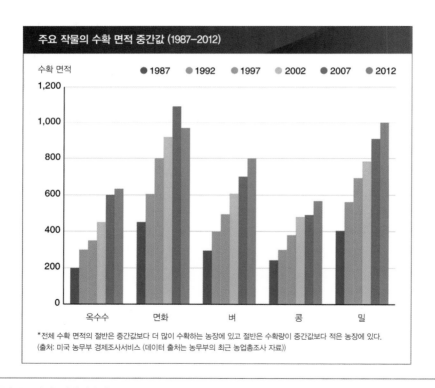

미국 농무부의 기본적인 막대 차트

이것을 단순한 꺾은선 차트로 디자인 수정을 해보자.

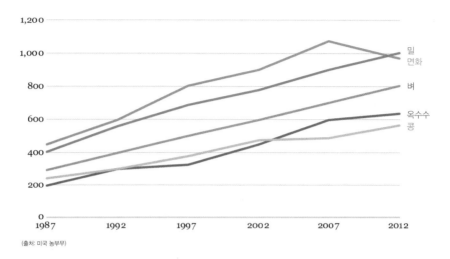

주요 작물의 수확 면적 중간값 (1987–2012)
(다섯 가지 주요 작물 모두에 대해 수확 면적의 중간값이 2배 이상으로 증가했다)

(출처: 미국 농부무)

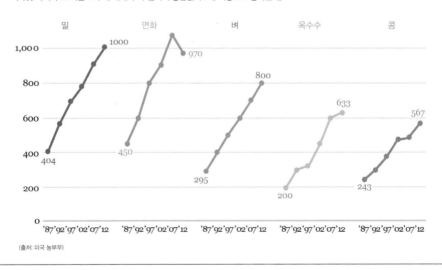

주요 작물의 수확 면적 중간값 (1987–2012)
(다섯 가지 주요 작물 모두에 대해 수확 면적의 중간값이 2배 이상으로 증가했다)

(출처: 미국 농부무)

미국 농무부의 막대 차트를 꺾은선 차트와 사이클 차트 두 가지로 디자인 수정을 했다.

꺾은선 차트로 나타낼 경우 면화 면적의 감소가 뚜렷이 드러난다. 또한 다섯 가지 작물의 상대적인 크기도 알아보기 쉽다. 막대 차트에서는 벼의 수확 면적이 다섯 가지 작물의 중간 정도임을 파악하기 어려웠지만, 꺾은선 차트로는 바로 볼 수 있다. 여기서는 기본 접근 방식처럼 범례를 사용하지 않고 대신 각 선 끝에 레이블을 표시했다. 레이블의 색상은 선의 색상과 맞췄다.

또 다른 접근 방식은 사이클 차트이다. 사이클 차트는 여러 선을 한데 모으지 않고 소형 다중 구성 꺾은선 차트 형식으로 각 작물별 영역을 구분해 표시한다. 그래프를 위한 공간이 더 많고 약간 참신하다는 점 때문에 더 관심을 끌 수 있다는 장점이 있다. 반면, 한편 꺾은선 차트에 비해 각 작물의 수확량 증가 추세를 서로 비교하기가 어렵다.

누적 막대 차트: 공공 서비스 제공

1장의 28페이지로 돌아가 지각 순위표를 보자. 최상위에는 가로축이 하나 있는 막대

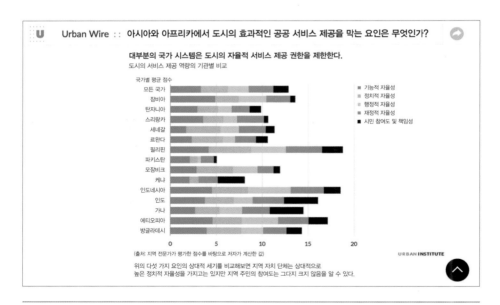

전체 국가와 잠비아를 비교할 때 정치 기관에 해당하는 값은 전체 국가가 더 크다는 것을 알아보기 쉽지 않다. (출처: Roth and Malik, 2016)

차트와 꺾은선 차트처럼 각각 축의 시작점이 나란히 배치된 그래프가 있다. 그 아래 단계에는 축의 시작점이 서로 엇갈리게 배치된 그래프가 있다. 후자의 경우 데이터값을 정확하게 가늠하기는 더 어렵다.

414페이지의 그래프에는 앞서 말한 경우 두 가지가 모두 포함돼 있다. 파란색 계열(기능적 자율성)의 값은 모두 동일한 수직선을 기준으로 하고 있어서 상호 비교를 명확하게 할 수 있다. 그러나 기준선을 공유하지 않는 다른 계열은 비교하기가 쉽지 않다. 직접 확인해보라. 정치적 자율성(노란색 계열)의 값은 모든 국가와 잠비아(처음 두 계열) 중 어느 쪽이 더 큰가?

모든 데이터를 하나의 차트에 압축하는 대신 다섯 개로 나눌 수 있다. 이 경우 각 계열마다 별도의 수직 기준선이 있으므로 각 계열의 국가 간 비교가 더 쉽다. 이렇게 그래프를 만들 때 각 계열의 가로 공간을 균등하게 해야 한다. 예를 들어 '재정적 자율성'의

대부분의 국가 시스템은 도시의 자율적 서비스 제공 권한을 제한한다

(도시의 서비스 제공 역량의 기관별 비교, 국가별 평균 점수)

(출처: Roth and Malik, 2016)

누적 막대 차트의 디자인을 수정하는 한 방법은 소형 다중 구성 방식으로 각각을 구분하는 것이다.

대부분의 국가 시스템은 도시의 자율적 서비스 제공 권한을 제한한다
(도시의 서비스 제공 역량의 기관별 비교, 국가별 평균 점수)

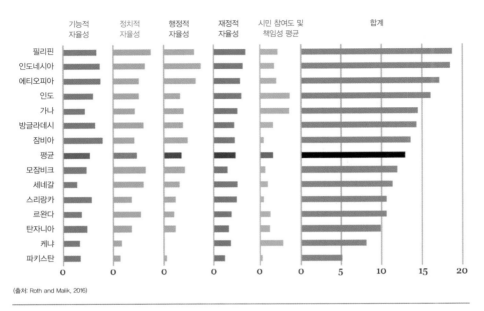

(출처: Roth and Malik, 2016)

누적 막대 그래프를 나눌 때는 합계를 추가하는 것이 중요할 때도 있다.

공간을 축소하면 해당 값이 다른 값보다 커 보일 수 있다.

이 경우 각 국가의 평가 점수 합계를 알 수 없게 된다. 따라서 균등한 수평 간격을 유지하기만 한다면 합계를 나타내는 계열을 추가해도 좋다. 다시 말하지만 격자선 사이 간격은 균등해야 한다. 한편, 이와 같은 소형 다중 구성 방식은 값의 합계가 동일하거나 100%인 경우에 더욱 효과적이다. 합계의 길이가 모든 막대에 대해 동일하므로 굳이 합계 항목이 필요하지 않기 때문이다.

꺾은선 차트: 사회 보장 제도의 현황과 전망

매년 연방 노령 및 생존자 보험Federal Old-Age and Survivors Insurance 및 연방 장애 보험 신탁 기금Federal Disability Insurance Trust Funds의 이사회는 미국 사회 보장 제도의 현황과 전망

에 대해 보고한다. 이사들은 사회 보장 제도의 당면 과제를 일반 대중과 정책 입안자에게 알리기 위해 현재와 미래의 재정 상황을 추정해야 한다. 사회 보장 기술 패널^{Social} Security Technical Panel은 방법론적 세부 사항, 경제 및 인구통계학적 가정, 이사회의 소통 노력 등을 포함해 이사회의 업무를 검토하는 독립적인 전문가 패널이다.

2019년에 기술 패널은 이 중에서 특히 마지막 항목에 중점을 두었다. "더 많이 이해할수록 공공 기관에 대한 신뢰가 강화된다고 믿는다… 이런 맥락에서 우리는 이사회가 재정에 대해 일반 대중과 명확하고 효과적으로 소통하는 것이 가장 중요하다고 믿는다." 패널은 명확하고 평범한 언어를 사용할 것, 핵심 메시지에 초점을 맞출 것, 그리고 이사회의 보고 자료에 더 나은 데이터 시각화를 사용할 것 등을 강조했다.

그럼 그들의 데이터 시각화 결과물 중 두 가지를 살펴보자.

정리

첫 번째 예는 전체적인 디자인 수정보다는 비교적 간단한 정리다. 사실상 모든 이사회 보고서에 등장하는 이 꺾은선 차트는 사회 보장 체계의 시간에 따른 기본 재정 상황을

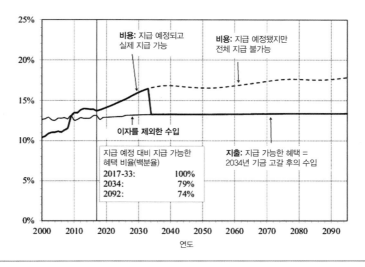

사회 보장국(2019)은 장기간에 걸친 사회 보장 시스템의 기본 재정 상황을 나타내는 이 그래프를 게시했다.

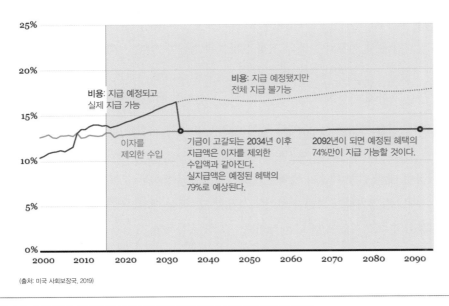

비용: 지급 예정됐지만
전체 지급 불가능

비용: 지급 예정되고
실제 지급 가능

이자를
제외한 수입

기금이 고갈되는 **2034년 이후**
지급액은 이자를 제외한
수입액과 같아진다.
실지급액은 예정된 혜택의
79%로 예상된다.

2092년이 되면 예정된 혜택의
74%만이 지급 가능할 것이다.

(출처: 미국 사회보장국, 2019)

약간의 기본적인 정리와 주석을 통해 사회 보장 재정 차트를 더욱 명료하게 만들었다.

보여준다. 시스템 수입(시스템에 유입되는 세금)과 시스템 비용(수혜자에게 지급되는 혜택)이 짧은 과거(이 차트에서는 2000년부터 2018년까지)와 긴 예측 기간(2018년부터 2092년까지)에 대해 표시된다. 비용은 두 종류가 표시된다. 하나는 지급 예정된 혜택(점선)이며, 또 하나는 실제 지급 가능한 혜택(굵은 선)이다.

기존 그래프에는 독자가 내용과 개념을 잘 이해할 수 있도록 주석과 레이블이 표시돼 있다. 그래프 하단의 작은 표에는 특정 연도의 지급 가능 혜택 비율이 표시돼 있다. 그러나 가로 세로 격자선과 모든 백분율 및 연도를 나타내는 눈금 표시처럼 중요하지 않은 세부 사항에 많은 잉크가 사용됐다.

이 그래프의 디자인을 수정하는 간단한 방법으로 여러 불필요한 세부 정보와 표식을 제거해보자. 여기서는 세로 격자선과 모든 눈금 표시를 제거했다. 작은 표를 삭제하고 그 대신 그 표에서 언급된 연도를 직접 표시했다. 흑백 인쇄에도 잘 적용되는 색상을 사용하고 재정 불균형 상황을 부각시키기 위해 예측 기간(2018년 이후)에 회색 배경을 추가했다.

더 나은 도트 플롯

다음 그래프는 2011년도 기술 패널 보고서에 실렸다. 이 차트는 사회 보장 모델의 다양한 가정에 대한 민감도를 보여준다. 1999년 이후 발표된 여섯 건의 기술 패널 보고서 대부분에는 이 정보가 일련의 표로 포함돼 있다. 그러나 2011년에 패널은 이런 추정치를 도트 플롯 또는 단순화된 상자 수염 그림으로 나타냈다. 이 차트에서는 두 개의 점을 선으로 연결하는 대신 중간에 '중간' 추정 값이 있고 양쪽에 '저비용' 및 '고비용' 옵션이 표시돼 있다.

다양한 모양, 세로 및 가로 격자선, 90도 회전된 축 레이블 등을 눈여겨보라. 2장에서 살펴본 기본 지침, 즉, 데이터 표시, 어수선함 줄이기, 텍스트와 그래프의 통합, 더 많

그림 4. 가정된 범위에 대한 요약된 계리적 수지차(actuarial balance)의 민감도: 25년, 50년, 75년 전망치 (과세 급여에 대한 백분율)

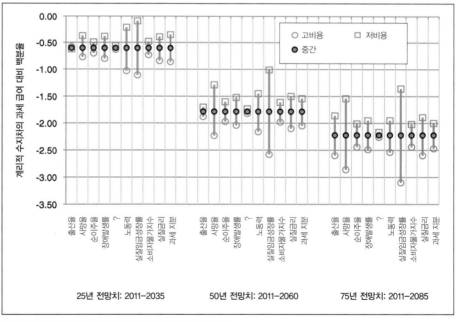

(출처: 2011 이사회 보고서, 부록 D. 추가 전망치는 사회보장국의 최고계리사 사무실 제공)

이 차트는 격자선, 회전된 텍스트 및 여러 어수선한 요소들 때문에 읽기가 어렵다. (출처: 가정과 방법론에 관한 기술 패널 보고서(2011))

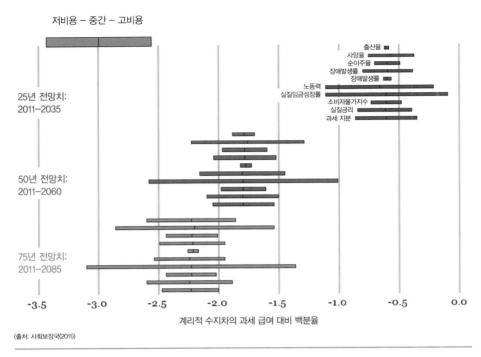

저비용 – 중간 – 고비용

25년 전망치: 2011–2035

50년 전망치: 2011–2060

75년 전망치: 2011–2085

출산율
사망율
순이주율
장애발생률
장애발생률
노동력
실질임금성장률
소비자물가지수
실질금리
과세 지분

-3.5   -3.0   -2.5   -2.0   -1.5   -1.0   -0.5   0.0

계리적 수지차의 과세 급여 대비 백분율

(출처: 사회보장국(2011))

그림을 재구성하고 어수선한 요소를 제거하면 그래프가 읽기 쉬워진다.

은 그래프 사용, 회색으로 시작하기 등을 사용해 이 그림을 개선해서 더 명확하고 읽기 쉽게 만들 수 있다.

우선 간단하게 전체 그림을 회전시켜 보자. 이제 레이블을 읽기 위해 고개를 돌릴 필요가 없으며 이전 세로 방향 요소들을 가로로 표시할 수 있다. 동그라미 표식 자체는 문제가 없지만 이를 상자로 바꾸면 차트 상의 여분의 선과 점을 줄일 수 있다. 상자를 사용하면 한쪽 끝이 저비용, 다른 쪽 끝이 고비용, 중간 표식이 중간 값을 부호화할 수 있다. 첫 번째 상자 세트의 각 측정 지표 바로 옆에 레이블을 표시할 수도 있고, 필요하다면 각 세트마다 이를 반복할 수도 있다.

단계구분도: 앨라배마 노예와 상원 선거

2017년 말, 앨라배마 주 상원 의석에 대한 결선 투표가 있었다. 치열하고 경쟁적인 선거에서 기자 새라 슬로빈^{Sarah Slobin}(당시 쿼츠^{Quartz}에서 근무)은 투표 양상과 1860년도 노예 분포 간 관계를 다룬 기사를 썼다. 슬로빈은 다음과 같이 썼다. "상관관계는 인과 관계가 아니지만 앨라배마를 자세히 들여다보면 놀라운 시각적 유사성이 있다… 이번 주 앨라배마가 어떻게 투표했는지 비교해보라."

선거의 투표 데이터(오른쪽)를 보면 지도에 짙은 파란색(더 많은 민주당 투표를 나타냄)의 수평 띠가 뚜렷이 보인다. 왼쪽 지도는 미국 인구조사국에서 발행한 1860년 지도에서 노예의 비율이 더 많은 카운티를 나타내는 어두운 색 줄무늬를 보여준다. 슬로빈은 다음과 같이 썼다. "두 지도에서 가로 방향으로 이어진 '블랙 벨트'에 초점을 맞추면 노예의 역사가 있는 지역에서 민주당 후보인 존스에게 투표했음을 알 수 있다."

두 지도, 역사의 두 순간

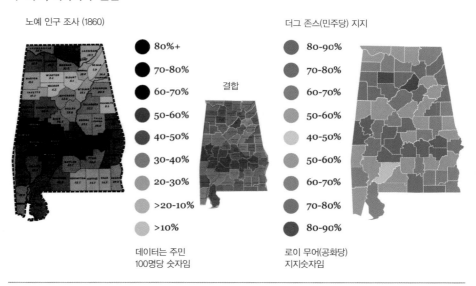

노예 인구 조사 (1860)

80%+
70-80%
60-70%
50-60%
40-50%
30-40%
20-30%
>20-10%
>10%

데이터는 주민
100명당 숫자임

결합

더그 존스(민주당) 지지

80-90%
70-80%
60-70%
50-60%
40-50%
50-60%
60-70%
70-80%
80-90%

로이 무어(공화당)
지지숫자임

미국 인구조사국의 1860년도 지도와 2017년 앨라배마 상원 선거의 투표 결과를 보면 주 중앙에 서로 비슷하게 짙은색이 가로지르는 모습을 볼 수 있다. (출처: 쿼츠의 원 지도를 바탕으로 한 저자의 재구성임. 지도는 미국 인구조사국, 투표 데이터는 새라 슬로빈 제공)

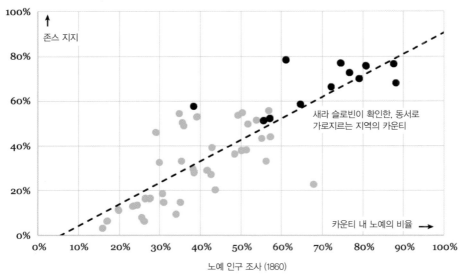

100%

↑
존스 지지

새라 슬로빈이 확인한, 동서로
가로지르는 지역의 카운티

카운티 내 노예의 비율 →

노예 인구 조사 (1860)

(출처: 투표 데이터는 새라 슬로빈 제공)

두 개의 지도 대신에(또는 추가해서) 산점도를 사용할 수 있다.

시각적으로는 눈에 띄지만 양쪽 패턴의 유사성을 확인하려면 두 지도를 번갈아 확인해야 하는 불편이 따른다. 다른 대안은 무엇이 있을까?

앨라배마 주 67개 카운티의 민주당 지지율은 16.1%에서 88.1%로 다양했다. 이 데이터는 완벽하지는 않지만 대략 인구조사국 지도 상의 51개 카운티와 겹치는데, 그 범위는 3.1%에서 78.3%이다(데이터에 문제가 있지만 1860년과 2017년 사이에 여러 카운티가 변경, 병합 또는 분리됐기 때문에 여기서는 무시하기로 한다).

두 변수를 산점도로 표시하면 그래프의 오른쪽 상단 부분에 검은색 점으로 표시된, 동서로 이어진 12개 카운티가 나타내는 상관관계를 더 쉽게 확인할 수 있다.

슬로빈의 원래 지도는 시각적으로 놀랍다. 그 지도는 뉴스 기사에서 데이터를 표시하는 가장 좋은 방법일 수 있다. 양쪽 지도에서 동서로 가로지르는 패턴을 쉽게 볼 수 있다. 이에 비해 산점도는 이 그래프 유형에 익숙하지 않은 일반 독자를 위해 추가 설명이 필요할 수 있다. 두 그래프를 모두 게시하는 것도 방법이다. 시각적으로 눈에 띄는 지도로 독자를 끌어 들이고, 자세한 비교를 원하는 이들을 위해 좀 더 기술적인 산점도를 제공하는 것이다. 만약 이 자료를 심사를 거치는 전문 학술지에 게재하는 경우라면 두 데이터 간의 연관성을 보다 명확하게 보여주는 산점도가 더 바람직한 대안일 것이다.

도트 플롯: 전국 학교 급식 프로그램

흑인 및 백인 학생들의 성취도 차이에 대한 전국교육진도평가National Assessment of Educational Progress, NAEP 보고서를 검토하면서 흑인과 백인 학생들의 학교 성취도 점수의 차이를 흑인 학생들 기준으로 정렬한 차트를 보았다.

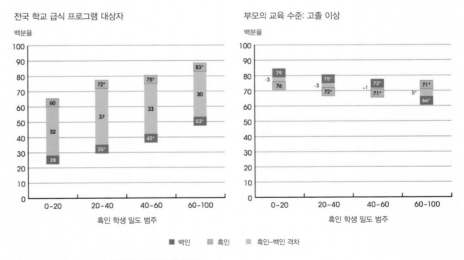

그림 8. 흑인 학생 밀도 범주별로 전국 학교 급식 프로그램(National School Lunch Program, NSLP) 대상인 흑인 및 백인 학생의 비율과 고등학교 이상의 교육을 받은 부모가 있는 비율(2011)

*0~20% 밀도 범주와 비교해 유의성이 있는 차이를 보임(p<0.05)

이 그림에 표시된 측정 값은 각 흑인 학생 밀도 범주 내의 학생들의 비율을 백분율로 나타낸 것이다.
(출처: 미국 교육부, 교육과학연구소(Institute of Education Sciences), 교육통계센터(National Center for Education Statistics), 전국교육진도평가(National Assessment of Educational Progress, NAEP), 2011년도 8학년 수학 평가)

미국 교육통계센터의 이 그래프는 전국 학교 급식 프로그램 대상자의 비율을 보여준다.

전국 학교 급식 프로그램 대상 학생 비율

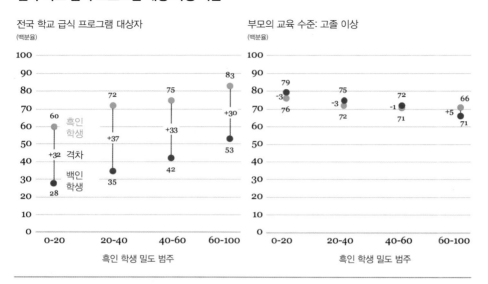

전국 학교 급식 프로그램 대상자
(백분율)

부모의 교육 수준: 고졸 이상
(백분율)

흑인 학생 밀도 범주

흑인 학생 밀도 범주

모양을 바꾸고 어수선한 요소들을 일부 제거함으로써 교육통계센터의 그래프가 한결 읽기 쉬워졌다.

423페이지 그래프의 가장 왼쪽 막대에 주목해보자. 여기에는 28%, 32%, 60%의 세 숫자가 있다. 녹색 상자의 숫자는 백인(60%)과 흑인(28%) 학생의 시험 점수를 나타내고 중간 숫자는 두 그룹(32%) 간의 차이를 나타낸다. 그러나 녹색 상자는 마치 28%가 22%에서 28%까지의 숫자 범위를 나타내는 것처럼 보인다. 점이나 표식 대신 직사각형을 사용함으로써 의도한 도트 플롯이 아닌 누적 차트와 비슷해졌다.

대안으로 진정한 (수직) 도트 플롯으로 만들어 보자. 녹색 상자를 녹색 원으로 바꾸고 회색 세로선으로 연결한다. 이제 우리는 녹색 원을 범위나 누적된 값의 집합이 아닌 특정 지점으로 인식한다.

또한 범례를 삭제하고 왼쪽 차트에서 바로 세 개의 계열에 레이블을 붙였다. 두 가지 이유에서 오른쪽 차트의 레이블을 반복하지 않았다. 첫째, 간격이 더 작기 때문에 레이블을 위한 공간이 부족하다. 둘째, 독자는 매번 나타나는 모든 점과 선의 정의를 상기할 필요가 없다.

도트 플롯: 미국의 GDP 성장

미국 경제분석국Bureau of Economic Analysis, BEA(미국 경제의 가장 중요한 지표 등을 산출하는 연방 기관)은 매 분기마다 국내 총생산GDP의 변화에 대한 보고서를 발표한다. 그리고 매 분기마다 시간에 따른 특정 산업의 변화에 대한 보도 자료를 내놓는다.

위 그래프는 2014년 3분기 보도 자료로, 국가의 주요 산업의 GDP 기여도를 측정하는 "실질 부가가치"를 보여준다. 이것을 보다 효과적인 그래프로 만들기 위해 지금까지 배운 내용을 바탕으로 다양한 변경을 할 수 있다. 막대에 직접 레이블을 지정하고 세로축 범례를 회전해 제목 근처에 배치하고 일부 격자선을 옅은 색으로 바꿀 수 있다.

더 중요한 것은 이 그래프가 무엇을 보여주고 싶은지다. 다음은 경제분석국 문서 중에서 산업별 실질 부가가치 그래프를 설명한 요약문이다.

▶ 금융 및 보험 실질 부가가치(산업의 GDP 기여도를 나타내는 척도)는 2분기에 6.0% 증가 후 3분기에 21.2% 증가했다.

▶ 광업은 11.5% 증가 후 25.6% 증가했다. 이는 2008년 4분기 이후 최대 증가치이다.

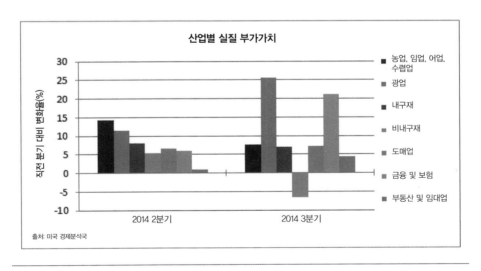

미국 경제분석국의 이 막대 차트의 내용은 텍스트 내용과 일치하지 않는다.

- ▶ 부동산 및 임대업은 0.9% 증가 후 4.4% 증가했다.
- ▶ 제조업의 실질 부가가치는 6.8% 증가 후 0.5% 증가했다. 내구재는 8.0% 증가 후 7.0% 증가한 반면 비내구재는 5.4% 증가 후 6.6% 감소했다.
- ▶ 농업, 임업, 어업, 수렵업은 14.2% 증가 후 7.6% 증가했다.
- ▶ 도매업은 계속해서 강한 성장을 보여 6.5% 증가 후 7.3% 증가했다.

이 요약문이 어떻게 배열돼 있는지 눈치챘는가? 요약문은 각 산업의 실질 부가가치가 두 분기 동안 어떻게 달라졌는지 자세히 설명한다. 그러나 그래프의 구조는 각 분기별로 산업 간 비교를 할 수 있도록 구성됐다.

그래프를 개선하려면 본문의 내용과 일치하는 방향으로 바꿔야 한다. 즉, 각 산업에 대해 분기별로 어떻게 달라졌는지를 표시하는 것이다. 쌍 막대 차트와 도트 플롯은 이를 수행하는 두 가지 효과적인 방법이다. 쌍 막대 차트는 가장 최근 기간(2014년 3분기)의 데이터값을 기준으로 정렬해서 어느 산업이 실적이 가장 좋은지 볼 수 있게 했다. 도트 플롯에서 데이터는 두 기간 사이의 변화를 기준으로 정렬된다. 가장 큰 증가는 그래프 상단에 있고 가장 큰 감소는 하단에 있다.

두 경우 모두 보도 자료의 요약문 내용을 더 잘 반영한다. 예를 들어, "광업은 11.5% 증가 후 25.6% 증가했다."는 것을 더 쉽게 알 수 있다. 데이터 시각화는 단지 긴 본문 텍

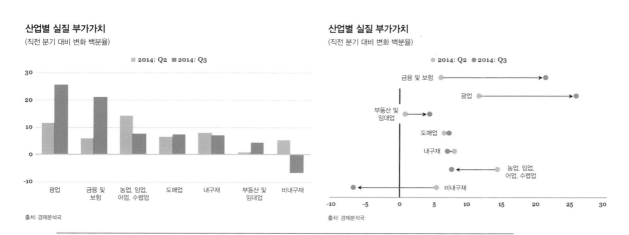

경제분석국의 그래프를 보도 자료 상의 요약문에 맞춰 디자인을 수정한 두 가지 예.

스트를 나누거나 '잠시 쉬어가는 눈요깃거리'여서는 안 된다. 데이터 시각화의 존재 목적은 주장을 뒷받침하기 위한 것이다. 일관되고 매끄러운 이해를 돕기 위해 데이터 시각화를 본문과 통합하라.

꺾은선 차트: 정부 부채

5장에서 언급했듯이, 나는 꺾은선 차트를 매우 좋아한다. 꺾은선 차트는 시간에 따른 변화를 명확하게 보여주며 누구나 읽을 수 있다. 그러나 미네아폴리스 연방준비은행Federal Reserve Bank of Minneapolis이 발행한 2012년 경제 정책 보고서의 꺾은선 차트를 보라.

이 그래프에는 어떤 이상한 점이 있는가? 우선 눈에 띄는 것은 제목이 세 부분으로 나뉜 것이다(왼쪽 상단의 '그림 2', 그래프 중앙에 있는 '정부 순채무', 세로축 위의 'GDP 대비 백분율'). 세로축에서 0이 맨 아래에 있지 않더라도 격자선이 모두 동일한 두께인 것은 어떤가? 파스텔과 밝은 색상의 혼합은 괜찮은가?

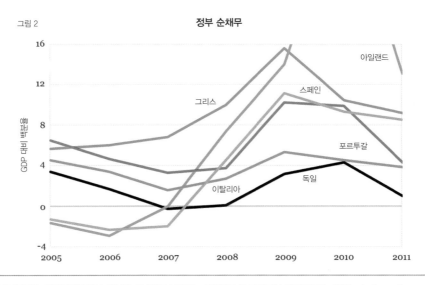

미네아폴리스 연방준비은행이 게시한 이 꺾은선 차트는 아일랜드의 데이터를 잘라버렸다. (출처: Arellano, Conesa, and Kehoe (2012)의 원본 차트를 저자가 새로 작성했음)

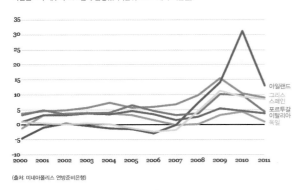

그림 2. 정부 순채무
아일랜드의 채무가 2011년에 급등했다 (단위: GDP 대비 백분율)

아일랜드
그리스
스페인
포르투갈
이탈리아
독일

(출처: 미네아폴리스 연방준비은행)

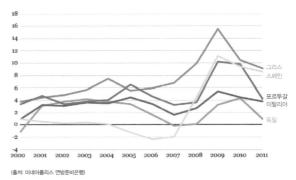

그림 2. 정부 순채무
아일랜드를 제외한 유럽 5개국의 채무 (단위: GDP 대비 백분율)

그리스
스페인
포르투갈
이탈리아
독일

(출처: 미네아폴리스 연방준비은행)

모든 정보를 하나의 차트에 담는 대신 데이터를 나누고 "확대" 보기를 만드는 것도 방법이다.

아일랜드의 선이 그래프의 상단에서 잘리는 것은 어떤가? 그래프에 모든 데이터를 표시하지 않을 경우 그 이유가 매우 타당해야 하며 각주에 값을 적는다고 해결될 일이 아니다!

이 차트를 만든 사람은 문제에 직면했다. 아일랜드는 2011년에 다른 국가보다 훨씬 많은 부채가 발생했다. 하나의 차트에 모든 데이터를 표시하려면 나머지 국가들에 대한 세부 정보를 잃게 된다.

더 나은 해결책은 두 개의 그래프를 사용하는 것이다. 하나는 아일랜드를 포함하고 −10%에서 35% 범위의 세로축이 있는 그래프이고, 다른 하나는 아일랜드를 제외한 다른 국가의 세부 정보를 보여주는 −4%에서 18% 범위의 세로축이 있는 그래프다. 나는 이것들을 같은 크기의 차트로 남겨둘 수도 있고, 일종의 축소/확대 비교에서 두 번째 차트를 작게 만들 수도 있다. 두 경우 모두 부제를 사용해 한 그래프에는 아일랜드가 포함되고 다른 그래프에는 포함되지 않는다고 설명한다.

주장을 명확하게 전달하기 위해 필요하다면 두 개 이상의 그래프를 사용하는 것을 두려워하지 마라. 우리는 디지털 우선 사회에 살고 있다. 더 많은 공간을 사용하려면 종이가 아닌 컴퓨터 메모리만 더 있으면 된다.

표: 기업 활동

11장에서 보았듯이 표를 보다 시각적으로 만드는 여러 가지 방법이 있다. 표에 색상, 아이콘, 막대 또는 기타 요소를 추가해 중요한 값을 강조하면 모든 데이터값을 살펴보지 않아도 된다.

다음 표는 디자인 및 시장 조사 등의 여러 비즈니스 활동을 수행하는 회사의 비율을 보여주기 위해 다양한 모양과 회색 음영을 사용했다. 이 표를 보는 사람은 각 모양이 어떤 비율에 해당하는지 이해하고 서로 다른 음영 스타일을 파악해야 한다. 물론 삼각형이 원보다 반드시 '더 많은 것'을 의미하는 것은 아니므로 값의 순위를 해석하기가 어렵다.

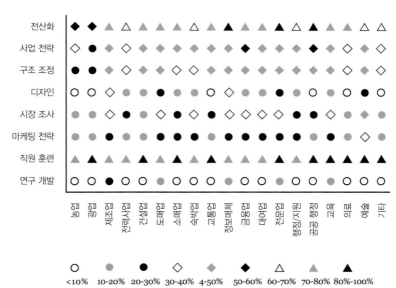

그림 1. 무형의 활동에 참여하는 회사들의 활동 기간의 산업별 분포

(출처: Chappell and Jaffe, 2018의 원 차트를 바탕으로 저자가 재구성함)
*원 그래픽을 눈으로 식별해 데이터를 수집함

Chappell and Jaffe, 2018의 자료를 바탕으로 저자가 재구성한 차트. 데이터값을 표시하는 방법을 바꾸면 이 차트를 개선할 수 있다.

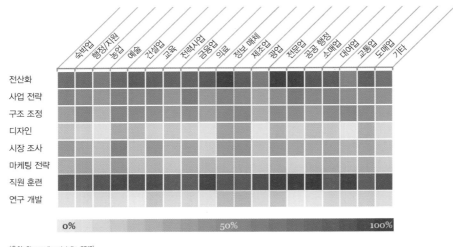

(출처: Chappell and Jaffe, 2018)
*원 그래픽을 눈으로 식별해 데이터를 수집함

Chappell and Jaffe, 2018의 차트를 히트맵으로 표시할 수도 있다.

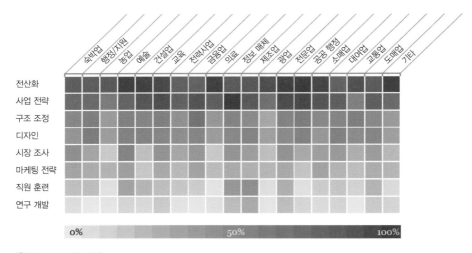

(출처: Chappell and Jaffe, 2018)
*원 그래픽을 눈으로 식별해 데이터를 수집함

Chappell and Jaffe, 2018의 차트를 정렬한 히트맵.

비율 표시는 옅은 파란색에서 짙은 파란색까지 올라가는 색상 배색표를 사용하면 어떨까? 이 히트맵 접근 방식에서는 표 하단에 있는 짙은 파란색 행을 보고 기업들이 직원 훈련에 많은 시간을 투자한다는 사실을 쉽게 확인할 수 있다.

더 나아가 데이터를 정렬하면 시선을 자연스럽게 집중시킬 수 있다. 긴 레이블을 사용하려면 위의 사례처럼 회전된 레이블을 사용하거나 전체 그래프를 회전하고 모든 텍스트가 맞도록 간격 또는 셀 크기를 변경해야 한다.

결론

지금까지 우리는 다양한 데이터 시각화 방법과 여러 그래프의 모범 사례를 살펴보았다. 이제는 더 나은 그래프를 만들 준비가 됐다고 확신한다. 가장 단순한 그래프를 찾아 디자인을 수정해보면 자신의 기술을 연마하는 동시에 데이터 시각화에 관한 미적 감각을 키우는 데 도움이 된다(학술 논문을 뒤져보면 개선의 여지가 있는 차트를 얼마든지 찾을 수 있다). 다른 기술과 마찬가지로 반복 연습이 실력 향상을 가져온다.

중요한 사항 두 가지를 당부하고자 한다. 첫째, 그래프를 공개적으로 비판하는 경우 누군가가 그 그래프를 만들었다는 것과, 좋은 의도로 그 디자인을 수정하려는 당신의 노력을 상대방이 고마워하지 않을 수 있음을 명심하라. 차트 작성자는 당신이 알 수 없는 시간 압박, 소프트웨어의 제약 또는 조직의 요구 등에 시달렸을 수 있다. 누군가의 노력을 공개적으로 비판하기보다 그 그래프를 만든 사람에게 직접 연락을 취하는 편이 나을 것이다. 둘째, 차트의 목적이 무엇인지 그리고 해당 데이터 계열이 가진 어려움은 무엇인지 파악해보라. 그것을 이해하는 것이 해당 데이터에 가장 적합한 차트 유형을 찾는 데 도움이 된다.

맺음말

책을 마무리할 때가 됐다. 이 책을 통해 데이터 시각화에 대한 이해가 넓어졌으리라 기대한다. 자주 사용하는 소프트웨어 도구의 기본 세팅대로 그래프를 그리던 습관을 벗어나, 이제는 많은 예제를 참고해서 독자와 사용자에게 가장 적합한 방식으로 데이터를 시각화할 수 있을 것이다.

이 책에서 예로 든 여러 그래프 유형은 수없이 많은 시행착오를 거쳐왔다. 분석가, 연구원, 리포터 및 학자들이 다양한 데이터 세트와 텍스트 레이어, 주석, 색상, 글꼴, 목적 및 플랫폼과 함께 이런 차트를 활용해 왔다. 그러나 활용할 수 있는 그래프 유형은 무한하다. 막대 차트는 누군가가 발명하기 전에는 존재하지 않았다. 차세대의 그래프 유형을 발명할 사람이 바로 당신일 수도 있다.

새롭고 혁신적인 시각화에 대한 영감의 원천은 공공 및 민간 조직, 미디어, 데이터 과학자, 디자이너 및 아티스트에 이르기까지 우리 주변에 널려 있다. 다음 몇 페이지의 이미지는 인기있는 데이터 시각화 프로젝트 및 스토리에서 가져온 것이다. 그들은 다양한 모양, 레이아웃, 접근 방식 및 기술을 사용해 각자의 분야와 양식에 적합한 방식으로 데이터를 시각화했다.

프리랜서 데이터 디자이너인 마텐 람브레흐츠^{Maarten Lambrechts}는 특별 프로젝트 웹사이트인 제노그래픽스^{Xenographics}를 운영한다. 이 웹사이트의 부제는 "낯설지만 (때로는) 쓸

(출처: 나디어 브레머, 비주얼 시나몬)

모 있는 차트"이다. 이 웹사이트는 "영감을 주고, '낯선 그래프 공포증'에 맞서고, 새로운 차트 유형을 대중화하기 위한 새롭고 혁신적이며 실험적인 시각화"를 모아 놓은 곳이다. 다양한 방식으로 데이터를 표시할 수 있는 독특하고 특이한 그래프를 이곳에서 만날 수 있다. 다양한 형식을 실험함으로써 우리는 데이터 시각화 분야를 발전시키고 새롭고 더 나은 방식으로 데이터와 정보를 전달할 수 있다.

계속 시각화를 만들면서 꾸준히 탐색하라. 데이터를 가장 잘 표시할 수 있는 옵션, 양식, 모양 및 그래픽 유형 중에서 아직 시도되지 않은 미답의 영역이 있을 것이다. 좋은 아이디어가 떠올랐지만 컴퓨터 상에서 그것을 그리는 방법을 모른다면 그 아이디어를 실제로 구현할 수 있는 동료나 협력자를 찾아보라.

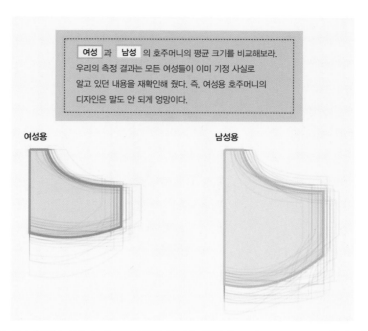

(출처: 젠 디엄(Jan Diehm), 앰버 토마스(Amber Thomas), "여성용 호주머니는 열등하다(Women's Pockets are Inferior)," 더 푸딩(The Pudding))

미국 이주 역사의 나이테

(출처: Cruz, Wihbey, Ghael, and Shibuya, 2018)

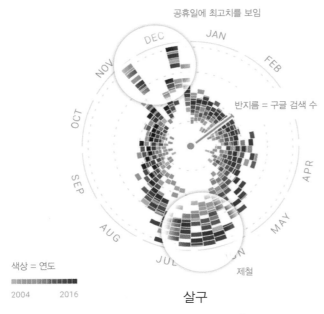

공휴일에 최고치를 보임

반지름 = 구글 검색 수

색상 = 연도

2004   2016

제철

살구

(출처: 모리츠 스테파너(Moritz Stefaner))

이 책에서 배운 교훈

이 책에서 우리는 많은 규칙, 원칙, 지침 등을 다뤘다. 이것을 데이터 시각화의 절대 보편적 원칙으로 요약하자면 다음 네 가지가 될 것이다.

데이터를 보여주어라

사람들은 무언가를 배우기 위해 당신의 그래프를 읽고 있으며, 그들은 데이터를 직접 볼 때 가장 많이 배운다. 그렇다고 모든 데이터를 표시해야 하는 것은 아니지만 언제나 가장 중요한 데이터를 강조해야 한다는 의미이다.

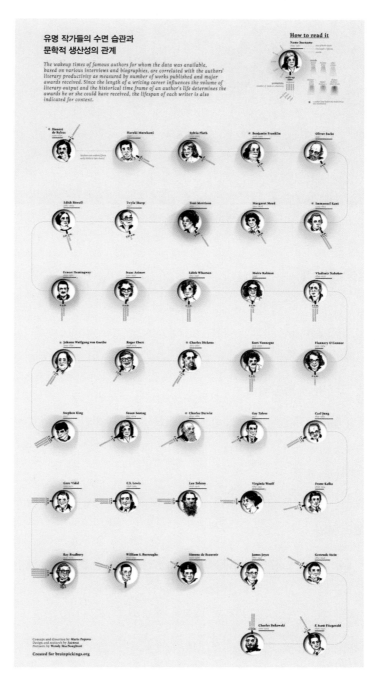

(출처: 애큐랏(Accurat), 삽화는 웬디 맥너튼(Wendy MacNaughton), 디자인과 연구는 지오르지아 루피(Giorgia Lupi), 시모네 쿼드리(Simone Quadri), 가브리엘레 로시(Gabriele Rossi), 다비데 츄피(Davide Ciuffi), 페데리카 프라가파네(Federica Fragapane), 프란체스코 마이노(Francesco Majno), 2013)

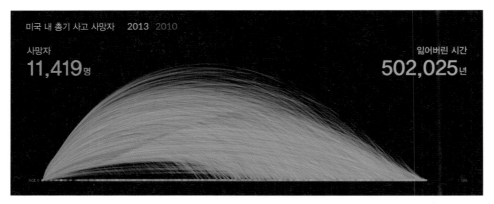

(출처: 페리스코픽(Periscopic): 데이터로 좋은 일 하기)

어수선함을 줄여라

데이터에 집중하지 못하게 만드는 산만함과 표현을 왜곡하는 어수선한 요소를 모두 제거하라. 그래프에서 가장 중요한 핵심을 쉽게 볼 수 있도록 최선을 다하라.

텍스트와 그래픽을 통합하라

데이터에 직접 레이블을 지정하고, 범례를 제거하고, 능동적인 제목을 붙이고, 좋은 레이블과 주석을 활용하라. 내용 이해를 돕기 위해 그래프를 읽는 방법을 안내해야 할 때 간단한 레이블과 설명문으로 요령 있게 처리할 수 있다.

독자를 고려하라

소통하는 대상이 누구인지 항상 유념하라. 학술 연구자의 관심사는 실무자의 관심사와는 다르며, 실무자가 찾는 것과 관리자나 정책 입안자가 찾는 것은 또 다르다. 독자가 누구인지 확인하라. 가능하면 그들과 대화를 시도하고 그들의 필요에 맞게 그래프를 디자인하라. 그렇게 하면 그들이 통찰력을 찾고, 새로운 발견을 하고, 업무를 더 잘 수행하도록 도울 수 있다.

마지막 생각들

내가 데이터 시각화에 관심을 갖게 된 것은 나와 동료들의 작업 결과물이 사람들의 관심을 끌지 못하고 사장되는 것을 목격했기 때문이다. 나는 디자인, 컴퓨터 과학 또는 데이터 과학 전공자는 아니지만 현재 데이터 시각화 분야에서 활동 중이다. 내가 할 수 있었다면 당신도 충분히 할 수 있다. 실제로 자신의 작업에 대해 신중하게 궁리하고 청중, 독자 및 사용자의 요구 사항에 대해 깊이 생각하는 사람이라면 누구나 데이터를 효과적으로 전달할 수 있을 것이다.

부록 1
데이터 시각화 도구

이 책의 내용은 특정 도구에 구애받지 않는다. 내 목표는 책에 소개된 80개 이상의 그래프를 그리는 방법을 보여주는 것이 아니다. 사용할 수 있는 도구는 너무나 많고, 각 도구마다 너무도 다양한 접근 방식이 있다. 어떤 도구를 사용하는지가 아니라 청중의 요구에 가장 잘 부합하는 그래프를 만드는 데 그 도구가 도움이 되는지가 중요하다.

여러 플랫폼 상에서 다양한 구매 또는 구독 옵션으로 사용 가능한 데이터 시각화 도구가 많다. 그런 도구는 향상된 기술과 코딩 언어를 반영하면서 그 수와 유형과 기능이 지속적으로 확대되고 있다. 어떤 도구를 사용할지는 개인의 선호도와 기술 역량, 그리고 동료와 조직의 지원여부에 따라 달라진다.

데이터 시각화 도구는 쉬운 것부터 어려운 것까지 다양하다. 엑셀처럼 클릭 몇 번으로 차트를 만들 수 있는 도구가 있는가 하면, R 및 자바스크립트 등의 프로그래밍 언어처럼 코드를 작성해야 데이터 시각화를 생성할 수 있는 도구도 있다. 진입 장벽은 엑셀이 훨씬 낮아서 누구나 몇 초 만에 꺾은선 차트나 막대 차트를 만들 수 있다. 반면 프로그래밍 언어는 매우 달라서 언어마다 다른 코드 작성법과 구문을 이해해야 한다. 프로그래밍 언어는 훨씬 더 많은 유연성을 제공하는 반면 엑셀과 같은 도구는 사용할 수 있는 그래프의 종류가 제한적이다.

각 도구가 얼마나 어렵게 느껴지는지는 개인이나 조직에 따라 다르다. 컴퓨터 프로그 래밍 언어가 익숙한 사람이라면 자바스크립트, 파이썬 또는 R이 적절할 수 있지만 이 런 오픈 소스 도구의 사용을 조직이 여러 이유로 허용하지 않을 수도 있다. 많은 사회 과학 연구자들이 SAS, SPSS, Stata 등의 통계 언어를 사용하지만 내 생각에는 이런 도 구의 그래프 기능은 다른 언어에 비해 뒤쳐져 있다. 엑셀 및 태블로처럼 마우스 조작으 로 사용 가능한 도구는 시작은 쉽지만 더 맞춤화된 시각화를 디자인하는 것은 불가능 하거나 약간의 코딩이 필요할 수 있다(예: 태블로의 계산된 필드).

이 책의 그래프 작성을 위해 다양한 도구가 사용됐다. 거의 대부분은 R 또는 자바스크 립트와 같은 프로그래밍 언어 도구로 만들 수 있었고, 또 그중 상당수는 엑셀 및 태블 로처럼 마우스 조작으로 사용 가능한 도구로도 만들 수 있었다. 다양한 도구를 활용해 보면서 일부 도구는 그래프 작성은 쉽지만 원하는 방식으로 스타일을 조정하기가 어 렵다는 사실을 알게 됐다. 배우기 어려운 도구가 있는가 하면 훨씬 직관적인 도구도 있 었다. 아래에 제공한 목록에 모든 도구가 망라된 것은 아니며, 설문 조사나 근거 자료 를 바탕으로 한 것이 아니라 나의 현장 경험을 토대로 어느 도구를 소개할지를 정했다. 이 중 어느 하나를 배우기 위해 상당한 시간과 돈을 투자하기 전에 전반적으로 어떤 도 구와 제품이 있는지, 그리고 각각의 특징은 무엇인지 먼저 살펴보기를 권한다.

주로 마우스 조작에 기반한 도구

어도비 일러스트레이터^{Adobe Illustrator}. 이것은 기본적으로 디자인 도구다. 어도비 일러스트레이터를 비롯해 포토샵, 인디자인과 같이 어도비 크리에이티브 제품군에 속하는 제품은 디자이너를 위한 도구이다. 일러스트레이터에 포함된 그래프 작성용 라이브러리는 썩 좋지 않지만 다른 도구에서 만든 그래프를 편집해서 스타일, 레이블 및 주석을 추가할 수 있다. 어도비 크리에이티브 클라우드는 주로 구독 기반인데 가격이 저렴한 편은 아니다.

차티큐레이터^{Charticulator}. 2018년에 출시된 마이크로소프트의 차티큐레이터는 맞춤형 차트 레이아웃을 만들 수 있는 온라인 도구이다. 미리 정의된 차트 중에서 선택하는 것이 아니라 차트의 사양을 표식(예: 직사각형, 선 또는 텍스트) 및 축(예: 각 축의 표시 속성) 등의 수학적 레이아웃 매개 변수로 변환했다는 점에서 다른 도구와 다르다. 차티큐레이터 차트는 주로 정적이지만 마이크로소프트의 PowerBI 도구와 통합해 대화형 시각화를 만들 수 있다. 이 글을 쓰는 시점에서 차티큐레이터는 무료로 사용할 수 있다.

데이터래퍼^{Datawrapper}. 독일에 소재한 회사의 온라인 도구다. 데이터를 업로드하고, 그래프 템플릿을 선택하고, 수정 및 스타일을 지정하고, 게시하거나 다운로드할 수 있다. 생성된 차트는 웹사이트에 삽입할 수 있으며 대화형으로 만들 수 있다. 데이터래퍼는 대부분 무료이며 유료 버전은 사용자 지정 테마 및 추가 내보내기 옵션을 제공한다. 데이터래퍼와 유사한 많은 도구가 있다(아래에 언급할 플로리시와 RAW는 그중 두 예이다). 그중 일부는 기본 옵션과 사용자 경험이 다른 도구보다 낫다.

엑셀. 전 세계의 많은 사람들이 사용하는 기본 데이터 및 시각화 도구이다. 마이크로소프트 오피스 제품군의 일부인 엑셀은 무료는 아니지만 누구나 쓸 수 있는 기본적인 마우스 조작 기반 도구이다. 이 글을 쓰는 시점에서 엑셀에서 16개 이상의 기본 차트 유형을 만들 수 있으며 대부분의 경우 변형이 가능하다. 엑셀 내의 기본 차트 라이브러리는 마이크로소프트 오피스 도구의 일부인 VBA^{Visual Basic for Applications} 프로그래밍 언어를 사용해 요령껏 수정하거나 또는 추가 코딩을 통해 그 기능을 확장할 수 있다.

플로리시^{Flourish}. 2016년에 출시된 플로리시는 주로 뉴스 편집부의 언론 기자들이 마우스 조작으로 정적 및 대화형 데이터 시각화를 만들 수 있도록 돕는 온라인 도구이다. 기본 자바스크립트 프레임워크를 사용해서 플로리시 그래프를 사용자화하고 추가로 개발할 수 있는 옵션이 있다. 가격은 무료 공개 버전부터 유료 개인 버전(추가 기능 제공) 및 유료 비즈니스 버전(대규모 팀 및 조직 대상)까지 다양하다. 구글 뉴스랩^{Google News Lab}과의 파트너십을 통해 플로리시는 뉴스 편집부에 무료 프리미엄 계정을 제공한다.

구글 스프레드시트^{Google Sheets}. 엑셀과 유사한 구글 스프레드시트는 구글 도구 모음의 일부이다. 엑셀과 매우 비슷하게 작동하지만 엑셀만큼의 정교한 옵션은 없다. 온라인 기반이므로 공유 기능이 엑셀보다 나은 편이다(단점은 인터넷 접속이 필요하다는 것이다).

PowerBI. 대화형 대시보드 및 시각화를 만들 수 있는 마이크로소프트의 비즈니스 인텔리전스 도구이다. 나머지 마이크로소프트 오피스 제품군(특히 엑셀)과 직접 연결되며 태블로와 유사한 방식으로 수정하거나 사용자화할 수 있다. 무료 PowerBI 데스크탑 버전, 유료 PowerBI 프로 및 기업용 PowerBI 프리미엄 패키지가 있다.

RAW. 2013년 이탈리아의 덴시티디자인 리서치랩^{DensityDesign Research Lab}에서 만든 RAW는 엑셀과 같은 스프레드시트 도구를 어도비 일러스트레이터 등의 그래픽 편집 도구에 연결할 수 있도록 설계된 초기 프로젝트였다. 오픈 소스 도구이므로 코드를 다운로드해 시각화 옵션을 추가로 사용자화할 수 있다. 다른 도구와 마찬가지로 데이터를 업로드하고 그래프를 선택하고 사용자화하는 온라인 플랫폼도 있다. RAW에는 일반적으로 다른 도구에서 사용할 수 없는 몇몇 비표준 그래프(예: 스트림 그래프 및 범프 차트)에 대한 다양한 옵션이 있다. RAW는 무료로 사용 가능하다.

태블로^{Tableau}. 아마도 가장 널리 사용되는 비즈니스 인텔리전스 대시보드 도구인 태블로는 마우스 조작 기반 인터페이스를 통해 대화형 대시보드 및 시각화를 만들 수 있다. 엑셀과 마찬가지로 사용자는 태블로 작업을 사용자화해서 기본 그래프 메뉴 외의 시각화 옵션을 만들어 사용하곤 한다. 무료 태블로 퍼블릭(태블로 웹사이트에 작업을 저장해야 함)부터 태블로 데스크탑 및 태블로 서버(대규모 조직용)와 같은 유료 버전에 이르기까지 다양한 버전이 있다.

온라인 도구(마우스 조작 기반)

인포그램^{Infogram}, **벤게이지**^{Venngage} **및 비즐로**^{Vizzlo}.   이들은 인포그래픽 및 보고서를 빠르게 작성하려는 사람을 위한 마우스 조작 기반 온라인 도구이다. 이런 도구에는 다른 온라인 도구보다 더 많은 그래프 옵션이 있지만 항상 모범 사례를 기반으로 하는 것은 아니다. 가격은 데이터 및 시각화 결과물이 불특정 다수에게 공개되는 무료 패키지부터 대규모 팀 및 조직을 위한 엔터프라이즈 패키지까지 다양하다.

프로그래밍 언어

D3.   D3를 이야기하려면 먼저 자바스크립트부터 설명해야 한다. 자바스크립트는 웹 페이지에 정보를 구현할 수 있는 프로그래밍 언어이다. 웹 페이지에서 표시 내용이 업데이트되거나, 그래픽 애니메이션 또는 비디오 재생과 같은 작업이 수행될 때마다 자바스크립트가 관련될 수 있다. D3는 데이터 기반으로 객체를 조작하기 위한 자바스크립트 라이브러리이며, 2010년대 초 스탠퍼드 대학교의 마이크 보스톡^{Mike Bostock}, 제프 히어^{Jeff Heer}, 바딤 오기에브스키^{Vadim Ogievetsky} 등이 개발했다. 현재 웹에서 볼 수 있는 대부분의 대화형 데이터 시각화는 D3에서 실행된다. 사실상 「뉴욕타임스」, 「워싱턴포스트」 및 「가디언」의 웹사이트에서 사용하는 모든 대화형 그래프는 D3로 구축된다. 다른 프로그래밍 언어와 마찬가지로 D3 사용에는 가파른 학습 곡선이 있지만 기본적으로 만들 수 있는 시각화 종류에는 제한이 없다. D3는 무료로 사용할 수 있는 오픈 소스 언어이다.

하이차트^{Highcharts}.   노르웨이의 한 팀에서 2009년에 출시한 하이차트와 그 사촌 뻘인 하이스탁^{Highstock}, 하이맵^{Highmaps}, 하이차트 클라우드^{Highcharts Cloud} 및 하이슬라이드^{Highslide}는 자바스크립트 기반의 대화 데이터 시각화 도구 모음이다. 하이차트를 사용하려면 약간의 코딩을 알아야 하지만 템플릿과 라이브러리를 사용하면 그래프의 기본을 만든 다음 추가 스타일과 형식을 추가할 수 있다. 하이차트는 개인용 및 비영리 단체용으로는 무료이다. 가격은 라이선스 및 패키지 수에 따라 다르다.

파이썬^{Python}. 파이썬은 크고 작은 데이터 분석에서 웹 애플리케이션, 인공지능에 이르기까지 다양한 분야와 산업에서 사용된다. D3 및 R과 마찬가지로 언어는 오픈 소스이다. 그 덕분에 Matplotlib, Seaborn, Bokeh 및 ggplot 등을 비롯한 수많은 데이터 시각화용 개방형 무료 라이브러리를 활용할 수 있다.

R. 1992년에 구상돼 1995년에 처음 출시된 R은 통계 컴퓨팅 및 그래픽을 위한 무료 오픈 소스 프로그래밍 언어이다. R은 특히 2005년에 해들리 위컴^{Hadley Wickham}의 "ggplot2"패키지(리랜드 윌킨슨^{Leland Wilkinson}의 『그래픽의 문법^{Grammar of Graphics}』(Springer, 2005)을 기반으로 함)가 공개된 이후 데이터 시각화에 더욱 널리 사용되고 있다. R을 사용하면 통계 분석을 수행하고 사용자화가 가능한 데이터 시각화를 만들 수 있다. 추가 도구 및 패키지를 사용해 대화형 시각화를 만들 수 있다.

부록 2
추천 도서 및 자료

데이터 시각화 일반

스콧 베리나토^{Scott Berinato}. 베리나토의 저서 『Good Charts: The HBR Guide to Making Smart, More Persuasive Data Visualizations』(Harvard Business Review Press, 2016)는 비즈니스 커뮤니티를 위한 그래프에 중점을 둔다. 이 책의 내용은 광범위하며 다른 주요 데이터 시각화 책보다 설명 차트와 탐색 차트의 차이점에 대해 더 많이 설명한다. 그는 실습 예제와 튜토리얼을 제공하는 후속 워크북을 출시했다.

알베르토 카이로^{Alberto Cairo}. 『The Functional Art』(위키북스, 2013), 『진실을 드러내는 데이터 시각화의 과학과 예술^{The Truthful Art}』(인사이트, 2019), 『숫자는 거짓말을 한다^{How Charts Lie}』(웅진지식하우스, 2020) 등 데이터 시각화에 관한 여러 책을 저술했다. 카이로는 저널리즘 교수이므로 그의 책은 주로 다양한 청중에게 이야기를 전달하는 데이터 시각화에 중점을 둔다. 그의 책은 데이터, 데이터 시각화, 입문 통계 및 시각화 생성 방법에 대한 기본적인 개요를 제공한다. 그의 가장 최근 저서 『숫자는 거짓말을 한다』는 독자들이 기만적인 그래프에 담긴 거짓말을 발견하도록 돕고 데이터 시각화의 더 나은 소비자가 되는 방법을 알려 준다.

조르즈 카몽이스^{JORGE CAMÕES}. 그의 저서 『데이터 시각화 원리^{Data at Work}』(에이콘, 2017)는 시각적 인식 규칙에서 디자인 고려 사항, 데이터 준비 및 시각화에 이르기까지 광범위한 데이터 시각화 원칙 및 전략을 다룬다.

스티븐 퓨STEPHEN FEW. 데이터 시각화에 관한 여러 책을 저술한 스티븐 퓨의『Show Me the Numbers』(Analytics Press, 2012) 및『Now You See It』(Analytics Press, 2009)은 데이터를 효과적이고 전략적으로 표현하는 방법을 포괄적으로 다룬 책이다.

앤디 커크 Andy Kirk. 데이터 시각화에 관한 두 권의 책을 저술한 앤디 커크의『데이터 시각화 설계와 활용 Data Visualisation』(에이콘, 2015)은 데이터 시각화를 개념화하고 개발하는 시스템을 설명한다. 또한 명확하고 효과적인 시각화를 만들기 위해 어떤 디자인 선택을 해야하는지에 대한 프로세스를 제시한다.

유소 코포넨JUUSO KOPONEN **및 요나탄 힐든**JONATAN HILDÉN. 『데이터 시각화 핸드북』(핀란드어에서 영어로 번역됨)은 데이터 시각화에 대한 실용적인 안내서이며 데이터 시각화 및 정보 그래픽의 많은 예를 소개한다.

콜 누스바우머 내플릭COLE NUSSBAUMER KNAFLIC. 내플릭의 저서『데이터 스토리텔링 Storytelling with Data』(에이콘, 2016) 및 동명의 블로그는 데이터 시각화에 대한 소개 및 그래프와 텍스트를 결합해 효과적이고 설득력있는 이야기의 전달 방법을 제공한다. 그녀의 후속 책인『데이터 스토리텔링 연습 Storytelling with Data: Let's Practice!』(에이콘, 2021)은 독자가 실습을 통해 데이터 시각화 기술을 연마하도록 안내한다.

이사벨 메이렐레스ISABEL MEIRELLES. 디자인 교수인 메이렐레스의『Design for Information』(Rockport Publishers, 2013)은 콘텐츠 및 디자인 요소에 대한 데이터 시각화의 최근 사례를 소개한다. 다양한 시각화 유형 및 접근 방식을 집대성했다.

타마라 먼츠너TAMARA MUNZNER. 그녀의 책『Visualization Analysis and Design』(AK Peters/CRC Press, 2014)은 보다 체계적인 학문 기반 관점에서 데이터 시각화에 접근한다. 모두 학술 문헌에 근거해, 시각화를 읽고 만드는 통합 접근 방식을 소개한다. 먼츠너의 책은 진정한 데이터 시각화 교과서에 가깝다.

클라우스 O. 윌케CLAUS O. WILKE. 윌케의 저서 『데이터 시각화 교과서Fundamentals of Data Visualization』(책만, 2020)은 데이터 시각화에 대한 기본적이고 실용적인 접근 방식을 취한다. 윌케는 바람직한 데이터 시각화 전략 및 사례의 기본 원칙을 제시하고 R 프로그래밍 언어를 사용해 시각적 개체를 만드는 방법을 보여준다. 일반적인 꺾은선, 막대, 원형 차트 및 지도를 넘어 광범위한 그래프 유형을 망라한 도서는 드문 편인데 이 책이 그중 하나이다.

스티브 웩슬러STEVE WEXLER, **제프리 섀퍼**JEFF SHAFFER, **앤디 코트그리브**ANDY COTGREAVE. 이들의 책 『대시보드 설계와 데이터 시각화Big Book of Dashboards』(책만, 2018)는 대화형 대시보드를 만드는 방법을 포괄적으로 다뤘다. 대부분 태블로 소프트웨어 도구에 뿌리를 두고, 30개 가까운 예제를 검토해 좋은 디자인과 대화형 경험을 이해하는 데 도움을 준다.

도나 웡DONA WONG. 도나 웡의 『월스트리트저널 인포그래픽 가이드Information Graphics Guide』(인사이트, 2014)는 특정 그래프 유형, 데이터에 가장 적합한 차트를 선택하는 방법과 이유, 데이터를 전달하는 가장 효과적인 방법, 다른 그래프에 포함하거나 포함하지 않을 항목 등을 소개한다.

역사적인 데이터 시각화를 다룬 책

RJ 앤드류스RJ ANDREWS. 앤드류스의 『Info We Trust: How to Inspire the World with Data』(Wiley, 2019)는 데이터 시각화 기술에 대해 남다른 관점을 취하며, 지난 세기 동안 시각화 분야에서 유명한 인물들의 역사적 시각화 및 설계 접근 방식을 다수 인용한다.

휘트니 배틀-밥티스트WHITNEY BATTLE-BAPTISTE와 **브리트 러서트**BRITT RUSERT. 뒤부아W. E. B. Du Bois[1]가 1900년 파리 박람회에서 사용한 데이터 시각화 작품을 깊이 연구한 책 『W.E.B.

---

1   미국의 흑인 민권 운동가 및 사회학자 – 역자 주

Du Bois's Data Portraits: Visualizing Black America』(Princeton Architectural Press, 2018)는 초기 데이터 시각화에 사용된 이미지를 하나씩 설명한다.

브루스 버코위츠BRUCE BERKOWITZ. 버코위츠가 쓴 윌리엄 플레이페어William Playfair의 전기는 '통계적 그래픽'을 발명한 인물의 생생한 모습을 보여준다. 버코위츠는 통계 및 그래픽으로 유명한 플레이페어의 또 다른 면모를 상세하게 전해준다.[2]

마누엘 리마MANUEL LIMA. 그의 두 권의 책 『The Book of Trees: Visualizing Branches of Knowledge』(Princeton Architectural Press, 2014) 및 『The Book of Book: Visualizing Spheres of Knowledge』에서 리마는 트리 다이어그램과 원형 정보 디자인의 오랜 역사를 탐구한다. 이 책은 두 종류의 시각화 방법에 얽힌 오랜 역사를 살펴보는 여정으로 독자를 안내한다.[3]

샌드라 렌드겐SANDRA RENDGEN. 렌드겐의 책 『The Minard System: The Complete Statistical Graphics of Charles-Joseph Minard』(Princeton Architectural Press, 2018)에서 그녀는 미나르의 그래프, 지도 및 표 뒤에 숨겨진 경력과 이야기를 탐구한다. 고전적 데이터 시각화 작품을 다뤘다는 면에서 뒤부아에 대한 책과 비슷하다.

데이터 시각화 도구에 관한 책

부록 1의 목록에는 이 책에서 사용한 도구만 언급했다. 어떤 도구가 가장 적합할 것인지는 사용자가 갖춘 전문 지식, 요구 사항, 청중이 무엇을 필요로 하는지에 따라 다르다. 다음 책에는 각 데이터 시각화 도구별로 튜토리얼이 잘 갖춰져 있다. 이것 외에도 살펴볼 만한 수많은 블로그와 온라인 자료가 있다.

---

2   플레이페어는 스코틀랜드의 엔지니어이자 정치경제학자로서 그래픽을 통한 통계분석법을 주창했다. 한편 영국 정부의 비밀 요원으로도 활동했다. 플레이페어에 관한 어린이 그림책으로 『그래프를 만든 괴짜』(담푸스, 2019)라는 책이 있다. ― 옮긴이

3   국내에 번역된 마누엘 리마의 책으로 『비주얼 컴플렉시티(Visual Complexity)』(한빛미디어, 2016)가 있다. ― 옮긴이

개럿 그롤문드GARRETT GROLEMUND**와 해들리 위컴**HADLEY WICKHAM. R을 배우기 위한 책을 한 권만 고른다면 『R을 활용한 데이터 과학R for Data Science』(인사이트, 2019)이 될 것이다. 이 책은 R을 이용해 데이터를 다루고 시각화하는 방법을 다룬 종합 안내서다. 특히 데이터 랭글링data wrangling 4과 시각화 측면에서 강력하다.

키런 힐리KIERAN HEALY. 힐리의 『데이터 시각화 기본기 다지기Data Visualization』(에이콘, 2020)은 데이터 시각화 핵심 원칙의 입문서Introduction 이상으로, R의 사용 방법도 일부 다루고 있다. 이 책의 온라인 사이트는 코드 사례도 제공한다.

노만 매트로프NORMAN MATLOFF. 400페이지가 넘는 매트로프의 『빅데이터 분석 도구 R 프로그래밍The Art of R Programming』(에이콘, 2012)은 정말 대단한 책이다. R의 모든 것을 다루기 때문이다. 이 책은 필수 참고서로 소장할 가치가 있다.

에릭 마테스ERIC MATTHES. 내가 아는 모든 파이썬 프로그래머는 마테스의 『나의 첫 파이썬Python Crash Course』(한빛미디어, 2020)을 좋아한다. 초보자와 경험 많은 개발자 모두 그의 파이썬 언어를 설명하는 방식과 각 장마다 유용한 연습 문제를 활용해 안내하는 방식을 정말 좋아한다.

라이언 슬리퍼RYAN SLEEPER. 슬리퍼의 『Practical Tableau』(O'Reilly, 2018)는 태블로 소프트웨어 도구를 사용한 계산 및 사용자화된 시각화 방법을 다룬 최신 (그리고 잘 쓰여진) 도서 중 하나로, 태블로를 시작하는 사람에게 좋은 참고서다.

아멜리아 와텐버거AMELIA WATTENBERGER. 그녀의 책 『Fullstack D3 and Data Visualization』(Fullstack.io, 2019)은 D3 자바스크립트 라이브러리를 다룬 몇 안 되는 책 중 하나다. 이 책은 짝을 이루는 웹사이트와 함께 D3를 포괄적으로 소개한다. 이 책은 D3에 대한 최신(또한 아마도 최고의) 서적이다. 독자에게 전체 프로세스를 안내하고 책의 웹사이트를 통해 제공하는 많은 양의 코드 스니핏과 예제는 무척 도움이 된다.

---

4   하나의 원시 데이터(raw data) 양식에서 다른 형식으로 데이터를 변환하고 매핑하는 과정을 말함 - 옮긴이

데이터 시각화 라이브러리

데이터 유형과 그래프 유형을 일대일로 대응시킬 수는 없다. 예를 들어, 세로 막대 차트는 시간에 따른 변화를 표시할 수도 있고, 또는 범주 간 차이를 비교하는 데도 사용할 수 있다. 그래프 선택에 도움이 되는 여러 참고 자료가 있지만 최종 결정은 당신 자신, 당신의 데이터, 당신이 상대하는 청중, 그리고 당신의 창의성에 달려 있다.

차트 메이커 디렉토리THE CHARTMAKER DIRECTORY. 50개의 그래프 유형과 40개의 서로 다른 도구로 구성된 크라우드 소스 대화형 매트릭스이다. 사용자는 다양한 도구로 그래프를 만드는 방법을 다룬 튜토리얼에 대한 링크를 게시할 수 있다. http://chartmaker.visualisingdata.com/

차트 제안/생각 개시 도구CHART SUGGESTIONS-A THOUGHT STARTER. 약 20개의 그래프가 네 개 범주로 나뉘어진, 이미 완결된 소규모 프로젝트이다. 차트 라이브러리 중 초기 라이브러리 중 하나이다. http://extremepresentation.typepad.com/blog/2006/09/choosing_a_good.html

데이터 시각화 카탈로그THE DATA VISUALISATION CATALOGUE. 온라인 그래프 참고 자료로서, 각 차트 유형에 대한 설명, 구조 해설, 동영상 안내 등이 제공된다. https://datavizcatalogue.com/

데이터 시각화 프로젝트THE DATA VIZ PROJECT. 100개 이상의 그래프 유형이 있는 대화형 웹사이트로서, 각 유형별 예제가 제공된다. http://datavizproject.com/

그래픽 연속체THE GRAPHIC CONTINUUM. 내가 친구와 함께 제작한 제품들로서, 포스터, 작은 시트, 플래시 카드 및 카드 게임 등으로 구성돼 있다. 이 제품에는 여섯 개 범주로 분류된 90여개의 그래프 유형을 보여준다. https://policyviz.com/product/graphic-continuum-poster/

인터랙티브 차트 선택기INTERACTIVE CHART CHOOSER. 시각화하려는 데이터를 기반으로 30개 이상의 그래프 유형을 정렬하고 필터링할 수 있는 대화형 차트 선택기다. 예제에 대한 링크를 통해 이런 차트 유형이 실제로 작동하는 방식을 확인할 수 있다. https://depictdatastudio.com/charts/

R 그래프 갤러리, 파이썬 그래프 갤러리^{R GRAPH GALLERY and PYTHON GRAPH GALLERY}. R 및 파이썬 프로그래밍 언어로 만든 수백 개의 차트가 포함된 웹 페이지다. 각 차트에는 재현 가능한 코드가 포함돼 있다. https://www.r-graph-gallery.com/ 및 https://python-graph-gallery.com/

텍스트 시각화 브라우저^{TEXT VISUALIZATION BROWSER}. 텍스트 데이터를 시각화하는 방법의 약 450가지 예를 보여준다. https://textvis.lnu.se/

시각적 어휘^{THE VISUAL VOCABULARY}. 「파이낸셜 타임스」의 그래픽 제작국에서 만든 포스터 프로젝트인 시각적 어휘^{Visual Vocabulary}는 아홉 개 범주, 70여개의 그래프 유형을 보여준다. https://github.com/ft-interactive/chart-doctor/blob/master/visual-vocabulary/Visual-vocabulary.pdf

제노그래픽스^{XENOGRAPHICS}. 시각화 레퍼토리를 확장하는 데 도움이 되는 특이한 차트 및 지도 모음이다. https://xeno.graphics/

연습할 곳

데이터 시각화 기술을 개선하고 구체화하는 최선의 방법은 직접 시각화를 만드는 것이다. 다양한 데이터 세트, 시각화 유형 및 도구를 탐색하면 미적 감각을 개선하고 다양한 기술과 형식을 활용할 수 있다. 개인의 발전에 도움이 되는 커뮤니티 프로젝트를 소개한다.

MAKEOVER MONDAY. 매주 이뤄지는 학습 프로젝트로서, 샘플 데이터 세트를 가지고 참가자들이 더 효과적인 시각화를 만든다. 태블로 커뮤니티에 중점을 두는 경향이 있지만 모든 도구에서 시각화를 만들 수 있다. 만들어진 시각화는 공개적으로 게시되고, 이에 대해 사람들이 소셜미디어에서 의견을 나눈다. 또한 주중 온라인 세미나를 통해 피드백을 받고 아이디어를 더욱 다듬을 수 있게 한다.

OBSERVE, COLLECT, DRAW. 주로 인스타그램에 게시되는 ObserveCollectDraw 는 디자이너 지오르지아 루피$^{Giorgia Lupi}$와 스테파니 포사벡$^{Stefanie Posavec}$의 책을 기반으로 사람들이 자신의 개인 데이터를 수집하고 시각화를 그리도록 권장한다. 이 프로젝트와 원래 책인 『Dear Data』는 아날로그 방식으로 개인 경험을 수집하고 기록하는 방법을 사람들에게 보여준다.

STORYTELLING WITH DATA. 이 커뮤니티는 데이터 시각화 기술을 연습하고, 피드백을 받고, 데이터의 효과적 전달과 관련된 주제에 대해 토론할 수 있는 곳이다. 참가자에게 특정 데이터 시각화 문제를 해결하도록 요청하는 월별 'SWDchallenge'와 실제 데이터가 포함된 실제 시나리오를 기반으로 하는 주기적인 'SWDexercise'가 있다.

TIDY TUESDAY. R 사용자를 대상으로 하는 주간 프로젝트로, 프로젝트 관리자는 데이터 세트 및 이와 관련된 차트 또는 기사를 게시한다. 참가자는 데이터를 살펴보고 결과(및 코드)를 게시해 다른 사람들이 활용할 수 있도록 해야 한다.

기타. 이 외에도 유사한 프로젝트가 많지만 각자 다른 방식으로 고정 회원을 갖고 있다. 데이터 시각화 실무자 커뮤니티인 Data Visualization Society는 실습과 비평 중심의 슬랙^{Slack} 채널을 갖고 있다. HelpMeViz, Reddit, Stack Exchange, Twitter 및 기타 소셜미디어 플랫폼상의 다양한 포럼으로 시각화를 연습하고 자신의 작업물을 게시할 수 있다.

참고문헌

Ahmed, Naema, Cassi Pollock, and Alex Samuels. "How the Texas Democratic and Republic Party Platforms Compare." Texas Tribune, July 5, 2018, https://apps. texastribune.org/features/2018/party-platforms/?ga=2.129478090.770685496. 1576106215-1729798919.1576004948.

Alda, Alan. If I Understood You, Would I Have This Look on My Face?: My Adventures in the Art and Science of Relating and Communicating. New York: Random House, 2018.

Andrews, R. J. "Florence Nightingale Is a Design Hero." Medium, July 15, 2019, https:// medium.com/nightingale/florence-nightingale-is-a-design-hero-8bf6e5f2147.

Andrews, R. J. Info We Trust: How to Inspire the World with Data. New York: Wiley, 2019.

Andris, Clio, David Lee, Marcus J. Hamilton, Mauro Martino, Christian E. Gunning, and John Armistead Selden. "The Rise of Partisanship and Super-Cooperators in the US House of Represen- tatives." PloS one 10, no. 4 (2015): e0123507.

Anscombe, Francis J. "Graphs in Statistical Analysis." The American Statistician 27, no. 1 (1973): 17-21. Arellano, Cristina, Juan Carlos Conesa, and Timothy J. Kehoe. "Chronic Sovereign Debt Crises in the Eurozone, 2010-2012." Federal Reserve Bank of Minneapolis Economic Policy paper 12-4, May 2012, https:// www.minneapolisfed.org/~/media/files/pubs/eppapers/12-4/epp_12-4_chronic_ sovereign_debt_crisis_eurozone.pdf.

Avery, Beth. "Ban the Box: U.S. Cities, Counties, and States Adopt Fair Hiring Policies." National Employ- ment Law Project. July 1, 2019. https://www.nelp.org/publication/ban-the-box-fair-chance-hiring-state-and-local-guide/.

AxisMaps. "CartographyGuide." https://www.axismaps.com/guide/general/map-projections/,accessed November 2019.

Bard Graduate Gallery. "Marimekko: Fabrics, Fashion, Architecture." https://www.bgc.bard.edu/gallery/exhibitions/43/marimekko.

Battle-Baptiste, Whitney, and Britt Rusert. "WEB Du Bois's Data Portraits: Visualizing Black America: The Color Line at the Turn of the Twentieth Century." Amherst, Massachusetts: WEB Du Bois Center at the University of Massachusetts Amherst (2018).

BBC. "BBC Audiences Tableau Style Guide." https://public.tableau.com/profile/bbc.audiences#!/vizhome/BBCAudiencesTableauStyleGuide/Hello

Béland, Antoine, and Thomas Hurtut. "Unit Visualizations for Visual Storytelling." OSF Preprints, https://osf.io/bshpc/.

Bennet, Tim. "How 52 Ninth-Graders Spell 'Camouflage', Sankey Diagram." https://www.reddit.com/r/dataisbeautiful/comments/6a4pb8/how_52_ninthgraders_spell_camouflage_sankey/?st=J2NBTE0Q&sh=ddd5c5e1

Berinato, Scott. "The Power of Visualizations' 'Aha!' Moments." Harvard Business Review, March 19, 2013, https://hbr.org/2013/03/power-of-visualizations-aha-moment.

Berman, Jacob. "Washington Metro Map Print Original Art." Etsy listing, 2019, https://www.etsy.com/listing/647623499/washington-metro-map-print-original-art

Bontemps, Xtophe. "Why You Should Never Use Radar Plots."data.visualisation.free.fr, March 2017, https://rpubs.com/Xtophe/268920.

Borkin, Michelle A., Zoya Bylinskii, Nam Wook Kim, Constance May Bainbridge, Chelsea S. Yeh, Daniel Borkin, Hanspeter Pfister, and Aude Oliva. "Beyond Memorability: Visualization Recog- nition and Recall." IEEE Transactions on Visualization and Computer Graphics 22, no. 1 (2015): 519-528.

Börner, Katy, Andreas Bueckle, and Michael Ginda. "Data Visualization Literacy: Definitions, Con- ceptual Frameworks, Exercises, and Assessments." Proceedings of the National Academy of Sciences 116, no. 6 (2019): 1857-1864.

Bortins, I., Demers S., & Clarke, K. (2002). Cartogram Types. http://www.ncgia.ucsb. edu/projects/Cartogram_Central/types.html

Bostock, Michael, Vadim Ogievetsky, and Jeffrey Heer. "D³ Data-Driven Documents." IEEE transac- tions on visualization and computer graphics 17, no. 12 (2011): 2301-2309.

Brehmer, Matt. "Visualizing Ranges Over Time on Mobile Phones." Medium, November 3, 2018, https://medium.com/multiple-views-visualization-research-explained/ ranges-900a04d7d32a.

Brehmer, Matthew, Bongshin Lee, Petra Isenberg, and Eun Kyoung Choe. "Visualizing ranges over time on mobile phones: a task-based crowdsourced evaluation." IEEE transactions on visualization and computer graphics 25, no. 1 (2018): 619-629.

Bremer, Nadieh. "More Fun Data Visualizations with the Gooey Effect." Visual Cinnamon (blog). June 20, 2016. https://www.visualcinnamon.com/2016/06/fun- data-visualizations-svg-gooey-effect.html. Bremer, Nadieh. "Techniques for Data Visualization on Both Mobile & Desktop." Visual Cinnamon (blog). April 17, 2019. https://www.visualcinnamon.com/2019/04/mobile-vs-desktop-dataviz#recap.

Brinton, Willard Cope. Graphic Methods for Presenting Facts. Engineering magazine company, 1919.

Broderick, Ryan. "Who Watches More Porn: Republicans or Democrats?" BuzzFeed News. April 2014. https://www.buzzfeednews.com/article/ryanhatesthis/who- watches-more-porn-republicans-or-democrats.

Bureau of Labor Statistics. Unemployment rate. https://www.bls.gov/cps/

Burn-Murdoch, John. "Episode #155: John Burn-Murdoch." The PolicyViz Podcast, June 18, 2019, https://policyviz.com/podcast/episode-155-john-burn-murdoch/.

Burn-Murdoch, John. Twitter post. October 28, 2019, 4:04 a.m., https://twitter.com/ jburnmurdoch/status/1188728193945100288.

Bush, George W. "Address Before a Joint Session of the Congress on the State of the Union." The American Presidency Project, February 2, 2005, https://www. presidency.ucsb.edu/documents/address-before-joint-session-the-congress-the- state-the-union-14.

Byron, Lee, and Martin Wattenberg. "Stacked Graphs–Geometry and Aesthetics." IEEE Transactions on Visualization and Computer Graphics 14, no. 6 (2008): 1245-1252.

Cairo, Alberto. "Annotation, Narrative, and Storytelling in Infographics and Visualization." The Func- tional Art (blog), April 16, 2014, http://www.the functionalart.com/2014/04/annotation-narrative-and-storytelling.html.

Cairo, Alberto. "Download the Datasaurus: Never Trust Summary Statistics Alone; Always Visualize Your Data." The Functional Art (blog), August 29, 2016, http://www.thefunctionalart.com/2016/08/download-datasaurus-never-trust-summary.html.

Cairo, Alberto. The Functional Art: An Introduction to Information Graphics and Visualization. Berke- ley, CA: New Riders, 2012.

Cairo, Alberto. "How Charts Lie." (2019).

Cairo, Alberto. "Visual Storytelling w/ Alberto Cairo and Robert Kosara." The Data Stories Pod- cast, Episode #35, April 16, 2014, https://datastori.es/data-stories-35-visual-storytelling-w-alberto-cairo-and-robert-kosara/.

Camões, Jorge. "Perception: Gestalt Laws." excelcharts.com (blog), January 10, 2012, https://excelcharts.com/data-visualization-excel-users/gestalt-laws/.

Carpenter, Patricia A., and Priti Shah. "A Model of the Perceptual and Conceptual Processes in Graph Comprehension." Journal of Experimental Psychology: Applied 4, no. 2 (1998): 75.

Center on Budget and Policy Priorities. "Working-Family Tax Credits Help at Every Stage of Life." Graphic, https://www.cbpp.org/working-family-tax-credits-help-at-every-stage-of-life-0.

Centers for Disease Control and Prevention. "CDC Wonder." https://wonder.cdc.gov/.

Centers for Disease Control and Prevention. "Community Mitigation Guidelines to Prevent Pan- demic Influenza—United States, 2017." Morbidity and Mortality Weekly Report 66, No. 1, April 21, 2017. https://stacks.cdc.gov/view/cdc/45220.

Centers for Disease Control and Prevention. "National, Regional, and State Level Outpatient Illness and Viral Surveillance." https://gis.cdc.gov/grasp/fluview/fluportaldashboard.html.

Cesal, Amy. "The Sunlight Foundation's Data Visualization Style Guidelines." Sunlight

Foundation, March 12, 2014, https://sunlightfoundation.com/2014/03/12/datavizguide/.

Chalabi, Mona. Presentation, Tapestry Conference, University of Miami, November 29, 2018.

Chang, Kenneth. "A Different Way to Chart the Spread of Coronavirus." New York Times, March 20, 2020. https://www.nytimes.com/2020/03/20/health/coronavirus-data-logarithm-chart.html.

Chappell, Nathan and Adam B. Jaffe. "Intangible Investment and Firm Performance." National Bureau of Economic Research Working Paper No. 24363, March 2018, https://www.nber.org/papers/w24363. Chase, Will. "Voronoi Treemap" (website). May 2, 2019, https://observablehq.com/@will-r-chase/voronoi-treemap.

Chase, Will. "Why I'm Not Making COVID19 Visualizations, and Why You (Probably) Shouldn't Either" (blog post). March 31, 2020, https://www.williamrchase.com/post/why-i-m-not-making-covid19-visualizations-and-why-you-probably-shouldn-t-either/.

Cherdarchuk, Joey. "Clear off the Table." Dark Horse Analytics (blog). March 27, 2014, https://www.darkhorseanalytics.com/blog/clear-off-the-table.

Choi, Jinho, Sanghun Jung, Deok Gun Park, Jaegul Choo, and Niklas Elmqvist. "Visualizing for the Non-Visual: Enabling the Visually Impaired to Use Visualization." Computer Graphics Forum 38, no. 3 (2019): 249-260.

Christiansen, Jen. "Pop Culture Pulsar: Origin Story of Joy Division's Unknown Pleasures Album Cover." Scientific American, February 18, 2015, https://blogs.scientificamerican.com/sa-visual/pop-culture-pulsar-origin-story-of-joy-division-s-unknown-pleasures-album-cover-video/.

Cleveland, William S. The Elements of Graphing Data. Belmont, CA: Wadsworth, 1985. Cleveland, William S. Visualizing data. Hobart Press, 1993.

Cleveland, William S., and Robert McGill. "Graphical Perception: Theory, Experimentation, and Application to the Development of Graphical Methods." Journal of the American Statistical Asso- ciation 79, no. 387 (1984): 531-554.

Colour Blindness Awareness. "Colour Blindness." http://www.colourblindawareness.org/colour-blindness/, accessed November 2019.

Congressional Budget Office. "CBO's August 2018 report An Update to the Economic Outlook: 2018 to 2028." www.cbo.gov/publication/54318.

Congressional Budget Office. "Changes in the Distribution of Workers' Annual Earnings Between 1979 and 2007." Congressional Budget Office, October 2009, https://www.cbo.gov/sites/default/files/111th-congress-2009-2010/reports/10-02-workers.pdf.

Congressional Budget Office. "Social Security Policy Options." Congressional Budget Office, July 2010, https://www.cbo.gov/sites/default/files/111th-congress-2009-2010/reports/07-01-ssoptions_forweb.pdf

Congressional Budget Office. "The 2012 Long-Term Budget Outlook | House Budget Committee." Con- gressional Budget Office, September 12, 2014, https://www.youtube.com/watch?v=dqhqZYYGNnA

Congressional Budget Office. "The Budget and Economic Outlook: Fiscal Years 2012 to 2022." Con- gressional Budget Office." January 31, 2012, https://www.cbo.gov/publication/42905?index=12699

Congressional Budget Office. "The Budget and Economic Outlook: Infographic." Congressional Bud- get Office." June 5, 2012, https://www.cbo.gov/publication/43289

Congressional Budget Office. "The Social Security Disability Insurance Program." Infographic. https:// www.cbo.gov/publication/43432

Congressional Budget Office. "The Supplemental Nutrition Assistance Program." Infographic. https:// www.cbo.gov/publication/43174.

Cook, Albert M., and Janice Miller Polgar. Assistive Technologies-E-Book: Principles and Practice. St.Louis, MO: Elsevier, 2014.

Correll, Michael, and Michael Gleicher. "Error Bars Considered Harmful: Exploring Alternate Encod- ings for Mean and Error." IEEE Transactions on Visualization and Computer Graphics 20, no. 12 (2014): 2142-2151.

Correll, Michael, Enrico Bertini, and Steven Franconeri. "Truncating the Y-Axis: Threat or Menace?" In Proceedings of the 2020 CHI Conference on Human Factors in Computing Systems, ed. Regina Bernhaupt et al., 1-12. New York: Association for Computing Machinery. 2020.

Correll, Michael. "Ethical Dimensions of Visualization Research." Tableau Research, CHI 2019, 2019.

Correll, Michael. "Visualization Design Principles for the Pandemic." Medium, April 3, 2020, https:// medium.com/@mcorrell/visualization-design-principles-for-the-pandemic-e65388280d16.

Cousins, Carrie. "Color and Cultural Design Considerations." WebDesignerDepot (blog), June 11, 2012, https://www.webdesignerdepot.com/2012/06/color-and-cultural-design-considerations/.

Cox, Amanda. "Amanda Cox—Eyeo Festival 2011." https://vimeo.com/29391942

Cruz, Pedro de, John Wihbey, and Felipe Shibuya. Simulated Dendrochronology of the United States.2018.

D'Ignazio, Catherine and Lauren F. Klein. Data Feminism. Boston, MA: MIT Press. 2020.

Dallas Morning News. Dallas Morning News Graphics Stylebook. https://knightcenter.utexas.edu/mooc/file/tdmn_graphics.pdf.

Daniels, Matt. "The Largest Vocabulary In Hip Hop." The Pudding, January 21, 2019, https://pudding.cool/projects/vocabulary/index.html.

DeBelius, Danny. "Let's Tesselate: Hexagons For Tile Grid Maps." NPR visuals team, May 11, 2015, https://blog.apps.npr.org/2015/05/11/hex-tile-maps.html.

DeBold, Tynan and Dov Friedman. "Battling Infectious Diseases in the 20th Century: The Impact of Vaccines." Wall Street Journal, February 11, 2015, http://graphics.wsj.com/infectious-diseases-and-vaccines/.

Desilver, Drew. "A Record Number of Women Will Be Serving in the New Congress." Pew Research Center, December 18, 2018. https://www.pewresearch.org/fact-tank/2018/12/18/record-number-women-in-congress/

Dorling, Daniel. "Area cartograms: their use and creation." The map reader: Theories of mapping prac- tice and cartographic representation (2011): 252-260.

DuBois, William Edward Burghardt, ed. The College-bred Negro: Report of a Social Study Made Under the Direction of Atlanta University; Together with the Proceedings of the Fifth Conference for the Study of the Negro Problems, Held at Atlanta University, May 29-30, 1900. No. 5. Atlanta University Press, 1900.

Economist. "The Climate Issue." https://www.economist.com/leaders/2019/09/19/the-climate-issue. Economist. "The Dragon Takes Wing." May 1, 2014, https://www.economist.com/news/finance-and-economics/21601568-new-data-suggest-chinese-economy-bigger-previously-thought-dragon.

Economist. "Flattening the Curve: Covid-19 Is Now in 50 Countries, and Things Will Get Worse." The Economist, February 29, 2020. https://www.economist.com/briefing/2020/02/29/covid-19-is-now-in-50-countries-and-things-will-get-worse.

Eurostat, "Graphical Style Guide—A Practical Layout Guide for Eurostat Publications—2016 Edi- tion." Eurostat News, February 25, 2016, https://ec.europa.eu/eurostat/web/products-eurostat-news/-/STYLE-GUIDE_2016.

Federal Home Loan Bank Board. Home Owners' Loan Corporation. 1933-7/1/1939. "City of Rich- mond, Virginia and Environs." U.S. National Archives and Records Administration. https://catalog.archives.gov/id/85713737

Federal Reserve Board of Governors. "Household Debt Services and Financial Obligations Ratios." Accessed January 2020. https://www.federalreserve.gov/releases/housedebt/

Few, Stephen. "Bullet Graph Design Specification." Perceptual Edge, Visual Business Intelligence News- letter, October 10, 2013, https://www.perceptualedge.com/articles/misc/Bullet_Graph_Design_Spec.pdf.

Few, Stephen. "The DataVis Jitterbug: Let's Improve an Old Dance." Perceptual Edge, Visual Busi- ness Intelligence Newsletter, April/May/June 2017, https://www.perceptualedge.com/articles/visual_business_intelligence/the_datavis_jitterbug.pdf.

Few, Stephen. Show Me the Numbers: Designing Tables and Graphs to Enlighten. Oakland, CA: Analyt- ics Press, 2004.

Few, Stephen. "Unit Charts Are For Kids." Perceptual Edge, Visual Business Intelligence Newsletter, October, November, December 2010, https://www.perceptualedge.com/articles/visual_business_intelligence/unit_charts_are_for_kids.pdf.

Field, Kenneth. Cartography. Redlands, CA: Esri, 2018.

FiveThirtyEight. "50 Years Of World Cup Doppelgangers." July 15, 2018, https://projects.fivethirtyeight.com/world-cup-comparisons/romelu-lukaku-2018/

Florence, Philip Sargant. Only an Ocean Between. New York: Essential, 1946.

Fontenot, Kayla, Jessica Semega, and Melissa Kollar. "Income and Poverty in the United States: 2017." U.S. Bureau of the Census, September 2008, https://www.census.gov/content/dam/Census/library/publications/2018/demo/p60-263.pdf.

Friendly, Michael. "Playfair Balance of Trade Data." September 13, 2018, http://www.datavis.ca/courses/RGraphics/R/playfair-east-indies.html.

Fruchterman, Thomas MJ, and Edward M. Reingold. "Graph Drawing by Force-Directed Placement." Software: Practice and experience 21, no. 11 (1991): 1129-1164.

Fry, Ben. "Tracing the Origin of Species." https://fathom.info/traces/.

Gallo, Carmine. The Presentation Secrets of Steve Jobs: How to Be Insanely Great in Front of Any Audi- ence. Upper Saddle River, NJ: Prentice Hall, 2010.

Gambino,Megan."DoOurBrainsFindCertainShapesMoreAttractiveThanOthers?"Smithsonian Mag- azine. November 14, 2013. https://www.smithsonianmag.com/science-nature/do-our-brains-find-certain-shapes-more-attractive-than-others-180947692/.

Gantt, Henry Laurence. "A Graphical Daily Balance in Manufacture." No. 1002 in American Society of Mechanical Engineers. Transactions of the American Society of Mechanical Engineers. New York City: The Society, 1880. https://babel.hathitrust.org/cgi/pt?id=mdp.39015023119541&view=1up& seq=1363

Gee, Alastair, Julia Carrie Wong, Paul Lewis, Adithya Sambamurthy, Charlotte Simmonds, Nadieh Bremer, and Shirley Wu. "Bussed Out: How America Moves Its Homeless." The Guardian, December 20, 2017, https://www.theguardian.com/us-news/ng-interactive/2017/dec/20/bussed-out-america-moves-homeless-people-country-study

Google Finance. http://finance.google.com. Accessed January 2020.

Gramacki, Artur. Nonparametric Kernel Density Estimation and Its Computational Aspects. Cham, Switzerland: Springer International, 2018.

Groeger, Lena V. "A Big Article About Wee Things." ProPublica (blog), September 25, 2014, https:// www.propublica.org/nerds/a-big-article-about-wee-things.

Guardian. "EU Referendum: Full Results and Analysis." The Guardian, https://www.theguardian.com/politics/ng-interactive/2016/jun/23/eu-referendum-live-results-and-analysis.

Guardian. "Full US 2012 Election County-Level Results to Download." https://www.theguardian.com/news/datablog/2012/nov/07/us-2012-election-county-results-download#data.

Hansen, Wallace R. Suggestions to Authors of the Reports of the United States Geological Survey, US GPO, January 1991.

Haroz, Steve, Robert Kosara, and Steven L. Franconeri. "Isotype Visualization: Working Memory, Per- formance, and Engagement with Pictographs." In Proceedings of the 33rd annual ACM conference on human factors in computing systems, 1191-1200. ACM, 2015.

Hawkins, Ed. "147 | Iconic Climate Visuals with Ed Hawkins." Data Stories podcast, September 10, 2019, https://datastori.es/147-iconic-climate-visuals-with-ed-hawkins/.

Hawkins, Ed. ShowYourStripes.com. https://showyourstripes.info/

Healey, Christopher, and James Enns. "Attention and Visual Memory in Visualization and Computer Graphics." IEEE transactions on visualization and computer graphics 18, no. 7 (2011): 1170-1188.

Hearst, Marti, Emily Pedersen, Lekha Priya Patil, Elsie Lee, Paul Laskowski, and Steven Franconeri. "An Evaluation of Semantically Grouped Word Cloud Designs." IEEE transactions on visualization and computer graphics (2019).

Heer, Jeffrey, Michael Bostock, and Vadim Ogievetsky. "A Tour Through the Visualization Zoo." Com- mun. Acm 53, no. 6 (2010): 59-67.

Hermann, E.P. "Maps and Sales Visualization" Personal Efficiency: The How and Why Magazine, Pub- lished by the LaSalle Extension University, US Department of Education, July 1922, pages 6-7.

Hofman, Jake M., Daniel G. Goldstein, and Jessica Hullman. "How visualizing inferential uncertainty can mislead readers about treatment effects in scientific results." Proceedings of the 2020 CHI Con- ference on Human Factors in Computing Systems.

Hofmann, Heike, and Marie Vendettuoli. "Common Angle Plots as Perception-True Visualizations of Categorical Associations." IEEE Transactions on Visualization and Computer Graphics 19.12 (2013): 2297-2305.

Horowitz, Juliana Mesace, Kim Parker, and Renee Stepler. "Wide Partisan Gaps in U.S. Over How Far the Country Has Come on Gender Equality." Pew Research Center, October 18, 2017, https:// www.pewsocialtrends.org/2017/10/18/wide-partisan-gaps-in-u-s-over-how-far-the-country-has-come-on-gender-equality/.

Hullman, Jessica and Matthew Kay. "Uncertainty + Visualization, Explained." Medium, Visualization Research Explained (blog), https://medium.com/multiple-views-visualization-research-explained/uncertainty-visualization-explained-67e7a73f031b.

Hullman, Jessica, Eytan Adar, and Priti Shah. "Benefitting Infovis with Visual Difficulties." IEEE Transactions on Visualization and Computer Graphics 17, no. 12 (2011): 2213-2222.

Hullman, Jessica, Paul Resnick, and Eytan Adar. "Hypothetical Outcome Plots Outperform Error Bars and Violin Plots for Inferences About Reliability of Variable Ordering." PloS one 10, no. 11 (2015).

Hullman, Jessica. "Leading with the Unknowns in COVID-19 Models." Scientific American, April 11, 2020. https://blogs.scientificamerican.com/observations/leading-with-the-unknowns-in-covid-19-models/.

Ingraham, Christopher. "Kansas Is the Nation's Porn Capital, According to Pornhub." Wonkviz, no date, https://wonkviz.tumblr.com/post/82488570278/kansas-is-the-nations-porn-capital-according-to

Institute for Health Metrics and Evaluation. "Causes of Death (COD) Visualization | Viz Hub." Accessed January 2020. https://vizhub.healthdata.org/cod/.

International Social Survey Programme (ISSP). "ISSP 2009 'Social Inequality IV'—ZA No. 5400." Accessed January 2020. https://www.gesis.org/issp/modules/issp-modules-by-topic/social-inequality/2009/

Irvin-Erickson, Yasemin, Jonathan Schwabish, and Nicole Weissman. "What We Know About Gun Violence in the United States: Who's Affected?" Urban Wire Urban Institute, October 4, 2016, https:// www.urban.org/urban-wire/what-we-know-about-gun-violence-united-states-whos-affected.

Japanese: https://seibu.ekitan.com/pdf/20180310/235-16-1-0.pdf

Jarreau, Paige. "#MySciBlog Interviewee Motivations to Blog about Science." Figshare.com (blog), March 21, 2015, https://figshare.com/articles/_MySciBlog_Interviewee

_Motivations_to_Blog_about_Science/1345026/2.

Johnson, Brian, and Ben Shneiderman. "Tree-Maps: A Space-Filling Approach to the Visualization of Hierarchical Information Structures." VIS '91: Proceedings of the 2nd conference on Visualization '91. IEEE, 1991.

Johnson, Matt. "Which Metro Stations Are the Most Balanced?" Greater Greater Washington, Novem- ber 29, 2012, https://ggwash.org/view/29468/which-metro-stations-are-the-most-balanced.

Joint Committee on Taxation. "A Distribution of Returns by the Size of the Tax Change for the 'Tax Cuts and Jobs Act,' As Ordered Reported by the Committee on Finance on November 16, 2017." November 27, 2017.

Joint Committee on Taxation. "Distributional Effects of Public Law 115-97." Scheduled for a Public Hearing Before the House Committee on Ways and Means on March 27, 2019, March 25, 2019, JCX-10-19.

Kaiser Family Foundation. "Status of State Action on the Medicaid Expansion Decision." Accessed January 2020. https://www.kff.org/health-reform/state-indicator/state-activity-around-expanding-medicaid-under-the-affordable-care-act/.

Kastellec, Jonathan P., and Eduardo L. Leoni. "Using Graphs Instead of Tables in Political Science." Perspectives on Politics 5, no. 4 (2007): 755-771.

Katz, Josh. "Who Will Be President?" New York Times, November 8, 2016, https://www.nytimes.com/interactive/2016/upshot/presidential-polls-forecast.html

Kiefer, Len. Twitter post. September 26, 2019, 4:44 p.m., https://twitter.com/lenkiefer/status/1177323018143580160.

Kight, Stef W. and Harry Stevens. "By the Numbers: How Trump Properties Profited from His Presi- dency." Axios, June 28, 2018, https://www.axios.com/donald-trump-properties-taxpayer-campaigns-presidency-91e3755d-23cd-42d1-897d-c0c81ac509dd.html.

Kirk, Andy. "The Problems with B'Arc Charts." Visualisingdata.com, September 1, 2017, https://www.visualisingdata.com/2017/09/problems-barc-charts/.

Klein, Scott. "Infographics in the Time of Cholera." Pro Publica, March 16, 2016, https://www.propublica.org/nerds/infographics-in-the-time-of-cholera.

Koblin, Aaron. "Flight Patterns." http://www.aaronkoblin.com/work/flightpatterns/.

Koblin, Aaron. "Visualizing Ourselves . . . with Crowd-Sourced data." TED2011, March 2011, https:// www.ted.com/talks/aaron_koblin_visualizing_ourselves_with_crowd_sourced_data.

Kommenda, Niko, Caelainn Barr, and Josh Holder. "Gender Pay Gap: What We Learned and How to Fix It." The Guardian, April , 2018, https://www.theguardian.com/news/ng-interactive/2018/apr/05/women-are-paid-less-than-men-heres-how-to-fix-it.

Krzywinski, Martin, Inanc Birol, Steven JM Jones, and Marco A. Marra. "Hive plots—rational approach to visualizing networks." Briefings in bioinformatics 13, no. 5 (2011): 627-644.

Krzywinski, Martin. "Hive plots—rational approach to visualizing networks." http://www.hiveplot.com/.

Lekovic, Jovan. "How We Made the BBC Audiences Tableau Style Guide." Medium, August 29, 2018, https://medium.com/bbc-data-science/how-we-made-the-bbc-audiences-tableau-style-guide-4f0a6b7525ce.

Likert, Rensis. "A Technique for the Measurement of Attitudes." Archives of psychology (1932).

Lima, Manuel. "Why Humans Love Pie Charts." Medium (blog). July 23, 2018. https://blog.usejournal.com/why-humans-love-pie-charts-9cd346000bdc?.

Lima, Manuel. The Book of Circles: Visualizing Spheres of Knowledge. New York: Princeton Architec- tural Press, 2017.

Liu, Yang, and Jeffrey Heer. "Somewhere Over the Rainbow: An Empirical Assessment of Quantitative Colormaps." In Proceedings of the 2018 CHI Conference on Human Factors in Computing Systems, pp. 1-12. 2018.

Luxembourg Income Study. https://www.lisdatacenter.org/.

Malkulec, Amanda. "Leading with the Unknowns in COVID-19 Models." Medium, March 11, 2020, https:// medium.com/nightingale/ten-considerations-before-you-create-another-chart-about-covid-19-27d3bd691be8.

Manski, Charles F., and Francesca Molinari. "Rounding Probabilistic Expectations in Surveys." Jour- nal of Business & Economic Statistics 28, no. 2 (2010): 219-231.

Matejka, Justin, and George Fitzmaurice. "Same Stats, Different Graphs: Generating Datasets with Varied Appearance and Identical Statistics Through Simulated Annealing." In Proceedings of the 2017 CHI Conference on Human Factors in Computing Systems, pp. 1290-1294. ACM, 2017.

Mayr, Eva and Günther Schreder. "Isotype Visualizations: A Chance for Participation and Civic Edu- cation." Journal of Democracy 6(2): 136-150, 2014.

McCann, Adam. "Arc Chart in Tableau." August 27, 2015, http://duelingdata.blogspot. com/2015/08/arc-chart-in-tableau.html.

McKee, Robert. Substance, Structure, Style, and the Principles of Screenwriting. New York: HarperCollins, 1997.

Medina, John. Brain Rules: 12 Principles for Surviving and Thriving at Work, Home, and School. Read- HowYouWant.com, 2011.

Meeks, Elijah. "Exploratory Design in Data Visualization: Understanding and leveraging chart similarity." Medium, January 15, 2019, https://medium.com/@Elijah_Meeks/ exploratory-design-in-data-visualization-87bc60ce7f04.

Meeks, Elijah. "Sketchy Data Visualization in Semiotic." Medium (blog), September 11, 2017, https:// medium.com/@Elijah_Meeks/sketchy-data-visualization-in-semiotic-5811a52f59bc.

Meyer, Bruce D., Nikolas Mittag, and Robert M. Goerge. Errors in Survey Reporting and Imputation and their Effects on Estimates of Food Stamp Program Participation. No. w25143. National Bureau of Economic Research, 2018.

Meyer, Bruce D., Wallace KC Mok, and James X. Sullivan. "Household Surveys in Crisis." Journal of Economic Perspectives 29, no. 4 (2015): 199-226.

Miller, Matthew, Steven J. Lippmann, Deborah Azrael, and David Hemenway. "Household firearm ownership and rates of suicide across the 50 United States." Journal of Trauma and Acute Care Surgery 62, no. 4 (2007): 1029-1035.

Minard, Charles-Joseph. "Carte figurative des pertes successives en hommes de l'Armée Française dans la campagne de Russie 1812-1813." 1861, Photo courtesy of Ecole nationale des ponts et chaussées

Monmonier, Mark. How to Lie with Maps. Chicago: University of Chicago Press, 2018. Munzner, Tamara. Visualization Analysis and Design. AK Peters, 2014.

National Conference of State Legislatures. "State Family and Medical Leave Laws." July 2016. http:// www.ncsl.org/research/labor-and-employment/state-family-and-medical-leave-laws.aspx

National Conference of State Legislatures. "State Minimum Wages | 2020 Minimum Wage by State." January 2020. http://www.ncsl.org/research/labor-and-employment/state-minimum-wage-chart.aspx#Table.

National Highway Traffic Safety Administration. Fatality Analysis Reporting System (FARS). https:// one.nhtsa.gov/Data/Fatality-Analysis-Reporting-System-(FARS).

National Institute on Drug Abuse. "Overdose Death Rates." January 2019. https://www.drugabuse.gov/related-topics/trends-statistics/overdose-death-rates.

NBC News. "Presidential Election Results." http://elections.nbcnews.com/ns/politics/2012/all/president/#.XiZR4lNKhTZ.

Nediger, Midori. "How to Use an Icon Story to Take Your Infographic to the Next Level." Venngage (blog), April 27, 2018, https://venngage.com/blog/icon-story/.

Neurath, O. International Picture Language. The First Rules of Isotype. London: Kegan Paul, 1936. Neurath, O. Modern Man in the Making. New York: Knopf, 1939.

New York Magazine. "Approval Matrix." provided via email.

New York Times. Paths to the White House.

New York Times. Twitter post. August 7, 2016, 10:52 p.m. https://twitter.com/nytgraphics/status/762481520565030919?ref_src=twsrc%5Etfw

Newman, George E., and Brian J. Scholl. "Bar Graphs Depicting Averages are Perceptually Misinter- preted: the Within-the-Bar Bias." Psychonomic Bulletin and Review 19, no. 4 (2012): 601-607.

Noble, Safiya Umoja. Algorithms of Oppression: How Search Engines Reinforce Racism. New York: New York University Press. 2018.

O'Brady, Kevin. "Fight to Repeal." Joint Economic Committee Republicans, 2010, https://kevinbrady.house.gov/obamacare/fighting-to-repeal-obamacare.htm.

O'Neill, Catherine. Weapons of Math Destruction: How Big Data Increases Inequality and Threatens Democracy. New York: Broadway, 2016.

Obama, Barack. "Remarks of President Barack Obama—State of the Union Address As Delivered." State of the Union Address, Washington, DC, January 13, 2016, https://

obamawhitehouse.archives.gov/the-press-office/2016/01/12/remarks-president-barack-obama-%E2%80%93-prepared-delivery-state-union-address.

Olson, J. M. "Noncontiguous Area Cartograms." The Professional Geographer, 28, no. 4 (1976): 371-380.

Ondov, Brian, Nicole Jardine, Niklas Elmqvist, and Steven Franconeri. "Face to Face: Evaluat- ing Visual Comparison." IEEE Transactions on Visualization and Computer Graphics 25, no. 1 (2018): 861-871.

Organization for Economic Cooperation and Development (OECD). "Better Life Index." Accessed December 2019. http://www.oecdbetterlifeindex.org/.

Organization for Economic Cooperation and Development (OECD). Program for International Stu- dent Assessment (PISA), 2015 Reading, Mathematics and Science Assessment.

Organization for Economic Cooperation and Development (OECD). Social Expenditure Database. Accessed January 2019. https://www.oecd.org/social/expenditure.htm.

Padilla, Lace, Matthew Kay, and Jessica Hullman. "Uncertainty Visualization." PsyArXiv. April 27, 2020. doi:10.31234/osf.io/ebd6r.

Pätzold, André, Julius Tröger, Joachim Fahrun, Christopher Möller, David Wendler and Marie-Louise Timcke. "These Candidates Live the Furthest Away from Their Voters." Berliner Morgenpost, Sep- tember 8, 2016, https://interaktiv.morgenpost.de/waehlernaehe-berlin/.

Perez, Caroline Criado. Invisible Women: Exposing Data Bias in a World Designed for Men. New York: Random House, 2019.

Playfair, William. Playfair's Commercial and Political Atlas and Statistical Breviary. Cambridge: Cam- bridge University Press, 2005.

Porter, Mark and Rhys Blakely. 2020. "Coronavirus: How Safe Are You? All Your Health Questions Answered." Australian, March 31, 2020, https://www.theaustralian.com.au/world/the-times/coronavirus-how-safe-are-you-all-your-health-questions-answered/news-story/c40ec5841763c6d 57f986c3ea3e19e4f

Presentitude. "A Guide to 44 Safe Fonts & 74 Safe Combos for PowerPoint." Presentitude (blog) no date, access January 2020, http://presentitude.com/fonts/.

Priestley, Joseph. "A Specimen of a Chart of Biography." 1765. Project Tycho. https://

www.tycho.pitt.edu/data.

Rendgen, Sandra. The Minard System: The Complete Statistical Graphics of Charles-Joseph Minard. New York: Princeton Architectural Press, 2018.

R Graph Gallery. "Network Graph." https://www.r-graph-gallery.com/network.html.

Richards, Neil. "Is White Space Always Your Friend?" blog post, January 6, 2018, https://questionsin dataviz.com/2018/01/06/is-white-space-always-your-friend/.

Robbins, Naomi B. Creating More Effective Graphs. New York: Wiley, 2012.

Rogers, Simon. "Jon Snow's Data Journalism: The Cholera Map That Changed the World." Guardian Datablog, March 15, 2013, https://www.theguardian.com/news/datablog/2013/mar/15/john-snow-cholera-map.

Rosenberg, Daniel. "Joseph Priestley and the Graphic Invention of Modern Time." Studies in Eighteenth- Century Culture 36, no. 1 (2007): 55-103.

Roser, Max and Esteban Ortiz-Ospina. "Global Education." Our World in Data. Accessed January 2020. https://ourworldindata.org/global-education. 2020.

Roser, Max and Esteban Ortiz-Ospina. "World Development Indicators." Our World in Data. Accessed January 2020. https://ourworldindata.org/global-education.

Roser, Max, Hannah Ritchie, and Esteban Ortiz-Ospina. "Coronavirus Disease (COVID-19)—Statistics and Research." Our World in Data, https://ourworldindata.org/coronavirus#the-growth-rate-of-covid-19-deaths, accessed April 2020.

Rosling, Ted. "The Best Stats You've Ever Seen." TED2006, TED Talk, February 2006, https://www.ted.com/talks/hans_rosling_the_best_stats_you_ve_ever_seen.

Rost, Lisa Charlotte. "An Alternative to Pink and Blue: Colors for Gender Data." Chartable, a blog by Datawrapper, July 10, 2018, https://blog.datawrapper.de/gendercolor/.

Rost, Lisa Charlotte. "How to Read a Log Scale."Chartable, (a blog by Datawrapper). May 31, 2018. https://blog.datawrapper.de/weeklychart-logscale/

Rost, Lisa Charlotte. "What I Learned Recreating One Chart Using 24 Tools." Source (blog), December 8, 2016, https://source.opennews.org/articles/what-i-learned-recreating-one-chart-using-24-tools/.

Roth, Madeline and Amma Malik. "What Keeps Cities in Asia and Africa from Effective Public Service Delivery?" Urban Wire blog, Urban Institute, August 2, 2016, https://

www.urban.org/urban-wire/what-keeps-cities-asia-and-africa-effective-public-service-delivery.

Rothstein, Richard. The Color of Law: A Forgotten History of How Our Government Segregated America. New York: Liveright, 2017.

Rousseeuw, Peter J., Ida Ruts, and John W. Tukey. "The Bagplot: a Bivariate Boxplot." American Statis- tician 53, no. 4 (1999): 382-387.

Ruggles, Steven, Sarah Flood, Ronald Goeken, Josiah Grover, Erin Meyer, Jose Pacas and Matthew Sobek. IPUMS USA: Version 9.0 [American Community Survey 2017]. Minneapolis, MN: IPUMS, 2019. https://doi.org/10.18128/D010.V9.0

Sankey, M.H. "Minutes of Proceedings of The Institution of Civil Engineers." Vol. CXXXIV, Session 1897-98. Part IV.

Schleuss, Jon and Rong-Gong Lin II. "California Crime 2013." Los Angeles Times, https://graphics.latimes.com/california-crime-2013/

Schuetz, Jenny. "Who Is the New Face of American Homeownership?" Brookings Institution, October 9, 2017, https://www.brookings.edu/blog/the-avenue/2017/10/09/who-is-the-new-face-of-american-homeownership/.

Schwabish, Jonathan A. "Take a Penny, Leave a Penny: The Propensity to Round Earnings in Survey Data." Journal of Economic and Social Measurement 32, no. 2-3 (2007): 93-111.

Schwabish, Jonathan, and Alice Feng. "Applying Racial Equity Awareness in Data Visualization." (2020). http://osf.io/x8tbw/

Schwabish, Jonathan. "How a Map's 'Bins' Can Influence Your Perception of an Important Policy Issue." Urban Wire Urban Institute, November 14, 2017, https://www.urban.org/urban-wire/how-maps-bins-can-influence-your-perception-important-policy-issue.

Shneiderman, Ben. "A Grander Goal: A Thousand-Fold Increase in Human Capabilities." Edu- com Review, 32, 6, Nov/Dec 1997, http://www.ifp.illinois.edu/nabhcs/abstracts/shneiderman.html

Shneiderman, Ben. "Tree Visualization with Tree-Maps: 2-d Space-Filling Approach." ACM Transac- tions on Graphics (TOG) 11, no. 1 (1992): 92-99.

Skau, Drew, and Robert Kosara. "Arcs, angles, or areas: Individual data encodings in pie and donut charts." Computer Graphics Forum 35, no. 3. 2016.

Skau, Drew, and Robert Kosara. "Judgment Error in Pie Chart Variations." In Short Paper Proceedings of the Eurographics/IEEE VGTC Symposium on Visualization (EuroVis), 91-95. 2016.

Slobin, Sarah. "Two Maps Explain the Racial History Behind Alabama's Senate Vote." Quartz, December 13, 2017, https://qz.com/1155837/how-doug-jones-beat-roy-moore-maps-of-alabama-in-1860-and-2017-offer-a-startling-comparison/.

Social Security Administration. "The 2019 Annual Report of the Board of Trustees of the Federal Old- Age and Survivors Insurance and Federal Disability Insurance Trust Funds." 2019, https://www.ssa.gov/OACT/TR/2019/.

Social Security Advisory Board, Aspects of Disability Decision Making: Data and Materials, February 2012. https://www.ssab.gov/Portals/0/OUR_WORK/REPORTS/Chartbook_Aspects%20of%20 Disability%20Decision%20Making_2012.pdf

Social Security Advisory Board. "2011 Technical Panel Report on Assumptions and Methods." 2011, https://www.ssab.gov/Portals/0/OUR_WORK/REPORTS%20 TO%20THE%20BOARD/TPAM_Report_2011.pdf.

Soffen, Kim. "To Reduce Suicides, Look at Guns." Washington Post, July 13, 2016, https://www.washington post.com/graphics/business/wonkblog/suicide-rates/?tid=a_inl

Spear, Mary Eleanor. Charting Statistics. New York: McGraw-Hill, 1952.

Spence, Ian, and Howard Wainer. "William Playfair: A Daring Worthless Fellow." Chance 10, no. 1 (1997): 31-34.

St. Clair, Kassia. The Secret Lives of Color. New York: Penguin, 2017.

Strunk Jr, William, and E. B. White. The Elements of Style. New York: Macmillan, 1959.

Szűcs, Krisztina. "Spotlight on Profitability." http://krisztinaszucs.com/my-product/hollywood/

Texas Tribune News Apps Style Guide. https://apps.texastribune.org/styles/

Texas Tribune. "What the Texas delegation says about impeachment." Texas Tribune, accessed September 26, 2019, https://graphics.texastribune.org/graphics/impeachment-delegation-tracker-2019-09/.

Torres, Nicole. "Why It's So hard for Us to Visualize Uncertainty." Harvard Business Review, November 11, 2016, https://hbr.org/2016/11/why-its-so-hard-for-us-to-visualize-uncertainty.

Treisman, Anne. "Preattentive Processing in Vision." Computer Vision, Graphics, and Image Processing 31, no. 2 (1985): 156-177.

Tse, Archie. "Why We Are Doing Fewer Interactives." presentation at the 2016 Malofiej Conference, https://github.com/archietse/malofiej-2016/blob/master/tse-malofiej-2016-slides.pdf

Tufte, Edward R. Beautiful Evidence, vol. 1. Cheshire, CT: Graphics Press, 2006. Tukey, John W. Exploratory Data Analysis, vol. 2. Reading, MA: Addison-Wesley, 1977.

Turner, Cory. "Is There A Better Way To Pay For America's Schools?" NPR, May 1, 2016, https://www.npr.org/2016/05/01/476224759/is-there-a-better-way-to-pay-for-americas-schools.

Uncertainty Toolkit for Analysts in Government. Website. Accessed February 2020. https://analysts uncertaintytoolkit.github.io/UncertaintyWeb/index.html.

United Nations. "Population by Age, Sex, and Urban/Rural Residence." http://data.un.org/Data.aspx?d=POP&f=tableCode%3A22.

Urban Institute. "Urban Institute Data Visualization Style Guide." No date, http://urbaninstitute.github.io/graphics-styleguide/, accessed January 2020.

US Bureau of Economic Analysis. "Gross Domestic Product by Industry and Input-Output Statistics." January 22, 2015, https://apps.bea.gov/histdata/fileStruct Display.cfm?HMI=8&DY=2014&DQ=Q3 &DV=Quarter&dNRD=January-22-2015.

US Bureau of the Census. "Map Showing the Distribution of the Slave Population of the United States." https://www.census.gov/history/pdf/1860_slave_distribution.pdf

US Department of Agriculture, Economic Research Service. "Midpoint acreage more than doubled for all five major field crops." May 10, 2018, https://www.ers.usda.gov/data-products/chart-gallery/gallery/chart-detail/?chartId=88868.

US Department of Agriculture. "Food Distribution Program on Indian Reservations." https://www.fns.usda.gov/fdpir/food-distribution-program-indian-reservations.

US Department of Agriculture. "Visual Standards Guide." January 2013, https://www.usda.gov/sites/default/files/documents/visual-standards-guide-january-2013.pdf.

US Department of Education. "School Composition and the Black-White Achievement Gap." National Center for Education Statistics, June 2015, https://nces.ed.gov/nationsreportcard/subject/studies/pdf/school_composition_and_the_bw_achievement_gap_2015.pdf.

USA Today. "All of Obama's State of the Union Speeches in Word Clouds." USA Today, January 12, 2016, https://www.usatoday.com/story/news/politics/onpolitics/2016/01/12/obama-state-of-the-union-word-clouds/78712780/.

van der Bles, Anne Marthe, Sander van der Linden, Alexandra LJ Freeman, James Mitchell, Ana B. Galvao, Lisa Zaval, and David J. Spiegelhalter. "Communicating Uncertainty About Facts, Num- bers and Science." Royal Society open science 6, no. 5 (2019): 181870.

van Gogh, Vincent. Vincent van Gogh to Theo van Gogh, Amsterdam, October 28, 1885, http://www.vangoghletters.org/vg/letters/let537/letter.html

Vessey, Iris. "Cognitive Fit: A Theory-Based Analysis of the Graphs Versus Tables Literature." Decision Sciences 22, no. 2 (1991): 219-240.

Vigen, Tyler. Spurious Correlations. Website. http://www.tylervigen.com/spurious-correlations. Wagemans, Johan, James H. Elder, Michael Kubovy, Stephen E. Palmer, Mary A. Peterson, Manish

Singh, and Rüdiger von der Heydt. "A Century of Gestalt Psychology in Visual Perception: I. Per- ceptual grouping and figure-ground organization." Psychological Bulletin 138, no. 6 (2012): 1172.

Wagemans, Johan, Jacob Feldman, Sergei Gepshtein, Ruth Kimchi, James R. Pomerantz, Peter A. Van der Helm, and Cees Van Leeuwen. "A Century of Gestalt Psychology in Visual Perception: II. Con- ceptual and Theoretical Foundations." Psychological Bulletin 138, no. 6 (2012): 1218.

Wainer, Howard, and Ian Spence. Playfair's Commercial and Political Atlas and Statistical Breviary. Cambridge: Cambridge University Pres, 2005.

Walker, Mason. "Americans Favor Mobile Devices Over Desktops and Laptops for Getting News." Pew Research Center, November 19, 2019, https://www.pewresearch.org/fact-tank/2019/11/19/americans-favor-mobile-devices-over-desktops-and-laptops-for-getting-news/.

Ware, Colin. Information Visualization: Perception for Design, 3rd ed. Waltham, MA: Morgan Kaufmann, 2020.

Washington Metropolitan Area Transit Authority. Public Access to Records Policy request. October 2019. Watson, Cecelia. Semicolon: How a Misunderstood Punctuation mark Can Improve Your writing, Enrich Your Reading and Even Change Your Life. HarperCollins UK, 2019.

Wattenberg, Martin, and Fernanda B. Viégas. "The Word Tree, an Interactive Visual Concordance." IEEE Transactions on Visualization and Computer Graphics 14, no. 6 (2008): 1221-1228.

Wattenberg, Martin. "Arc Diagrams: Visualizing Structure in Strings." In IEEE Symposium on Informa- tion Visualization, 2002. INFOVIS 2002., pp. 110-116. IEEE, 2002.

Web Content Accessibility Guidelines (WCAG) 2.0. https://www.w3.org/TR/WCAG20/#understandable, accessed November 2019.

Weissgerber, Tracey L., Natasa M. Milic, Stacey J. Winham, and Vesna D. Garovic. "Beyond Bar and Line Graphs: Time for a New Data Presentation Paradigm." PLoS biology 13, no. 4 (2015): e1002128. Wellcome Collection. "Diagram of the Causes of Mortality in the Army." https://wellcomecollection.org/works/sz9sms2m

Wexler, Steve, Jeffrey Shaffer, and Andy Cotgreave. The Big Book of Dashboards: Visualizing Your Data Using Real-World Business Scenarios. New York: Wiley, 2017. The White House. "President Obama's Final State of the Union." February 12, 2016. https://obama whitehouse.archives.gov/sotu.

Wickham, Hadley, and Lisa Stryjewski. "40 Years of Boxplots." American Statistician (2011). Wikipedia. "Right-to-Work Law." Accessed January 2020. https://en.wikipedia.org/wiki/Right-to-work_law.

Wikipedia. "State Income Tax." Accessed January 2020. https://en.wikipedia.org/wiki/State_income_tax.

Wilke, Claus O. Fundamentals of Data Visualization: A Primer on Making Informative and Compelling Figures. Sebastopol, CA: O'Reilly, 2019.

Wilkinson, Krista M., and William J. McIlvane. "Perceptual Factors Influence Visual Search for Mean- ingful Symbols in Individuals with Intellectual Disabilities and Down Syndrome or Autism Spec- trum Disorders." American Journal on

Intellectual and Developmental Disabilities 118, no. 5 (2013): 353-364.

Wilkinson, Leland. "Dot Plots." American Statistician 53, no. 3 (1999): 276-281.

Wilkinson, Leland. "The Grammar of Graphics." In Handbook of Computational Statistics, 375-414. Berlin: Springer, 2012.

Wilkinson, Leland. The Grammar of Graphics. Chicago: Springer Science & Business Media, 2013. Witt, Jessica. "Graph Construction: An Empirical Investigation on Setting the Range of the Y-Axis." http://amplab.colostate.edu/reprints/Witt_Graphs_YaxisRange.pdf.

Wood, Jo, Petra Isenberg, Tobias Isenberg, Jason Dykes, Nadia Boukhelifa, and Aidan Slingsby. "Sketchy rendering for information visualization." IEEE Transactions on Visualization and Com- puter Graphics 18, no. 12 (2012): 2749-2758.

World Bank. "World Development Indicators." The World Bank Group. Accessed January 2020. https://datacatalog.worldbank.org/dataset/world-development-indicators.

XKCD. "Correlation." https://xkcd.com/552/.

Yau, Nathan. "Vehicles Involved in Fatal Crashes." FlowingData blog, January 11, 2012, https://flowing data.com/2012/01/11/vehicles-involved-in-fatal-crashes/.

감사의 글

2014년에 나는 「Journal of Economic Perspectives^{JEP}」에 데이터 시각화를 소개하는 글을 실었다. 줄곧 JEP에 글을 싣고 싶었지만 공공 정책이나 경제가 아닌 데이터 시각화가 사람들의 관심을 끄는 주제가 될 거라고는 생각하지 못했다.

내 글이 발표된 직후, 컬럼비아 대학교 출판부의 브리짓 플래너리-맥코이^{Bridget Flannery-McCoy}로부터 데이터 시각화에 관한 책을 써보지 않겠느냐는 전화를 받았다. 당시에는 책을 쓸 생각이 없었다. 이미 이 주제를 다룬 책이 많았고 제대로 된 책을 쓰기 위해 많은 시간과 자원을 투자할 수 있는 형편이 아니었다. 그럼에도 브리짓의 요청으로 첫 번째 책인 『Better Presentations』(Columbia University Press, 2016)가 출간됐다.

5년 후, 브리짓은 책을 한 권 더 낼 생각이 있는지 물었다. 나는 새로운 직장에서 데이터를 통한 소통이라는 주제를 다루고 있었기에 하고 싶은 말이 많았다. 또한 데이터 시각화 분야에서 고유한 기여를 할 수 있는 책을 쓰고 싶은 마음도 있었다.

이 책의 초안은 워싱턴 DC와 뉴욕시를 오가는 기차 안에서 쓰였다. 그러나 원고 내용을 더 발전시키고 재구성하고 확장하고 그래프를 만드는 데는 2년 반이 더 걸렸다. 그 결과가 바로 이 책이다.

이곳까지 나를 이끌어준 소중한 이들에게 감사한다. 브리타니 펑^{Brittany Fong}, 아지트 나라야난^{Ajjit Narayanan}, 존 펠티어^{Jon Peltier}, 앤시아 펑^{Anthea Piong}, 애런 윌리엄스^{Aaron Williams}

등은 태블로, 엑셀, R 및 자바스크립트 과제와 작업을 도와줬다. RJ 앤드루스^{RJ Andrews}, 존 번 머독^{John Burn-Murdoch}, 알베르토 카이로^{Alberto Cairo}, 제니퍼 크리스티안센^{Jennifer Christiansen}, 앨리스 펭^{Alice Feng}, 존 그림웨이드^{John Grimwade}, 스티브 해로즈^{Steve Haroz}, 로버트 코사라^{Robert Kosara} 및 세베리노 리베카^{Severino Ribecca} 등은 토론을 하고, 피드백을 제공했으며 최신 및 역사적 자료와 이미지 검색을 도와줬다.

이 책에 자신의 작품을 게재할 수 있도록 허락해 준 이들과 단체에 감사한다. 그들의 정말 특별한 작업 결과를 이 책에 넣을 수 있어서 감사하다.

PolicyViz 팟캐스트 운영을 도와주는 켄 스캑스^{Ken Skaggs}와 팟캐스트에 출연한 200여 명의 출연자들에게 감사한다.

원고의 일부 또는 전체를 검토하고 귀중한 피드백을 제공한 알베르토 카이로, 나이젤 홈즈^{Nigel Holmes}, 제시카 헐만^{Jessica Hullman}, 데이비드 나폴리^{David Napoli} 및 채드 스켈톤^{Chad Skelton}에게 특별히 감사한다. 많은 지도를 만들고 자꾸 새로운 내용을 추가하려는 나의 성향을 잘 맞춰준 케네스 필드^{Kenneth Field}에게 특별히 감사한다. 원본 삽화를 작성하고 모든 그래프가 인쇄 가능하도록 준비해 준 하이람 엔리케즈^{Hiram Henriquez}에게도 특별히 감사한다.

이 책은 컬럼비아 대학교 출판부의 편집자 스티븐 웨슬리^{Stephen Wesley}의 도움 없이는 만들 수 없었다. 그는 나의 끊임없는 이메일과 질문에 꾸준히 응대해 줬다. 이 프로젝트를 실현하는 데 도움을 준 크리스티안 윈팅^{Christian Winting}, 벤 콜스타드^{Ben Kolstad}를 비롯한 컬럼비아 대학교 출판부 팀에게 감사한다.

사실 기반 연구에 헌신해 공공 정책과 관행을 개선하고 지역 사회를 강화하며 사람들의 삶을 더 나은 방향으로 변화시키는 힘을 가진 어번 인스티튜트 동료들에게 감사한다. 그들은 심층적인 학문 연구뿐 아니라 그 연구 결과를 전달하는 혁신적인 방법을 소중히 여기는 특별한 일터를 함께 만들었다.

또한 수년에 걸쳐 데이터 시각화 및 데이터 소통을 주제로 논의하고 토론한 많은 친구들과 낯선 사람들에게 신세를 졌다. 데이터 시각화 커뮤니티는 특별한 곳이다. 약 10년 전의 따뜻한 환영 덕분에 나의 경력이 예상치 못한 방식으로 바뀌었다. 나 또한 그런 환대를 다른 데이터 커뮤니케이터들에게 전달할 수 있기를 바란다. 이 분야에서 활동하는 이들 중에서 그들의 창의력으로 꾸준히 영감을 주는 이들에게 특별히 감사한다.

세 번째 책을 쓰는 것은 첫 번째와 두 번째 책을 쓰는 것에 비해 쉽기도 하고 어렵기도 했다. 나를 응원해 주고 내 일의 가장 하찮은 부분까지 관심을 가져 준 친구와 가족의 사랑과 지원 없이는 새로운 프로젝트를 진행할 용기를 낼 수 없었을 것이다. 가족 모두의 지속적인 지지와 애정에 특별히 감사한다.

마지막으로, 나의 가장 특별한 감사는 제 인생에서 가장 중요한 세 사람, 즉 아내와 아이들에게 돌아가야 마땅하다. 나의 자녀인 엘리Ellie와 잭Jack은 나의 행복, 자부심, 그리고 즐거움의 원천이다. 그들은 아빠가 코드로 골머리를 앓고 색상 배색표와 글꼴에 대해 투덜거리는 것을 보았고 내가 밤 늦게까지 읽고 쓰는 모습을 지켜보았다. 이 모든 과정에서 그들은 꾸준한 격려와 사랑과 지지를 보내주었다. 아이들이 내 어깨에 기대어 "그 히트맵 잘 돼 가나요?"라고 물을 때 왠지 자식을 잘 키웠다는 생각이 들었다.

가장 깊은 감사를 아내 로렌Lauren에게 보낸다. 로렌은 항상 독자를 염두에 두고 모든 페이지를 꼼꼼히 편집하고, 반복되는 표현을 자르고, 보다 명확한 설명이 이뤄지도록 도와줬다. 그녀는 특히 내가 글을 쓰거나, 강연 활동을 하거나, 먼 출장으로 집을 비울 때 가족을 지탱해줬다. 로렌을 만난 건 진정 내 인생에 일어난 최고의 사건이다.

옮긴이 소개

정순욱(soonuk@gmail.com)

1966년 서울 출생. 서울대학교 공업화학과에서 학사, 석사, 박사 학위를 받고, 미국 텍사스주립대에서 MBA 학위를 받았다. 이후 화공 및 에너지 산업, 디자인 및 교육 분야의 접점에서 활동했다. 주요 관심 분야는 디자인 리서치 및 커뮤니케이션 디자인이며, 가르 레이놀즈의 『프리젠테이션 젠』(에이콘, 2008)을 비롯해 실생활과 밀접한 정보 디자인 관련 책을 여러 권 번역했다.

찾아보기

어나더레벨 데이터 시각화

사회과학 분야의 연구원을 위한 데이터 시각화 안내서

발 행 | 2022년 9월 30일

지은이 | 조나단 슈와비시
옮긴이 | 정 순 욱

펴낸이 | 권 성 준
편집장 | 황 영 주
편 집 | 조 유 나
　　　　　 김 다 예
디자인 | 윤 서 빈

에이콘출판주식회사
서울특별시 양천구 국회대로 287 (목동)
전화 02-2653-7600, 팩스 02-2653-0433
www.acornpub.co.kr / editor@acornpub.co.kr

한국어판 ⓒ 에이콘출판주식회사, 2022, Printed in Korea.
ISBN 979-11-6175-675-2
http://www.acornpub.co.kr/book/better-bata-visualizations

책값은 뒤표지에 있습니다.